见证

共和国往事

JIANZHENG
GONGHEGUO WANGSHI

余玮 吴志菲 著

当代中国出版社
Contemporary China Publishing House

图书在版编目(CIP)数据

见证共和国往事 / 余玮, 吴志菲著. -- 北京 : 当代中国出版社, 2016. 1

ISBN 978-7-5154-0651-0

Ⅰ. ①见… Ⅱ. ①余… ②吴… Ⅲ. ①中国历史—现代史—史料 Ⅳ. ①K270.6

中国版本图书馆 CIP 数据核字(2015)第 288558 号

出 版 人　曹宏举
策划编辑　姜楷杰
特约策划　朱云波
责任编辑　姜楷杰
责任校对　康　莹
封面设计　古涧文化
出版发行　当代中国出版社
地　　址　北京市地安门西大街旌勇里 8 号
网　　址　http://www.ddzg.net　邮箱:ddzgcbs@sina.com
邮政编码　100009
编 辑 部　(010)66572264　66572154　66572132
市 场 部　(010)66572281 或 66572155/56/57/58/59 转
印　　刷　北京润田金辉印刷有限公司
开　　本　720 毫米×1020 毫米　1/16
印　　张　21.5 印张　2 插页　327 千字
版　　次　2016 年 1 月第 1 版
印　　次　2016 年 1 月第 1 次印刷
定　　价　48.00 元

目 录

第 *1* 章
知情者披露红墙生活起居细节

在北京甘家口一栋住宅楼里住着一位看似普通的老者，他曾负责照顾毛泽东的生活起居多年，他便是毛泽东的第三任保健医生兼生活秘书王鹤滨。在那段特殊的岁月里，他接触到一个不一样的毛泽东，度过了一段难忘的传奇时光。

走入红墙担任保健医生

1951 年春节前的一天，毛泽东与王鹤滨拉起家常："王医生，你的老家在哪里呀？"王鹤滨用抗战时期的语言回答，毕竟家乡人民的抗日事迹让自己也深感自豪："冀中军区，白洋淀。"

毛泽东听后笑了笑，又问："家里还有什么人哪？"王鹤滨一口气把家庭成员拉了出来："家里有父亲、母亲，一个姐姐早已出嫁了，哥哥在保定市工作。"

"你回家探过亲吗？"毛泽东关心地问。王鹤滨摇了摇头，说："1949 年初夏我在香山门诊部工作时，父母来看过我，但我一直没有回去过。"

"你应该回家去看看父母的哟！"毛泽东带着一些责备的语气说道。王鹤滨解释道："主席，工作离不开。再说，父母来看我，与我回去一样。"

"我派你回家去看看父母。另外，回到家乡看看农民们生活得怎么样。"毛泽东催促王鹤滨早点儿回家看看。于是，第二天王鹤滨就上了从北京到保定的火车，然后再坐小木船，当日就回到了阔别十多年的老家。

1924 年 4 月，王鹤滨出生在河北省安新县北冯村。王鹤滨接受专访时回忆说："父亲给人家当长工，母亲每天编织苇席，尽管很穷，父亲还是要让我念书，他认为自己苦了半辈子，就是吃了没文化的亏。我母亲生了六个孩子，活了三个，我是老六。我的名字是本家一个爷爷取的，‘鹤’是辈号，因为家住在白洋淀，就取名‘滨’，也就是‘水边’的意思。主席曾经在一次有关毛岸青病情的信件上批示时，写成‘河滨同志阅’。”

王鹤滨说，自己从没过过生日。“我是清明节那天生的，可能因为是鬼节，父母一直没有告诉我出生日期，直到七十多岁我才知道真实的生日，这是姐姐告诉我的——这之前，我随便定了生日：5 月 5 号（马克思的生日）。因为我小时候曾问过母亲，可是她只是说我是春天出生的、肚子里来的。我问什么肚子，她说是腿肚子。”

王鹤滨知道父母供自己上学不容易，学习很努力，成绩在班上名列前茅。当时家里非常困难，自己种的麦子舍不得吃，拿去换小豆、高粱、玉米等粗粮。最困难的时候吃棉籽，小孩吃后大便拉不出来。王鹤滨上学回来到野地里挖野菜、拾柴，还到河里摸鱼虾。后来，他父亲把家里的大门、锅都卖了换粮食吃。

1937 年抗日战争爆发后，贺龙领导的八路军一二〇师在王鹤滨的家乡一带打日本。当年，王鹤滨是村里的儿童团副团长，常常站岗放哨。次年，14 岁的王鹤滨高小毕业后就参加了抗日工作，在专署做一名勤务员。由于日本鬼子的“扫荡”，专署转移到雄县和任丘。因为形势严峻，专署缩编，约一多半人被劝回家，等形势好转再回专署。就这样，王鹤滨回到了家乡。

15 岁那年，王鹤滨进入安新县政府工作。先是做油印员，后来被调到秘书室当书记员，主要是为领导和机关工作起草文件。

1940 年 10 月，王鹤滨考入了华北联大教育学院中学部，1941 年转入晋察冀白求恩学校高二期（相当大专班）学习，1943 年夏进入解放区最高医学学府——延安中国医科大学学习。

1943 年初秋，一天下午上课后不久，同学们正在窑洞里复习功课，一辆美式吉普车驶进了柳树店的山沟，旋即停在学校的操场上。当车上的人走下来时，被附近的几位同学发觉了，他们立即欢呼起来：“毛主席来啦！”这是王鹤滨第一次见到毛泽东。

校领导指示各大队集合，整队到大礼堂听毛泽东讲话。同学们席地而坐，礼堂被挤得满满的。

当毛泽东出现在礼堂门口时，同学们热烈地鼓起掌来，宛如暴风骤雨，响个不停。只见毛泽东微笑着举起了双手，手心向下，接连轻轻地按了几下，示意大家安静下来。

“枪是可以杀人的！”此时，毛泽东表情严肃，带着沉痛的回忆，是用高昂、激烈的语调，几乎是一个字一个字地说出来的。毛泽东即刻接着讲了下去：“同志们！我们革命党人认识这个真理，代价却是极其惨重的，花去了无数个革命志士的生命，是以革命遭到了失败的教训，才认识到的。于是，我们革命党人总结了第一次国内革命战争失败的教训，也拿起枪来，以其人之道，还治其人之身，擦干身上的血迹，掩埋好战友的尸体，继续战斗……”

虽然毛泽东带着很浓重的湖南口音，但王鹤滨与他的同学都听得入神，每个人都屏着呼吸，聚精会神，生怕漏掉了一句话、一个字；大家都目不转睛地望着，生怕漏看了一个动作、一个手势……

毛泽东的讲话使王鹤滨这些从晋察冀根据地来的学生耳际反复响起了一首他们很喜欢唱的歌曲：“我们都是神枪手，每一颗子弹都消灭一个敌人；我们都是飞行军，哪怕那山高水又深……”直至晚年，王鹤滨对毛泽东的讲话都难以忘怀，感受很深，正如 1938 年的那首《井冈山之歌》——“他有一肚子革命理论，上起课来都让他来教，教得好，教得妙……”

当天，王鹤滨就坐在第一排，与毛泽东仅隔一张讲台桌。毛泽东那伟岸的身躯、宽阔的前额和深邃的目光，让王鹤滨印象深刻。尤其是毛泽东穿着与普通战士一样褪了色的灰色军装更是让他一辈子难以忘怀。当时，毛泽东所穿的军裤左右膝部各有一块长方形的大补丁，补丁虽然也是灰色的，但明显要比裤腿新一些。而随来卫士同样的灰军装上却看不到一块补丁。

晚年，王鹤滨还一直对当年的场景记忆犹新：“我们大部分席地而坐，有的坐草垫子，有的坐小板凳什么的，主席前面就是一张小桌子，卫士给他倒开水放在那儿，主席穿着一条两边都补着补丁的裤子，一件旧的灰色军装，给我们作报告。”毛泽东所作的报告风趣幽默，讲小米加步枪如何战胜了敌人的飞机大炮。这次讲话，让王鹤滨明白了许多道理。

1944 年，王鹤滨被选为全校模范学生。第二年春天，尚未毕业，他便被调到延安中国医科大学附属医院任住院医生。

1945 年 9 月毕业后，王鹤滨被调到中共中央军委卫生部医政科工作，同时兼任中央门诊部的眼科医生，并且是中央卫生机构中唯一的一位眼科医生。

1946 年初夏的一天下午，王鹤滨提着配镜盒，跟在中央门诊部副部长傅连暲的后面去王家坪给毛泽东检查眼睛。到了坐落在清凉山麓的王家坪，傅连暲指了指村西头路南侧的一处单层建筑物说："到了，那就是毛主席居住和办公的地方。"那是一栋别有风格的建筑物，四四方方的，似一处普通的平房，从房顶看又像是由砖窑组成，房前是一块场地，算是无墙的院子。

走到门口，恰好江青从屋子里走出来，傅连暲便向她说明来意，指着落在后面的王鹤滨说："那位是王医生。"江青轻抬眼帘，看了王鹤滨一眼，说："主席在，你们去吧！"

毛泽东正伏案办公，客人的到来，打断了他的工作，他放下了手中的笔，站了起来。傅连暲笔直地站在毛泽东的面前，带着点儿军人的风度，说明来意。这时，王鹤滨才知道，事先并没有告诉毛泽东要给他检查眼睛，傅连暲担心他因为工作忙而会拒绝检查，所以采取了"突然袭击"的办法，使毛泽东不好推却。傅连暲把王鹤滨的情况向毛泽东作了介绍，毛泽东微笑着向王鹤滨伸出手来，王鹤滨紧张得竟忘记了向毛泽东问好。

王鹤滨布置好视力表，检查眼睛外部，测了视力，然后又选配镜片。毛泽东坐在检镜盒前，插话说："哟！还这么复杂呀！"

傅连暲连忙接过毛泽东的话音回答："很快就结束了！"王鹤滨一检查完毕，立即向毛泽东报告说："主席，你的眼睛有轻度近视，要配眼镜吗？"毛泽东和蔼地答道："看东西不碍事，不要配眼镜了。"

告辞时，毛泽东把傅连暲和王鹤滨送到门口，说："不远送了！"二人告别离开。

这年秋，蒋介石用重兵压向陕甘宁边区的首府——延安。根据计划，后勤人员提前撤离延安，辗转到河北西柏坡，经石家庄、保定向北进发，到北平。王鹤滨回忆说："主席及党政主要领导比我们早到北平。历史如此微妙，把第三次国内革命战争中的重大事件与毛泽东的行动都安排在了3月——1947年3月毛泽东撤离延安，1948年3月东渡黄河前往华北解放区，1949年3月进驻北平。进城的部分中央机构设在香山，代号叫'劳动大学'，简称'劳大'。主席就住在香山的双清别墅。开国大典举行前夕，他才搬进中南海办公、生活。"到北平后，王鹤滨任香山门诊部支部书记兼副主任。

1949年8月的一天，中共中央办公厅行政处负责人罗道让正式通知王鹤滨："鹤滨同志，上级决定派你到中南海去做毛主席的保健医生，叫我与你谈谈，看你有什么意见？"这突如其来的消息，使王鹤滨有点儿胆怯起来：做主席的保健医生，是件责任重大的政治任务，主席的健康事关重大，我能胜任吗？

王鹤滨犹豫了一下回答说：“我去，但怕做不好！”由于激动和不安，王鹤滨的声音有些颤抖，嗓子也觉得发干。罗道让一听，他那绷紧的面孔舒展开了，脸上露出了轻松的笑容。王鹤滨没想到，罗道让比自己还要紧张些。

“去吧！在毛主席身边工作是个极好的学习机会，只要踏踏实实兢兢业业地工作，就一定会把这一重要任务完成得很好。”罗道让既是鼓励又是嘱托地叮咛了一遍：“你进城去找傅连暲同志，他会具体地向你交代任务。”

当天中午饭后，王鹤滨便到了傅连暲的办公室。没有寒暄，傅连暲开门见山：“鹤滨同志，派你去给毛主席做保健医生，责任重大，出不得半点差错。工作中不能粗枝大叶，遇到问题要多和我联系、商量。目前，担任中央首长医疗保健工作的同志还很少，你还得要兼管其他几位书记的保健工作，以后再配备人员。”

傅连暲一口气把任务交代下来，并指明任务的重要性和王鹤滨应持的态度，甚至连工作方法、工作作风都作了交代。傅连暲最后郑重地说：“鹤滨同志，你是派到毛主席身边担任保健工作的第三位医生。希望你好好工作。”

当天下午，王鹤滨手持傅连暲亲笔写的介绍信，来到中南海菊香书屋。毛泽东看完信后，向王鹤滨微笑着说：“好！王医生，欢迎你到我这里来工作。我现在要去开会，以后我有事就找你。”说罢，毛泽东把手伸了过来，与王鹤滨亲切地握了握手。

不久，一天下午3时许，毛泽东的值班卫士王振海通知王鹤滨到主席处。到了毛泽东的起居室，王鹤滨看到主席穿着旧毛巾布做的睡衣向右侧卧在床上，手持翻卷着的线装书正在阅读，因为室内的光线不足，屋顶上的灯和床头桌上的灯都亮着。毛泽东见王鹤滨进来，立即将手中的书放在了床面东侧的书堆上，半坐在床头上，用手示意王鹤滨坐在床边西侧的一把靠背椅子上。

毛泽东微笑着说：“王医生，目前我这里的事情不多，有时间你还要多照顾一下其他的几位书记。”王鹤滨全神贯注地听着，表情有些拘谨。这时，毛泽东抬高了点儿声调，笑道：“王医生，在我这里工作不要拘束，有话就说有屁就放——啊？”

王鹤滨一直记得，当时毛泽东将最后的“啊”字发音成“ǎ”音：“这句话说出后，他也忍不住笑了起来，笑得连双肩和颈部也抖了起来。我确实像受到突然袭击一样，不知如何应付这种场面，更找不出合适的话语回答。他想用这种直率的、乡野式的语言同我交谈，缓解一下气氛，明白过来后，我也笑了，气氛活跃了起来。”王鹤滨曾回忆说，在此之前，毛泽东给自己的印象是庄重严肃、温文尔雅、才识渊博，说话掷地有声，一派大家风范，而这次，印象中的毛泽东和眼前的毛泽东发生了激烈的冲突。这件事彰显了主席的风范，这种口吻冲淡了王鹤滨的拘谨，调节了交流的气氛。

1951年春节前，王鹤滨按毛泽东的指示第一次回家看望了父母，见到了儿时一起玩耍的伙伴。乡亲们知道王鹤滨是学医的，也知道他是在中央机关工作。王鹤滨一到家，乡亲们便接踵而来求医问药，也有外村的老乡赶着牛车送来了病人。在家乡的几天时间里，王鹤滨主要就是为本村和附近村庄的乡亲们看病。

探亲归来，王鹤滨把农村的见闻写了一份书面报告。毛泽东看后，又问了一些情况。当王鹤滨讲到在家乡的几天中，几乎每天从早到晚都在为农民义务看病，又因为没有架子而很受农民们的赞誉时，毛泽东沉思了片刻，指示道：“王医生，你到农村去，就在你的家乡办个医疗点吧！弄些药品和医疗器械去，你一半时间在我这里工作，一半时间到农村去为农民看病。”毛泽东言语恳切，但王鹤滨没有敢表态，因为这不大可能，但是这件事一直搁置在他的心底。

王鹤滨说，新中国成立初期，在毛泽东身边工作的同志几乎都和自己一样，大都是农家子弟。每当哪一个要回家探亲，毛泽东总是要再三叮嘱他们关心农民群众的生活，回到农村后要做调查研究，回来后要做口头或书面的调查报告，这形成了一种制度。据王鹤滨讲，有些卫士文化水平较低，毛泽东就像老师批改作业一样，将错字、白字一一改过来，并且帮助通顺语句、修正语法，谁写的报告生动活泼就批给大家传阅。

“特制”的开国国宴酒水

1949年开国大典前夕，王鹤滨被公安部任命为公安部九局检验室主任。“在开国大典前的一些日子里，不仅会议很多，宴会也很多，为此，食物要检验有无毒性，成立了检验室。检验室的任务就是保证食品的卫生、无毒，每次会前都必须进行检验，以保障中央领导、各民主党派人士，以及全国各地、各阶层、各民族集中到北京来的知名人士和代表们的安全。”

开国大典的前一天晚上，怀仁堂大厅里举行了盛大的宴会。每一张餐桌上都摆放有茅台白酒和通化红葡萄酒等。为了保护领导的健康，避免因健康原因不能在第二天登上天安门，在国宴即将开始时，中央警卫处处长汪东兴和中央警卫处副处长李福坤，把王鹤滨叫到面前，李福坤低声嘱咐说："鹤滨同志，不能让中央领导同志因饮酒过多而不能登上天安门，你要想想办法！"

这下，王鹤滨发愁了，自己可没有解酒的特效药，特别是宴会就要开始了，他感到了巨大的压力：这任务如何完成啊？

首长和国宾们都已经坐在餐桌旁边，祝词一过，就要举杯了。怎么办？自己又不能走到每一位领导面前，去劝说少饮酒。

"灵感"终于逼出了办法。"我开始想，茶叶有点儿解酒的作用，由喝茶水想到了用茶水代替红葡萄酒，进而想到用白开水代替茅台酒了。事不宜迟，用茶水代替葡萄酒，用白开水代替白酒，给参加宴会的首长们喝，保证不会'醉'倒一个。于是，我将我的'发明专利'向汪东兴、李福坤作了紧急报告，又经过首长杨尚昆的首肯，就执行了，立刻办起了临时'美酒酿造厂'。"

王鹤滨先做了一下试验，倒在高脚玻璃杯中的茶水和白开水，在外观上用肉眼是无法与红葡萄酒和茅台酒区别的，只要不喝不能分辨真假。说干就干，他们利用刚倒完的空酒瓶子，迅速地装满了几瓶"特制"的"茅台"和"通化葡萄酒"，并马上和几位卫士长当起"招待员"来，把他们的"特酿好酒"斟进了首长们的高脚杯中。

王鹤滨注意到，毛泽东喝下"特酿酒"后没有动声色。王鹤滨笑言，国宴下来，畅饮的首长们脸都未红，个个都是"海量"，一个也没有醉。

为迎接开国大典，首长身边工作的人员因为随着首长出入各种重要场所和一些大型的会议，都穿上了清一色的工作服，王鹤滨也头一次穿上了毛呢服装。王鹤滨说，虽然毛呢的质量较粗，但穿在身上，使年轻的小伙子们显得更精神了。"主席的卫士李银桥和我从王府井路东请来了著名的裁缝王子清。他曾留学法国学习服装设计，是行家里手。我们用轿车把他拉到中南海，在主席的办公室里为主席量了尺寸，之后又在这里让主席试了衣服样。很快，为主席做了一身绿色的毛呢中山服和一顶帽子，并做了一双软橡胶底的、棕褐色的牛皮鞋，都很合适。"

王鹤滨后来感慨地说："1949 年 10 月 1 日，主席穿上了这双棕褐色的皮鞋登上了天安门主持开国大典，向全世界宣布了中华人民共和国的诞生和中央人民政府的成立。这双皮鞋也是我在主席身边工作的几年中所见到的、他的唯一的一双皮鞋。”

有一次，李银桥在给毛泽东擦皮鞋时发现，皮鞋前边一道纹一道纹的，和老人的抬头纹一样，鞋帮内侧靠近后跟处有铜钱大小的面积已经磨褪了色。李银桥擦了两次鞋油也无法遮盖褪色的部位。再看鞋后跟的外侧，已经磨掉了差不多一公分——因为是软胶底，根本没有办法用鞋钉补。李银桥笑了笑，说：“我看这鞋，有点儿将军的意思。你这当秘书的，都不知道给主席做双鞋呀？”王鹤滨无奈地说：“主席一直说这鞋还能穿，不让做新鞋，叫我怎么办？”

1949 年 10 月 1 日下午 2 时许，毛泽东醒后，王鹤滨了解了一下他的健康情况。之后，汪东兴告诉王鹤滨，开国大典时毛主席要与其他国家领导人同行，指示王鹤滨随中央警卫处的车先去天安门等候。

将近下午 3 时，毛泽东等国家领导人的车陆续到来。首长们下车后，王鹤滨等工作人员急忙跟随，登上天安门背面西侧的台阶。王鹤滨注意到，登上天安门的中国领导人都佩戴着红色的锦缎飘带，飘带下面剪成燕尾状，带长近尺、宽约两寸，上面印着竖写的烫金字的职务称谓。毛泽东左胸前的飘带中央印着“主席”两个字，随着走动和秋风的轻拂，飘带在毛泽东绿色毛呢中山服的衬托下在胸前飘舞，显得艳丽而庄重，非常耀眼。工作人员和服务人员则佩戴着绿色的锦缎飘带，上面用烫金字印着“工作人员”、“服务人员”或“记者”等字样。

毛泽东等国家领导人一踏上天安门的城门楼，立刻从设在天安门上的播音器中，传出了播音员兴奋、喜庆的声音：“毛主席来啦！”“毛主席健步登上了天安门！”播音员的呼喊声刚落，天安门上下顿时掀起了雷鸣般的掌声，经久不息……

毛泽东站在了主席台的中央，主席台前是一排麦克风。此时，中央人民政府秘书长林伯渠宣布开国大典开始。毛泽东向广场的群众、向观礼台上的人士和外国朋友巡视了一周，投去亲切问候的目光，并挥手示意，接着庄严地宣布：“中华人民共和国中央人民政府今天成立了！”

随后，毛泽东按动了升旗的电钮，在联合军乐队演奏的代国歌声中，第一面五星红旗在天安门前的广场上冉冉升起。

阅兵式过后，是群众游行。人流经过天安门时，时而涌向金水桥边，时而停止了脚步，或放慢了步伐，翘首提踵，想把毛主席看得清楚些。虽然播音员再三催促游行队伍快速行进，游行的人群哪里肯听，天安门上的主席台像是一块巨大的磁石，把游行的群众都吸到了金水桥前，游行队伍在这里形成了涡流，在这里汇集着，不愿离去……

“毛主席万岁！”从群众的游行队伍中喊出了由衷的祝愿。毛泽东在天安门上的主席台前用手挥舞着致敬，并高声祝愿：“同志们万岁！”群众听到毛泽东的祝愿的呼声，都兴奋得热泪盈眶了，爆发出更响亮的欢呼声。人们雀跃着，热烈地鼓起掌来……

王鹤滨回忆说，整个阅兵式和群众游行的时间拉得很长，这期间毛泽东很少能到天安门上的厅殿里休息，即使到大厅里休息也是预先安排了工作的。

一次，毛泽东刚刚拿起茶杯喝了两口，就找程潜将军谈起话来。经劝说毛泽东才拿起了点心吃了两口，第二口尚未下咽，只见周恩来快步走了进来，为难地说：“主席，游行群众站在那里不走了，要见主席！”

毛泽东喝了一口浓茶，把口中的点心急速地冲下，在周恩来的陪同下匆匆走出休息大厅，快步向主席台的中心位置走去。此时，游行的群众正拥挤在金水桥的南侧，有节奏地齐声高呼着：“毛主席！毛主席！毛主席！……”当群众看到毛泽东出现在主席台上时，即刻响起了热烈的掌声和欢呼声。他们跳跃着、欢呼着、眼眶里滚动着幸福的泪花，恋恋不舍地、不时地回过头来再望上一眼。一批又一批的游行群众，就是这样通过天安门的……

警卫处担任服务员的小姑娘尹莘笙看到毛泽东站得太久，就从大殿里搬出一把椅子送到毛泽东的背后请他坐下来。毛泽东明白了小尹的意图，便微笑着轻轻地摆了一下手拒绝了。主席不愿意让游行群众走着而自己坐着向他们挥手。

群众游行结束时，广场上观礼的群众一齐拥向天安门前金水河上的御路桥畔，都想尽情地再看看毛泽东和其他国家领导人的英姿，接受他们的检阅。兴高采烈的群众，翘首踮脚，热情地高呼：“毛主席万岁！”毛泽东在麦克风前，向金水桥畔的群众挥手致意，亲切而响亮地喊道：“人民万岁！”

王鹤滨看到，毛泽东挥动着高举的右臂，在天安门上，从西侧走向东头，又挥着手，从东头回到西侧，再由西侧回到主席台前，向站在天安门前观礼台上的外宾、各界人士、工人和农民的代表们以及解放军的军官、英雄等致意和告别……

在中南海所见证的伟人细节

王鹤滨被调到中南海初期，住在南海北岸上的“静谷”大院，即丰泽园的西邻、勤政殿边上的西八所。在丰泽园大院的偏东侧，就是毛泽东居住和办公的地方——菊香书屋。书屋所在的院子向北有五间房，中间的一间有过厅，大门上有一块横着的木质匾额“紫云轩”。进入紫云轩，东侧的两间北房通间便是毛泽东的起居室了。据介绍，毛泽东进入北京城中南海直到“文革”前，多半是在这紫云轩度过的。“我在主席身边工作时，他也曾在万寿路的新六所或玉泉山住过，但都是暂时性的。”王鹤滨说。毛泽东最喜欢住在紫云轩里，住在这里主席有一种“家”的感觉。

菊香书屋的南厢房名为“松寿斋”，主人是江青；东厢房的南院是“云山画”，是毛泽东子女们的集体宿舍，住着毛泽东的女儿李敏、李讷、儿媳刘思齐、侄子毛远新和江青的姐姐李云露及其儿子王博文。因为孩子们上学都是住校，但只要孩子们一回来，“云山画”就是整个大院里最活跃的地方，总能听到唧唧喳喳的欢笑声。

20 世纪 50 年代初，有关领导考虑紫云轩光线不足，不利于毛泽东工作和健康，就想改造一下，但是毛泽东始终不同意改建中南海的建筑，说这是文物建筑。然而，在毛泽东一次外出工作期间，有关部门在没有请示毛泽东的情况下（担心请示后不同意），就自作主张改建了毛泽东的起居室和春耦斋。虽然没有大的破坏，也基本保持了原貌，但是毛泽东回来后发现木已成舟，非常气愤，一怒之下搬出了紫云轩，住进了游泳池。毛泽东住的是游泳池的附属房间，虽然不便于生活和工作，可是他一住就是几年。几年后，毛泽东的怒气逐渐消减，才回到紫云轩居住。

毛泽东曾在玉泉山住过。当时为了毛泽东锻炼身体的需要，未经他的同意工作人员便在他的住所建了一个游泳池。毛泽东知道后，感觉自己特殊化了便离开了玉泉山。

尽管王鹤滨是毛泽东的保健医生，但还兼顾其他中央首长的保健任务。“总理的工作是最忙的，也是最辛苦的。我到西花厅去时，经常看到总理坐在马桶上还得要办公。为了安排国家的大事和外事活动，他常常是在主席入睡以后才去休息。因此，总理经常通电话给机要秘书室，甚至直接给主席的卫士值班室打电话，了解主席的生活、工作情况。这样一来，总理入睡也要经常靠安眠剂的帮助了，这好像也是中央领导层中多数人的通病。”

刚进中南海不久，王鹤滨第一次为周恩来看病。那天，傅连暲带着王鹤滨和金茂岳去给周恩来检查身体。周恩来经常流少量鼻血，这虽然不是什么大毛病，但总是一种折磨，他也没有更有效的办法，就用盐水棉棒擦洗的方法，来减轻这种折磨。经过检查，王鹤滨发现周恩来鼻中隔左侧的黏膜上，有麦粒大小的浅表性溃疡面。王鹤滨把自己检查到的情况，向周恩来、傅连暲、金茂岳讲了，周恩来问：“如何治疗呢？”“可以用硝酸银轻轻地腐蚀一下，以促进溃疡面的愈合。”王鹤滨认为处理起来并不难。周恩来听后，带着微笑表态说：“那好啊！就试试看吧！”可金茂岳当即表示反对：“不行！不要把鼻中隔腐蚀穿了！”王鹤滨觉得金茂岳是妇科专家，这方面的治疗可能没有经验，但他是位老大夫，不好与他争论。傅连暲没有表态。这等于是把王鹤滨的治疗方法否定了。许多年后，王鹤滨回想此事时说，如果他那时业务水平高些，一剂中药便可以把这点儿小病治好，就不会让周恩来一生受此小病拖累了。

开国大典之后，毛泽东访问苏联。这是毛泽东首次离开祖国的土地，同社会主义阵营的领袖斯大林会面，这是当代中国史上很值得关注的领袖异国之旅。一般情况下，王鹤滨都要跟随，但是这次王鹤滨缺席随行。可能是当时许多领导还没有配保健大夫，主席考虑王鹤滨与他随行就不能照顾留在国内的其他领导人，而且当时苏联的医疗水平比中国高，万一在苏联出现什么病变，可以得到及时而有效的救治，用不着这边再去医生跟随。

当年，为了确保毛泽东的安全，不让他乘坐飞机出行。因此，1956 年以前，毛泽东一直没有乘飞机出行过。但 1956 年以后，在毛泽东的一再坚持下，曾几度乘飞机到外地。毛泽东外出乘坐轿车时，车内的坐法也有讲究。毛泽东坐的是斯大林送的防弹车“吉斯”，俗称“七人房”，可以隔成驾驶和乘坐两个空间。一般情况下，汪东兴坐在司机周西林的右侧，叶子龙和王鹤滨坐在毛泽东的前面可折叠的弹簧靠背椅上。如果车内再坐进来一人时，王鹤滨就“升级”坐在毛泽东的右侧。这种坐法，是根据工作任务安排的。

1950 年，中央办公厅行政处处长伍云甫调离中南海，任中国人民救济总署秘书长。中南海里的医疗保健工作由行政处管。伍云甫临走时，行政处副处长罗道让叫上了办公室主任田畴和王鹤滨一起为伍云甫饯行。席间，本来不会喝酒的王鹤滨也乘兴喝了一小盅白酒。这时，刘少奇的卫士长石国瑞突然来了，说刘少奇有些不舒服，请王鹤滨赶快去看一下。

王鹤滨急忙跟着石国瑞去了刘少奇的办公室。在给刘少奇检查身体的过程中，王鹤滨低着头，始终不敢抬一下。他也不敢多说话，怕酒气从口中喷出来。刘少奇坐在办公室桌旁的靠背椅子上，疲惫地闭着双眼。王鹤滨检查了他的心肺，在量过血压后，认为刘少奇感到头晕不适是由于过于劳累引起的。他别过脸对刘少奇说："您是工作太累了，休息一下就会好的，不用吃药。""好！"刘少奇低声道。王鹤滨随即退出了刘少奇的办公室，但他的头仍旧不敢抬起来。他异常忐忑，总觉得纵然自己一直低着头，刘少奇大概还是会看出他喝了酒，自己带着酒气出诊，是很不应该的。

虽说刘少奇没有批评王鹤滨，但王鹤滨从那以后，在中南海工作期间再也没喝过一口酒。在王鹤滨印象中，刘少奇见到他总是面带微笑，但是话语从来不多。这可能是刘少奇长期在白区工作时养成的工作习惯。

中南海静谷大院内有座"凸"字形的单层建筑物，即"春耦斋"，这里是中南海大院里居民们的游艺场所。每周六晚，都会在这里举行交际舞会或放映电影。在王鹤滨的记忆里，舞会时，毛泽东进舞场常是身边工作人员或孩子以劝他做体力活动而被"请"、"拉"去的，每次不超过半小时，且常常是迟到早退，跳几场"应付"一下就退场。王鹤滨说，主席也知道运动的好处，但新中国成立初期百废待兴，又加上抗美援朝战争，从繁重的工作中偷闲一会儿也是难得的。"主席的舞姿别具一格。由于他体态丰满、魁伟，在跳舞场中可就显得不那么灵活了。他右手抬得很高，左手又放得较低，这样运动起来，左右臂一上一下，像抖空竹一样，也像一叶小舟在海浪中颠簸，随浪低昂。在旋转时，他脚下划的线是带棱角的。这样转动时，舞伴也随着他的动作突然一拐。主席在横跨、前进、后退、打转时，都迈着大步，而且长短不一。每动作一步之后，又有一个小的停顿。"

在王鹤滨看来，毛泽东的舞姿有如他的书法艺术，跳舞时他似在挥毫泼墨，随意挥洒，毫无矫揉造作，任其自然。这样一来，毛泽东的活动量可能比谁都大，达到了体力活动的目的。

在中央五大书记中，坚持跳舞时间最长的是朱德。朱德年龄最大，常常是来得最早、走得晚，坚持到底，舞会散了才回去。朱德跳舞严肃认真，步法不太灵活，形似散步，几乎每曲必舞，连续不断，很少歇场。"朱德的舞步是慢旋律的，舞姿从不变动。像推磨的样子，推着舞伴坚韧不拔地前进。旋转也是一样：不管是跳荡的三拍乐曲，还是比较庄重的四拍的乐曲，他都以不变应万变地踏步前进。”

刘少奇住在万字廊，与春耦斋只有一墙之隔，舞池的音乐奏起就会立刻传到他的寝室和办公室，他也很少跳到终场。王鹤滨说，刘少奇跳舞时上身笔挺，动作敏捷，有时稍有些跳跃，带有秧歌舞的风采。

周恩来并不经常来，他住得最远，也是工作最忙的一个。王鹤滨说，周恩来跳舞时总是面带笑容，步法轻快，舞姿飘逸，神态风流倜傥，在舞会上是少有的一流交际舞家。王鹤滨记得，一次周恩来与影星白杨共舞，马上引得众人的目光集中起来，欣赏他的舞姿。

王鹤滨认为，久坐办公室的人，多做些体力活动，无疑是非常重要的，增强了体力也就增强了脑力劳动的强度、耐力，提高了工作效率，减少了由于血液循环减慢而引起的心脑血管疾病，这对年事高的脑力劳动者尤其重要。

毛泽东跳交际舞每周最多也就一次，而且跳几曲就退席了，很少能参加到底，散步也不多。游泳是非常好的体力活动方式，这是毛泽东在青年时期就喜爱的体育运动，但是在后来也难以为继。至于打乒乓球，也是“百日”难遇。如何加强锻炼，这是王鹤滨作为中央领导人的保健医生一直思考的问题。最后，他想到采取被动性的肌肉运动或锻炼，即保健按摩。

于是，他们请来高级护理师王力训练卫士学习按摩技术。经过短期的训练，卫士能够进行按摩。在毛泽东睡前，由值班卫士给他按摩肢体，促进血液循环，使供应大脑的血液量相对减少，减少大脑的兴奋，易于入睡。

近距离接触不一样的“紫云轩主人”

王鹤滨既是毛泽东的保健医生，也是毛泽东的生活秘书（中央办公厅任命，军委卫生部批复为“卫生技术一等二级”）。中央领导各自身边的工作人员后来组成了一个个小的工作班子，这些工作班子都称为“组”。按中央领导的排名顺序，毛泽东的小工作班子为一组、刘少奇的称二组、周恩来的称三组、朱德的称四组，任弼时逝世后，陈云的称五组……

王鹤滨一直把毛泽东保健医生的工作当作自己的主要任务，也兼任秘书一组组长。一组的人员有内勤卫士、外勤卫士及保健科派来的医务工作人员、行政处的管理员、厨师及理发师等。“主席的身边工作人员，尤其是卫士，真可用主席的‘影子’来比喻，主席走到哪里便跟到哪里，国家任何级别的会议都会跟去，甚至政治局会议也离不开这些卫士。我们身边工作人员就像他老人家的影子一样伴随着他，这使他感到不舒服、不自由，他不止一次地表示过这种感觉。他曾说过‘我是国家主席，你们是革命战士，如果说不同的，我也能说出几条：第一，我不如你们自由、随便……’”

据王鹤滨介绍：在日常的保健工作中，差不多每日要观察一下毛泽东的健康情况，如睡眠好坏、血压高低、心肺有无异常、限定安眠药用量等，并都记录下来；还曾用数个月的时间，由朱宝贵等人对毛泽东的饮食摄入量、热量以及食物中蛋白、糖、脂肪、维生素、盐类的含量进行了计算。

吸烟是毛泽东的不良嗜好，而毛泽东是靠香烟的刺激提高大脑的敏捷度。在一段时期内，身边人向毛泽东发动了一次促使他戒烟的“运动”。参加的有医护人员、全体卫士、毛泽东的两个女儿，有时叶子龙的两位千金也来助威，尤其是这四个女娃娃兵，执行任务坚决、果敢，她们可以从毛泽东的口中把烟卷拔出来，使他少吸几口，或把糖块放进毛泽东的嘴里，代替吸烟。这些举动，医生、护士、卫士都做不到。遇到这种情况，毛泽东只好笑着任凭孩子摆布。

实际上，毛泽东对吸烟的危害是清楚的，从思想和行动上也愿意把烟戒掉，所以他同意大家所采取的戒烟措施，在他的衣袋里放瓜子、糖块，当想吸烟时以嗑瓜子、含糖块代替。经过一段时间的戒烟实践，毛泽东对王鹤滨说：“烟，我吸进去的并不多，大半是在手中燃烧掉的。没有香烟在手或吸上几口，在思考问题时，觉得缺少点儿什么；有了香烟在手，就好像补充了这个不足，糖和瓜子都起不到这种作用。”至此，用瓜子和糖块来戒烟的手段以失败告终。

在戒烟的措施中，王鹤滨等人还想了个办法，就是把一支香烟截为两段，每次只点燃半支香烟，毛泽东欣然接受并且坚持了下来。

毛泽东喜欢喝酽茶。绿茶泡开后，水约占容量的三分之一到二分之一的程度。医护人员对毛泽东喜欢饮用酽茶的习惯从不干涉，但茶叶中含有单柠酸成分，常喝浓茶易引起便秘。为了提高大脑的工作效率，毛泽东喜欢饮用大量的浓茶，加上毛泽东喜欢吃辣椒，更易引起便秘。为此，身边医护人员增加他饮食中蔬菜的比重，即增加粗纤维含量，毛泽东也自觉地吃粗米饭，增加肌体活动，再加上被动的按摩及散步、跳交际舞等，使便秘得到一定的缓解。

毛泽东的晚睡习惯，可以说陪伴了他一生。这种习惯的养成，王鹤滨认为来自两个方面，一是多年的战争生活，使得老一代的革命家产生了特殊的适应能力；二是他的地位要求他比一般人拿出更多的时间工作，他不得不用晚睡的办法挤出睡眠时间来奉献。为了挤出更多的时间工作和学习，毛泽东用香烟、酽茶调动大脑的活动能力，把精力放在夜间，工作起来少受外界的干扰。

毛泽东有一只手表，表带是黑色的，表壳是金黄色的——镀金被磨去不少，已露出了铜质的黄色。这只手表是毛泽东1945年去重庆与蒋介石和谈时，郭沫若送给他的瑞士欧米茄表。表中等大小，是男女都可以戴的通用型，不过戴在毛泽东粗大的手腕上总觉得小了点儿，似乎不太般配。毛泽东尽管一直戴着这块手表，但是对这块手表并不“关心”，手表也就常常处于停摆的“罢工”状态。王鹤滨推测，毛泽东平时是不看表针所指的时间的，因为表针指的时间对他的工作、学习、生活来说在通常情况下是没有多大意义的。

毛泽东戴手表不是为了摆设，更不是装饰品，而且确确实实经常戴在手腕上，那一定是要派用场的。毛泽东所驾驭的时间轨迹，与国家机关所执行的作息时间安排是不同的；但是有时这两种不同的轨迹在运行中有相交的时候，在这种情况下毛泽东的手表就要起作用了。王鹤滨不止一次看到，毛泽东划定时间起床，多数是被迫由值班卫士在约定的时间内叫醒的：因为要急着去开大型的会议，或者是要接见外宾，接受外国驻华大使呈递国书，此时毛泽东自己控制的时间运行轨迹必须中断，不得不转到国家规定的作息时间轨道上，或者约定协商都能接受的作息时间的轨道上。每每这个时候，毛泽东看看自己手腕上正处于“罢工”状态的手表，把它取下来，用粗大的拇指和食指稍带笨拙地扭动着表把，转上几转发条并按卫士告诉的时间，把表针拨一下，对好表，戴回手腕上……

开始，毛泽东身边的工作人员总是按照国家所规定的作息时间表去请毛泽东吃饭、休息、睡眠。毛泽东答应吃饭了，值班卫士把饭菜摆到餐桌上，因为他的工作尚未结束只好等着，以致饭菜都凉了，只好提回厨房，重新热过，有时甚至把饭菜重新加热达三次之多。经过一段时间的观察，大家发现毛泽东的工作时间是按照另一种方式进行着——他是按照工作的需要安排时间的，加班加点对他来说就变成了必然的常规。只有在外界的干扰下，才打乱一下他的时间运行轨迹，如参加外事活动、大型会议或集体活动等。

“王医生，吃两粒安眠药吧？”一天，毫无睡意的毛泽东计算着，数小时后他要接见外宾，此时却无睡意。等睡意到来时再去睡觉，就会耽搁了接见外宾所约定的时间，如果不睡上一觉，接见外宾时正值睡意太浓就不好了。

毛泽东提出一次服下两片安眠药，想使药的作用力大些，快点儿使他进入睡眠状态。王鹤滨表示同意。王鹤滨说，毛泽东根据自己的需要使用着时间，最大限度地使用时间，把时间用到工作上去，只要那件工作没有干完，只要自己的体力和精力能支持得住，他就一直干下去。他仿佛不知道时间里有昼夜之分，而只有工作、吃饭、睡眠之别。

毛泽东曾有一头浓厚的黑发，一直蓄着。从他参加中国共产党第一次代表大会到长征路上、到陕北，解放战争时期都留着较长的头发；进北平后，他的头发稍短了些，但他并不着意修饰，任其自然。王鹤滨说，只有外事活动，或大型会议之前，出于礼节上的需要，毛泽东才请来理发师王惠给自己理理发或刮刮胡须。在王鹤滨眼里，毛泽东是位不爱修饰边幅的人，随随便便，生活上也不讲究吃穿。

毛泽东吃饭不像常人那样按时、按顿很有规律。王鹤滨说，毛泽东常常是被值班卫士提醒或催着才吃一顿饭，要保证他在24小时以内吃上三顿饭是一件非常不容易的事。如果做好的饭菜，不管是什么原因毛泽东吃得很少，就成了大家的负担，当班卫士的心情就更加沉重，认为自己没有尽到责任，交接班时会皱着眉头叹息一声：“唉！”然后带着自疚的神情向下一班交代着：“你看！这餐饭主席没有吃多少！”假如毛泽东这顿饭吃得很高兴，又吃得多些，可以从值班卫士交接班时那春风得意的神态上看出来。

这样，毛泽东喜欢吃什么菜，就成了身边工作人员观察和研究的重要课题。不管是医生、护士，还是卫士、厨师，都想发现毛泽东喜欢吃什么菜的“秘密”，因为毛泽东从不“点”什么菜，任由厨师去做。但是，大家观察了很久，还是搞不清楚毛泽东到底喜爱吃什么菜。

在一段较长的时间里，因为王鹤滨经常陪毛泽东吃饭，这个观察任务就自然地落在王鹤滨的身上。饭不能白吃，每餐饭后王鹤滨都得向值班卫士或厨师报告自己观察的结果：毛泽东吃了多少饭，哪个菜吃得多些，等等。

一次，值班卫士张仙朋提着撤下来的剩饭菜，拉长着脸对王鹤滨说：“王秘书，上顿饭你说毛主席炒青蒿吃得多，喜欢吃，你看！这顿饭，炒青蒿菜几乎连动都未动！”张仙朋说着，打开木质的提饭盒，让王鹤滨看了看那碟未动的炒青蒿，接着他带着责备的口气抱怨地说："你怎么观察的呀！"说罢，张仙朋鼓着腮帮子走开了。

王鹤滨知道，张仙朋抱怨自己提供的"情报"不真实，此前厨师老廖也有类似的反映，也怨自己提供的"情报"不确切。王鹤滨也没有搞清楚这是怎么回事，心想，我没有观察错呀，奇怪！

以后经过多次观察，王鹤滨才明白，原来毛泽东吃得多的菜，都是离自己近的"门前菜"，距离远一点儿的就吃得少一些，这与卫士或厨师放菜的位置有关。这样一来哪个菜吃得多些、哪个菜吃的少些，随意性就很大了，所以很难掌握住规律。

王鹤滨认为，如果说毛泽东的饮食习惯有什么特点的话，那就是带有湖南人的饮食习惯。平时，毛泽东主食吃大米多些，几乎每餐都有，有时加点儿白面花卷、烧麦之类，只能说是点心。毛泽东爱吃的，或者准确地说是每餐都有的，就是湖南厨师老廖亲手做的带辣味的腐乳，炒的或炸的辣椒段，是很辣的尖尖的辣椒，而不是辣味很少甚至带点儿甜的柿子辣。炒菜中常有苦瓜、青蒿、空心菜、芹菜，多是些绿色的纤维多的带特殊味道的青菜。

大家知道了毛泽东爱吃"门前菜"，事情就好办多了，厨师可以主动地替毛泽东变换菜的品种甚至口味，而不必担心他爱吃不爱吃。值班的卫士们也不需要每天看着撤下来的饭菜，根据其多少判断毛泽东对饮食的爱好，少了不少担心……

有的人喜欢吃瘦肉因为瘦肉有嚼劲，有的人喜欢吃肥肉因为肥肉香；有的人觉得瘦肉偏硬、难以嚼烂，有的人觉得肥肉腻、难以下咽。可唯独红烧肉这道菜，肉是五花三层，经过制作之后肥而不腻。红烧肉是热菜菜谱之一，以五花肉为制作主料，红烧肉多以砂锅烹饪为主，口味属于甜味。曾有大量文章介绍毛泽东爱吃红烧肉，于是有了"毛氏红烧肉"一说。王鹤滨回忆说，毛泽东吃肉是多样的，自己见到主席吃猪肉通常是肉丝炒竹笋或是肉丝炒青菜、清炖肘子等，"我在他老人家身边工作的时间里，很少见他吃红烧肉，甚至记不得主席是否吃过红烧肉"。

其实，王鹤滨曾向毛泽东建议少吃动物油和肥肉，毛泽东也从未向王鹤滨提出想吃所谓的红烧肉。有关"毛主席爱吃红烧肉"的传说，王鹤滨认为也许在战争年代能吃上一顿红烧肉的确难以忘怀，主席曾向身边工作人员回忆过当年吃红烧肉的感受、提出过想吃的要求，但是自己在主席身边不曾见过他吃红烧肉。1962 年春节期间，王鹤滨夫妇去中南海看望毛泽东，毛泽东留他们吃晚饭。卫士李银桥把饭菜端上来时说："为还苏联的债，猪肉出口了。毛主席指示，不要给他吃猪肉。你们来了，也没有肉吃，但是你们要吃好啊。"

毛泽东很少吃水果，一方面吃水果费时间，更主要的是他的牙齿咬耗较重，对冷、热、酸很敏感。因此，增加毛泽东水果的食入量遇到了困难。卫士李家骥想出了个办法，把梨子或苹果削皮去核，然后稍加点儿糖，放在碗里蒸熟后再吃，毛泽东满意地说："这样，我就能吃水果啦，不费时间，牙齿也不疼痛。"于是，李家骥的方法很快就在值班卫士中推广开来。王鹤滨认为，这个办法虽然把水果中的维生素 C 几乎破坏掉了，失去了吃鲜水果的意义，但是毕竟使身体摄取了不少有益的成分。

一天，中央警卫局分管行政事务工作的副局长田畴在玉泉山找到王鹤滨，就毛泽东卧室里该放一块什么颜色的地毯进行咨询。王鹤滨认为光线、色彩对人的视觉卫生和精神卫生来说是不能忽视的。"红色刺眼，给人以兴奋的、激烈的、热的色彩感觉。对性格急躁、易怒的人来说最好不要用红色地毯。绿色对视觉有益，给人以欣欣向荣的、生机勃勃的视觉感，这种颜色，夏天较宜，在冬天又嫌色调偏冷。那么，什么颜色适合于主席的视觉卫生呢，我想到延安的黄土地，土地的色彩是人类接触得最多的颜色，于是我建议选用土色。就这么定了下来，当地毯织成后放在主席卧室，我又看着'土'了些，我应该多作些调查研究再表态，可能更好些。比如，夏天主席在玉泉山住得时间久些，绿色则较适合，或者在土色的基础上加些绿色的花纹就更好了，还有装饰美感。"

在王鹤滨的记忆里，毛泽东的一次午夜散步让他难以忘却。那是一个初冬的夜晚，值班卫士王振海突然闯进王鹤滨的寝室，用一支大手电筒照着王鹤滨，一边推着他，一边小声而急促地说："王秘书，起来，主席要去散步。"

王鹤滨从睡梦中醒来，急忙穿戴整齐向外面走去，借着路灯灯光看了一下手表，指针指向凌晨 1 点多。大概是主席轻松了一些，想活动一下筋骨、松弛一下紧张的神经。

司机周西林已将车停在丰泽园大门的东侧。汪东兴、叶子龙、王鹤滨和两位卫士随毛泽东一起挤进"七人房"。车出了西苑门向北驶去。

人们早已进入梦乡，毛泽东透过车窗饶有兴致地看着眼前的街道、店铺及各式各样的民居。车沿景山东街开到鼓楼，然后折向西，最后拐进通往什刹海的一条斜街（倸卫士胡同）。毛泽东示意周西林停车，一行人走下车在短短的胡同里散起步来。毛泽东兴致勃勃，谈笑风生，但怕惊动了睡梦中的市民，大家低声说笑着。在王鹤滨的记忆里，毛泽东踱着平缓的步伐，有时将双臂倒背，有时又将双手展开，边说边比划着。

不远处，就是豆腐池胡同。1918 年 6 月，杨昌济应北京大学校长蔡元培的聘请，任北京大学的伦理学教授，杨昌济到北京后就住进了豆腐池胡同 9 号（今 15 号）。杨昌济到北京后，积极为赴法勤工俭学筹措经费，号召湖南有志青年出国学习救国之术。他写信给蔡和森、毛泽东，商讨如何让湖南学子到西方勤工俭学拯救中国。当年 8 月 19 日，为了新民学会成员出国留学的事宜，毛泽东第一次来到北京，住进了豆腐池胡同杨昌济家中靠近大门的一间屋子里。王鹤滨心想，当夜散步，也许是主席对年轻时代革命行踪的一次巡礼……

口罩与书屋背后的红色传奇

一天下午，毛泽东醒后没有起床，王鹤滨照例去他的卧室了解他的健康情况。毛泽东穿着带补丁的毛巾布睡衣半卧着靠在床头的栏杆上，颈背部垫了个软枕头，下身还伸在被窝里。王鹤滨了解了一下健康情况，测量了一下血压后正要离去，毛泽东放下手中的古装本书籍，侧过头来说："你们医生看病人时，戴着大口罩，是为了爱护病人？还是为了保护你们自己？我看是怕病人把疾病传染给你们？对吧！不然为什么住在病房里的病人，不都给戴上口罩哩！？"说完，毛泽东用目光审视了一下眼前的王鹤滨。

透过毛泽东那一瞥的眼神，王鹤滨感觉主席对医疗界的同行们这样对待病人不是全心全意地为病人服务、认为医生首先考虑的是自己而不是病人——这是职业上的自私。

王鹤滨听后，总觉得不是滋味。当时，王鹤滨没有马上回答毛泽东。

王鹤滨曾在较长的时间里被这个问题困惑着。"我想，医生戴口罩是无可非议的，医生容易被病人传染上疾病，这是医务人员，包括医生在内的职业性危害。白求恩大夫就是因给病人做手术时划破了手，被病菌感染而死的。医生看病人或为病人检查身体时戴口罩，对医生对病人都有好处，这是不用申辩的。但是，在戴口罩这件事上，主席看问题的角度非常尖锐而深刻，他看问题、提出问题的基本出发点是群众。无论做什么事都一样，首先要考虑的应该是所服务的对象。本来，医院里病人的交叉感染是个重要问题，一直是医院的重大课题，却没有人像主席那样从这种角度提出来。当然不只是戴口罩问题。首先要把病人保护好，不使他（她）发生另外的感染。”毛泽东提出的口罩问题如此尖锐，迫使王鹤滨反复地问自己：“如果口罩没有防病作用，为什么要戴它呢？如果口罩有防病作用，为什么不给医院里的病人都戴上口罩呢？”王鹤滨思来想去无法反驳毛泽东提出的论点。

忆及口罩的事，王鹤滨说自己还真的遇到一次毛泽东的目光“训斥”。那是毛泽东视察湖北省大冶钢厂的时候，高炉间里温度很高，矿物粉尘和粉尘气溶胶浓度也很高，仅仅凭那散发出来的硫磺味就可以判定。王鹤滨的提包里放着二十多个口罩，毛泽东一行人可以每个人戴上一个，虽然它对防护气溶胶和硫磺味道无能为力，但可隔阻不少的粉尘颗粒。王鹤滨想，如果毛泽东不戴，别人是不会戴的，包括随他来的李先念、罗瑞卿、杨尚昆等人。于是，王鹤滨偷偷地从手提包中抽出一个洁白的口罩，悄悄伸向毛泽东。

当手被触动时，毛泽东用目光扫视了一下那个洁白的口罩，随即他的右手作砍刀状向右下方用力果断地砍去，同时他的目光像两把利剑向王鹤滨刺来。王鹤滨知道，毛泽东喜欢用手势表达他的意思，他在日常生活中用“手语”，多数是为了节省时间，手一摆动可以省去一句或两句话，再一种手势则是加强语势的力量，并且在特殊的场合配合目光可以表达不可言喻或不可直言的意思。

王鹤滨明白了毛泽东的“手语”与目光所表达的意思，便快速将口罩塞进提包里。毛泽东不愿意用这个洁白的口罩把自己与周围的人隔开来，尤其是不能与正在操作的工人们区分开来，因为他们在这种环境里工作，离发射粉尘的高炉最近，吸进去的粉尘和有毒的气体最多……王鹤滨当时很奇怪，在这样的环境里工作，怎么没有相应的防护措施，连一个简单的口罩都没有。

为了工作上的便利，领导后来把王鹤滨安排在菊香书屋大门对面的一套西房里居住。在菊香书屋的院子里，毛泽东身边的工作人员特别注意从两个房间里射出来的灯光，一是办公室的灯光，一是紫云轩起居室的灯光，尤其是紫云轩的灯光，这灯光是显示毛泽东活动的讯号。王鹤滨说，大家对这一讯号的关心，就像行车时注意红绿灯一样。其中，紫云轩的灯光，就是毛泽东生活中的信号灯。

毛泽东右侧的床头桌上放着一盏台灯，只要他醒着，那盏灯总是亮着的，伴着毛泽东读书。灯光下，他半躺半坐，或者侧卧着，或用右肘支持着上半身的重量阅读……直到他极想入睡的时候，或不能不睡的时候，才将灯拉熄。

在紫云轩起居室里，半床的书籍保证了毛泽东几日内不会读完。王鹤滨说，毛泽东为了看书方便，才把书放在了自己的身侧，即仰卧时的左侧。为了使半床书能平稳地放在床上，毛泽东不得不把床上的弹簧软床垫撤去，换上相同大小的硬木板。毛泽东读书很认真，除了用眼、用脑外，还要动手，将阅读中激发出来的新认识、新发现、新观点，以及质疑、问题等记录下来。为了寻查方便，对那些古装书籍、借来的图书，只好标记在纸条上夹在书页之间，纸条尚有一部分露在外面。对一般书则直接标记在书页之上，或作眉批，或记旁注，或用一些"△，○，-，×"等符号标记，还有各种线条：斜的、波浪形的、单线条的、双线条的或三条线的……要破译这些符号的含义，尚要一番精心的"考证"工作。毛泽东未看完的书籍，或刚看过、还需要看时，则卷着摆在顺手的地方，或枕旁，或书堆上。他没有折书页的习惯，这可能与毛泽东年轻时在北京图书馆做过一段时间的图书管理员有关。"主席对书是特别亲切的，一有时间，他在院子里就拿着书看，外出的时候总是带着书。"

在毛泽东的倡导下，在中南海机关大院内，专门为青年卫士和职工们办了一个业余学校，有七十多人。王鹤滨记得，毛泽东还以自己的名义请来五位老师开设了语文、数学、地理、政治、自然等课程。教室就设在一个平房内，大家利用业余时间来学习。

当年，毛泽东总是以没时间看《参考消息》为借口让王鹤滨来读给他听。"他让我注意一下《参考消息》，有些国际性的动态呀，给他讲一讲。他说自己时间很少，我应该用他的稿酬，订一些报纸，譬如香港的报纸，不管什么观念的，不管是左的右的，都买来看，看到一定程度的时候，就产生观点了。"王鹤滨后面明白了，毛泽东的这种做法，实际上是为了锻炼和培养年轻人洞察世事的能力。

在王鹤滨眼里，毛泽东不仅是一位大诗人，也是一位大书法家，从他独创的书法形态中可以感受到他刚柔并济的性格特点。毛泽东经常读帖，数量也相当多，但未见他临帖，他的书法自成一体，用笔洒脱，不受拘束，从不是把字体凝缩在中宫，而是充满在格子内，下笔便冲出乌丝栏。

北京医院的前身是北平有名的四大医院之一"德国医院"，创立于 1905

年。解放后，北京医院加强了技术力量，承担起中央机关、各部委领导人员的医务保健任务，并新建了门诊部。1950 年 2 月，北京医院门诊部落成时，中央军委卫生部副部长傅连暲找到王鹤滨，请他帮忙请毛泽东为北京医院题个匾，并将准备好的一张宣纸交到王鹤滨的手中。

王鹤滨欣然接受下这项任务，拿着宣纸回到中南海，径直走进菊香书屋。正在伏案工作的毛泽东见王鹤滨站在办公桌旁等待，就放下手中的工作，问他有什么事。听说是为北京医院题写匾额，毛泽东爽快地答应了。

毛泽东站了起来，把正在看的文件推向一侧，然后把宣纸铺在桌面上，把四尺生宣纸横着用纸刀裁成三等份。这时，王鹤滨忙着把写字台上的铜墨盒盖子打开、放好。毛泽东从笔架上抽出一支兼毫毛笔，蘸饱墨汁，用目光在纸面上扫视了一遍，略端详了片刻，凝神定虑之后，大笔凌空而下，挥洒出雄浑而遒劲潇洒的“北京医院”四个大字。

很快被截开的三张纸都写上了“北京医院”四个字，毛泽东把三张字展开在写字台上，对比了一下：“就拿这两张去吧！由他们选一张用。”王鹤滨急忙接过这两张，等字迹完全晾干后才卷起来，另一张“在主席的手中被揉成了一团，投进了废纸篓中”。

王鹤滨兴冲冲地走出办公室，甚至忘记了帮助整理桌面、把用过的毛笔洗一洗。北京医院院长周泽昭看到王鹤滨送来的主席墨宝，高兴坏了：“谢谢你，王医生。这是毛主席对我们北京医院全体职工的鼓舞，请你转达我们对毛主席的敬意和谢忱，我们马上把匾做好！”

王鹤滨晚年也爱上了书法，且不少书画作品在一些大展中获奖。王鹤滨说，毛泽东学习过历代书法大家，又好像没有专门师从过哪位书法大家，而是博采众长，融于笔下“化为我用”。他认为，在新中国诞生之前，毛泽东的书法风格是刚以达志为主，显得雄强刚健，洋溢着阳刚之美；新中国诞生之后，则向外柔内刚、柔以抒情的方向发展。“主席最高的书法艺术成就，应该是他的行草。”

王叔叔成为毛家孩子“家长”的内情

1951 年 1 月初的一天，在菊香书屋院内，中央办公厅机要室主任叶子龙手拿着文件给毛泽东送去，在办公室门口遇到王鹤滨，低声而沉痛地对他说：“岸英牺牲在抗美援朝的战场上了。主席尚不知道，还瞒着他哩，怕他知道后精神上受不了，这是周总理的指示。”

王鹤滨明白叶子龙的话，他是怕自己有意无意地把这噩耗泄露给毛泽东。这突如其来的不幸消息，使王鹤滨震惊。王鹤滨记得第一次见毛岸英，是在1946年初夏的一天：当时中央门诊部组织了一些医生和护士到杨家岭，为从新疆盛世才的监狱中放出来回到延安的同志们检查身体。走到村口时，王鹤滨看到两个衣着西装的青年正坐在村旁的石头上谈论着什么。于是，王鹤滨好奇地问了身边的一个护士，才知那是刚自苏联回来的毛岸英与毛岸青。一个月后，王鹤滨受傅连暲委派，给毛岸英检查眼睛。毛岸英此时给王鹤滨的印象是端重、沉着、性格稍内向，但从衣着装束仪态看上去又是随和、温文尔雅的。进北京后，王鹤滨尽管在毛泽东身边工作，但很少见到毛岸英，只有在假日，才见他回来看看他的父亲和弟弟妹妹们。毛岸英和刘思齐结婚不久，正是新婚蜜月之际抗美援朝战争爆发了，他立即自愿投入抗美援朝战场，在志愿军总部担任俄语翻译和机要秘书工作。王鹤滨没想到毛岸英竟牺牲在了朝鲜战场。

时间过了不久，王鹤滨来到菊香书屋院内，见叶子龙正从毛泽东的办公室里走出来，与他打了个照面。叶子龙忧郁地对王鹤滨说：“没办法，岸英牺牲的事，主席还是知道了。”王鹤滨表示自己没有向任何人透露过这件事，便追问是谁告诉主席的。叶子龙无可奈何地说：“我送文件给主席，尚未离开，主席就带着怒气发话了：‘把岸英调回来，他怎么搞的，把材料写成这个样子，不但没有进步，反而退步了？！’主席发了脾气，他不知道岸英是调不回来了，我只好向他讲岸英同志牺牲了，这是另一个翻译同志写的……我接着讲了岸英同志牺牲的经过，主席听后惊呆了……”

刘思齐曾向毛泽东提出把毛岸英的遗体运回祖国安葬，但毛泽东一句“青山处处埋忠骨，何必马革裹尸还”打消了刘思齐的想法。刘思齐后来离开毛家，改名刘松林，与一位空军干部组建了家庭，生有两个孩子，这是后话。

有一次，王鹤滨了解了毛泽东的健康情况后正准备离开，毛泽东将一个大信封递给王鹤滨，请王鹤滨拿去研究分析一下。原来，里面是一叠毛岸青写给父亲的信，信中详细叙述了他的思想活动，描述了他脑子里一个小家伙的情形，他时而与脑子里的小家伙作各种斗争，时而又与脑子里的小家伙和好，谈谈笑笑……王鹤滨阅读着信件，心情越发沉重起来：主席是多么的不幸啊！长子在抗美援朝前线牺牲不久，次子的精神分裂症又加重了。

毛岸青的病是因为当时一位有名的俄文笔译家剽窃了他的文章，贪污他的稿酬，使他遭受了巨大的打击而引发。另外，毛岸青幼年生活极其悲苦，流浪上海街头，心灵遭受过极大的摧残也是一个原因。

原本不想因为自己的孩子有病去麻烦苏联政府，最终毛泽东还是接受了王鹤滨的建议，决定送唯一在自己身边的儿子去苏联就医，以尽父亲之责。此时，毛岸青已无能力控制自己，只好派了两个强有力的卫士护送他，以防发生意外。

1954 年 11 月，王鹤滨去苏联留学，曾去中国驻苏大使馆请有关同志带自己去医院看望病情还算稳定的毛岸青，随后将毛岸青的情况写信给毛泽东，信里还装上了毛岸青在苏联的画作。

1958 年 6 月，王鹤滨从苏联学成归来，被分配在北京医院工作过一段时间。毛岸青回国后，王鹤滨曾与有关专家一起为毛岸青会诊过，提出过医疗和疗养方面的方案。

长子毛岸英洒血异国他乡、次子毛岸青因病被送往莫斯科治疗不久的一天，毛泽东忽然听说失踪的三子毛岸龙（与毛岸英、毛岸青都是杨开慧所生）、四子毛岸红（贺子珍所生）有了下落，王鹤滨等身边工作人员都为之高兴。江青也很关心这件事，王鹤滨是从江青与毛泽东议论这件事时才知道一点儿讯息。

虽然经过了一番努力，有了线索，但是不是因为时间、地点对不上，就是由于其他原因确定不下来，结果毛泽东叹息道："不找了，如果他们还活着的话，他们还有养父母啊！"王鹤滨在晚年还为之惋惜，说如果那时候有现代的科学技术水平，不急于否定，做一下 DNA 比对就可以确定父子间是否有血缘关系。

毛泽东很难得和他的两个女儿在一起享受家庭的快乐。在孩子们的心目中，毛泽东既是一位十分重感情的父亲，同时又是一位十分严厉的一家之长。王鹤滨说，毛泽东喜欢淘气的孩子，更喜欢会淘气的孩子。毛泽东反对做父母的干涉孩子们的自由，希望他们能独立自主，不要依赖父母，更不允许他们打着自己的旗号去谋求便利。

李讷取"李"姓，是随其母李云鹤（江青原名）的姓而来，李敏（毛泽东与贺子珍所生）则不同。

李敏出生在陕西保安，生下来时又瘦又小，邓颖超看望时说："真是个小娇娃，一个小娇娇。”毛泽东听了，便说：“对，就叫娇娇！”新中国成立初期，李敏住在中南海时大家都叫她“娇娇”，称呼她时谁也没有加过姓，叫得顺口而亲切。王鹤滨说，李敏的名字是她回到毛泽东身边以后才起的，那时北平已经和平解放了。李敏的姓既独立于其母亲的姓“贺”，也独立于其父亲的姓“毛”，这样也只能与毛泽东曾经的化名“李得胜”的姓挂上钩了。

据李敏回忆，她的名字是毛泽东在她小学毕业要上中学时，才给她起的。当时，她曾经问毛泽东为什么让她姓李，不姓毛？毛泽东没有直接告诉她为什么，而是讲了自己曾经用过的化名“李得胜”的由来。

李敏与妹妹李讷在姓氏上统一起来了，这样毛泽东的儿子取姓“毛”，女儿取姓“李”。王鹤滨认为，二者的李姓来源不同，一个来自毛泽东早年的化名，一个来自江青的原名。“李讷出生时，还没有毛泽东的化名‘李得胜’，这样算来‘李讷’的名字比‘李得胜’的名字还大五岁，所以说李讷的姓与李云鹤有关、与李得胜无关——在延安时，可以说直到现在女孩子随母姓是个‘时髦’。”

江青曾向王鹤滨说，李敏应该回到她妈妈身边去才是。言谈之中表现出一种情绪，想要把李敏赶走。王鹤滨没有理会江青的话，“那时李敏是个孩子，在她爸爸身边或她妈妈身边都是无可非议的，因为江青的话，我反而更加同情李敏的境遇。之后，江青又对我说过两次，我仍然未作反应，她也就不再向我说了。江青的意图过去我从未向李敏透露过，更没有向主席讲过”。

王鹤滨记得，李敏是1963年被迫搬出中南海的。李敏曾说：“要赶我们（指李敏、李敏的爱人孔令华和孩子孔继宁一家三口）走，可又不明着赶、明着轰，反而叫我自己……向组织写个申请说：为了锻炼独立生活的能力，而要搬出中南海。我被迫写了这样的申请。我知道不写不行，不这样写也不行。这是组织上定的，是组织的决定我当然就得服从了，可我心里明白，这样一来，借着我的口、我的手，既可以掩人耳目，又可以（名正言顺地）达到把我们赶出中南海的目的。”

李敏和李讷进北京师大女附中学习时，毛泽东让王鹤滨带她们去报名。校方给了王鹤滨两张学生注册登记表，表上有栏要填写家长的姓名。王鹤滨拿到表后，没敢在学校填写，便带回了中南海，拿着登记表去找毛泽东：“主席，学生注册登记表上有一栏要填写家长的姓名，如何填法？”

王鹤滨拿注册登记表给毛泽东看，意思是自己不好代替他签名，最好由毛泽东把名字填好后自己再带回学校。可是，毛泽东连登记表都没看一眼，就说：“你带去的学生，就填你的名字嘛！”

王鹤滨明白了毛泽东的用意，他不愿意让孩子们有特殊感，也不愿意给校方增加精神负担，或对孩子们搞特殊照顾。这样，李敏和李讷在同学之中也不会被孤立起来。结果，在家长那一栏中填上了“王鹤滨”。

在王鹤滨记忆中，毛泽东经常告诫自己的子女：你们是我毛泽东的子女，处处、事事、时时都要夹着尾巴做人，做一个普通的人。不要说你们是毛泽东的子女。靠我毛泽东不行，还是要靠你们自己去努力、去奋斗。不要把我挂在你们的嘴边上去唬人。

在和孩子们的相处中，李敏和李讷都把王鹤滨当成长辈，虽然王鹤滨比她们的两个哥哥都小一点儿，仍叫王鹤滨王叔叔。当然，不仅对王鹤滨，对其他在毛泽东身边工作的人员、比王鹤滨年龄还要小的，她们也都称作叔叔。

红墙内保健医的健康宝典

延安时期，毛泽东为许多人祝过寿，可是却拒绝别人为他做寿。新中国成立后，人民生活相对稳定下来，这时候人们想为毛泽东祝寿，但他依然坚持不过生日，还说：“不做寿。做寿不会使人长寿。主要是要把工作做好。”步入老年后，毛泽东似乎开始注意自己的生日，但他仍旧不接受别人的宴请，只是在每年12月26日这一天邀请身边工作人员一起吃汤面，餐桌上没有珍馐美味，更没有寿星端坐、接受别人跪拜祝寿之类的旧俗。

1952年12月26日，毛泽东59岁生日（民间习俗为六十寿）。当天，毛泽东醒来后，吩咐值班卫士把王鹤滨叫去陪他吃饭。和往日一样，餐桌上已经摆好了几碟酱菜、辣椒、腐乳等按湖南口味制作的小菜，还有一碟酱牛肉片，没有摆主席平常吃的米饭和炒菜，但多了一盆汤面（长寿面），且桌上还摆着两只盛着红葡萄酒的高脚酒杯。王鹤滨见此，就问主席的厨师：“今天是主席的生日，餐桌上的另外一只杯酒是给谁准备的？”厨师表示不知道。

就在这时，毛泽东走进餐厅，用手势招呼王鹤滨坐在他一旁，端起葡萄酒，说：“王医生，今天是我的生日！咱们不祝寿，但可以吃汤面，行吧？祝寿不会使人长寿，对吧？人活百岁就很不得了喽，哪有什么‘万岁呀’！”毛泽东说完，自己也笑了起来。于是，毛泽东与王鹤滨干怀庆生……

王鹤滨1953年11月离开毛泽东到北京俄语专科学校留苏预备班进修。

这其中当然与他本人渴望深造的意愿有关，但也与江青难以相处有关。王鹤滨说，自己在主席身边工作的那几年里，主席很少生病，印象当中只有一次感冒，打消炎针后，很快就康复了。

早在延安时期，王鹤滨就和江青打过交道，对她的印象并不坏。在解放战争时期，他跟傅连暲西渡黄河给毛泽东等人检查身体，也为江青做过检查。当时江青在回答傅连暲的询问时，言谈随和，笑语风声，衣着朴实，给王鹤滨的印象比在延安时还好。

1949 年 8 月王鹤滨担任毛泽东的保健大夫后，和江青的接触自然更多了起来，他常遵照专家会诊做出的医疗方案，为江青做治疗。当时他为江青做得比较多的是静脉注射，江青对他的注射也相当满意，称他为“神枪手”。王鹤滨认为，此时为江青做的这些治疗，精神安抚的意义远远大于真正的医疗意义。注射的都是维生素、葡萄糖之类的药剂，王鹤滨谓之为“安慰剂”。他认为江青的肌体实际上并不缺乏这些，而是缺乏正常的工作。

王鹤滨说，在 20 世纪 50 年代初，自己所接触到的江青尚无什么权力，只觉得她的精神世界很空虚。渐渐地，由于江青长期不工作，她的脾气越来越乖戾，有时甚至是骄横。她与周围的许多工作人员发生摩擦，而工作人员都出于对毛泽东的敬爱，一再对她迁就忍让。李银桥就告诉王鹤滨：“江青不好相处，有时还与主席吵闹，弄得主席也没有办法，不了了之，让她几分。”

因为江青的性情没有好转，与周围工作人员的关系也日益紧张。王鹤滨与江青出现最激烈的“冲突”，是在全国生产节约运动背景下，由中南海里中共中央的领导人们自觉提倡节约生活开支引起的。当时，毛泽东专门找王鹤滨谈话，要他下决心，把生活开支往下压。王鹤滨感觉已经无法再压了，但毛泽东还是要他想办法。他只好把以往敞开供应的水果，改为定时定量供应。这一改变引起了江青的不满，不论王鹤滨怎么解释，江青都不满意，甚至指责卫士们随便吃水果。这让王鹤滨感到为难……

王鹤滨向毛泽东提出深造的请求，但毛泽东以“我需要你在我这里工作”的理由，两次否决了他的请求。但王鹤滨认为当时毛泽东的身体情况还好，自己也年轻，应该抓住时机，掌握了更高的医术再为毛泽东服务，就又提出了第三次请求。毛泽东终于松口同意了。

王鹤滨随即进了俄语专科学校的留苏预备班学习。当学习结束，王鹤滨和其他学员收拾行装，准备出国的那天，毛泽东派人把王鹤滨叫到了中南海。

见面时，毛泽东首先问道："王医生，要出国学习啦，去多久啊？""我想把基础打得扎实一些，从头学起，用上六年时间，从大学一年级学起。"王鹤滨毫无顾忌地说出了他的最初打算。

"时间太长了。"毛泽东沉思一会儿，这样说道。王鹤滨想到毛泽东曾两次说过"我需要你在我这里工作"的话，自己学六年的打算的确长了些，就改变了主意："主席，那我就去报考研究生，时间短些，学三年。"毛泽东仍旧沉闷着，慢慢地吸着烟，没有再说什么。

1954 年 7 月 2 日，毛泽东想起一件事，派人把王鹤滨叫到身边："王医生，你去留苏预备班找一个同学。我接到她的一封信，她要求见见我，她是一个革命烈士的后代，你找到她后，把她领来见我。"

回到留苏预备班后，王鹤滨按照写信人的姓名、班次找到了女同学陈文新。王鹤滨后来得知，陈文新的父亲陈昌（字章甫）是在湖南师范学习时与毛泽东相识并成为好友的。之后，他们又一起在长沙从事革命活动。1930 年，陈昌被国民党当局逮捕，继而遭杀害。

第二天下午 3 点半，王鹤滨就带陈文新去了毛泽东暂住的万寿路新六所。由于陈文新是学农的，因此毛泽东与她交谈时，一直围绕着农业生产方面的话题。他向陈文新询问了土壤的结构、肥力，土壤的矿物质，植物营养吸收以及中国中南地区的土壤改良等问题。

临分别时，毛泽东主动招呼说："来，合个影吧。"第一次见到毛泽东的陈文新非常高兴，马上站在了毛泽东的身边。王鹤滨想走开，毛泽东说："王医生，你也来呀！"摄影师侯波为他们拍照后，毛泽东微笑着与他们握手告别，鼓励说："祝你们学习顺利！"

1954 年 11 月，王鹤滨前往苏联，开始了留学生活，直到 1958 年获得苏联医学副博士学位。同年，陈文新在苏联季米里亚捷夫农学院获副博士学位。回国后她一直在北京农业大学（中国农业大学前身）从事微生物学教学和科学研究，2001 年当选为中国科学院院士，成为我国著名的土壤与环境微生物学家。

王鹤滨在苏联学习期间，曾于 1956 年的暑假时回来，在北戴河看望过毛泽东。1958 年学成归来后，王鹤滨最初在担负着中国党和国家领导人医疗任务的北京医院工作，做了一名主治医师。这期间，他曾陪同朱德回故乡，陪同彭德怀出访东欧九国，也担任过徐海东和吕正操的"片医"任务……

1962年春节期间的一个傍晚，王鹤滨和夫人去看望毛泽东。王鹤滨的夫人原本叫李莉蓉，她的父亲与叶剑英是同学，她曾被叶剑英以侄女（改名叶阿莉）的名义带到延安，在中央门诊部当护士，就在这期间结识了王鹤滨，并相恋，最终走到了一起。“文革”期间放映的一部电影中有个特务叫阿莉，于是王鹤滨的夫人又改名为叶丹。叶丹曾任北京第二医学院（现北京医科大学）党总支办公室主任，后在中央办公厅人事局医生的岗位上离休。王鹤滨回忆说:“到了主席家，中央警卫局副局长王敬先告诉我‘主席已经吃过饭了，我们先去舞会会场，你们吃过饭后去找他’。饭后，李银桥领着我们到达紫光阁东侧的一间较大的平房内，人不多。主席见我们到后，便高兴地把我们叫到他身边坐下来，说：‘我每天游泳，瘦了几公斤。不过，你看，比你在的那个时候身体好吧！’我由衷地说：‘非常好，游泳是非常好的运动方式。’那时确实是我见到主席身体最好的时候，肚子小多了，面部有健康的光泽，加上他兴奋的神态，更显得有神采。当时，主席和我夫人还跳了两曲舞。”王鹤滨没有想到，这是自己最后一次见到毛泽东。“主席逝世时，我当时在山西太原，在二机部辐射防护研究所工作，是通过广播知道的，很痛心。”

1964年，王鹤滨离开了北京医院，来到了二机部（核工业部前身）做科研工作，主攻辐射防护。王鹤滨还曾在苏州医学院担任过主持院务工作的第一副院长。1985年，他在中国核工业部安全防护卫生局局长的岗位上离休。

王鹤滨晚年，人口老龄化、老年人健康越发引起社会的重视，他经常参与一些有关老年饮食营养问题与健康的咨询活动，结合个人亲身经历和自身丰富的实践经验，从饮食营养、科学补益、生活方式、健康意识等方面做深入浅出、生动风趣的讲解。

王鹤滨是享受国务院特殊津贴的专家。他根据自己多年临床经验的分析和整理，独创了一套在临床上对一些特殊病症行之有效的中西医结合的治疗方法——横纹肌疗法，擅长治疗各种非特异性肌肉疾病——神经综合征，如：颈椎病、肩周炎、椎间盘突出等引起的疼痛以及冠心病、青光眼、眩晕、鼻炎、严重口腔溃疡、心动过速、频发早搏、胃炎、痛经、尿频等症的治疗，效果突出。并创近二十种特效的原生态纯中药胶囊等，对各种组织的结核病、痤疮、冻疮、口咽鼻干燥症、婴幼儿水泻等症的迅速治愈，效果显著；对冠心病、高血压、前列腺等病创立了全新治疗理念，治愈率很高。

晚年，王鹤滨身体硬朗，面色红润，耳聪目明，精神矍铄，乐天豁达。

他的养生之道是："每日要有足够的时间睡眠，合理饮食，即饮食科学化；不以舌尖做导向，把适量的运动寓于生活、工作、爱好之中；不近烟酒，特别注意饮食的控制，肥腻的要少吃，多吃粗吃蔬果，杜绝煎烤熏炸。"同时，他强调："要胸怀开朗，最重要的是拥有一个幸福的家庭，我爱人也是学医的，和我志同道合。"

王鹤滨坦言，在毛泽东身边的几年，从没看到主席吃任何保健品和补品，不过是和普通老百姓一样吃五谷杂粮。"这种保持苦难人民生活习惯的作风，也给主席的身体带来很多好处。"王鹤滨说，在现代社会飞速发展，肥胖等对市民的健康敲响了警钟。"吃一只烧鸡腿相当吸六十支香烟的害处，喝一罐可口可乐会使机体细胞中三分之一的免疫细胞都处于'麻醉'状态，七八个小时后才能开始恢复功能。"他认为，目前世界健康饮食模式正向中国几十年前的农村饮食结构倾斜，享受健康而幸福的生活就应多吃粗粮、清淡的食物。"节食，也就是吃七八分饱，这很重要，节食可以长寿。过高的脑力支出或体力支出都会使人短命。"

言及老年人如何吃出健康来，王鹤滨说：在老年人的一日三餐中，蔬菜必不可少，有些我们平常所见的品种其实就极富营养价值，并不需要我们花费很大的精力去寻找。可以列入最佳蔬菜榜的食物包括红薯、玉米、芦笋、花椰菜、茄子、甜菜、荠菜、苤蓝、土豆、金针菇、雪里蕻、大白菜、西红柿、黑木耳和苦瓜。这些蔬菜之所以更优于其他，主要是因为它们所含具有抗衰老、抗癌作用的物质，所含维生素、氨基酸、微量元素及特殊激素的种类更加丰富多元。比如，红薯含有易被人体消化和吸收的十八种氨基酸、八种维生素，以及十多种天然矿物质，尤其是它所含有的花色苷，更是抗衰老和防癌的天然物质。他说，这些蔬菜虽然浑身是宝，但也未必见得要每天都吃，每天涉猎两三种就足够了，因为有些营养物质在其他食物中也能得到补充。

王鹤滨说自己的很多养生观点受毛泽东的影响："主席的生活非常朴素，平时都是吃粗米而不是细米，经常吃苦瓜、葫芦、豌豆苗等素菜。"饮食就要"粗菜淡饭"，而且是"越粗越好"，而红薯更是被他推崇为"抗癌明星"。

当前大众的保健问题面临"三把椅子"：一个汽车上的椅子，一个是电脑前面的椅子，还有一个是电视机的椅子。王鹤滨说："天天在三把椅子上坐，体力活动减少，对健康很不利。"

王鹤滨兴趣广泛，他的书画作品自成一体，多次在大型展览中展出，并曾获相关奖项。他说，毛泽东博采众长创造了行草书体和新的书法字体，补充了由楷到行再到草体的空白，形成了独特风格的书法艺术。

曾有一段时间社会上对毛泽东身高的情况众说纷纭。王鹤滨曾回忆说：“1949年12月主席去苏联，苏联方面提出要为主席定做一张较为舒适的睡床，需要知道主席的实际身高。于是，主席的卫士李家骥为主席量了一次身高，测量结果是一米八。”王鹤滨曾比照自己与毛泽东的一张合影说：“你看，我那时的身高是一米七，毛主席比我至少高出十个厘米。这几年，有些人写文章指责一些在主席身边工作过的人，说一些人在回忆录中‘拔高’主席，其实，是他们借议论主席的身高来‘矮化’主席。更令人气愤的是，有人竟用遗体长度计算活人的身高。在医学常识中，人的身高会随着年龄的增长变得越来越矮，遗体会比活着时更短，怎么能用遗体长度计算活人的身高呢？”

第 2 章
从中南海到八宝山

一代伟人走到了生命的最后时刻，医疗专家全力挽救。奇迹到底没有出现，卓琳声声泣喊“老爷子”，可是他什么也听不见了。

“日子一天一天好起来了。可是他老人家走了。”噩耗随着电波传遍神州，中华儿女一片哀恸。这一刻，多少人的泪水打湿了衣襟，多少人的心灵被深深撼动。“一国两制”伟大构想的创造者走了，他的心愿变成了遗愿，但他的遗愿正在一步步实现。

不幸的消息牵动了世界的神经，整个世界与中国同哀！华人华侨及各国政要、国际友人等纷纷以各种形式表达缅怀之情。

医疗专家全力挽救，卓琳声声泣喊“老爷子”

1997 年 2 月 20 日清晨，中国北京天安门广场。这是一个难忘的早晨。守候在国旗基座周围等待观看升旗仪式的人们，不停地盯着“升旗时间预告牌”——上面显示“今日升旗时间：7 时 01 分”。谁也没有料到：今天，他们将是一个重要历史时刻的经历者和目击者。

黎明中，护旗兵出现了，人们从官兵异样的脸上似乎看出了非同寻常。脚步沉重，目光沉重，神情沉重。带队警官王金耀早已持惯了的指挥刀在微微发颤。静默中，国旗护卫队官兵迈过金水桥，跨过长安街，整齐地列队旗杆下。擎旗手刘跃征肃穆地将国旗递给升旗手郭毅红。两人的目光对视了一下：记住这个时刻，以降半旗的形式来哀悼昨晚 21 时 08 分病逝的一代伟人邓小平！

“敬礼！”王金耀略带沙哑的嗓音在 7 时 01 分准时下达了升旗口令。国歌激越，国旗如往常一样升高、升高、再升高，直至旗杆顶端。

“降——半——旗！”突然，一声低沉而又庄重的口令石破天惊般砸在观众们的心里。旗，就在这一瞬间，在万众瞩目中开始缓缓下降，在场的所有人的眼睛都泛着泪光。多年了，护旗兵们习惯的是升旗，降半旗难以接受。霎时，哀思、降旗、中外记者频频亮起的镁光灯，凝成了一种悲痛的氛围。

此刻，还有一位人们看不到的护旗兵在流泪。他就是亲手摇动降旗设备的老战士刘静。听到“降半旗”的口令后，他正在基座的地下室里一圈一圈地、以逆时针方向缓缓摇动手柄降旗。泪光依稀中，他摇了40圈，准确按《国旗法》要求把国旗降到三分之一处（天安门国旗杆30米高，共折算手摇120圈）。庄严、肃穆、悲壮的历史时刻，在他的摇动中定格。

于是，一个定格的历史画面：1997年2月20日晨天安门首次为邓小平逝世降半旗致哀的画面，迅速出现在各报头版和电视新闻中。国旗卫士将永远铭记：2月20日至25日，北京天安门前每天降半旗的那一个个难忘的早晨。

自从1994年春节以后，邓小平就再也没有公开露面。境外的媒体至少一百次说他“病危”，他却在京城里自己那个四方形的院落中，过得既舒适又洒脱。1997年2月，邓小平病危。这个消息只限制在很小的范围。根据医生解释，邓小平的心脏健康，肝脾也好，没有老年人常见的糖尿病或者前列腺炎，致命的问题发生在神经系统，这在医学上叫作“帕金森综合征”，是一种没有办法根治的疾病。“他的心脏并没有什么厉害的病，他肝脏也好，也没有糖尿病，就是后来神经系统不太好。由于帕金森病影响他的呼吸系统，影响他吃东西并导致之后只能吞咽，也影响他的活动。小平同志患帕金森病的时间长达十几年，到后来情况越来越差，再后来最严重的就是呼吸的问题了。”医学专家吴蔚然说。

1996年12月12日清晨，邓小平一觉醒来，觉得呼吸不畅。按照过去多年的习惯，他本应走到卫生间里去洗脸刷牙，然后坐在小方桌边吃早餐。秘书通常在这时进来，把他要用的东西放在办公室里——眼镜、手表、放大镜，还有一摞文件和报纸。他一天大部分时间花在办公室里。他喜欢看地图，喜欢翻字典，有时候看看《史记》或者《资治通鉴》，但他更喜欢看《聊斋》。他喜欢打桥牌、游泳、看人家踢足球，但他最经常的运动是散步。每天上午10点，护士就会进来，提醒他出去散步。可是这个早晨，他觉得自己什么也做不了了。咳嗽不止，令他不能呼吸，也不能吃东西。身边的医生已经不能应付这种状况了，只好把他送进中国人民解放军总医院。

从小平同志家到医院不过十公里，可是在那一天，这是世界上最漫长的十公里了。“没有想到，他这一走就再也没有回来。”卓琳后来这样说。他的车子经过“神州第一街”北京长安街，一路向西驶去。

元旦那天的小雪，把京城装扮成一个白色的世界。可是在三〇一医院，看不到一点儿喜庆了。邓小平的病房设在院子南端一座小楼的顶层，病榻周围总是站着很多人，还有些医生护士进进出出，但随身医护人员黄琳一直守护在他身边。当时，中央电视台正在播放一部纪录片。有一阵子，邓小平的精神好一些，可还是看不清楚电视屏幕上那个远远走来的人是谁。“那边，走过来的那个，”他问，“是谁啊？”黄琳笑了：“那个是您啊。您看清楚了吧？”

纪录片上的镜头拉近了。小平同志终于看到了自己，动动嘴角，笑一笑。黄琳告诉他，这部电视片名叫《邓小平》，是中央电视台刚刚拍摄的，有12集呢。他什么也不说，只一集一集地看下去。黄琳知道他耳背，听不见，就俯身靠向他的耳边，把电视里面那些颂扬他的话一句句重复出来，忽然感到老人的脸上绽出一丝异样的“羞涩”。直到五年之后，黄琳还记得那个瞬间：“不知道我形容得准确不准确，就是被表扬以后不好意思的那种感觉。”

一谈起邓小平的临终时刻，医护人员郭勤英的眼圈就红了。她说：“晚年，首长的病情有一些发展，行动不太方便，有时还是很痛苦的，一般人可能难以忍受。但是，首长像平时一样，从不向医护人员提要求，要什么药，真是太坚强了。”郭勤英清楚地记得，那时的病房很安静，邓小平没有因为痛苦而发出呻吟，进去的人如果不注意还以为里面没病人呢。“我们尽量努力使老人舒服一些。老人从病了到最后是很不容易的，我们白天给他做治疗，晚上陪他看当时中央台放的有关他的电视文献专题片《邓小平》。他有时躺在床上看，有时坐在沙发上看。”

同样的，傅春恩的心头也无法抹去那段记忆：“小平同志总是积极配合医护人员的治疗。在抢救过程中，他是十分痛苦的，但是没有喊一声痛。”傅春恩还谈到，邓小平的家属十分开明，非常理解医护人员，也十分相信医护人员，完全相信医疗组的治疗方案。“正因为他的家属也十分配合，所以我们很感动，在治疗方面没有什么顾虑。”

“小平同志病重期间，他的家属与小平同志一样，一点儿特殊要求都没有，不干涉医护小组的方案，小组完全可以自己做主。当然，每一套方案实施前，我们还是要请他的家属签字，他们只是履行形式上的手续，对我们特别的信任、放心。”据郭勤英讲，到最后，小平同志的血管很不好找，“很不清楚，扎针扎不准，有时扎了好几针。这不是医护人员的技术不行，生命晚期，血管的确找不准。常常扎好几针才找到（血管），小平同志也不说什么，从没提出换一个人（扎针）。我们很心痛，也很佩服老人的毅力，以及他对疾病的态度”。

正因为从不对医护人员提任何要求，所以在平时小平同志如有什么不舒服就全靠医护人员细心观察。郭勤英说：“由于我在工作中比较细心，善于观察异常情况，能及时发现病情，使之及时得到治疗。所以老人家对我很放心，很信任，让我一直在他身边工作。”郭勤英再次表示，今生能为这样一位伟人的健康做点工作，感到十分荣幸、十分自豪。谁也没有想到，邓小平的病情越来越重，从早到晚陷在疾病的折磨中。黄琳曾见过这样的病，那是很折磨人的，有些人会痛苦呻吟，有些人会叫喊，可是“他是个非常坚强的人”。“我能感觉到他临终前还是比较痛苦的，但一声不吭，很平静。”他有时候昏昏沉沉地睡着，有时候异常清醒，还是不说话——他已经不再评价别人，也不再在意别人对他的评价。黄琳觉得他一定明白自己已经病入膏肓，所以问他还有什么话想说。他在 1992 年说了那么多话，现在总该再给中国人留点儿什么吧，黄琳这样想。可是那几个星期他没有再谈这些，只是说：“该说的都说过了。”

除夕夜，邓小平的病情虽重但较为平稳，营养室主任侯生伟和炊事员做了几个菜，煮好了饺子，拿到三楼餐厅，与邓小平身边的医护人员、工作人员一起吃年夜饭。他们中有将军，也有战士、服务人员。饭桌上，大家发自内心地祝愿：“祝小平同志早日康复！”除旧迎新之际，警卫战士们写了一副对联贴在门上，上联是“同吃同住同欢乐同在一个空间”，下联是“爱国爱家爱事业共为一个心愿”，横批是“一切为了首长”。这副对联既是警卫战士的心声，也表达了小平身边全体工作人员的心愿。是啊，全国人民都盼着小平同志的病情好转，身体一天天好起来。

2 月 7 日是正月初一，老人没有回家，病房的医生和护士也没有回家，都在近旁房间里守着。他的亲人坐在沙发上，全都默然不语。整座楼一片寂静。警卫秘书张宝忠想起应该互道“新年快乐”，就把大家聚到一块儿。众人举起酒杯，说不出一句话来，唯有泪千行。“希望咱们医务界，在新的一年里能创造奇迹。”张宝忠在心里这样说。可惜没有奇迹，93 岁的老人又坚持了

12 天，到 2 月 19 日，呼吸功能已经衰竭，只能借助机器来呼吸。下午 5 点多，开饭的时间到了，但医护人员和其他工作人员都未按时到餐厅吃饭。负责膳食的侯生伟等同志得知病房里正在抢救，焦急不安地等待着，他们多么期盼有医学奇迹出现！医生赶紧向政治局报告。当时，傅春恩医生一直在现场抢救，直至小平同志生命的最后时刻。接受专访时，傅春恩说："我们早就预料到这一天会到来，这之前，发生过几次病情变化，都抢救过来了。这一次，我们同样一直进行全力抢救。到晚上 9 点 08 分，当医疗组认定已回天无术时，医疗组组长、阜外心血管医院院长陶寿淇与三〇一医院副院长牟善初正式宣布'停止抢救'。"眼睁睁地看着小平同志离开这个世界，在场的医护人员终于憋不住哽咽，大声号哭起来。

谈到邓小平的抢救情况，郭勤英掩面而泣。过了良久，她才缓缓地回忆："之前几天的一个下午，他的二女儿邓楠去看老人，那一两个小时老人的气色挺好，我们还暗自高兴。没想到的，他说走就走了。"那一天，郭勤英因前一天 24 小时值班而在家轮休。正准备吃晚饭，突然来了一阵急促的电话铃声，郭勤英抓起电话，只听到对方说："快来！首长不太好。"一听，郭勤英心里有数了，猜测可能不只是"不太好"。一路上，她的心情很糟，心跳特别快。郭勤英追忆说："一般没什么大不了的事，办公室不会打电话给我们，毕竟头天已值了一昼夜班了。"急匆匆赶到三〇一医院南楼，只见满屋子是人，郭勤英的泪水一下就出来了。她急忙跑到卫生间冲洗泪眼，很快加入到抢救工作之中。

抢救的时候，邓小平的大部分家属都"在隔壁的一间房子里或走廊上"。郭勤英说："卓秘书（卓琳）比较晚才到。他的家人也有心理准备，前面也有几次危险的状况，但都抢救过来了，所以我们不相信这是真的，一直没有放弃抢救，最终首长还是走了。"据傅春恩讲，病重期间，江泽民、胡锦涛等中央领导同志曾到医院看望邓小平，也给医务人员很大的鼓励，嘱咐他们要"全力以赴"。

一代伟人邓小平终因在患帕金森病晚期，并发肺部感染，呼吸循环功能衰竭，抢救无效而离世。卓琳带着全家人来向他告别。四天以前，她就写信给江泽民，转告"邓小平的嘱托"：不搞遗体告别仪式，不设灵堂，解剖遗体，留下角膜，供医学研究，把骨灰撒入大海。现在，她心里明白这是最后的告别了，只是非到别人说出来，她是不愿意相信这是真的。当时她只想说：

“老爷子，我在喊你！你听见了没有！”可是他什么也听不见了。劳累的一生已经终止，战斗的日子已成往事。他的心脏停止了跳动，那是1997年2月19日21时08分。

“眼睛一闭，总觉得首长还在办公室坐着，音容笑貌老是摆脱不了。”邓小平身边的工作人员王士斌说，“说实在的，就跟家里人一样，跟自己的父母一样。所以首长去世后，总不相信这个现实。特别是晚上一睡觉的时候，眼睛一闭，总觉得首长还在办公室坐着。”“他的角膜贡献出来了，遗体也捐作医学研究，最后，骨灰也撒到祖国的大海里去。他什么都没有留下，所以我想只能是把他默默地装在我们心里。”黄琳说着说着哭起来。邓小平的确什么也没留下，秘书接到命令，把他留下的衣物全都烧了。他们带着他的内衣、外衣、鞋子和袜子，来到一座锅炉房，把这些东西一一投进炉膛。烈火青烟中，身边的工作人员看到一件带着窟窿的内衣，眼泪再次掉下来：“这么伟大的一个人物穿着破了的衣服，谁能相信啊！”

一声噩耗惊人寰，神州如雨洒江天。老人走了，披着世纪的风云，披着历史的烟尘走了。走得那么安详，走得那样从容。

噩耗随着电波传遍神州，中华儿女一片哀恸

北京宣武门西大街上的新华社夜班值班室，得到了那份早就准备好的讣告。一阵忙乱之后，大家各就各位，于是立即中断正常的新闻，把那份讣告播发出去。那天深夜，睡觉晚的人如果打开电视或者收音机，都能听到播音员哽咽的声音。第二天凌晨，中央电视台与中央人民广播电台、中国国际广播电台全文播发了《告全党全军全国各族人民书》，伴着播音员极其沉重的声调及阵阵哀乐，全世界在震惊中接受一个不得不相信的现实。噩耗传开后，长城内外、大江南北的广大城市、农村、牧区、机关、工矿、学校都沉浸在巨大的悲痛之中。

深深的悲痛，也笼罩着京城大地。小平谢世的消息，将人们带进了不尽的哀思之中。往日喧闹的大街，一下子沉默了。才8点多，不少报摊上的报纸就被抢购一空，而平时这些报纸往往要卖到下午四五点。丰台区北甲地9号一个报摊前，有人一买报纸就是十份，有人扔下一把钞票拿份报纸就走。他们说，留一份报纸收藏，算是对小平同志的一种纪念。头版刊登着邓小平大幅遗像的报纸在人们手中传递着，黑色讣文让人们在感情上难以接受现实，

尽管大家都知道这是自然规律。此时，天安门、新华门降半旗，一些合资企业和一些驻华使馆也降半旗。人们用各种方式，沉痛悼念这位伟人。正在出席北京市第十届人大第五次会议的代表，默哀致敬，深切缅怀邓小平。

浦江呜咽，万众垂泪。牛年春节刚过，突然传来邓小平不幸逝世的噩耗，浦江两岸顿失往日的绚丽喧闹，一时间天地同悲。从1988年到1994年，邓小平每年都来沪和上海人民共度新春佳节。这以后，每逢春节，上海人民就有一种特别的期盼，盼望小平同志再来上海，与他共享上海改革开放的喜悦。邓小平那平易慈祥的音容笑貌仿佛还在眼前，那一次次“向上海人民拜年，向上海人民问好”的亲切声音还在耳旁回响。目睹在邓小平关怀激励下上海的巨变，广大干部群众哀思如潮。

巴山呜咽，蜀水悲泣。四川广安与首都北京，远距千里又近在咫尺。这里的大街小巷，几天来行人稀少，许多商店没有营业。偶尔穿行的汽车，也都扎着白花，挡风玻璃上贴着“小平，家乡人民想您”的白色字条。家乡人情不自禁地涌向协兴镇牌坊村邓小平故居悼念。旧居树竹披白，哀乐低回，群众络绎不绝，聚在邓小平旧居内的灵堂前追忆他的丰功伟绩。62岁的农民唐永贵是邓小平家的邻居，他的父亲曾与邓小平的父亲一起在磨房里碾过粉。早上听到邓小平逝世的消息，他马上放下手中的饭碗，提着扫帚到小平旧居打扫庭院。他和几个老哥儿一同回忆起邓小平对乡亲们的关心，激动不已。邓小平的表弟谈文全老人一边打扫院坝一边说：“小平是我们牌坊村的骄傲，是中国人民的骄傲，他去了，是党和人民的一个巨大损失。我们牌坊村人民将永远怀念他。”牌坊村村民邓型弟和爱国村石工艺人李正常师徒俩，用一米四的大青石刻制了一块石碑，立在故居的大门前，用隶书工工整整地刻着“邓小平同志永垂不朽”九个大字，落款是“协兴乡亲”。瓦店乡的村民们从三十多公里外的华蓥山上移来一棵青松，栽在小平故居前，以寄托对邓小平的无限怀念。枣山镇一位102岁的老人，从十多公里外专程来到邓小平题名的翠屏公园，用广安古老的吟孝歌的方式，纪念小平同志。广安地委办公大楼显得格外庄严肃穆，几百米长的青纱上，悬挂着故乡人民送给邓小平的挽联：“日星隐曜青山垂首九州儿女恸悼世纪巨擘，风月潜形碧水无言十亿尧舜矢志千秋勋业。”

长江呜咽，武当默哀。湖北、武汉和邓小平的革命生涯紧密相连。位于汉口鄱阳街139号的八七会议旧址纪念馆，这一天格外肃穆。从上午9时开始，武汉市的铁路工人、公安干警、居委会干部和外企职员，纷纷来到这里缅怀邓小平。正是在这栋并不起眼的小楼里，邓小平第一次见到了毛泽东，并改名邓小平。从此，邓小平这个名字就和中国革命紧紧地联系在一起。

“翻身不忘毛主席，致富不忘邓小平！”这是山西太行山、吕梁山区农民的心声。柳林县王庄村农民刘笑早上起来，就从电视中得知小平同志逝世的消息。他在悲痛中想了一上午，写了一上午，完成了一篇文章《中国人民将永远记住自己伟大的儿子》。他说毛主席、周总理、邓小平的去世，是自己一生中三次最为刻骨铭心的记忆。在当地被称为“农民秀才”的刘笑说：“当年毛主席去世，我才 13 岁，和家人一起泪水止不住地流，好像天塌了下来，以后的路不知该如何走。而小平去世，虽然也像家里的老人走了，感到无比悲痛，但孩子们已经长大了，知道路该怎么走了。小平走了，他把一个充满了希望和活力的国家留给了后人。”

春寒料峭，哀思深深。太行山深处的山西省左权县突然沉寂了下来。电视机中传出的令人心碎的哀乐声，回荡在太行山中。抗战岁月里，作为八路军一二九师政委、北方局代理书记、太行区委书记的邓小平，前后在这块土地上战斗了五年。这里的人民深深地爱着他，人们依旧称呼他“老邓”、“邓政委”。2 月 20 日晚 7 时，抗战年代曾经在小平同志家帮过忙的左权县上麻田村的要玉娥和老伴、儿子，端着饭碗坐在电视机前的小板凳上，静静地看着。这天上午，当老伴从电视上看到小平去世的消息，惊慌地告诉她时，要玉娥一把拉住老伴，连声说道：“你可不敢瞎说。”当她证实了这个消息后，老人难受了一上午，一遍又一遍地看电视。回忆起当年的情景，要玉娥说，当年她只有 15 岁，卓琳每天教她认三个字，邓小平经常背着手走到她身后检查她的作业……

延河呜咽，群山垂首。被冬云冷雾笼罩的革命圣地延安，沉浸在无尽的哀思之中。革命旧址、纪念馆以及机关、学校、商店，纷纷降下半旗，悬挂出悼念邓小平的黑纱白字挽幛挽联；孔孔窑洞和座座楼房里，人们眼含热泪，围着电视机收看有关报道。阵阵哀乐与人们的哭泣声在延水河畔交织回荡。76 岁的村民杨在林回忆起当年邓小平与卓琳在杨家岭举行简朴的婚礼，毛主席设宴庆贺的往事，激动地说：小平同志为革命、为人民操劳一生，给我们带来了好光景，我们永世不忘。许多老红军老八路边看电视边失声痛哭。76 岁的四川籍长征老红军张清义泣不成声地回忆当年他参加邓小平亲自指挥的长乐村战役，歼敌两千多人。一次小平风趣地对他说："咱们还是老乡呢，你当宣传员不简单，要好好干。"这些天来他和老伴不知流了多少眼泪。

井冈含悲，赣江呜咽。噩耗传至江西省新建县拖拉机修造厂，全厂职工沉浸在悲痛之中。1969年11月至1973年3月，身处"文革"逆境的邓小平和卓琳在这里工作和生活了三年多，与这里的工人结下了深厚的友情。曾在邓小平工作过的车间担任过主任的陶端晋，听到邓小平去世的消息，怎么也不相信自己的耳朵。全家人坐在电视机旁一边流泪，一边收看中央《告全党全军全国各族人民书》，回忆起过去与邓小平相处的情景，宛如昨日。陶端晋老人含着泪说："今天，我们在小平同志强国富民政策指引下，厂子有了很大发展，日子也一天比一天舒坦，我们多么希望他能够再回来走一走，看看我们。我们想念他啊！"

韶峰含悲，湘江哭泣。无论是韶山人，还是外来参观者，都在交口称赞邓小平的丰功伟绩，都在为痛失改革开放的总设计师而叹息。韶山毛泽东纪念馆馆长田余粮深情地说："小平同志是个了不起的伟人。他受过不少委屈，但不计个人恩怨。粉碎'四人帮'后，有的人对毛泽东同志功过的评价缺乏实事求是的态度。在这个时候，邓小平挺身站出来，实事求是地、科学地评价毛泽东同志和毛泽东思想，并主持起草了《关于建国以来党的若干历史问题的决议》。邓小平不仅维护了毛泽东同志的历史地位和捍卫了毛泽东思想，他还继承、发展了毛泽东思想。"饮水思源，韶山人民忘不了邓小平同志的恩情。韶山村党支部书记毛雨时对记者说："我们韶山人民永远忘不了毛主席，永远忘不了小平同志。毛主席领导我们推翻了三座大山。小平同志提出建设有中国特色社会主义理论，为我们开辟了致富路。没有邓小平，就没有韶山人的今天。"

"大包干"发源地安徽省凤阳县小岗村，当邓小平谢世的消息传来后，全村一下笼罩在无限哀伤之中。2月21日下午，全村三百多村民不约而同地汇集到村委会，在邓小平遗像前失声痛哭。当年，全村十八户农民带头搞起家庭联产承包责任制，并按下血红的手印，向"左"倾路线、向贫困宣战。十八位庄稼汉的带头人严俊昌含泪诉说："我们搞大包干，因为小平同志给予充分肯定，才使我们按手印的十八个庄稼人免遭坐牢之苦。我们一辈子也忘不了小平同志的恩情。"

清晨，拥有五十亿资产的深圳石化商社的董事长陈涌庆，被电视中的哀乐震惊，这位曾同“铁人”王进喜共同生活、工作过的汉子，失声说道：“小平同志走了。”与他一起正在大鹏湾集训的八十多位商社的经理，也纷纷打开房间的电视机。“特区从边陲小渔村，到初步建成现代化城市，每一步都浸透着小平同志的心血。没有小平同志，就没有深圳特区的今天。”“邓小平同志在深圳”的大型宣传画前的橘红色台阶上，摆满一束束洁白的马蹄莲、黄色的菊花和一朵朵雪白的纸花。络绎不绝的深圳人从四面八方涌到邓小平画像前，捧来一束束鲜花，献上一个个花篮。他们一次次地鞠躬，一遍遍深情地呼唤：“小平同志，您永远活在我们心中。”白发老人带着小孙女，一队队共青团员列队画像前，默默地献上一份对他老人家的哀思。

天山雪域同悲，草原河川呜咽。连日来，新疆、西藏、内蒙古、广西、宁夏五个自治区的维吾尔、藏、蒙古、壮、回等各族干部群众以各种形式缅怀邓小平。

一场白雪，覆盖了西藏高原，寄托着雪域儿女对邓小平的无限哀思。在堆龙德庆县东嘎镇，老阿妈德吉捧着邓小平的照片，哭得泣不成声。这位翻身农奴是解放后当地的第一位女乡长，1963 年到北京受到毛泽东、邓小平等国家领导人的接见。她听到邓小平逝世的噩耗后，心情十分悲痛，以藏族特有的方式祝愿小平安息。“日光城”天色黯淡，大昭寺广场哀乐回绕，藏族群众含着悲痛的泪水，默默行走在古老的转经道上，以特有的传统方式寄托对伟人的哀思。“名垂青史恩泽永存，功著神州音容宛在”，一副巨大的挽联贴在拉萨市水泥厂礼堂的门柱上。礼堂正中上方悬挂着工人自己连夜绘制的巨幅遗像，下面是全厂工人亲手编扎的大型花圈。工人们踏着哀乐的节奏，缓缓地走到小平遗像前，向伟人鞠躬告别。一时间，拉萨哀音低回。在贡嘎县甲日村三组，靠手工业致富的农民边巴在听到邓小平去世的消息后流下了眼泪。他取出一条洁白的哈达披在邓小平的遗像上，点上酥油灯，供上酥油茶，双手合十祈祷。他说，农民富起来，幸福不能忘记邓小平。在乌鲁木齐，各族干部群众围聚一起，一边听广播看电视，一边谈论邓小平一生的丰功伟绩。

噩耗传来，百色山城一片哀痛。屹立在市中心的当年中国工农红军第七军军部，如今的百色起义纪念馆此时更显得雄伟、庄严。20 日起，从早到晚，前来悼念伟人寄托哀思的人络绎不绝：当地党政军领导来了，学生和市民来了，外地来出差的人员来了。86 岁的黎先贤，这位当年跟随邓小平从百色打到江西、参加过四次反“围剿”、身上伤痕累累的老战士，一连两天，让人搀扶着来到纪念馆。他看着邓小平当年用过的器具，不禁泪湿衣衫。一队又一队的参观悼念人群，神情肃穆，流连难去……

1992 年邓小平捐赠给“希望工程”的五千元钱救助了广西平果县 15 岁的壮族学生黄成武和另外 13 名最贫困的学生。得知自己最敬爱的邓爷爷逝世了，黄成武禁不住“哇”的一声恸哭失声。

…………

大江南北哀思不尽，长城内外万民同悲。一个伟大的人物，推动了一个伟大的时代。邓小平，这是一个改变了中华民族历史进程的名字，一个让世界瞩目的名字。邓小平逝世的消息，让人们陷入了不尽的哀思之中。悲痛，浓浓地笼罩在 960 万平方公里的大地上。各界、各地、各族人民以不同的方式传递着一个共同的心声：“小平同志，我们想念您！”

周南两度泪洒灵堂，马万祺悲痛之情溢言表

百年梦归炎黄根，但悲不见九州同。他走了，走得那么匆匆。他生前曾表示，香港回归祖国时，哪怕是坐着轮椅，也要去亲眼看一看。然而，就在距离香港回归祖国仅剩一百多天的时候，他平静地走了。他把自己对祖国的忠诚、热情和坚定融入了历史，把他对世界、对人类的巨大贡献留给了后人，同时也留给世人永远的怀念。

2 月 20 日清晨起，新华社香港分社下半旗志哀，设灵堂接待前来吊唁的香港各界人士和在港外国友人，以表达对邓小平的无比崇敬和深切悼念之情。全国政协副主席安子介、香港特别行政区行政长官董建华在灵堂设立后很快就到了，香港特区临时立法会主席范徐丽泰、港督彭定康、布政司陈方安生、财政司曾荫权及港府部分官员也来前来吊唁。安子介感慨地说：“我曾有机会与邓先生有过一次谈话，深感中国有这么一位杰出的人物做领导，是中国之福，是中国人民之福。我们多么盼望在香港‘九七’政权交接时，他能来香港看一看。”至当日下午 5 时，香港的港事顾问、筹委会委员、推委会委员、有关商会会员、有关党派负责人及各界人士和外国友人近千人前来吊唁，近 150 个团体和个人送来花圈。

来吊唁的市民表现得非常哀痛，令在场的新华社香港分社社长周南在灵堂开放的当天两度当场洒泪：第一次是上午，一位身材魁梧的男子在邓小平遗像前非常激动，又跪又拜，周南受其感染，忍不住落泪，需要进内堂休息。

而下午又有一位行动不便的老伯，撑着拐杖，一拐一拐地走到灵堂，并跪下向小平同志的遗像叩首，周南受其诚所感，再度含泪，更趋前安慰这位老人家。周南发表谈话，对邓小平的逝世表示沉痛哀悼。他呼吁香港同胞化悲痛为力量，团结一致，同心同德，全面落实邓小平“一国两制”的伟大构想，实现香港的平稳过渡，保持香港的长期繁荣和稳定。董建华表示，邓小平的逝世使中国失去了一位伟大的领袖。悲痛之余可以告慰的是，在邓小平理论的指导下，中国的发展成就很大，已奠定坚实基础，21 世纪的中国必定更加富强，香港一定会更加繁荣稳定，祖国统一的愿望一定会实现。香港总督彭定康等港府主要官员也发表谈话，对邓小平的逝世表示沉痛哀悼，并赞扬邓小平“一国两制”的伟大构想为香港的繁荣稳定奠定了稳固的基础。

香港各报纸、电视台、电台大量报道邓小平逝世的消息，许多报纸还出版了特刊、专辑，用大量文字和图片介绍邓小平的生平事迹，并发表社论、评论颂扬邓小平的历史功绩。邓小平逝世的消息在香港市民中引起强烈反响，许多港人一早就守在电视机前观看有关报道。清晨，在地铁、公共汽车上，很多人都在看报纸上有关邓小平逝世和生平的报道。

香港中资企业的全体员工惊闻邓小平逝世，万分悲痛，举行了多种形式的悼念活动，以表达对邓小平的无限哀思和深切怀念。从 2 月 20 日清晨起，许多中资企业就通过新华社香港分社向邓小平治丧委员会发出唁电、唁函，驻港中资企业的员工纷纷到灵堂吊唁，以表达他们对邓小平逝世的沉痛哀思。

整个香港悲伤而又平静。20 日，由香港特别行政区第一任行政长官董建华提名、中央人民政府任命的特区第一届政府主要官员名单如常公布，香港恒生指数上扬了三百多点。香港舆论说，这显示港人对大局已定的回归、对香港的前途充满了信心。近十多年香港的繁荣稳定，港人对前途的信心，要归功于邓小平提出的“一国两制”伟大构想，以及根据这一构想制定的“一国两制”、“港人治港”、高度自治方针一步步得到落实；香港能够经受住一次次风浪，与港人对邓小平的充分信赖是分不开的。香港报纸在沉痛悼念邓小平时这样说：“用什么赞美之词也难以表达‘一国两制’构想的伟大。”

2 月 20 日，邓小平逝世的消息，在澳门同胞和其他人士中引起一片悲痛和悼念之情。清晨，各报摊前，许多人争购当日报纸。各报均在头版用特大字号刊登了邓小平逝世的消息和大幅照片。“澳广视”在电视新闻中和电台广播中反复播报这一消息。正在澳门访问的葡萄牙总统若热·桑帕约取消了当天的所有日程，并在上午发表声明，“以葡萄牙的名义悼念杰出的政治家邓小平”。桑帕约说，在20世纪中国历史上，邓小平先生有极为重要的地位，堪与孙中山先生和毛泽东先生比肩，其人生道路与政治历程，与中国历史是分不开的。澳门总督韦奇立给江泽民主席发来了唁电。

哀乐低回，鲜花翠柏布满灵堂。新华社澳门分社和中葡联合联络小组中方代表处20日清晨起下半旗志哀，并在分社大楼中设立了灵堂。葡萄牙总统若热·桑帕约、澳门总督韦奇立和澳府一些官员于下午3时首批到此吊唁。下午4时，立法会主席林绮涛率全体议员前来吊唁。澳门总督府、最高法院和澳门市政厅均下半旗志哀。新华社澳门分社社长王启人及全国政协副主席、澳门中华总商会会长马万祺，全国人大常委、澳门立法会副主席、澳门大丰银行总经理何厚铧，全国政协常委、澳门吴福集团董事长吴福等社会知名人士均向记者发表谈话，对邓小平的逝世表示沉痛哀悼。马万祺悲痛之情溢于言表。他说，澳门人将永远铭记邓小平的功绩，在“一国两制”方针的指引下，实行“澳人治澳”，澳门的未来一定会更美好。

前来吊唁的澳门各界人士、普通百姓排成长队，络绎不绝。哀思发自肺腑，真情催人泪下。在参加吊唁活动的人群中，既有白发老人，也有怀抱婴儿的母亲，还有带领孩子一同前来的家长。老师们带领穿着整齐校服的学生，列队向邓小平遗像鞠躬、默哀。童稚的脸上个个显出哀痛之情。一位年逾七旬的老人手捧祭文来到灵堂，在邓小平遗像前半跪着宣读，其后向遗像行跪礼。他说，是邓小平推行的改革开放拯救了他，更使中国富强。老人的深情，令人感动，催人泪下。同时，越来越多的来自内地以及其他国家和地区的游客，自发地来到澳门分社所设的灵堂，悼念邓小平。各国朋友在签到簿上用各种文字写下了他们对邓小平的崇敬和哀悼之情。

宝岛缅怀巨人魂，哀思绵绵骨肉情。一代伟人邓小平的逝世在台湾岛内受到极大关注。台湾海基会董事长辜振甫20日致函海协会会长汪道涵，对邓小平逝世表示哀悼。来函说，邓小平先生生前倡导改革开放，推动经济发展，指引中国走向现代化之路，并为两岸交流互动开启新局作了贡献，请代向邓夫人及家属转达致意。同日，海基会也致函海协，对邓小平的逝世表示哀悼，并对邓小平家人表达慰问之意。

台湾媒体20日对邓小平逝世作了大量报道，从各个角度反映台湾各界对此事的态度。一些报纸发表社论和专文，岛内部分专家学者和工商界知名人士也发表看法，论述邓小平对结束中国近现代备受屈辱历史的功绩，希望海峡两岸加强交流，共同完成百年来实现中国富强的愿望。台湾《中国时报》和《工商时报》发表社论说，邓小平是“历史无法磨灭的人物”，他“在举世瞩目的目光中”去世，从小平的一生可以看到，“19 世纪末以来的中国历史，那战乱的、被殖民的、破败的近现代史正在结束，而一个和平的、发展的、现代化的中国历史时期正在来临”，“祈愿中国强盛起来的理想，成为早年两岸中国人共同的愿望，即使当年的台湾还在日本殖民统治下，却也寄望一个强盛的祖国来解决台湾的殖民地的悲哀处境”。社论说，香港回归是邓小平另一个无法磨灭的历史功绩，百年前殖民主义时期留下来的历史问题，得以在今年和平解决，它和邓小平创造性地提出“一国两制”的制度性设计有关。社论还提到了邓小平提出的“和平统一”原则，表示希望海峡两岸能在此基础上，共同实现百年来中国人对中国富强的愿望。

台湾工商界三大团体负责人高清愿、王又曾、辜濂松都就邓小平的逝世对两岸关系的影响发表了看法。高清愿表示，祖国大陆的经济将继续发展，在祖国大陆投资的台商可以放心。包括中华汽车、裕隆汽车和庆丰环宇集团等汽、机车从业者都表示，对祖国大陆的投资不会因此而停止。已投资两岸直航的长荣、阳明海运两大公司表示，投资策略不会改变，将继续争取两岸直航先机。

许许多多的港澳台同胞无法接受邓小平就这样离去的事实，无尽的哀伤伴着痛惜之情在港澳台弥漫开来。成千上万的市民噙着热泪、捧着鲜花吊唁小平，献上一瓣心香；电台、电视台所有的黄金时段，报纸的号外、挽联、祭文、社论、社评一起沉痛悼念他。邓小平生前的照片，铺满了数天来这些地区的版面……

展望祖国完全统一的前景，邓小平亲自确立的和平统一的大政方针已得到完全的继承。我们可以告慰小平同志，他所期待的祖国完全统一的大业一定能在后人手中实现。他走了，但他的名字——邓小平，将和他的思想与业绩一道镌刻在历史的丰碑上。是他带领中国人民走上了一条充满希望、自豪的富强之路，而且已走了很远，很远。他少时就立志于民族自强，一生都在盼望祖国统一，但在香港回归到来之际他却去了。人们为他没能亲眼看到自己曾为之呕心沥血的那一刻而痛惜，为他没能亲手实现祖国的完全统一而抱憾。然而能使这位伟大人物宽慰的是，他所开创的通向未来的光明之路上正行进着十三亿人，他的遗志将化为一个民族的誓言与行动，中国人民必将开创新的未来。

挥泪送小平，再说一次“小平，您好！”擦干泪水，说上一声“小平，放心！”

安南凝视着小平的遗像，整个世界与中国同哀

小平辞世，全世界为之动容。全球所有重要的新闻传媒均以最快的速度进行报道，许多报纸为此在19日连夜撤换了报纸的头版。第二天，主流报纸的头版均以黑色报头面世。世界震动了，全世界的新闻一时似乎只有一个关键词——“邓小平”。

全球同悲巨星陨。美国各界华人、华侨获悉邓小平逝世的消息后分别以各种方式表达沉痛悼念之情，他们盛赞邓小平的丰功伟绩，称他是海内外所有炎黄子孙心目中的伟人。曾受到邓小平接见的美国华侨总商会总顾问应行久悲痛地说，邓小平的逝世是中国的巨大损失，海外华人、华侨痛失了一位伟大导师。他对中国革命、现代化建设和世界和平的贡献是非常巨大的。纽约华人社团联合会总会主席黄启成说，邓小平为中国革命和建设作出的伟大贡献将永远铭刻在海外炎黄子孙的心中。中美经贸科技促进会主席杨功德、旅美北京联谊会会长杨昆溥、纽约中国学生学者联谊总会主席徐晓蕾、美东各界华人华侨庆祝香港回归筹备会总干事王碚和纽约中国和平统一促进会副会长章爱龙等人也以不同的形式表达了对邓小平的怀念之情。纽约华裔学者和旅美学子也纷纷发表谈话，深切悼念邓小平，缅怀他的伟大的一生。纽约市立大学历史系教授唐德刚说，邓小平是“中国共产党历史上的千古功臣”。哈佛大学历史博士龚忠武认为邓小平树立了“大公无私、光明磊落”的领袖风范。纽约大学教授熊介回忆了1987年7月10日邓小平在北戴河会见他时的情景。他说，当时邓小平与他相约1997年香港再见，为此他已准备从6月起担任香港岭南大学的客座教授，而邓小平却在此时逝世，令他万分惋惜。自中国驻纽约总领事馆设立的灵堂于20日向公众开放之后，前来吊唁的华人、华侨络绎不绝。前国民党高级将领沈策与中国和平统一促进会的二十多位代表首先来到灵堂，沉痛悼念邓小平。全美华商总商会、全美华裔妇女会、美国福建工商总会、纽约中国贸易中心、美国上海总商会等团体，中资机构以及许多华人、华侨、旅美学子都送来了花圈。

伟人已逝英容在。亚洲一些国家华人、华侨以各种形式对邓小平的逝世表示沉痛哀悼，并高度评价他的伟大功绩。马来西亚最大的华人政党——马华公会总会长兼交通部长林良实 20 日发表谈话说，邓小平是一位坚韧不拔和睿智的政治领袖，他对邓小平的逝世感到悲痛。在菲律宾，菲华联谊会发表声明说，邓小平是中国伟大的政治家、军事家和建设具有中国特色的社会主义现代化的倡导人，也是为香港、澳门回归和海峡两岸和平统一提出“一国两制”的倡导人。他的逝世是全世界中华子孙的巨大损失。菲华商联总会、菲律宾中华总商会、菲律宾华侨善举公所等组织在唁电中说，邓小平是中国改革开放的总设计师，他把毕生精力都献给了国家、民族和人民。在缅甸，仰光华侨悼念邓小平筹委会 22 日带领各界侨胞代表前往中国驻缅甸大使馆吊唁。前来吊唁的华侨代表连甲宝说：“邓小平给中国带来了新的希望，使中国走向现代化、走向富强，这是我们华侨永远怀念邓小平的原因。”柬埔寨的华人群众组织柬华理事会及其所属各会馆、华文学校、各省的柬华理事会分会纷纷组团前往中国驻柬埔寨大使馆吊唁，他们在留言簿上赞颂邓小平的丰功伟绩和光照日月的领袖风范，为中国失去一位杰出的领导人、中华民族失去一位英雄、世界失去一位崇高的伟人、柬埔寨失去一位伟大的朋友而深感痛惜。

四海悲歌，千山痛决，冷雨弥天共呜咽。旅居澳大利亚各地的华人、华侨和留学生纷纷到中国驻澳大使馆、驻墨尔本、悉尼总领事馆吊唁。墨尔本总领馆 21 日起设灵堂，华人、华侨络绎不绝地从各地赶来致祭。不少人专门驱车数百里携全家人赶来吊唁。前来吊唁者上至八十高龄的老人，下至只有两岁的幼儿。一些吊唁者面对小平画像，悲痛难抑，泪流满面，三鞠躬后，突然跪倒在地。著名旅澳画家姚迪雄连夜挥笔，为小平作像，第二天一早便送到总领馆。一位七龄儿童精心制作了一面颂扬邓爷爷丰功伟绩的纪念牌和一幅送给邓爷爷的画。22 日下午，悉尼华人社团的领袖六百人在悉尼市政大厅举行了庄严隆重的追悼仪式，追思邓小平为中国的统一和繁荣，为世界的和平与发展所作出的杰出贡献。23 日，维州华人社区三十多个新老华人团体集体前往领事馆吊唁，并于吊唁之后联合召开座谈会，畅谈邓小平对国家和人民的伟大贡献。

22 日上午，在韩部分留学人员抬着连夜扎制的花圈，戴着自制的小白花，举着“小平同志，海外学子永远怀念您”和“继承遗志，报效祖国”的黑色横幅，来到中国驻韩国大使馆邓小平的灵堂前进行吊唁、默哀，泪水模糊了他们的双眼，心中呼唤着“小平，您好！”

哀思，已远远超越了民族和国界。邓小平的溘然离世着实让全球引发不小的“地震”。当日，联合国秘书长安南发表声明，对中国卓越领导人邓小平的逝世深表悲痛，对其家属、中国政府和人民表示最深切的慰问。声明说：邓小平在中国最令人振奋的一段历史中，打下了自己永不磨灭的烙印。他将毕生的精力贡献给自己的祖国，不仅他的国家将永远铭记这位中国现代化和经济腾飞的总设计师，而且国际社会也将缅怀他的伟大业绩。在他的卓越领导下，中国进行的大幅度改革，使人民的生活发生了难以想象的变化，这一成就无疑是他留给后人的最伟大遗产。本届联大主席、马来西亚常驻联合国代表拉扎利也发表了声明。他在声明中指出，邓小平一生对中国作出了巨大的贡献，牢固确立了中国在世界上的大国地位。中国人民从他的英明领导中受益，整个世界也从他追求和平与发展的努力中获益。

第二天，纽约曼哈顿岛的东河之滨、静静屹立的联合国总部大楼，迎来了庄严肃穆的一天。来联合国工作和参观的每一个人都注意到：联合国的半旗在空中迎风飘扬，世界人民都在悼念一位卓越的中国领导人。联合国官员特赖曼说，他曾去过中国，中国给他留下了美好的印象。邓小平在推动中国现代化、执行改革开放政策方面所取得的成绩世人皆知。在联合国工作了23年的联合国保安人员约翰·布利恩多说，虽然每个国家元首逝世，联合国都要降半旗志哀，但许多总统的名字他都叫不出来，但他知道：中国这位领导人的名字叫邓小平。同时，联合国发言人办公室宣布，在近期召开的联合国大会和联合国安理会会议上，与会者将以默哀一分钟的形式悼念中国改革开放的总设计师邓小平。

次日，安南前往中国常驻联合国代表团驻地，对邓小平的逝世表示哀悼。安南在吊唁册上写道，邓小平的逝世“不仅对中华人民共和国，而且对整个世界都是巨大的损失。人们将永远怀念他”。随后，他久久凝视着邓小平的遗像，默默哀悼。

美国总统克林顿在波士顿获悉邓小平不幸逝世后随即发表声明，称邓小平是“世界舞台上一位非凡的人物”，并高度赞扬他为实现中美关系正常化所起的作用。他说，由于邓小平果断地确立对外开放政策，在当今国际事务中，中国在很大程度上发挥着主要的作用。邓小平推动中国进行了历史性的经济改革，极大地提高了人民的生活水平和现代化程度。同时，美国前总统布什表示："当我获悉邓小平先生逝世的消息时，我为中国人民失去这样一位伟大领袖而深感悲痛。我非常敬佩他，也敬佩他为中国创建的丰功伟绩。""我想强调的是，他的逝世不仅使中国失去了一位伟大领袖，而且世界也失去了一位真正伟大的领导人。"

九十高龄的阿尔希波夫在20世纪50年代曾以苏联专家总顾问的身份，在中国工作多年，和邓小平等中国领导人结下了深厚的个人友谊。惊悉邓小平不幸逝世的消息后，原苏联部长会议第一副主席阿尔希波夫，这位中国人民的老朋友十分悲痛。他深情地说，邓小平是中国共产党和中华人民共和国的伟大领导人，中国改革开放的总设计师，他贡献出了自己毕生的力量、智慧和能力，使中华人民共和国成为一个伟大的国家。对于邓小平同志的逝世，他表示深切的悼念。阿尔希波夫把中国看作自己的"第二故乡"，坚信中国将沿着邓小平同志开辟的道路继续胜利前进。俄议会下院国家杜马20日上午开始举行全体会议时，为悼念邓小平，全场起立默哀一分钟。

法国总统希拉克在第一时间致电江泽民主席，对邓小平逝世表示衷心的哀悼。电文说："获悉邓小平去世，甚为悲痛。邓小平作为中国历史上最伟大的人物之一将永远为人们所怀念。"

消息传到英伦三岛，英国前首相希思的心情格外沉重。他多次向英国新闻界和中国朋友表达对邓小平的悼念之情，高度评价邓小平的历史功绩，并表示坚信中国会继续稳定发展、取得更大成功。"邓小平逝世，我非常悲痛！他有过充实的、富有建树的人生！"在谈到香港问题时，希思认为，邓小平富有远见卓识，他提出的"一国两制"的构想，为香港的稳定与繁荣提供了保障。

消息传到日本后，在日本引起极大震动。日本政要纷纷到中国大使馆吊唁。20日上午11时许，一位身着素服、鹤发童颜的老人来到了使馆吊唁大厅。他向邓小平遗像鞠躬志哀后，戴上老花镜，在吊唁簿上庄重地写下了自己的名字：日本国会议员竹下登。73岁的日本前首相竹下登是中国人民的老朋友。他曾多次访华，会见过邓小平。他深情地说："邓小平逝世对中国人民来说，是失去了一位伟大的领导人；对我个人来说，则是失去了一位最尊敬的朋友。""在任何时候、任何国家，人事代谢都是不能避免的事。但令人欣慰的是，邓小平先生的思想和魅力已为中国新一代领导人所继承。我坚信，邓小平改革开放和发展日中友好关系的遗志一定能够得到继承和发展。"

二月的新加坡，天空时而骄阳似火，时而阴云密布。无论是在灼热的烈日下，还是在瓢泼大雨中，人们先后赶到中国驻新加坡大使馆悼念一代伟人邓小平。新加坡总理吴作栋和内部委资政李光耀在灵堂设立的第一天就来到大使馆沉痛悼念邓小平。在吊唁簿上，吴作栋写道："我怀着无限的崇敬志哀。"李光耀在发表的悼文中说，邓小平是"世界领袖中的巨人"，他是"一个伟大的人物。他从灾难和混乱中拯救了十二亿人口"。22日，新加坡总统王鼎昌、前总统黄金辉到中国驻新加坡大使馆沉痛悼念邓小平。王鼎昌在吊唁活动结束后，深情地回顾了与邓小平几次交往的经历。据中国驻新加坡使馆统计，22日一天，共有三千多新加坡各界人士冒着暴雨前来吊唁，情景感人。

朝鲜政务院代总理洪成南，副总理金福信、金润赫、张澈、孔镇泰22日来到中国驻朝鲜大使馆，向邓小平的遗像敬献花圈。洪成南说，邓小平的逝世不仅是中国人民的一大损失，也是朝鲜人民的损失。朝鲜将积极使朝鲜人民的伟大领袖金日成同邓小平等中国老一辈革命家共同缔造的朝中友谊继续发展下去。前来吊唁并敬献花圈的还有朝鲜政务院各部委、朝中友好协会等四百多人。

…………

伟人已逝，风范长存。各国首脑与国际友人深情悼念邓小平，高度评价邓小平，为世界失去一位伟人而惋惜。他虽身在东方，声名却遍及全球。世界将记住邓小平开创性的思想和理论以及他为维护地区和世界和平所作出的贡献。邓小平创造的"一国两制"的伟大构想为国际社会解决历史遗留问题提供了一个新的思路，中国以"一国两制"方式对香港、澳门恢复行使主权，在现代史上创造了一个奇迹。

笔者以一种复杂的情感，写下了《再道一声：小平您好》——

瑟瑟中半垂的旗杆默默站立
整个世界日全蚀
拉长的汽笛回旋在宇宙
全球在向世纪的伟人
作世纪的告别

三落三起

东方小个子传奇的一生
写的是一个斗大火红的“人”字
邓——小——平　这打不倒的名字世人瞩目
让贫血的思想充满智慧与灵气
让深圳这块试验田盛产一个个神话
让香江回流长江黄河
让十二亿老百姓打着饱嗝儿微笑
让卫星火箭一次次考察外边的世界
让赛场上的五环紧扣闪烁的五星
让遍身疮痍的神州巨人崛起东方
从此　中国开始了新的万里长征
从此　中国龙腾飞在跨世纪的上空

天地含悲
山河披素齐泣
大海饮泪鸣
全人类在送别一个共同的亲人
浪花在哭泣中呐喊——
小平，一路走好

到八宝山的沿途站满悲泣的人群，洒满动天撼地的悲痛之情

1997年2月24日上午，邓小平的遗体在北京火化。江泽民、李鹏、乔石、李瑞环、朱镕基、刘华清、胡锦涛、荣毅仁等到三〇一医院送别邓小平，并护送邓小平的遗体到八宝山革命公墓火化。

三〇一医院南楼小礼堂布置得庄严、肃穆。洁白的花朵、黑色的挽幛表达着人们深深的哀思。黑底白字的横幅上写着：“敬爱的邓小平同志永垂不朽”。横幅下方正中是邓小平的大幅彩色遗像。遗体静卧在鲜花和常青松柏中，面容安详，面上覆盖着中国共产党党旗。四名人民解放军礼兵持枪肃立，守护在两旁。邓小平遗体前摆放着夫人卓琳率子女敬献的花篮。花篮的缎带上写着：“我们永远爱你”。送别室内摆放着江泽民、李鹏、乔石、李瑞环、朱镕基、刘华清、胡锦涛、荣毅仁和中共中央、全国人大常委会、国务

院、全国政协、中央军委、各民主党派、全国工商联、无党派人士、人民团体、首都各界群众敬献的花圈。

上午9时整，党和国家领导人胸佩白花、臂戴黑纱缓步来到送别室，在邓小平遗体前肃立。哀乐声中，他们向邓小平的遗体三鞠躬，表达对在七十多年波澜壮阔的革命生涯中，为中国新民主主义革命的胜利和新中国的成立，为中国社会主义的创建、巩固和发展，建立了永不磨灭功勋的邓小平的崇高敬意和深切缅怀之情。随后，江泽民等与卓琳及其子女一一握手，并表示深切慰问。9时28分，和着哀乐的节奏，八名人民解放军礼兵抬起安放着邓小平遗体的灵柩，缓缓走出送别室。江泽民等护送邓小平的遗体上灵车。9时31分，在江泽民、李鹏、乔石、李瑞环、朱镕基、刘华清、胡锦涛、荣毅仁等领导人，邓小平亲属和治丧办公室成员的护送下，灵车徐徐驶向八宝山革命公墓。当灵车启动时，在场送别的人悲痛肃立，向邓小平的灵车行注目礼。

千花堆雪，万头攒动。长街恸哭，万众同悲。从三〇一医院到八宝山，短短两公里半的路途，街道两旁挤满了首都各界人士和从各地赶来的人民群众十多万人。壮丽的首都蒙上沉沉灰雾，天公仿佛也在为邓小平的离去哀伤，忽然变得阴沉。宽阔的街道失去了昔日的喧嚣，沉浸在一片庄严肃穆的气氛中。

凌晨4时，环卫女工张彦芳和她的小组就开始一遍遍地清扫这段马路。她们边哭边扫，边扫边哭，仔细得如同擦拭玻璃，生怕留下一点儿尘埃。这天，天刚放亮，北京市民和首都高校的大学生们，就陆续聚集在三〇一医院外的五棵松一带前来送行。

人们从北京的四面八方，从祖国的天南海北，默默汇集到这里。胸前的一朵朵白花，在料峭的晨风中不停地颤动。心中的一缕缕哀思，在天地间绵绵不绝。许多人不知道起灵的日子，怕赶不上送行，几天来多次到这里等候。一位82岁的老八路，前一天已在这里守候过半天，这天7时他又站在了五棵松路口。“我今天一定要送送小平同志。”他一边抹泪一边说，“毛主席让我们站起来，邓小平使我们富起来，都功比天高。”

北大生命科学院院长周曾铨教授指着旁边同学们正要举起的横幅“再道一声小平您好”，追忆道：“1984年，在小平同志检阅国庆35周年游行队伍时，北大生物系（现在的生命科学院）学生们举起了‘小平您好’的横幅，道出了师生们的心声。13年后的今天，当我们‘再道一声小平您好’时，却已是在为他老人家送行……”他哽咽着说，“我们北大师生，说不尽对小平的热爱之情，千言万语，汇成这一句话。”北大微电子系的韩汝琦教授是第二次站在这五棵松路口。21年前，他也站在这里，为敬爱的周总理送行。他说:“今天，我怀着同样悲痛的心情来为小平送行。”

9时34分，哀乐响处，灵车缓缓驶出三〇一医院西门。过来了，简朴的白色灵车，四周披着黑黄相间的挽幛；过来了，哀乐从灵车中低低地传出，如凝重的铅水，和着人们的泪水，徐徐地流淌。两旁送行的人们站直了身体，用深情的目光迎接灵车走来，目送灵车驶去。君不见花山人海哀思重，群情默默以当歌。车队呀，你慢些走；时间啊，你停一停！这是小平同志最后一次来到人民中间，请让我们再多看上一眼！请让我们再道一声：“小平您好！”9时45分，灵车缓缓通过玉泉路口，在低回的哀乐声中，人群里传出低声的哭泣，路旁有人举起了“小平同志您走好”的横幅，不少人举起了邓小平的画像和刊有遗像的报纸，执勤的武警列队向灵车行注目礼……

松柏簇拥的八宝山革命公墓，格外肃穆凝重。从玉泉路口到这里，是送灵行程的最西端。越来越多的人，在乍暖还寒的晨风中，静静地守候着。

远远传来了哀乐声，挂着素花披着黑纱的灵车，从人们的面前缓缓驶过。人们的目光，随着灵车缓缓地移动，默默地投下最后深情的一眼。

送行的人群中，有陈景润的妻子由昆。一早，她请了假直奔送行的长安街。快走到玉泉路时，灵车过来了，她挤进人群，拼命想多看两眼，可是眼泪止不住地往外流，她不停地擦呀、擦呀。她小声念着：小平同志啊，您是我们全家的恩人啊！要是景润在世，他知道您去世的噩耗，一定会随您而去了。她看见，那辆缓缓驶来的灵车牌号和当年运送陈景润的是同一辆，她再也无法按捺悲痛，失声大哭。早在20世纪70年代，邓小平就亲自过问陈景润的生活，邓小平对陈景润和家人的爱护和关怀，在由昆心里留下了太多的感激。邓小平关怀的又岂止一个陈景润。“科学技术是第一生产力”、“知识分子是工人阶级的一部分”，邓小平对知识和人才的尊重，让多少科技、教育工作者欢欣鼓舞。

一位湖北广水来京做生意的青年说，没有小平同志的改革开放政策，家乡不可能富起来，我也不可能来京做生意致富。当灵车经过，后面的人因看不清而拥挤时，这位个体户把拎着的行李一放，说：“站在我的行李上吧，大伙好好看看。”八宝山革命公墓门口南侧，天津武清县农民方子青哽咽着说，他昨天和妻子乘汽车转火车，赶了一百二十多公里路到北京，专程来给小平同志送行。“是他让我们吃饱了穿暖了。”“我们乡下农民衷心拥护小平同志制定的政策，没有他我们过不上富裕的日子。”

9 时 51 分，灵车驶进八宝山革命公墓。在第二告别室，江泽民等和邓小平亲属向邓小平作最后的告别。

送别亲人，劳劳依依。灵车队伍驶过，路边的人群却久久不肯散去。不少人把戴在胸前的白花轻轻摘下，系在路旁的松柏树上，一丛丛常青树，成了一个个巨大的花圈，又似乎一瞬间绽开了千朵万朵梨花。白色的小花，体现出人民的哀思，表达着人们心中无尽的悼念。天若有情，大地当哭。早春的中国，银杏树挺拔如铁，松柏挂满白花，国旗低垂半降。这是松枝和白花的海洋，这是哀思和深情的海洋。二月，把一个哀伤的日子留给了中国……

以最朴素最庄严的方式，完成一位唯物主义者生前的嘱托

2 月 25 日，中共中央、全国人大常委会、国务院、全国政协、中央军委在人民大会堂隆重举行邓小平追悼大会。党和国家领导人江泽民、李鹏、乔石、李瑞环、朱镕基、刘华清、胡锦涛、荣毅仁，邓小平的夫人卓琳和子女等参加了追悼大会。

一大早，中央党政军群机关和首都各界代表、邓小平生前友好、家乡代表等一万人怀着悲痛的心情，从四面八方络绎不绝地来到人民大会堂。会场庄严肃穆。主席台以银灰色为底色，台口上方悬挂黑底白字横幅：“邓小平同志追悼大会”。主席台正中矗立着五米多高、黑色镶框的邓小平同志彩色巨幅遗像，两旁是大型花环、十六棵常青树和冬青。邓小平的骨灰盒安放在遗像前的白兰花和常青松柏中，骨灰盒上覆盖着中国共产党党旗。卓琳率子女敬献的花圈摆放在邓小平的骨灰盒前。六名人民解放军礼兵持枪肃立，守护在两旁。主席台两侧摆放着江泽民、李鹏、乔石、李瑞环、朱镕基、刘华清、胡锦涛、荣毅仁和中共中央、全国人大常委会、国务院、全国政协、中央军委、中央纪委、最高人民法院、最高人民检察院敬献的花圈。

大礼堂二楼眺台悬挂的黑底黄边白字横幅上写着：“全党全军全国各族人民衷心爱戴的邓小平同志永垂不朽！”三楼眺台悬挂的横幅上写着：“在以江泽民同志为核心的党中央领导下，继承邓小平同志的遗志，把建设有中国特色社会主义伟大事业推向前进！”

大礼堂主席台下两侧和大礼堂外的中央大厅摆放着各民主党派中央、全国工商联、无党派人士，中共中央各部门、中央国家机关各部门、各人民团体、首都各界群众，人民解放军三总部、全军各大单位、各大军区，三十个省、自治区、直辖市，新华社香港分社、新华社澳门分社，以及邓小平家乡等敬献的三百多个花圈。

上午10时整，中共中央政治局常委、国务院总理李鹏宣布追悼大会开始。全场肃立，默哀三分钟。由五百人组成的军乐团奏起悲壮的哀乐。群山肃立仰风范，万众静默寄哀思。现场直播的广播和电视把悲壮的哀乐声传到城乡各地，传到北国南疆，传到辽阔疆域各个地方的工厂、农村、商店、学校、连队、机关、街道。神州大地在静默，亿万人民含泪肃立，缅怀邓小平的丰功伟绩和崇高风范，寄托哀思。与此同时，在奔驰的列车上，在江河湖海的轮船和军舰上，在祖国各地的工厂和矿山，在一切有汽笛的地方，笛声长鸣，震彻云霄。

凄婉悲凉的汽笛声从千里铁道，从万里海疆，从星罗棋布的厂区、矿区冲天而起，和着人们的呼唤声、痛哭声、哽咽声……神州大地涌动着绵绵不绝的哀思。北京西站内外，旅客们放下行李、军人脱下军帽，久久伫立着，为小平默哀，聆听江泽民致悼词。香港、澳门也是一片哀痛。香港车流如潮的马路上，八百多辆中华巴士汽车上，都缀上了白花和黑丝带，迎风播撒着不尽哀思。香港看通中文传呼有限公司所有用户的传呼机同时响起，“敬爱的邓小平先生永垂不朽”的字样在液晶显示屏上频频闪现……澳门许多出租汽车司机以鸣笛、公司员工以默哀等形式悼念邓小平。

山垂首，水含悲；巨星虽陨落，伟人风范日月辉。汽笛声声催奋进，小平回眸应笑慰！北京往日拥挤的街道处处通畅，人们都聚集在电视机前，收看实况转播。北京站前的大屏幕下，聚集了很多悲痛的人们。长安街格外肃穆，人们悲容庄严。充满沧桑的古都在此追悼一位伟人，长街当哭。中国在呜咽的三分钟里凝固了……

默哀后，人民大会堂奏起了庄严的国歌。雄壮的旋律，表达着亿万人民共同的心愿：在以江泽民同志为核心的党中央领导下，全党全军全国各族人民高举邓小平建设有中国特色社会主义理论的旗帜，坚定不移，满怀信心，一定能够把邓小平开创的社会主义改革开放和现代化建设的伟大事业坚持下去，胜利地到达我们的目的地。

接着，江泽民含泪致悼词。他在悼词中缅怀了邓小平的丰功伟绩和崇高风范，表达了全党全军全国各族人民的深切哀思。悲怆、哽咽的话语回荡在人民大会堂，回荡在天安门广场，回荡在亿万人民的心上。“中国人民爱戴邓小平同志，感谢邓小平同志，哀悼邓小平同志，怀念邓小平同志，是因为他把毕生心血和精力都献给了中国人民，他为中华民族的独立和解放、为中国的社会主义现代化事业建立了不朽的功勋。”“邓小平同志这样说过：如果没有毛泽东同志，我们中国人民至少还要在黑暗中摸索更长的时间。我们今天同样应当说，如果没有邓小平同志，中国人民就不可能有今天的新生活，中国就不可能有今天改革开放的新局面和社会主义现代化的光明前景。”

此时此刻，天安门前国旗低垂，来自四面八方的人们一大早就聚集在这里，伫立志哀。一代伟人长辞，九州儿女同悲。悲恸笼罩着天空、陆地、海洋，泪雨洒落在乡村、城市、军营……亿万颗心紧紧地揪到了一起。

悼词中，江泽民还指出，在中国共产党历史上，党领导中国人民进行了一场把半殖民地半封建的旧中国变成社会主义新中国的伟大革命，十一届三中全会以来又领导人民开始了一场新的革命，要把中国由不发达的社会主义国家变成富强、民主、文明的社会主义现代化国家。在这两次伟大革命的进程中，实现了马克思主义同中国实际相结合的两次历史性飞跃，形成了两大理论成果，这就是毛泽东思想和邓小平建设有中国特色社会主义理论。两次伟大革命、两次历史性飞跃，造就了两个伟大人物，这就是毛泽东同志和作为毛泽东同志的战友、事业继承者的邓小平同志。

举国同悲之时，无数双泪眼依然浮现着小平为国奔波的身影，亿万个家庭自觉追忆小平为民操劳的故事。带着对小平的崇敬，山西宇达工艺总厂100多名职工加班加点铸造出小平铜像，把全国人民对小平的爱戴之情铸成了永恒的怀念。再过120天就和祖国团聚的香港同胞，深深为小平不能看到香港回归的历史性时刻扼腕。香港市民李文辉给治丧委员会寄来了一捧泥土，在信中他写道：“虽然邓先生不能于有生之时踏足香港的土地，还是希望在他去世之时能把香港的泥土放在他的脚下，让我们完成他的遗愿。”

江泽民最后说，邓小平同志和我们永别了。他的英名、业绩、思想、风范将永载史册，世世代代铭刻在人民的心中。在党中央坚强领导下，全党全军全国各族人民一定能够继承邓小平同志的遗志，坚定不移，满怀信心，把邓小平同志开创的建设有中国特色社会主义的伟大事业推向前进，把我国建设成为富强、民主、文明的社会主义现代化国家。的确，虽然岁月没能留住他的脚步，但他的英名、他的业绩、他的思想和风范将永载史册。虽然时间无法让他的生命再次燃烧，但他的理想、他的信念、他毕生奋斗的事业，却在他深爱的祖国化作了不朽的丰碑。江泽民致悼词后，全场向邓小平遗像深深三鞠躬。九州同悲悼小平。当雄浑的《国际歌》在人民大会堂的上空回荡的时候，亿万群众为这位世纪伟人垂泪。大家决心紧密团结在以江泽民为核心的党中央周围，完成邓小平未竟的事业。

邓小平是彻底的唯物主义者，关于后事，近年来曾对家人多有交代。他嘱托家人：捐献角膜，解剖遗体供医学研究，不留骨灰，撒入大海。

3 月 2 日上午，中南海下半旗志哀。怀仁堂礼堂庄严肃穆，哀乐低回。蓝色的幕布上，悬挂着邓小平的彩色遗像，两侧低垂着黑黄相间的挽幛。遗像下方，摆放着邓小平的骨灰盒，上面覆盖着中国共产党党旗。骨灰盒前是由卓琳率子女敬献的花圈。四周摆放着鲜花和翠柏。八名解放军礼兵持枪肃立，守护在灵前。邓小平治丧委员会办公室的有关领导同志和治丧办成员同邓小平同志的亲属一起，在这里肃立默哀，怀着极其沉痛和深切缅怀之情，向邓小平遗像三鞠躬。随后，在胡锦涛等领导同志和卓琳等亲属及礼兵的护送下，邓小平的子女手捧遗像、骨灰盒和花圈，缓步走出怀仁堂。

灵车缓缓驶出中南海。中共中央办公厅、国务院办公厅的工作人员和解放军指战员胸戴白花，聚集在道路两旁，挥泪送别邓小平。灵车驶入西郊机场。机场降半旗志哀，松柏枝上缀满了白花，寄托着亿万人民对邓小平的崇敬与怀念。哀乐声中，胸佩白花的空军官兵脱帽列队，默默地目送载有邓小平骨灰的专机向着大海飞去。专机内悬挂着邓小平的遗像和“敬爱的邓小平同志永垂不朽”、“敬爱的邓小平同志永远活在我们心中”的横幅。遗像前摆放着邓小平的骨灰盒，上面覆盖着一面鲜红的中国共产党党旗。这是党和人民给予一位 93 岁的老共产党员的最高荣誉。机舱四周垂挂着挽幛，上面缀满了白花。穿云破雾，专机向大海上空飞去，飞向这位一生波澜壮阔的伟人最迷恋的地方。也许是苍天为之动容，当专机飞临大海时，天空出现了一道绚丽的彩虹。

11 时 25 分，专机飞至 1800 米高空。强忍着悲痛，81 岁的卓琳眼含热泪，用颤巍巍的双手捧起邓小平的骨灰久久不忍松开。她一遍又一遍地呼唤着小平的名字，许久才将骨灰和五彩缤纷的花瓣缓缓撒向大海。两人共同走过了

58年的人生历程，如今面对如此情景，她怎能不肝肠寸断，悲痛欲绝。

一位以自己的一生书写中华民族崭新历史的伟人，今天完成了他人生的最后一个篇章。苍天含悲，大海呜咽。怀着无比悲痛的心情，胡锦涛缓缓地将骨灰和花瓣撒入大海。随后，邓小平的子女邓林、邓朴方、邓楠、邓榕、邓质方和孙辈眠子、萌子、羊羊、小弟，悲痛地跪在机舱里，含着热泪，将骨灰和缤纷的花瓣一起，缓缓撒向碧波万顷的大海，完成他们敬爱的父亲、爷爷的遗愿。邓榕哽咽道："爸爸，您回归大海，回归大自然，您的遗愿实现了，您安息吧！"跟随邓小平多年的卫士孙勇、张宝忠一身戎装，忠实地守卫在他的骨灰盒前。其他领导同志与其他亲属肃立默哀。

飞机盘旋，鲜花伴着骨灰，飘向无垠的大海；大海呜咽，寒风卷着浪花，沉痛悼念伟人的离去……

11时50分，专机盘旋着向大海告别。透过舷窗望去，水天一色，波翻浪涌。从那永不停息的涛声中，人们仿佛又听到了震撼过无数人心灵的声音："我荣幸地以中华民族一员的资格，而成为世界公民。我是中国人民的儿子。我深情地爱着我的祖国和人民。"

两个心愿成了总设计师的遗愿，相伴一生的卓琳替他兑现梦想

一世风云，赫赫雄威震。八斗韬才，狠抓拨乱纠偏，神州防震荡。争朝夕，兴废运筹，抒构想，绘宏图，赢得英声远播：总设计师民共仰。奕奕皇皇，清徽不可泯。广树丰碑五岳小，九垓再誉新功：农户脱贫，商家转轨，收复金瓯固国陲。殷期宝岛回归，谈六条卓见，寄语台湾，例当仍步前踪，雄张两制，尧天舜甸笑开颜。椽笔十车，工联百副，咸颂伟人烈概。肃对九三老，劲节嘉猷，长使环球申敬仰。

三番劫难，铮铮浩气横。满腔义愤，怒斥推波助澜，沧海任横流。搅乾坤，是非颠倒，枉奇冤，罹黜罪，惊闻恶谤狂呼：大走资派党同诛。纷纷扰扰，正道岂容污。普沾渥惠四川先，亿人频传盛事：渝宫题字，蓉馆拟名，倡修铁路酬群志。倏报巨星陨落，盼七月良辰，推轮香港，孰料竟成遗愿，浩叹千秋，蜀水巴山悲失色。白花万朵，赤帜半竿，倍增悼者疚怀。痛忆一乡亲，葵心泪眼，永教锦里动哀思。

噩耗传出，神州震惊，世界震撼。邓小平逝世后，海内外舆论出现了各种猜测和议论，党内党外、国内国外都在关注中国的方向与形象；关注中国

能否继续坚持由邓小平创立的有中国特色的社会主义理论，能否继续走由邓小平开创的有中国特色的社会主义道路；关注在世纪之交的关键时刻，中国共产党人以什么样的面貌跨入新世纪。

1997 年 7 月 1 日，香港回归祖国，卓琳代表邓小平出席了回归盛典。当五星红旗在香港升起的时候，卓琳百感交集，泪洒香江。国家主席江泽民特意把卓琳介绍给在场的所有人，并说："历史将会记住，提出'一国两制'创造性构想的邓小平先生。"

对香港此行，卓琳非常重视，很早就做了准备。邓楠说："母亲代表父亲，到香港出席回归庆典，她的使命就是为父亲还愿。那一次的紧张、隆重，超过了她以往任何一次出国访问。妈妈平时很随便，没有什么好衣服，为了到香港，专门做了几套衣服，衣服的款式、颜色，都是我们三姐妹还有孙儿孙女一道为她'参谋'的。"

这年 9 月，中共十五大召开。十五大明确提出邓小平理论是党的指导思想，并将其在党章中确立下来，明确规定：中国共产党以马克思列宁主义、毛泽东思想、邓小平理论作为自己的行为指南。这是我们党经过近二十年改革开放和社会主义现代化建设的成功实践作出的历史性决策。作出这个决策，表明以江泽民为核心的党中央第三代领导集体和全党把邓小平开创的建设中国特色社会主义事业全面推向新世纪的决心和信心，也反映了全国人民的共识和心愿。

旗帜问题本质是党的指导思想、精神支柱问题，总是同社会主义的前途命运紧密相连。早在中共十三大报告中，就在第一次使用"建设有中国特色的社会主义理论"概念的同时，也第一次指出马克思主义与中国实践的结合有两次历史性飞跃。中共十四大比较系统地概括了这一理论的主要内容及其贡献，明确提出了"用邓小平同志建设有中国特色社会主义的理论武装全党"的战略任务，从而确立了这一理论在全党的指导地位。

随着这一理论日益深入人心，十五大对此作了进一步的概括和总结，第一次在党的正式文献中使用了"邓小平理论"这一更为醒目、更为简明、更为准确的新提法，强调邓小平理论是"马克思主义在中国发展的新阶段"，确立其在我们党的指导思想的地位，并将其载入党章。江泽民郑重地说："这次大会的灵魂，就是高举邓小平理论的伟大旗帜。十五大无疑将以这一点为标志载入史册。……无论什么困难和风险，都不能动摇……"

1999 年 12 月 20 日，在澳门特别行政区成立庆祝大会上，卓琳深情地说：“邓小平的一个愿望，就是在香港回归、澳门回归时能来看看，现在我能够完成他的遗愿，心情十分激动。”

邓小平与世纪同行，走过了波澜壮阔的一生：从山河破碎、风雨如磐的旧中国，到创建一个享有主权、独立和尊严的新中国；从对社会主义革命和建设的曲折探索，到开辟改革开放伟业、实现祖国全面振兴，他的沉浮荣辱是如此紧密地和中国人民的命运联系在一起。中国和中国人民因为有了邓小平而自豪。他的业绩、思想、品德、风格，作为一个伟大时代的标志，深深地镌刻在亿万人民心中。

1998 年 2 月，又是一个春天。在邓小平逝世一周年之际，全国各地开展了许多纪念活动，缅怀邓小平。邓小平的长女邓林为远行的父亲献上了深深的思念，在中国人民军事博物馆举办了《邓小平——女儿心中的父亲》摄影展。中央电视台摄制的大型纪录片《丰碑》在黄金时段播出。有人在女儿出嫁时，不为女儿铺张，别出心裁地送上珍贵的“嫁妆”——《邓小平文选》全套，希望女儿致富不忘邓小平。

邓小平辞世五周年之时，国家广电总局等联合珠影厂联合公映了大型电影故事片《邓小平》，再现了晚年小平的风采。

时光转入 2004 年，迎来了“小平百年”的年份。2 月，中国各大传媒重新发表邓小平二十年前关于香港问题的讲话。这篇讲话阐述了什么是“一国两制”，核心是正确理解“一国”与“两制”的关系；阐述了“港人治港”，核心是爱国者治港。重新发表“讲话”，目的是针对香港近期有关政治制度发展争论中一些模糊或错误的观点，从原则上做出澄清。

3 月，中华全国集邮联合会在人民大会堂举行《百年小平》大型纪念邮票珍藏册首发式——全套珍藏册除了收录有 29 枚邓小平头像邮票、15 枚与邓小平相关的邮票外，还邀请 100 位国内著名书法家、10 名著名画家、邮票设计家精心创作了 110 枚表现邓小平伟人风采的纪念张。这部邮票珍藏册的内容分为“中国之子”、“中华军魂”、“历史转折”、“必由之路”、“走向世界”、“天才构想”、“放眼未来”和“小平您好”八个主题，从一个侧面生动形象地展现了邓小平的光辉一生。

8 月 22 日上午 10 时，邓小平同志诞辰一百周年纪念大会在人民大会堂隆重举行。胡锦涛在讲话中强调，邓小平同志七十多年波澜壮阔的革命生涯，是同中国共产党、中国人民解放军、中华人民共和国的创建和发展紧密联系在一起的，是同我们祖国和中华民族的面貌发生翻天覆地变化的历史进程紧密联系在一起的。他把毕生心血和精力都贡献给了党和人民的事业，贡献给了中国人民，赢得了全党全国人民的衷心爱戴，也赢得了各国人民的普遍尊敬。胡锦涛指出，邓小平同志留给我们的最可宝贵的财富，就是他创立的邓小平理论和在这个理论指导下制定的党在社会主义初级阶段的基本路线。并号召全党全国各族人民万众一心，众志成城，艰苦奋斗，开拓创新，不断把中国特色社会主义伟大事业推向前进。

邓小平故居自 1984 年对游人开放以来，便设有留言簿。迄今，已有数百万人次来此参观，留言簿多达数百册。这些留言，在朴实的话语中自然流露出喜悦、感激、爱戴之情。主体工程已完工的邓小平纪念馆陈列馆，内部共分序厅、展厅、缅怀厅、影视厅和休息厅等，充分运用高科技的声、光、电技术，全面细致地展示邓小平伟大、光辉的一生。纪念馆与邓小平铜像广场、邓小平故居一起，成为邓小平故居保护区的主体。3 月，邓小平 1984 年国庆阅兵乘坐的“红旗检阅车”运抵四川广安，受到邓小平家乡数千名群众的夹道欢迎。与“红旗检阅车”同时运抵广安的，还包括由中共中央办公厅、中央文献研究室、中央警卫局、邓小平家人及身边工作人员，为邓小平百年诞辰展览提供的其他 77 件珍贵文物。目前已征集到有关邓小平生前各个时期的文字图片资料及物品近 1500 件。

据了解，近年动工建设的邓小平故居保护区将被确定为“建设有中国特色社会主义教育基地”，规划面积二十多平方公里。其中以邓小平故居为中心的方圆五百亩规划为核心区，保护区内集中着邓小平故居、德政坊、神道碑、清水塘等邓小平青少年时期的主要活动场所。核心区的建设以写实手法集中体现 19 世纪末 20 世纪初巴蜀文化特色。有关方面根据把保护区建成“天然纪念馆”的要求，核心区将建成生态园区，重点突出“山清水秀，郁郁葱葱”的丘陵风光特色。目前，邓小平天然纪念馆已初具规模，游人如织。

近年来“邓小平热”逐步升温，与邓小平相关的图书热、图画热、书法热、展览热、影视热、邮票热、诗词热，等等，无一不昭示着邓小平的无穷魅力与精神力量所在。其中，有关邓小平本人的著作就出版了不下百种，发行上亿册。相关的传记、纪实、思想评述书籍更是举不胜举，久销不衰，至今仍是热点图书。有关邓小平的画像或雕塑更是不少地方的醒目的“景观”。

曾有多少人用多种字体手抄《邓选》，又有多少国家相继自行设计和发行有关邓小平的纪念邮票，以至于不同肤色的人争相购买，成为邮票市场上的抢手珍品。邓小平的魅力感染着中国，也感染着世界。

“毛泽东使中国人站起来，邓小平使中国人富起来。”这是中国老百姓至今常说的一句话。的确，没有邓小平，中国的小康之路也许还在迷惘中摸索。可以确信，邓小平和他所开辟的伟大时代，必将引领中国人昂首阔步走在全面建设小康社会的征程上。

“到香港自己的土地走一走，看一看”与“亲眼看一看中国人民的小康生活”这两个心愿，成了中国改革开放总设计师邓小平的遗愿。与邓小平相伴一生的卓琳替他兑现了这心中的梦想。每逢祭日，卓琳总是预先买些花瓣，在院子里抛撒，边撒边喊——“老爷子，给你撒花了，你听见了没有？”这情这景，无不让人动容。在接受采访时，她说：“他去世了，我们全家人都很哀伤，但是这是自然规律，没办法。每年他的生日，我们全家人还像他活着一样，大家一块儿给他过生日，纪念他。”

一代伟人离我们而去了，但他的音容笑貌历历在目，留下的是思想、风范与业绩，他的生活情趣与人格魅力似久存的佳酿弥足浓郁，常饮常醉。

第3章
“神探”杨奇清的惊天动地与默默奉献

开国大典阅兵地点与警卫方案的制定、毛泽东首次出访苏联的护卫、周恩来参加万隆亚非会议的安保、新中国成立后一系列特大案件的侦破等，都与这位隐蔽战线的领导人、公安保卫事业奠基人相关连。

杨奇清一辈子命运跌宕起伏，极具传奇与神秘色彩，带有鲜明的时代烙印。他曾深受毛泽东、周恩来、朱德、彭德怀等领导人的器重，却不被一般群众所了解熟知；经由他亲手处理的大案、大事件件惊天动地，但他始终身居幕后；他屡建奇功，令国内外敌人、间谍、特务闻风丧胆，但“左”倾分子对他恨之入骨。

接受专访时，杨家后人时而自豪、时而欣慰、时而滔滔而语、时而沉默不语、时而潸然泪下。在杨家后人眼里，父亲杨奇清性格爽朗，思想开阔，襟怀坦白，但他更谨言慎行，处处低调。“他从来不觊觎更高的权力地位，习惯于极致地发挥自己的才能，在组织部署的战斗中，兢兢业业地工作。”

有人说，杨奇清是“共和国卫士”、“超级盾牌”，还有人称他为“擒特猎手”。但是，在杨家子女看来，父亲就是大山里走出来的“湘伢子”，慈祥的父亲是他们一辈子的精神导师。

“红小鬼”追寻来时路

1959年9月，时任公安部副部长的杨奇清到湖南进行调研，顺便回到了已经离开29年之久的家乡。回乡前，他一再强调：不搞衣锦还乡那一套。他只带了一个秘书、湖南省公安厅派的一个警卫和平江县公安局的一位干部，同坐一辆吉普车回去。

平江这块红土地，他太熟悉了，无数革命前辈在这里洒下了太多太多的热血——1928 年平江起义前全县人口是 73 万，可是到 1949 年只剩下 37 万人口。尽管杨奇清十分热爱自己的家乡，但是他觉得不能用手中的权力满足地方父母官的要求：“如果每一个人手握大权的人都为狭义的家乡而滥用手中的权力，那共产党成什么样了！”

平江县委的同志向杨奇清汇报工作，提出想在他的家乡嘉义镇建大会堂，杨奇清一听就表示反对，他说：“国家还不富强，群众生活水平低，不能铺张浪费，要注意影响。”县委的同志又提出购汽车和拖拉机，杨奇清耐心解释说：“公安部不管这些东西，我没有权力批呀！要钱、要车、要物，我都没有呀！”地方领导不禁愕然。杨奇清认为不能因为自己是平江人，就对平江搞特殊化，也不能由于平江是家乡，就要给予特别照顾。

在家乡，亲弟弟杨正湘提出帮忙解决一个工作。杨奇清说：“我的权力是用来为人民服务的，不是为家庭服务的。”并叮嘱弟弟要在现有的岗位上好好工作，将党的需要当作自己的需要。两个外甥女见到杨奇清后，吵着要跟杨奇清到北京找个好工作，杨奇清劝说她们留下，建设新农村。

当然，他忘不了去祭拜祖坟、拜访长辈，给继母留下一些生活费。随后，杨奇清请平江县委安排，请来当地的老人们开座谈会，倾听人民群众的意见……

1911 年 11 月 6 日，杨奇清出生在湖南平江县郑源大屋一户贫苦农民家庭。自他的女儿杨清那里，记者得知：杨奇清早年名叫淑清，是他的爷爷给取的。村里有一条小河，清澈见底，当地人称为淑水河。杨奇清的爷爷给孙子取名“淑清”，是希望他继承“清清白白做人”的家风，一如淑水河安时随命，与世无争。不过，淑清这个名字很少被使用，平时大家都唤他的小名“淑伢子”。

因为生活贫困，杨奇清 8 岁才上学。他曾对女儿杨清说：“我小时候家里穷，后来就上不起学了，我只好上山砍柴、磨豆腐、干杂活，好让叔叔和其他兄弟去上学。”只读过三年书的杨奇清自小爱听父亲杨益德讲述有关古代农民起义的故事，向统治阶级宣战的造反英雄的传奇故事让他豪情满怀。后来，他便将自己的名字改为“奇清”。

杨奇清的母亲李合梅因积劳成疾，无钱医治，三十多岁就溘然长逝。才十几岁的杨奇清，就开始承担起家庭的重担。

1926 年夏秋，一场中国人民反帝反封建的革命风暴席卷神州大地。平江农民运动蓬勃兴起，农民协会纷纷成立，还组织了一支农民自卫军。杨奇清的父亲和叔叔都相继加入了中国共产党。在父辈与革命形势的影响下，杨奇清毅然走上了革命道路，并担任儿童团团长。他率领少年儿童们站岗放哨，协助大人们查奸细、打土豪。杨奇清以他的坚定勇敢、机智灵活，多次出色地完成任务而赢得伙伴们的热烈拥戴和父辈们的赞赏。这年末，他又担任了共产主义少年先锋队大队长，他的劲头更足，干得更欢了。不久，还当上了平江县工农义勇军的小交通员。

杨奇清少年时代便跟随父亲投身革命，参加过著名的平江起义。1929年，他加入中国共产党。一天，杨奇清听说红军要撤离平江县城，表示想参加红军，祖父一听强烈反对：“好铁不打钉，好男不当兵！”于是，他拗不过老人，只好回到地方游击队，在家乡坚持游击，组织暴动，经常冒着生命危险为地下党传送情报，为游击队偷运食盐。

不多久，杨奇清接到祖父病危的消息，心急火燎地赶回家中。处于弥留之际的祖父提出让杨奇清立即结婚，新娘就是已经请媒人谈定了的一位名叫方祥玉的同村姑娘。自己与她并无感情基础，但是杨奇清清楚：爷爷此举是为了在生前看着孙儿成家，并用娶亲来系住孙儿，使他断绝离家参军的念头。

杨奇清原本不想应允，眼见祖父死不瞑目，祖母、婶娘、老哥嫂等不断哭劝，父亲也劝说不能让老人抱憾西归。泪流满面的杨奇清感恩祖父对自己的百般疼爱，于是“扑通”一声，双膝跪地，答应了祖父的要求。于是，就在第二天匆匆举行的婚礼之中，祖父带着一丝满足的微笑合上了双眼。杨家在同一天内办了红白两件喜事……

就在这时，整个形势急剧恶化。国民党军加上“清乡团”、“挨户团”步步紧逼，沿途制造的白色恐怖日益严重，不少共产党的基层组织遭受摧毁，“赤色分子”开始转移。这时，方祥玉清楚如果自己拖着丈夫不让他参军，无异于害了丈夫。1930年4月30日，杨奇清拿到中共地下党组织开给自己参加红军的介绍信，领着其他参加革命的伙伴们踏上了寻找红军之路。

长征路上警卫员的援救与中央密令的送达

1930年6月，红五军扩编为红三军团后，杨奇清被分派到第一师政治部宣传队当宣传员。这年12月，国民党军向中央革命根据地发起了第一次“围剿”。杨清说，父亲参加了这次反“围剿”战斗。战后，杨奇清从宣传队调往一师三团三连任党代表（后改称指导员）。

此时，杨益德已被捕，在经受敌人的长期残酷折磨后已是腿断身残，奄奄一息，却死守着党的机密。杨益德最后被刽子手斩首示众。怀着父亲被害的强烈悲痛和对敌人的无比仇恨，杨奇清率领三连全体战士英勇投入第二次与第三次反“围剿”中，他身先士卒，猛打猛冲。

1933 年 5 月，杨奇清被推荐进入国家政治保卫局保卫人员训练班学习。从此，他走上了保卫工作岗位，开始了几十年的保卫工作历程。结业后，他被分配到红三军团一师任特派员。这年 9 月，被调往红三军团保卫局任执行科科长，后先后改任执行部部长、侦察部部长。

1934 年 10 月，中央红军被迫退出中央革命根据地，开始长征。12 月，红军进入贵州，杨奇清由侦察部又调回执行部任部长，并由他兼管侦察部。杨奇清的权力更大了，肩上的担子也更重了。为了保卫首长和要害部门的安全，维护通讯联络的畅通，杨奇清经常不避艰险，不畏饥寒，哪里需要，他就出现在哪里。

为了给军团各级首长配备合格的警卫人员，杨奇清利用战斗间隙休整的机会举办警卫人员训练班，挑选政治可靠、勇敢机智、胆大心细、吃苦耐劳、身体健壮的青年进行训练，培养出一批批忠于职守的优秀警卫人员。他工作尽忠尽职，不仅使领导同志的安全没有出过什么问题，而且在照顾领导同志的生活上也细致入微。每个警卫员除了要拿行李、武器外，每天还要带齐饭菜、马灯、水壶、洋蜡、火柴等物品。因此，首长们白天随部队行军，晚上一到宿营地就能及时开始工作。

杨奇清对保卫干部和警卫员既十分严格，又十分关心。1934 年 12 月，红军经过广西龙胜、三江一带时，由于广西军阀白崇禧实行空室清野政策，沿途找不到颗粒粮食，红军补给困难，饥饿现象严重，致使掉队情况时有发生。杨奇清从保卫工作的特殊性出发，强调绝不容许警卫人员掉队和失踪。可是就在部队急行军抵达湘黔边界时，他发现缺少一个警卫员，担心落入敌人之手而泄露军事机密，要求警卫科长赶紧返回沿途仔细寻找，直至在一山沟里找到因饿昏而滚落的警卫员。长征途中，杨奇清还多次负责保卫毛泽东、周恩来等中央领导的安全。

1935 年 6 月，中央红军与张国焘率领的红四方面军在四川懋功地区会师后，为了统一指挥两大方面军作战，中共中央召开了“两河口会议”，会议决定由张国焘任红军总政委、中革军委副主席。但张国焘反对中央关于红军北上建立川陕甘苏区根据地的决定，进行分裂党和红军的活动，10月率部南下川康，在卓木碉宣布另立“中央”，并通缉毛泽东、张闻天、周恩来等人。

为此，中央书记处召开紧急会议，决定率中央机关及一、三军团立即脱离险区，先行北上。可是，由邓发率领的中央第二梯队还在二十里以外的阿里，而该梯队中还有一大批党的高级干部，必须立即通知第二梯队而又不能让张国焘发现，以免他调动大军对中央采取阻挠行动。负责这次紧急会议安全保卫工作的时任三军团保卫局执行部长杨奇清被毛泽东、周恩来、彭德怀、杨尚昆叫了过去，并由彭德怀简明扼要地告诉他要把中央的紧急命令尽快送到第二梯队。杨奇清应声请战：“我亲自送！”毛泽东摇了摇头：“你目标太大。”周恩来与彭德怀也表示了同样的意见：不到万不得已，杨奇清不要出马，因为张国焘知道杨奇清的重要性，还因为张国焘已经派出不少密探在暗中监视党中央——如果杨奇清在这非常时刻离开党中央驻地前往第二梯队，就必然会被密探们发觉而报告张国焘，引起怀疑。

杨奇清立刻找到政治可靠、办事干练的保卫局执行部预审员叶运高，让他来担当此次紧急送信的特殊任务：“你跑步前进，不得有误。8点出发，9点以前务必将命令亲自交给邓发同志。第二梯队在凌晨3点前必须全部赶到阿西。已经给你选好了一个手枪班，在路上如果遇到拦阻、人数不多就干掉；如果对方人多，就设法突围；万一你被他们抓住，一定要把信毁掉。”

很快，中央密令送到了第二梯队。第二梯队及时转移，与中央机关和一、三军团迅速撤离了危险区。等到张国焘收到密探们传来的情报时，中央红军已远在几十里之外，他已经鞭长莫及了。

1935年10月，中国工农红军第一方面军到达陕北。中央决定将徐海东部与刘志丹部合并组成红十五军团，调杨奇清担任十五军团保卫局局长。次年6月，红十五军团与红一军团合并组成西征军向陇东进发，巩固和扩大陕甘根据地并接应二、四方面军出草地。随后，红十五军团又为了打击国民党顽固派马步芳的反动势力，开辟陕甘宁边区，进行西征。杨奇清负责西征军的情报工作。他部署军团保卫局的干部们通过广泛地做沿途百姓的工作，建立起情报工作，详细了解敌人各方面的情况，使十五军团的行动决策能做到“知己知彼，百战不殆”。

1936年12月西安事变后，红军主力进驻陕西三原、耀县一带，杨奇清任中国工农红军前敌司令部保卫部部长。为了适应革命形势发展的需要，他在三原云阳镇举办了较大规模的保卫干部训练队，既轮训在职的保卫干部，也吸收一些优秀的知识青年党员，对于提高保卫干部的素质、扩大保卫干部的队伍起了重要作用。杨奇清不但要处理训练队的各项事务，而且还亲自给学员讲课。这个训练队的绝大部分学员，后来都成了保卫战线的骨干。

战火纷飞年代中另一个没有硝烟的战场

1937年8月25日，中国工农红军改编为国民革命军第八路军，杨奇清任八路军野战政治部锄奸部部长。锄奸部的上级领导为军事委员会，最初由傅钟、陆定一、杨奇清三人组成，后改由朱德、彭德怀、罗瑞卿、周恒、杨奇清五人组成，主要负责内部保卫和反叛徒、反奸细的斗争。在抗战初期，锄奸部还担负有维护社会治安，帮助新开辟的抗日根据地建立和巩固人民政权以及建立公安机关的任务。

就在朱德总司令率八路军将士向抗日前线开进时，杨奇清领导的野战锄奸部获悉重要情报：国民党军统首领戴笠在制定实施一个罪恶计划——刺杀朱总司令。戴笠选定了担任杀手的人选——代号“骷髅”，并选定了刺杀朱德的地点——地处黄河西岸的韩城县芝川镇。其实，“骷髅”是个双面间谍，既为戴笠的军统局效劳，又是个日本特务。戴笠正是利用他的双面间谍身份派他去执行刺杀朱德的任务，可以将罪责全部归咎于日本侵略者而洗脱军统的干系，同时戴笠秘密派出一个行动小组以监视“骷髅”的行动，在适合的时候杀人灭口。杨奇清做好了有关准备，不声不响地开始了行动……

韩城县在芝川镇镇口准备隆重迎接朱总司令，不少人在列队恭候，还停放着官轿，准备有名馔佳肴。有个人坐在距镇口不远处的一座二层茶楼的窗口旁，似乎悠闲地品着茶，但他的注意力却始终集中在镇口。他就是“骷髅”，正处于临战状态，只要朱德一出现，就将第一颗子弹准确无误地射进目标的脑袋，然后趁着混乱局面迅速从后窗撤离。茶楼外一群不三不四的人就是暗中监视“骷髅”的军统局本部的行动小组，他们就待“骷髅”击中目标后，冲进茶楼击毙“骷髅”，然后向人们出示准备好了的有关“骷髅”是日本特务杀手的证据，以此引导舆论，转移视线。

这时，出现马蹄声，尘土飞扬，随后出现了十人十骑，身着八路军军装。“骷髅”悄悄握紧了插在腰间的手枪柄，心想：朱德好大的胆子，连他在内也只有十人十骑，不说带有警卫团，连一个加强连也没有。可是不对头，十人十骑无一对得上被悬赏的朱德形象。只听到其中为首的大声道：“我是八路军战士杨奇清！我们是奉八路军总指挥之命，来为朱总司令打前站的！”

坐在茶楼二层窗口的“骷髅”松开了握着枪柄的手，不过很快又“悟”出：既然是“为朱总司令打前站”，那朱德就会在这里出现。他急于知道朱德具体什么时候会到达。然而，杨奇清对此避而不谈，只是拱手代表朱总司令多谢各位的迎接，表示朱总司令谢绝准备好的盛宴，然后策马检查县长给朱总司令安排的住处去了。

为此，“骷髅”与大多便衣行动队员按兵不动，等候朱德的出现。待监视杨奇清的人赶回报告说“杨奇清失踪了”时，“骷髅”直奔黄河边的码头，便衣行动队员只好尾随“骷髅”而去。

此时，一艘大渡船载着朱德和任弼时、傅钟等首长，以及由杨奇清亲自挑选的警卫员们犁波耕浪而来，直向侯马镇驶去。杨奇清在芝川镇“明修栈道”，让朱德一行“暗度陈仓”，登上早已秘密准备好的大渡船渡过黄河。其实，杨奇清在假借检查朱总司令的下榻处时悄然离开芝川镇，乘一艘预先安排的轻舟赶到侯马镇。这时，“骷髅”被生擒、随后被枪决，军统局的行动小组成为惊弓之鸟而掩迹逃遁。

杨奇清长期负责八路军政治保卫工作，对加强部队保卫工作建设，纯洁部队，开展反敌特斗争，巩固抗日根据地做出了贡献。1942 年底，日军开展所谓“强化治安”运动，在敌占区加紧了法西斯统治，同时千方百计向我根据地派遣特务，进行渗透和破坏。杨奇清周密防范，打击日、伪的秘密“维持会”，侦破了妄图暗害八路军总部首长的阴谋，保卫了首脑机关和我军首长的安全。

1943 年秋，太行根据地也开始了整风运动。因受延安审干做法的影响，抢先进入审干，掀起所谓“坦白运动”，发生了逼供信、扩大化的错误。杨奇清的夫人肖彬回忆说，八路军前方总部野战司令部和野战政治部的许多好同志，特别是从沦陷区和国统区来的青年知识分子和职员被打成特务、奸细、反革命分子，野政锄奸部的一个科长和野司特务团的参谋长因不堪忍受，相继自杀。杨奇清当时在延安中央党校二部参加整风，他领导的野政锄奸部中大多数同志被整成特务或有反革命历史的坏人。

1944 年 1 月，杨奇清的学习还未结束，毛泽东召见杨勇、舒同、杨奇清，要他们回前方纠偏。杨奇清被任命为中共北方局社会部部长，在邓小平、滕代远领导下着手纠正整风运动中的错误。杨奇清一到前总驻地，就有不少同志向他诉说整风中换整的情况，有的甚至痛哭流涕泣不成声。杨奇清废寝忘食，和审干人员一同深入到各个单位开展调查研究，看材料，听汇报，广泛听取群众意见，认真对待本人的申诉，工作做得非常细致，很快查清了绝大部分同志的问题，凡冤假错案一律予以平反。

1945年8月15日，日本宣布无条件投降。9月上党战役发起，杨奇清指挥所属虏获敌大批文件资料。10月，邯郸战役发起，国民党第十一战区副司令长官、新八军军长高树勋率部一万余人起义。杨奇清派人参与起义部队的整训，在军政大学受训的起义军官纷纷要求为人民服务，军大保卫部根据他们的愿望，给他们情报策反任务，派回蒋管区工作。上党战役和平汉战役之后，冀鲁豫、冀南、太行、太岳四个军区部队编为晋冀鲁豫野战军一、二、三、四纵队。其中第四纵队的作战任务由中央军委直接指挥，第四纵队由陈赓任司令员，谢富治任政委，杨奇清任副政委兼政治部主任。

1946年6月26日，国民党军向中原解放区大举进攻。7月，胡宗南部从晋南北犯，与阎锡山部配合南北夹击，企图打通同蒲线南段，占领晋南地区。陈赓率领四纵在闻喜、夏县战役中予敌重创。9月下旬在浮山官雀战役中，四纵又获大胜，全歼胡宗南部号称“天下第一师”的整编第一旅。杨奇清参与指挥了官雀之战。他亲自深入战斗第一线，详细介绍敌情，进行战前动员，部署侦察，巧设奇阵，深得基层指战员的拥戴。

1947年，杨奇清调任中共晋冀鲁豫中央局社会部部长。他领导全区保卫干部大力开展各项工作，与国民党特务进行了惊心动魄的斗争，有力地支援了解放战争并为胜利后建立人民公安保卫机关作了必要的准备。

1948年5月，中共晋冀鲁豫中央局和中共晋察冀中央局合并为中共中央华北局。晋冀鲁豫中央局社会部和晋察冀中央局社会部也合并为华北局社会部，滕代远兼任部长，许建国、杨奇清任副部长。9月，华北局社会部召开晋察冀和晋冀鲁豫合并以来的第一次保卫工作会议。会议讨论并确定华北地区保卫工作的总方针为：健全组织，肃清匪特，巩固秩序，配合作战。要求各级保卫机关巩固农村面向城市，大力加强治安工作、侦察工作和情报工作，培训准备干部，把工作重点转向城市，向全国革命的胜利迈进。

同年10月，中国人民解放军华北野战军第一兵团围攻山西省城太原，上级决定由杨奇清出任太原市公安局局长。他立即选调了一批城工干部、保卫干部和青年学生进行短期训练，初步掌握太原敌情和社会情况后，开赴太原前线。为了检验同志们对太原敌情的熟悉程度，他在途中仔细考问这些同志有关太原各特务系统主要负责人的姓名、特征、住址和其他情况，大大提高了同志们研究分析敌情的积极性。后因平津战役拉开序幕，按中央部署，暂停进攻太原，杨奇清奉中央电令离开太原前线，仍回华北局社会部，作进入北平的准备工作。他积极参与中央社会部部长李克农召开的专门会议，同谭政文、许建国等共同筹划研究进城接管的方针、政策和具体做法。据肖彬回忆，杨奇清随部队转战南北，她带着孩子在后方工作。

无论是在国内革命战争时期，还是在抗日战争时期和解放战争时期，杨奇清一直担任我党我军保卫部门的重要领导工作。在残酷、复杂的对敌斗争中，杨奇清坚定勇敢，无私无畏，对革命抱有必胜的信念。对此，作为女儿的杨清十分自豪。

“死而复生”者的红色之恋

1939 年，杨奇清在战火的硝烟中第一次品味到了爱情的芬芳。

杨奇清在参加红军之前，家里曾给他包办过一门婚姻，娶了一个名叫方祥玉的姑娘。1932 年，杨奇清在攻打赣州的战斗中负伤昏迷，被卫生员用担架抬下战场，有战友误以为他已经牺牲，就将这一“噩耗”传到杨奇清的家乡湖南平江。杨奇清的亲人们悲痛万分，好心的继母还请道士做了一次道场，超度亡灵。随后，还很年轻的方祥玉改嫁。由于战争年代音讯隔绝，过了很长时间，杨奇清才知真相，不禁啼笑皆非。这时，他已将此生交付给革命事业，加上形势急剧变化，南征北战，斗争尖锐，工作繁多，也没有时间再考虑个人问题，为此一直独身一人。然而，命运的安排，一位可爱的姑娘来到了他的身边。

比杨奇清小整整十岁的肖彬与中共同龄，河南罗山人，17 岁参加革命工作，不到 18 岁就加入了中国共产党。据肖彬回忆：“在我小学毕业时，我的父母因病相继去世。家里的生活很困难，祖母带着我们，靠村里的几亩地生活。靠着助学金，我进入了罗山中学学习。在中学里，我参加了宣传队，经常下乡去宣传革命思想。”

抗日战争爆发后，罗山中学的学生群情激奋，纷纷要求参加抗日战争，保家卫国。肖彬这么回忆说："当时罗山属于国民党第五战区管辖。第五战区司令官李宗仁、白崇禧就从学生中征兵，并予以优厚待遇，一去就是排级干部。我罗山地下党组织也动员学生到延安参加革命。我当时的思想处于动荡之中，去参加国民党青年军，待遇优厚，还可以带家属。可是对于国民党欺压人民的行径我又非常痛恨。到延安去，无路费，弟妹小，家中离不开我。怎么办？此时，学校的进步老师鼓励我还是去延安。在地下党组织的帮助下，我安置了弟妹，决定到延安去。"

1937 年 11 月，肖彬作为第二批进步学生被罗山地下党组织取道西安送往延安。肖彬记得："当年，全国各地投奔延安的人很多。西安办事处把我们送往陕西三原县云阳镇青年训练班学习了三个月。胡乔木、张琴秋、冯文彬等同志在这里负责。学习期间，由于河南地下党的介绍和我的努力，1937 年 12 月，训练班指导员李秀英介绍我加入了中国共产党。"随后，肖彬被送到在延安的中国抗日军政大学学习六个月，被编入第四期三大队五队。

1938 年 10 月，肖彬与李克农的女儿李宁等进入中央军委锄奸部任科员。在此期间，肖彬常听老同志谈论杨奇清作风民主、为人正派、没有架子，工作有经验。半年后，中央军委卫生部在陕西户县建了一所为前方培养医务人员的卫生学校。于是，肖彬被分配到户县的卫生学校政治处担任保卫干事，每天深入学员中去了解情况，并同地方党组织保持联系，密切掌握各种敌情动态。

1940 年 5 月，肖彬被卫生部送到中共北方局党校学习半年。八个多月后，又被分配到八路军总政治部锄奸部担任内勤，管理特费。从此，肖彬与杨奇清有了接触。肖彬回忆说："在工作中，我与杨奇清同志相识了。他是一个老革命，我非常敬佩他。接触多了，我感到他是一个非常好的同志，对革命事业很忠诚，理论水平和工作能力都很高，特别是对保卫工作有着非常丰富的经验。我们慢慢熟悉后，就开始恋爱了。没有人介绍，他热爱保卫工作，我也热爱保卫工作，可以说是保卫工作这条线把我们连在一起的。"

两人经过一段了解后，1940 年夏天在山西武乡结婚，朱德的夫人康克清参加了婚礼。抗日的烽火、弥漫的硝烟，让他们迅速投入到革命工作中。反"扫荡"、反"蚕食"，发动群众，打击汉奸特务活动，开辟和扩大根据地的斗争，是他们婚后生活的主要内容。

1942 年 5 月 18 日，日军采取用"铁壁合围"，陆空配合向太行根据地八路军总部发动“大扫荡”。由于敌人是有预谋的，八路军总部机关和北方局机关被包围在十子岭一带。5 月 25 日中午，敌机开始扫射、轰炸。我军掩护部队同地面的日军交火，枪炮声由疏而密，由远而近。情况很紧急，但敌情不明。彭德怀、左权、罗瑞卿在南艾铺村外小树林中研究突围方案，最后决定兵分两路，总部和北方局机关由彭德怀、左权率领向西北方向突围，野战政治部和后勤部由罗瑞卿、杨立三率领向武安方向突围。突围中，同敌人进行激战，我军伤亡很大，左权参谋长头中弹片，壮烈牺牲。

当时，杨奇清正在武安反“蚕食”。肖彬晚年回忆：“因我当时已怀孕，从麻田到了武安，身着便衣准备去敌占区生孩子。当杨奇清闻讯罗瑞卿带队突围到武安后，立即指挥当地武工队阻击追赶的敌人，直到掩护罗瑞卿等人安全转移。他又返回找我，见我行走不便，就留下公务员史海生照顾我，将我们与老百姓藏在一个山洞里，他率队杀出敌人的重围，收集冲杀出来的人员，组成一支小分队，边打边转移，与总部会合。”

大部队突围后，敌人进行搜山，肖彬因行走不便，被敌人从藏身的山洞里抓获，于是混在一群老百姓中被敌人押往武安县城，后被关在看守所里。第二天上午，敌人对抓获的人进行审问。“因我身着便衣，又怀着孕，我说我是医院一个大夫的老婆，自己编了一个名字。敌人看我是一个家属，就把我留在武安看守所。在审问中发现有问题的或有怀疑的人则被押送到太原。”

杨奇清获悉后，通过关系将肖彬保释出来，送到了麻田。1942 年 8 月，他们爱情的结晶——大女儿筱林出生。产后不久，肖彬即投入锄奸部的工作。

保卫开国大典的幕后与炮击天安门阴谋的覆灭

1949 年 1 月 31 日，北平和平解放，杨奇清率华北局社会部部分工作人员进驻北平，以华北人民政府公安部名义开展工作。

此时的北平，既有国民党特务机关逃离前有组织有计划转入地下的大量军政人员，以图谋东山再起；又有曾在日伪长期统治下自成体系的许多日伪特务，反对共产党执政；也有傅作义集团中反对和平起义的少部分人员，在从事与新政权为敌的活动；还有辽沈战役结束后，涌入北平的数万国民党的散兵游勇；更有北平原有的众多反动会道门黑帮组织。他们在蒋介石提出的“全国游击办法”的实施中，祸害百姓，蓄意扰乱北平的社会治安。杨奇清为清理国民党和旧社会遗留下来的残渣余孽、深挖敌特潜伏组织、稳定社会秩序、开创新中国城市公安工作做了大量工作。

这年 7 月，中共中央军事委员会公安部宣告成立，中央任命罗瑞卿任部长，杨奇清任副部长。公安保卫具体业务工作由中央社会部划分出来，由军委公安部主管。杨奇清协助罗瑞卿，根据中共七届二中全会精神和毛泽东《论人民民主专政》有关人民民主专政的重要论述，筹划全国性的公安保卫工作，迎接新中国的诞生。

自第一届政协筹备会议开始，直至中国人民政治协商会议第一次全体会议在北平开幕及开国大典的举行，杨奇清全程参加并负责保卫工作。当时，杨奇清成立了一个“政协临时保卫大队”（简称“便衣警卫队”），并分派给北平市公安局四项保卫第一届政协会议的任务：负责中南海外围、北京饭店、华安饭店、六国饭店、政协代表和首长住地的安全，以及宋庆龄、李济深、沈钧儒住地的警卫；负责中山公园、北海公园、故宫、太庙、国民大戏院、大华剧院、美琪影院等代表和首长活动场地的安全警卫；负责中南海书记处驻地的防空警卫；负责主要首长和代表外出活动路线的警卫等。

中央把选择开国大典阅兵地址的任务交给公安部，由杨奇清负责。杨奇清带领一批干部，找了几处地方，最后将西苑机场和天安门进行了认真的比较：西苑机场有宽阔的跑道，也没有阻碍交通的弊端。而长安街只能并排通过步兵十二路纵队、骑兵三路纵队、装甲车两路纵队，很难显示出气势。但是，西苑机场没有阅兵台，临时搭建又太仓促，就算搭建出来也无法和天安门的壮丽雄伟相比。再者，西苑机场远离市区，数十万参加典礼的群众往返是个不小的负担。由于这些条件的限制，杨奇清和同志们还是选择了地处市中心，四通八达，易于军队、群众集中和疏散的天安门。罗瑞卿同意后呈报中央。于是，天安门城楼被定为阅兵台。

此时，台湾保密局局长毛人凤向潜伏在北平的保密局北平站少将站长徐宗尧等特务组织负责人分别发出指令：不惜一切代价，破坏中共的开国大典。事实上，此前，潜伏的特务分子也一直在北平猖狂地进行着危害人民生命财产安全的破坏活动。开国大典在即，敌情异常严重。杨奇清主持制定了开国大典的保卫方案，又召集有关同志再一次细致审查方案的细节。他开门见山地说：“我想请大家再来钻钻空子，咱们自己将存在的空子都给钻了，敌人再想钻空子也钻不成了嘛！好吧，请大家畅所欲言……”

然而，与会者一致认为这个方案是建立在发动群众、依靠群众的基础上，可以说是精心组织、周密部署。有人进一步认为，这个方案将多方面的力量都充分调动起来了，可以说万无一失，并强调“由于任务明确，心中有底，保证能够圆满完成”。杨奇清听后，摇了摇头：“我是请你们来挑刺的，不是请你们来唱赞歌的。我们的保卫方案必须仔细、再仔细，将所有可能发生的情况都考虑进去，并预先制定切实可行的防范措施。”

与会者不禁面面相觑：这是要从鸡蛋里面挑骨头呀！这时，杨奇清提及有关国民党特务人员的侦查工作进展情况。李广祥处长汇报了对国党潜伏特务采取政策攻心的情况，表示将利用自首的特务人员去摸清和掌握其他潜伏特务组织的情况和动态。……

“老李呀，你说的这一条就是对这个方案的一个补充嘛！从隐蔽战线的角度发挥作用，将我们的眼睛安在敌人的身上，只要敌人一抬起屁股，我们就知道他们要拉什么屎，就能够防患于未然。”

大家一致认为：开国大典的保卫方案更加完善了，无懈可击！关键在于我们的干警具体操作水平。一个再好的方案如果具体操作得不好，就可能影响全局，甚至把方案给搞砸了！

杨奇清当即肯定：“你们说到了点子上。具体操作得好与坏，将直接影响方案实施的成败。而具体操作是一门很大的学问，要以严格的纪律来约束我们每一个民警，将各自的工作认真去做好，在每个环节上都做得深入、细致。……”

散会时，已是月华如银。杨奇清又让司机送他去天安门，实地检查一下领导同志登上天安门城楼的路线，还有各保卫工作人员的具体岗位。他要求：“从现在起，停车场四周就要开始警戒，而且将警戒范围扩大，任何人没有‘特许证’一律不准进入；明天请部队派工兵来探测检查，每一寸地面都不能放过，不能留一丝一毫的危险隐患，然后实行封闭；10 月 1 日那天，几个关键位置再各增加一个岗哨，特别关键的位置设双岗，实行双向警戒。……”

开国大典前，共侦破重大反革命案件和潜伏特务案件一百余起，基本上摧毁了国民党在北平潜伏的反动组织。同时，整治交通，清理摊贩，整治繁华地段治安秩序，使北平市的面貌大为改观。

10 月 1 日下午 3 时，开国大典在天安门广场隆重举行，30 万人参加的盛典进行得非常顺利，气氛热烈，秩序井然。

18 天后，中央人民政府委员会任命罗瑞卿为中央人民政府公安部部长，任命杨奇清为副部长兼公安部政治保卫局局长和中国人民解放军总政治部保卫部部长。其后，杨奇清又被任命为公安部党组副书记。11 月 5 日，中央人民政府公安部正式成立，随后各地公安机关也相继建立。

杨奇清的办公室布置得简朴、庄严、大方，体现了他的性格和待人处事的原则。墙上挂着世界和全国地图，偌大的写字台上堆满文件，紧靠着写字台的是一套皮沙发。在许多人的印象中，他与人交流从不设防，推心置腹。秘书的办公室就在杨奇清办公室的隔壁，秘书从不阻拦去找杨奇清反映情况的干部，有时候杨奇清还主动找干部来办公室谈话，了解情况。他没有架子，操着他那浓厚的湖南乡音，问这问那，了解情况，一谈就是几个小时。

新中国成立之初，杨奇清是公安部唯一的副部长，协助罗瑞卿领导全国公安干警、依靠人民群众，同国内外敌对分子进行坚决斗争。在加强对敌斗争和治安行政管理，胜利进行镇反、肃反运动，教育改造罪犯和"地富反坏"分子，建设一支忠于党忠于人民的公安队伍等方面，他都做出了自己的贡献。肖彬回忆说："公安部成立后，罗瑞卿和杨奇清在银行工会大楼一间大办公室里办公。李其炎同志和我担任罗瑞卿、杨奇清同志的秘书，负责处理两位部长交办的事项。那时候的工作非常紧张，因我同时还兼任办公厅机要一科科长，每天都要忙到深夜。"

首个国庆日天安门广场欢腾的背后

杨奇清在领导和组织警卫工作中，在盛大集会和会议的警卫、中央领导出访或外出视察的警卫以及驻地警卫、路线警卫等方面积累了丰富的经验，开创了中央领导的专车警卫工作，摸索出警卫工作既要保证领导安全，又不能影响领导联系群众和内紧外松的工作原则。杨奇清的女儿杨清说，全国解放以后，每年"五一"、"十一"，毛泽东去天安门的行车路线，父亲都要事先坐着车沿途详细实地考察，然后制定警卫方案。采访中，杨清还向记者讲起了由她父亲主持粉碎"炮轰天安门"特大阴谋的细节。

1950 年 9 月 28 日，负责新中国成立后第一个国庆节安保工作的公安部部长罗瑞卿和主管反谍业务的副部长杨奇清，神色凝重地携带一份刚刚截获的自北京东单国际邮局寄往日本东京的航空快件，匆匆赶往中南海周恩来总理办公室。

信件是用日文写的："CIC 总部：所购灭火机定于 10 月 1 日发货。一切按既定的计划进行。致以热烈的问候！”落款是“山口隆一”。邮件里面有一个便条，用英语写“Important information”（即“重要情报”），便条上还有用铅笔绘制的天安门草图，草图上绘有华表、金水桥、天安门城楼，画面上两条又黑又粗的抛物线一条指向天安门城楼顶部中央，旁边用日文写着：“从日本买来的消防压水机，能超过这个屋顶。”另一条指向天安门中央主席台的一个人，左边用日文写着：“到现在水还是达不到这里。”信中还写着这么一段文字：“据说最初试用的地方在天安门，水从屋顶越过去，是一件趣事。所谓天安门系紫禁城正中间的一个门，其前有人民广场，每当政府庆典之日，政府中有名望的人登在天安门城楼上，检阅军队分列式和民众的行列，以前的消防压水机仅能压至毛主席站着的位置。”

周恩来仔细看完这份信件后，感到敌情重大，立即下令：事不宜迟，迅速破案。杨奇清当即决定：侦查工作进入一级战备，坚决把这伙狂妄至极的敌人消灭在“十一”庆典之前。

其实，山口隆一一直在我公安人员的视线里，但当初查找他却费尽了周折，甚至充满了戏剧性。

新中国成立后，国民党的残余势力和帝国主义者不甘心失败，布置了一大批不同国籍、身份的特务间谍，利用外国侨民的合法身份留在中国，从事秘密活动。在这种情况下，为了防止和打击这些间谍的破坏活动，公安部决定成立专案组，清查国际间谍。经过一段时间的摸排，山口隆一等18名有间谍嫌疑的外国人榜上有名。

公安部门自掌握资料中显示：山口隆一，日本人，多国职业间谍，中文名刘逸。1927年毕业于日本东京帝国大学历史系，1931年至1933年在中国东北服兵役，在联队任作战参谋。山口隆一擅长驾驶车辆和使用多种兵器，性格凶残，热衷冒险，曾同东北义勇军多次作战。1938年为日军搜集情报，1946年加入美国战略情报局，通过意大利人李安东为美国战略情报局提供情报。公开身份是北京东交民巷法文图书馆中文部图书目录编辑。

原来，在开国大典举行的第二天，美国驻华大使馆武官处的包瑞德就邀请了意大利人李安东及其夫人霍尔瓦特·伊芙娜，以及日本人山口隆一、德国人甘纳斯，还有意大利人哲立，以共进晚餐为名，密谋了一个骇人听闻的疯狂罪恶计划。他们企图在新中国的下一个国庆日——1950年10月1日，待中国党政军领导人再次登上天安门时用迫击炮轰击天安门城楼——根据目标和射击位置计算，在有效射程和发射角度内，仅一发炮炮弹的爆炸威力就为 120 平方米，足以将中国党政军领导人同时摧毁。

早在 1950 年 4 月，公安部就获悉重要情报：美国中央情报局正在编织一个针对新中国的“新月形间谍包围圈”，他们与中国境内的间谍们和国民党潜伏特务组织相勾结，进行颠覆新中国的活动。

此时距 1950 年国庆节的时间很近，按说此时间谍阴谋炮击天安门的证据已经有了，寄信人也知道了，就应该马上采取抓捕行动，但是时机还不成熟。炮击天安门这么大的计划，单凭山口隆一一人根本无法实施，他的背后肯定还有一个间谍组织。在能够收紧整个间谍网之前，侦察人员还必须彻底弄清这个间谍网上的每一条线索，不放过一个漏网之鱼。于是，山口隆一常去的地方进入了侦察人员视线。

经过跟踪调查，和山口隆一经常接触的几个重点怀疑对象被牵了出来。这些人都是李安东在北京发展的情报员，他们搜集新中国的政治、军事等方面情报，通过李安东报给美国情报机关。不久，侦察到包瑞德给李安东的间谍组织下达执行计划的命令。

这时，整个间谍组织阴谋炮击天安门的证据已经确凿无疑，杨奇清向整装待发的侦察员们下达了立即依法抓捕李安东、山口隆一等国际间谍的命令，有关罪犯先后落网。

接受采访时，杨清说：“当年在中国准备出兵朝鲜、抗美援朝的关键时刻，趁着中国党和政府的领导人登上天安门参加国庆大典的机会，国际间谍们实施‘炮轰天安门’的计划不得人心，这个罪恶阴谋昭然若揭。这个案件是新中国第一个涉外大案，国际影响极大，父亲不能有丝毫松懈，既要以中国的法律为依据，也以国际法律条文作为依据。”

1950 年 10 月 1 日，新中国成立后第一个国庆节。这天上午 10 点，身穿崭新礼服的毛泽东登上天安门，整个天安门广场变成欢乐的海洋。然而，欢庆的人们不会知道，共和国的卫士们为了这一刻熬过了多少个不眠之夜。

1951 年 8 月 17 日下午，在中国人民解放军北京市军事管制委员会军法处内，开始对李安东等七名罪犯进行审判。其中，美国特务间谍阴谋武装暴动案主犯李安东、山口隆一被判处死刑。当日下午 5 点整，随着两声清脆的枪声，结束了李安东、山口隆一两人罪恶的一生。

护送毛泽东访问苏联和迎接回京的内幕

1949年11月12日，斯大林发来电报，邀请毛泽东访苏。这年，12月21日是斯大林70岁生日，毛泽东决定此前率代表团前往莫斯科祝寿，并就两党关心的问题交换意见，商讨和签订有关条约、协定等。这是新生的共和国和党的领袖首次外事出访，政务院总理兼外交部长周恩来十分重视。

11月15日，周恩来将公安部部长罗瑞卿、副部长杨奇清及铁道部部长滕代远同时叫到中南海西花厅，强调说：“保卫毛主席的安全，就是捍卫新生的共和国。你们公安和铁道部门要担负起确保主席和代表团安全的重任呀！”

经过各抒己见，互相补充，一个毛泽东访苏专列的保卫方案逐渐成形了：调动三个师的部队参加护路；派出三组专列以迷惑敌人；在运输调度上让所有客货列车为专列让路；严格保密，对专列和铁道部、公安部都分别规定代号，主席乘坐的专车为“9002”次，代号“李德生”。

周恩来决定，成立一个主席专列保卫小组，由杨奇清担任组长、滕代远担任副组长，罗瑞卿主要抓肃反工作。全面的保卫工作由杨奇清负责；专列和铁路系统由铁道部负责；沿线车站人员，凡有嫌疑者，一律调离；专列上的乘务人员更须严格审查，经铁路局党委书记签字后报滕代远批准。

晚年，肖彬透露：“正当毛主席要动身之前，突然发现一部潜伏的国民党电台露头活动。中央要求公安部限期破案。于是，杨奇清亲自指挥公安部和北京、天津两市的侦察人员密切配合，协同作战，如期将号称‘万能台’（台长、报务员、译电员全由一人担任的电台）的国民党保密局北平潜伏台挖了出来。”

就在毛泽东出访的前一天，周恩来再次召见杨奇清，要求：“主席专列出发以后，你要密切注意沿途情况，及时向我通报。为了做到高度保密，主席的专列所经过之处，各地党政负责干部，一律不进站迎送，除非主席特别召见。从首都出发时，中央领导同志也不进站送行。”并加重语气叮嘱：“奇清同志，在路上你们要百倍警惕，防患于未然，绝对保证毛主席的安全！”杨奇清起身，坚定而响亮地表示：“请总理放心，我们一定完成党和人民交给的任务，确保主席访苏的安全！”

12月6日，北京下了一场雪。洁白的雪花，让京城玉砌银装，分外妖娆。18时，北京西直门火车站里异常肃静，三辆列车静静地停在轨道上，四周戒备森严。晚 7 时，杨奇清与滕代远先行到车站再一次进行安全检查。不久，周恩来和罗瑞卿分别上车视察，认为满意。

20 时 30 分许，毛泽东从一辆小车上下来。杨奇清与滕代远等向他敬礼，周恩来与罗瑞卿迎上去向毛泽东介绍情况："主席呀！路上的安全保卫工作就由奇清同志负责。代远同志协助奇清同志，保证专列畅通无阻。"

毛泽东风趣地笑着说："唐太宗李世民出行时带两员大将护驾，就是后来当了门神的尉迟恭和秦叔宝。我毛泽东今天是第一次出行，也有你们两员大将，再加上他们两员小将，这不是比太宗李世民还要威风吗！哈哈……"所有的人都被逗笑了。

"请主席上车吧！"周恩来做了个手势。毛泽东点点头，走向专列。罗瑞卿、杨奇清与滕代远等跟着上了专列。车头上悬挂着庄严的中华人民共和国国徽。

21 时整，主席专列 9002 次徐徐启动，向站外开去。就在半个小时以前，停在第二站台的前卫列车已经发车。

站台上，周恩来等目送专列远去。专列一共十节，毛泽东乘坐在倒数第三节。

列车到达天津站，停车后警卫的同志上来报告："在专列要经过的铁轨中间发现一颗手榴弹！"罗瑞卿听后大怒："简直乱弹琴！"杨奇清也说："怎么才发现？不是早就清理过了吗？"罗瑞卿怪道："你们保卫工作是怎么搞的？出了问题，我们怎么向中央和全国人民交代？"

这时，站在一边的外交部副部长李克农叫人把那枚手榴弹拿来看看，原来是颗长满铁锈的旧弹，锈成一个铁疙瘩，不可能再爆炸了。后来查明是一个白俄籍"职工"所为。在铁路内部严格的检查中，天津铁路局杨村大桥的桥墩上还发现了一个炸药包，这些都被及时被排除了。

罗瑞卿当即和杨奇清商量了一下，临时决定他在天津站下车，对此事进行彻查。临别时，罗瑞卿说："我下去后，车上的警卫工作你多费心，有什么情况我们随时联系。"

罗瑞卿带人在天津下车后作了认真的追查，没有发现什么可疑的情况，估计是无意丢弃的。

清晨，一轮红日从东方地平线升起。专列所经过的路线，护路部队一公里一个岗哨，一双双警惕的眼睛密切巡视着四面八方。很快，前方已是著名的“天下第一关”山海关了。毛泽东饶有兴趣地对杨奇清与滕代远及随行人员说：“你们看，‘天下第一关’何等雄伟！我们就要出关了，到此岂有不下车之理？”杨奇清与滕代远一怔，不吭声，交换了一下眼神。

毛泽东手执香烟，笑容可掬地说：“怎么，不批准？”杨奇清说：“主席这次出行，中央制定了十分严格的保密纪律，我们没有权力违反。主席说过‘加强纪律性，革命无不胜’嘛！”滕代远又补上一句：“主席，我们是为了您的安全和代表团的安全着想……”

毛泽东笑了起来：“知道知道，‘忠言逆耳利于行’嘛！我的安全由你们负责，听你们的好喽！没得办法，山海关呀山海关，这一次我只能望梅止渴喽。”在场的人都被逗得笑了起来。

列车到达山海关站后停车，加煤加水并更换机车，机车乘务人员在此换乘。毛泽东并未就此打消游览山海关的念头，神情认真地隔窗远眺。随行的中央警卫团团长汪东兴看得明白，于是找杨奇清和滕代远商议，要让主席下车去看看。杨奇清与滕代远显然都难以再坚持不准主席下车了，但杨奇清还是不无犹豫地提出：天津杨村的铁路桥梁发现了炸药包，进入东北后敌情将更加复杂……

“你们在开么子会呀？”随着响起毛泽东的声音，他已顺着车厢过道朝他们走来。听汪东兴如实报告之后，毛泽东操着乡音不无风趣地说：“蒋介石早就想要我这条命喽！可是我的命大，硬得很喽，他从前用八百万军队、全副美式装备，也没有把我这条命要去嘛！现在，他想靠几个跳梁小丑、几把手枪、几颗炸弹，就能要了我的这条命去，那才真是痴人说梦呢！你们说呢？”

杨奇清见毛泽东要下车，已不可能再阻拦，忙对汪东兴说：“外面风大，您帮主席加点儿衣服！”然后又与滕代远打了个招呼，便第一个走下了专列。

事实上，车站和月台上的执勤人员已经纷纷在心中猜测：这趟如此严格保密的专列里面究竟坐的是什么人？从所有客货列车都要给专列让道，所有乘客和摊贩以及闲杂人员一个也不准进入月台等措施，他们肯定专列里面坐的是党和政府的首脑人物，却没想到竟然是在一个多月前代表中华民族在天安门城楼上向全世界宣布“中华人民共和国成立了”的毛主席！

“毛主席到了山海关！”消息不胫而走，通过电话、电报迅速传向四面八方，其速度远比专列要快上无数倍。其中也包括台湾“保密局”“东北地下技术纵队”。

其时，驻台湾美国顾问布莱德已通过莫斯科的间谍获悉苏联政府正在准备接待中共领袖毛泽东，并将这一情报转告了毛人凤；而毛人凤又从“东北地下技术纵队”的电报中得以证实，当即赶到士林官邸向蒋介石报告。蒋介石当即下令：“你马上电令大陆东北地下技术纵队，让他们不惜一切代价，给我干掉毛泽东和他的专列！你要立刻派出最有经验的行动人员去东北督战，这次行动只许成功，不准失败。”

毛人凤挑选了高级间谍张大平作为“保密局”特派员，派专机将其空投哈尔滨双城林场，与“东北地下技术纵队”接头，针对毛泽东的专列即速实施“A，B，C”三套作战方案。台湾“保密局”同时将这一命令以密电发给了隐蔽在哈尔滨郊外山林中一幢小洋楼里的“东北地下技术纵队”……

这份密电被公安部电讯组截获，火速将密电译文呈交给周恩来。周恩来果断地对罗瑞卿说：“这个情报非常重要，对奇清同志他们保卫主席的安全工作十分不利。瑞卿同志，你立即通知奇清同志，请他根据敌情的变化，相机采取一切可以采取的防范措施，全权处理所有突发事件。一定要确保主席的绝对安全！”

专列上，杨奇清接了罗瑞卿所传达的总理电话指示后，便与滕代远商量：“主席要思考和处理全国的大事，罗部长转告总理的指示是由我们全权处置所有突发事件，我看是不是先不要去惊动主席？”滕代远表示赞同。

“我想台湾‘保密局’现在所能够采取的行动，无非是动用地面潜伏的敌特组织，再加上空投特务督战罢了。对他们的地面力量嘛，我马上电令东北各地公安局，对所管辖地区铁路的重要部位，火速布控，来个一网打尽。对他们的空投特务嘛，来个发动群众，军民结合，全面监视，随时准备接待——”杨奇清胸有成竹地说着，将手有力地一挥。

很快，台湾“保密局”特派员上校处长张大平落进了由哈尔滨市公安局设下的包围圈，束手被擒，连夜受审。哈尔滨市公安局查清他的具体行动方案，特别是交代了“保密局”东北地下技术纵队的藏匿地点，从而一举粉碎了东北地下技术纵队的阴谋。

杨奇清当即向主席报捷。毛泽东显然很高兴，风趣地说：“这就叫‘一物降一物，卤水点豆腐’。‘保密局’是‘机关算尽’，可是碰到你们公安部，却‘反误了卿卿性命’。今天晚上可以睡个好觉喽！”

7 日晚，列车到达沈阳车站。中共中央东北局书记、东北人民政府主席高岗一行人上车看望毛泽东，他主动提出要陪送毛泽东到满洲里，毛泽东没有同意。

专列在沈阳站停留更换机车，换上了1861号蒸汽机车担当牵引任务。

沿线的车站、桥梁、涵洞、制高点、居民点及所有易于隐蔽的树林、土包、暗道，都布置了岗哨。铁路沿线两侧的每一根电线杆下都站有一名全副武装的解放军战士，钢枪闪着寒光，他们背朝路基，警惕地守卫在专列经过的地方。

列车经过三天三夜运行，于12月9日到达中苏边境的满洲里站。车站南面是中国的长春铁路，北面是苏联铁路，因为两国轨距不同，所以在这里要转乘苏方派来迎接的专列，一列墨绿色的苏联高级专列已停在站内待命。

杨奇清、滕代远分别与苏联保卫部门负责人、苏方铁道总局负责人交接有关工作后，随即登上苏方列车，认真仔细地进行查看，直到完全放心后才走下列车，命令我方人员开始搬运行李等物品……

毛泽东整理了一下衣着，穿好大衣，大步走下车来。苏共中央政治局委员、部长会议副主席莫洛托夫、国防部长布尔加宁元帅、外贸部长缅什科夫、外交部副部长葛罗米柯及苏联驻华大使罗申等前来迎接。

这时，站前广场上，军乐高奏，鼓号齐鸣。一排排穿着新军装的苏联仪仗队整队肃立，当毛泽东走过去时，“唰——”地一下，仪仗队持枪行礼，向中国人民的领袖致敬。毛泽东注目还礼。检阅仪仗队后，毛泽东微笑着与在场送行的杨奇清、滕代远等亲切握手，说：“一路上辛苦了，谢谢你们。”

毛泽东登上苏方列车，并不急于走进车厢。一直站在车厢门口向中方送行的同志挥手致意。同志们站在原地未动，一直目送列车远去。

杨奇清、滕代远随即向地方公安部门和铁路部门工作人员布置任务，要求做好充分准备，随时迎接主席专列返回任务，确保回京安全。

1950年2月17日，是中国传统节日——春节。毛泽东结束了对苏联的访问，于莫斯科时间晚上10点30分登上苏联列车启程回国。

苏方提供的认真负责的安全保卫工作，使毛泽东这次出访十分顺利。滕代远在回忆录中写道：“1950年2月17日，毛主席又坐苏联火车返回，在苏联首都莫斯科车站发表了讲话，公布了新闻消息，比出发时更为公开了，更增加了我们保卫主席安全返国的难度。我亲自布置有关工作外，还组织专列到满洲里车站迎接。”

26日下午抵达满洲里后，“毛泽东与专门前来迎接的高岗、罗瑞卿、滕代远、张策、杨奇清、汪金祥等见面时非常高兴，和他们谈笑风生，从精神上看轻松不少”，汪东兴在日记中如是写道。

国内外的阶级敌人没有放过这次“机会”。2月下旬的一个深夜，他们扒开了长春市郊外的数里铁路干线，妄图制造列车颠覆。被我地方公安部门及时发现，立即组织人员将线路修复。

26日深夜，毛泽东的专列由满洲里车站出发，为了确保行车安全，迷惑敌人，做到“万无一失”，第一列车内全部是空的，任务是轧道开路；第二列才是担当警卫任务的前驱车；毛泽东和所有回国人员均在第三列车上，主席的车厢挂在最后一节。

在返回途中，黑龙江省委书记张启龙擅自决定将专列开往齐齐哈尔，被滕代远发觉后加以制止，并严肃批评张启龙无组织、无纪律的行为。此事致使专列在昂昂溪车站稍有延误。

3月4日20时，毛泽东一行安全抵达首都北京。至此，历时89天，毛泽东率领中共代表团完成了这次具有重要历史意义的访问。

杨清说：“毛泽东在苏联进行的这次国事访问，签订了对当时冷战格局以及中国未来发展都具有深远影响的《中苏友好同盟互助条约》。这是毛泽东第一次以大国领导人的身份登上国际舞台，围绕这次访问，中美苏等各方力量在台前幕后都展开了激烈较量，留下了许多耐人寻味的历史瞬间。我的父亲幸运地参与了送迎的安全保卫工作，也成了历史的见证者之一。”

颠覆亚非会议的暗杀阴谋

1954年8月，杨奇清自武汉调回北京，被任命为公安部党组副书记、副部长，分工主管侦查、文保、预审等工作。

1955年4月，以周恩来为首席代表的中国代表团拟出席在万隆召开的亚非会议。这次会议标志着亚非国家掌握自己命运的新的历史时代已经来临，出席这次会议也是中国共产党在新中国成立后的第一次重大外交活动。帝国主义和反动势力对这次会议极端仇视，派出大批间谍特务破坏分子，力图阻挠会议的顺利进行。美国派出了由70人组成的“记者团”，其中不少是专事搜集情报、挑拨离间的特务。台湾国民党特务机关也紧急制订了一个“消灭中共政府代表团”的计划。

中共中央对参加亚非会议高度重视，经过研究决定了中国政府代表团成员名单以及随同代表团的记者、保卫人员等。同时，公安部收到了来自海外的情报，获悉了台湾当局将针对中国政府代表团进行恐怖行动，而且以美国为首的力量也将针对亚非会议采取阻挠、破坏等活动。中央决定将确保中国代表团绝对安全的任务交给杨奇清，让他以中国政府代表团顾问的身份随团前去，负责安全保卫与情报工作。此外，杨奇清建议中央警卫局副局长李福坤参加。

很快，杨奇清调集了有关这次亚非会议及其举行地印度尼西亚万隆的资料、有关中国政府代表团包租客机的印度国际航空公司的资料，仔细研究后制定了一个完整的保卫方案，然后来到中南海西花厅向周恩来总理和陈毅副总理汇报。其间，周恩来拿起一份邀请电，说：“缅甸政府发来了邀请电，希望我们中国代表团能先到他们那里进行访问，以便就万隆会议的有关问题进行磋商。我和陈老总已经商量决定了，接受缅甸政府的邀请，代表团主要成员先去缅甸。代表团的八名工作人员与越南、波兰、奥地利的各一名工作人员乘坐另一架飞机。”

杨奇清又报告了公安部刚获悉的几方面情报：美国雇用的特工人员与蒋介石集团的秘密组织已纠结在一起，由“保密局”的少壮派将领、情报局督察室主任叶翔之坐镇香港指挥，目标就是破坏中国代表团所乘坐的飞机，以达到谋杀周恩来总理为首的中国代表团、破坏亚非会议的罪恶目的。陈毅激动地站了起来，愤愤地说：“又是阴谋诡计，暗杀破坏！这帮龟儿子，硬是要和我们过不去啊！”周恩来冷冷一笑，风趣地说：“他们呀，就爱搞这一套吓人战术，真是‘江山易改，本性难移’喽！”

于是，周恩来派中国外交部欧洲司副司长张越向英国驻华代办处参赞艾惕恩通报紧急情况，告知中国政府代表团等一行 11 人，将由香港乘飞机去万隆参加亚非会议，请其转告香港当局防止国民党特务的破坏行动；同时，又由新华社香港分社将上述情况再正式通知香港当局，并派专人通知印度航空公司驻香港经理。

为此，中国政府代表团成员分乘两架飞机：由“克什米尔公主”号承载中国代表团工作人员石志昂、李肇基、钟步云，记者沈建国、董作梅、杜宏、李平、郝风格，越南民主共和国代表团工作人员王明芳，波兰记者斯塔列茨，奥地利记者严斐德等人，从香港起飞。而周恩来、陈毅、杨奇清等人先乘车去昆明，从那里登上“空中霸王”号飞机，应吴努总理的邀请，飞抵缅甸，进行访问，并就参加亚非会议的有关问题进行磋商，然后再由缅甸飞往印尼万隆。

4月11日，“克什米尔公主”号客机从香港起飞，在北婆洲沙捞越海面上空突然爆炸，飞机上的中国代表团工作人员，越南、波兰、奥地利的十一名乘客，包括四名机组成员罹难（印度航空公司维修工程师卡尼克和另外两名飞行员被巨大的气浪甩出机舱，捡了条命）。后来查明了飞机爆炸的真相：叶翔之指挥“香港情报站”特务周梓铭（又名周驹）在机翼油箱放置了定时炸弹。事后，直接参与此次暗害行动的特务金健夫、许镇以及周梓铭逃回台湾，并受到国民党情报局的嘉奖。

当“克什米尔公主”号飞机失事的消息传到缅甸仰光后，周恩来非常震惊，通过外交途径要求英国政府和香港当局认真追查惩办凶手。港英当局在中国政府提供情报和严正交涉下，先后搜捕了在香港活动的国民党特务。

但是，承载周恩来一行的“空中霸王”号机组成员人心惶惶，拒绝再送中国政府代表团飞往万隆，害怕遭受“克什米尔公主”号同样的厄运。杨奇清带着代表团的翻译去找机长阿里和机组成员一个一个地谈话，他平易近人的姿态、亲切的语言使对方大受感动，认识到自己不可推卸的职责——因为他们的祖国也属于第三世界，这次亚非会议也关系到他们的国家利益。最终，他们向杨奇清表示要克服一切困难，安全完成这一次飞行任务，还检举了机组的电台台长——此人对中国政府代表团怀着严重的敌意，在机组人员中间大肆散布流言蜚语、蛊惑人心，并且行动诡秘，一到仰光，就与一位华侨女郎打得火热。其实，杨奇清早已经秘密安排保卫人员在暗中监视电台台长的一举一动。

根据敌情和第二天中午将遇到强台风的气象预报，杨奇清向周恩来和陈毅建议：改变原定日程，所有代表团成员连夜登机飞往万隆。周恩来和陈毅采纳了他的建议，机组成员也欣然从命，然而缅甸政府外交部礼宾司司长却坚决反对——因为按照外交礼节，周恩来和陈毅离开仰光时，缅甸政府总理吴努应到机场送行，可是此刻已是深夜，吴努总理早已入睡了，再要惊动他甚为不便。

后来，中国政府代表团还是连夜登上了“空中霸王”号。就在这时，几辆奔驰车疾驰进了机场，停在了飞机舱门旁边，从车里下来了吴努等政府要员。他们接到礼宾司司长的报告后，火速起床，赶来送行。举行了简短而又隆重、真挚的欢送仪式，吴努总理握着周总理的手，为中国政府代表团这种大无畏的精神深深感动。

4月16日，“空中霸王”号飞抵雅加达，而叶翔之并未料到中国政府代表团的座机会提前在雅加达降落。为了预防意外，确保安全，周恩来一行在中国驻印度尼西亚大使馆住了一个晚上。第二天，考虑到前往万隆途中易遭受袭击，代表团还是决定坐飞机抵达目的地。

此刻的万隆机场已失去往日的安宁，笼罩着一片杀机。机场一侧聚集着一群以华侨身份出现的捣乱分子，他们打着写有“红色中共滚回去！”的横幅和标语，喊着辱骂中共的口号：“不要铁幕中共！”“中华民国好！”有的捣乱分子还夺下欢迎人群中高举的五星红旗，用火点燃，气焰十分嚣张。而混在人群中的几个“保密局”杀手身上都藏着上好了子弹的手枪，等待行动指示。这场闹剧的指挥者——叶翔之正坐在一间可以远观机场的房子里，用望远镜盯着机场的动静。他看到今天机场的军警比平常多了两倍，可谓戒备森严，这使他感到不安。因为杀手们所在位置离飞机降落处太远，一旦开枪，难以命中目标，而且枪声一响，开枪者必被包围，难以逃脱。那样一来，则会暴露台湾当局的真面目，因此而受到参加这次亚非会议的众多国家的谴责，不仅达不到消灭中国政府代表团的目的，反而会使台湾当局更加孤立。

叶翔之不敢承担这个天大的责任，于是决定改为从机场到中国政府代表团下榻处的途中行刺，第一目标就是周恩来。不料，“空中霸王”号一降落，中国驻印尼大使馆便按照杨奇清的电讯要求准备好了三台同一颜色、同一型号，都插有中华人民共和国国旗的轿车。而杨奇清趁着欢迎仪式最后一道程序：由中国大使馆工作人员和进步华侨组成的欢迎队伍涌上前来向中国政府代表团成员献花之际，出人意料地请大使黄镇的夫人朱琳坐进了第一辆轿车，旋即请周恩来和陈毅坐进了第三辆轿车，自己则坐进了第二辆轿车，然后用对讲器指挥三辆轿车向机场外面驶去。

叶翔之在那间房子里用望远镜捕捉到了周恩来和陈毅进入第三辆轿车的镜头，马上向已在沿途埋伏的杀手们发出行刺第三辆轿车中周恩来与陈毅的命令。但是，杨奇清不断地指挥三辆轿车交换行驶队形，不按预定顺序行驶，任意超车，时前时后，加上三辆轿车外观一模一样，叫杀手们又如何分得清？叶翔之没料到杨奇清会有这一招，自然弄不清目标周恩来到底坐在哪一辆轿车中，也就不敢发出开枪的命令。

由于帝国主义分子插手破坏，从中唆使挑拨，利用各国社会制度和意识形态的不同制造矛盾，使亚非会议上出现了不同倾向的斗争：一种是坚决反对帝国主义和殖民主义，争取民族独立解放；一种是蓄意攻击社会主义、共产主义是一种“颠覆性的宗教”。有的国家代表甚至在发言中直接攻击中华人民共和国，对中国的宗教、信仰自由等问题提出异议，使原定的大会宗旨被歪曲，原定议程受到严重干扰。周恩来与陈毅等代表团成员保持冷静，认真地听取所有与会国代表的发言。其间，周恩来决定不用原来准备好的发言稿，即席讲话，声明中国政府代表团是求团结而来、为和平而来，强调各国都应该从寻求共同点出发，互相了解和尊重，互相同情和支持，而不是互相怀疑，互相排斥和对立……

会议过程中，有一位进步华侨向中国驻印尼大使馆写了一封匿名信，揭露了“二十六人暗杀团”的阴谋。信中写道：“国民党组织了一个暗杀团，共26人，我是其中一个成员。每人发一支无声手枪、一把匕首，已开过四次会。叶翔之向每一个暗杀团成员许诺：暗杀一名中共代表团成员或破坏一辆中共代表团乘坐的交通工具，赏20万印尼盾；刺杀了周恩来则加倍，赏40万印尼盾……”

对此，杨奇清制定了新的保卫方案，摈弃消极防御，改为主动出击。一是再次通过外交途径，向印尼政府递交备忘录，揭露敌人的阴谋，依靠印尼政府，进一步加强了对中国政府代表团的保卫措施。二是拜访印尼共产党主席艾地和当地进步华侨组织。印尼方面立即派出了二十多人的保卫小组，指定最可靠的司机为中国政府代表团开车，还挑选了一批训练有素的保安人员交由杨奇清指挥，日夜在中国政府代表团驻地外面巡逻站岗。杨奇清又敦促印尼当局采取行动对“二十六人暗杀团”进行调查和逮捕，使得那些杀手们无暇顾及所担负的行刺任务。同时，杨奇清从内部入手加强情报信息工作和安全措施，召开代表团全体会议，动员“人人都做保卫工作”，明确职责分工，要求代表团代表、警卫人员、翻译和随团记者各司其职：由新闻记者负责外围，代表团员负责中层，警卫人员和译电员负责内层随身警卫，务必保证周恩来总理的安全。与此同时，他还和中国驻印尼大使向印尼外交部递送备忘录，再次要求印尼政府切实保证周恩来和中国政府代表团的安全；促使印尼总理采取安全措施，保护各国代表团人员的安全，警惕敌人的破坏。

杨奇清既是代表团保卫工作的指挥者，又是从事具体工作的警卫员。尽管身处异国，人地生疏，敌情严重，条件复杂，有许多不利因素，但杨奇清依靠代表团全体人员，依靠当地进步华侨，采取有效措施，克服重重困难，粉碎了帝国主义和国民党特务的破坏、暗杀阴谋，不辱使命。

经过中国政府代表团的努力，特别是周恩来一一到各国代表团驻地去拜访，去商谈，强调包括了和平共处五项原则基本内容的十项原则，终于使得与会各国代表求大同、存小异，在联合公报上一一签字。

肖彬接受记者采访时说：“万隆会议开了七天，周总理总共才睡了 13 个小时。周总理走到哪里，作为安全保卫工作第一责任人的杨奇清就跟到哪里。为了促使会议开得成功，总理白天一有时间不是到各代表团访问，就是同华侨、记者交谈，夜里还得批阅文件和向中央请示报告工作。杨奇清只有在总理在住地办公时才得稍稍休息，睡觉的时间更少。回国之后，他晚上如果不吃安眠药，就无法入睡。”

让肖彬及其子女欣慰的是，万隆会议使更多亚非国家了解了中国，认识了中国，为新中国的外交打开了一扇窗。万隆会议后的短短几年内，刚刚取得民族独立的亚非国家，纷纷与中国建交。而中国一贯奉行的和平共处五项原则，也赢得了世界范围内的广泛认同，至今仍是国家间交往的准则。

惊天大案“神探”原本是慈爱父亲

女儿杨清回忆说：“1950 年 9 月，我出生在北京。不久，就随父母亲去了武汉。父亲从公安部调往中南地区，任中南局常委，中南军政委员会公安部党组书记、部长。1954 年行政大区撤销后，我们全家又从武汉回到了北京。父亲被任命为公安部党组副书记、副部长。”

当年，杨家住在北京东城区八面槽西堂子胡同 20 号一幢西式二层小楼。安家后，杨奇清教孩子的第一课是如何种地。他找来工具，挽上裤腿，把前院的地开垦出来，同时施上肥，用锄头堆成一垄一垄的，种上玉米，旁边搭架子，种南瓜、西红柿、黄瓜等蔬菜。杨清记得：“父亲撒一垄种子，我们也跟在他后面撒，接着浇水。我们是第一次干农活，地拢不直，种子撒不匀，一会儿累得满头大汗，腰酸腿疼。父亲看后，哈哈大笑，但还是表扬我们说：‘这才像农民的后代，虽然进了城，还是要自给自足’。”

前院有一个花池，被几棵白杨环绕，绿树成荫。杨奇清喜欢花草，就在花池里种上樱桃树、橡皮树、鸡冠花、夜来香、美人蕉等。杨清说：“后来又种上了四棵石榴树，真是应有尽有。后院有几棵大枣树，每年枣树都会结出许多又甜又脆的大枣。等到丰收的季节，父母亲就把大枣分给秘书、厨师、警卫人员吃，也送给周围的邻居品尝。”

1950 年 1 月，杨奇清护送周恩来总理访苏。满洲里车站，朔风凛冽，大雪飘舞。杨奇清在目送总理登上苏联的专列后，才发现自己的耳朵冻得通红。再看看其他几位同志都戴上了事先准备好的皮帽子，唯独自己没有。

随后，杨奇清一行来到皮革制品市场。货架上、柜台里摆着各种各样的皮帽子。售货员向杨奇清等推销说：“买这种吧，羊毫绒毛制的，暖和、高档。”杨奇清问：“多少钱？”对方回答：“不贵，三十多元。”杨奇清笑了笑说：“拿最便宜的。”售货员一脸的不高兴，拿起一顶帽子说：“这是最便宜的了，每顶六元，满洲里再也找不出比这更便宜的了！”

“四元一顶，卖不卖？”售货员无奈地说：“算了，四元卖你一顶。”接着一边给杨奇清找钱，一边说：“看你们不像普通老百姓，买六元的帽子还要砍价，真小气！”杨奇清笑着说：“算你说对了，不小气不行呀！谁叫我是当家的呢？大手大脚花公家的钱，再大的家业也会败光！尽管帽子钱是自己掏。”杨奇清戴上帽子，自我欣赏地说：“不错，能省就省吧！国家刚建立，家底薄，不注意节约不行呀！”

杨奇清不仅自己克勤克俭，对家人也要求十分严格。新中国成立初期，夫人肖彬定为行政十三级、正处，以后一直没有被提升过。随着工作的调整和调动，组织部门给公安部党组写报告，给一批同志晋级，其中有肖彬的名字。杨奇清阅后把夫人的名字划去，把晋升的名额让给其他的同志。肖彬得知后也毫无怨言，总是对孩子说：“现在的条件比战争年代好多了，我知足。”杨家子女说，母亲深爱着父亲，凡是父亲作出的决定，母亲都无条件服从。

三年困难时期，物质相当匮乏，供应紧张。杨清说，在地方工作的同志送了一些食油和黄豆给父亲，可他坚决不收，硬是坚持退了回去。“我们家一天三顿稀饭。粮食不够吃，母亲就在蒸馒头时，掺入大量杨树叶子。蒸出的馒头味道怪，我不愿意吃。父亲就带头吃，还咀嚼得特别香，称其为‘树叶面包’，在他的感染下，我也吃了起来。”

杨清还记得，父亲规定他们每月开支是十元，包括学校的伙食费和公共汽车费，零花钱两元。“我穿的衣服都是捡姐姐穿不了的，弟弟捡哥哥穿剩下的。裤子上的补丁破了，再补一层。父亲更是以身作则。一件毛衣的两个袖肘破了，补了又补，一直穿到被抓进监狱，又从监狱把它带回家，一直穿到去世。”

“父亲上班路过我上的幼儿园，我总想搭他的车去，他从来不让，我只好坐园车。姐姐、哥哥在育英小学上学，周末回城，父亲不允许专车去接，让他们搭乘公共汽车回家。”杨清说，父亲工作太忙，没有参加过他们学校召开的家长会，毕业典礼上也看不到他的身影。“但是，我们几个孩子的成长过程，每个人的优点、缺点和性格，他都了如指掌，常常为我们一个小小的进步，而感到欣慰。”

杨奇清尽管很忙，但是一有空就同家人打康乐球、扑克。孩子们都记得，父亲在家时工作到很晚，他们早就睡了；父亲处理完所有应急的文件，还要到地下室去看看在那烧锅炉的蔡大爷。“蔡大爷是老北京，解放前拉人力车，生活很苦。父亲很愿意和他聊天，掀开被子看看，问寒问暖，询问生活有何困难，让蔡大爷十分感动。父亲心细，他从蔡大爷那里还了解公安部基层工作的实际状况，把大事小事都抓到位。”

在孩子们眼里，父亲永远把工作放在第一位。有一年，毛泽东主席到湖北视察。杨清记得，父亲马上要陪主席出发了，但是哥哥和姐姐——一个出麻疹，一个发烧。“父亲已经半个多月没有回家了，秘书告诉父亲，建议他回去看看。父亲说：‘孩子妈妈在，让她照看吧。实在是没有时间回去。’母亲既要照看两个生病的孩子，又不能耽误工作，其艰难的程度可想而知。当姐姐和哥哥的病痊愈后，母亲累倒了。经检查，医生说母亲患尿道结石，需马上手术。父亲不在身边，我们年龄又太小，谁在她的手术通知书上签字呢？母亲当时疼痛难忍，果断地对秘书说，你就替老杨把字签了，出了问题，我自己负责。秘书不情愿地签了字。随后，母亲被推进手术室，手术做得非常成功。”

有一年，毛泽东在武汉准备登黄鹤楼。此前，有人建议清场，把群众疏散开，以保证毛主席的安全。杨奇清知道后，表示不同意，说：“群众要看毛主席没有错，不要把领袖和群众分开。”于是，他去请示毛泽东。毛泽东说：“不要紧，反革命没有准备。”杨奇清和警卫人员研究了具体方案，做了周密布置，现场秩序良好。

1956年至1966年，毛泽东曾多次去武汉视察工作并畅游长江。杨奇清往往分管主席的警卫工作。他根据长江水流动的特点，确定了主席畅游的三层队形：最贴近主席的是中央警卫局的同志，外层是武汉市公安局的警卫人员，指挥和联络中心设在后面的四条小船上。看着主席在江面上，时而侧泳，时而仰面，又时而翻跟斗，“胜似闲庭信步”，站在指挥船上的杨奇清流露出淡定的笑容。

毛泽东的行车路线，杨奇清总要实地考察。针对码头地形的复杂，他特地制定了专门的队形和撤离路线，以防万一。毛泽东住地的每一件家具、摆设，杨奇清都要亲自从里到外检查一遍。

1960 年 3 月 18 日，北京某饭店发生了一起伪造国家领导人签名从银行支取二十万元现金的大诈骗案。中央领导同志指示公安部门限期破案。北京市公安局在中共北京市委和公安部领导下组成专案组，展开侦查，但由于仅有一纸伪造的领导人批示报告，再无别的线索，进展比较缓慢。周恩来指名由杨奇清来指挥侦破，并亲自与杨奇清谈了话。时任公安部部长谢富治见破案进展缓慢，提出要把饭店提供情况的两个人抓起来。杨奇清认为没有根据，决定不执行抓捕人命令，并对专案组人员说，“上面的工作由我负责去做，你们不必担心”。

杨奇清接手后，要求技术人员发挥现代科技力量，对纸、笔、墨、笔迹作鉴定分析；同时召开电话会议，将案情通报全国各省、市、自治区公安厅（局），要求通力合作，协助破案，把发动群众查找罪犯和加强专案组工作有机地结合起来。他还和专案组一起再次到发案现场勘察，召集有关人员座谈回忆发案时的情况，终于弄清了发案经过和犯罪分子的面貌特征。为了甄别各人回忆的差别之处，座谈后他召集有关人员在现场进行模拟，重现发案当时的情景。

杨奇清和专案组全体办案人员，日夜奋战，终于找到了犯罪分子。直到此时，杨奇清也没有轻易下令捕人。为了做到准确无误，他再次指示办案人员对全部情况反复核对。

这年 4 月 4 日，在一切核实确凿无疑的情况下，杨奇清才签署命令，把罪犯逮捕归案。审讯中，该犯供认不讳。办案人员破获了作案用具和绝大部分赃款及一部分焚毁的余烬。事实证明，那两个饭店工作人员和犯罪分子毫不相干。

一家人在非常岁月的非常劫难

“文化大革命”中，林彪和“四人帮”出于篡党夺权、颠覆无产阶级专政的罪恶目的，在公安战线上大搞“两个否定”、“一个砸烂”。杨奇清是公安战线威望很高又有丰富斗争经验的领导人，周恩来对他很器重，当时还要他抓一些重要工作。这样，他就成了林彪和“四人帮”及其在公安部的党羽篡夺公安机关领导权、搞阴谋活动的巨大障碍。1968 年，他们捏造罪名，竟把杨奇清早年的对敌侦察工作诬为“里通外国”、“资敌通敌”。杨奇清严正指出：这是工作，这不是“里通外国”！这是对敌斗争的需要，怎么能说是“资敌通敌”？

“杨奇清专案组”抛出有关杨奇清的所谓“罪行材料”，诬陷他“盗窃中央档案机密”、“侦控无产阶级司令部”、“里通外国”。甚至连他的父亲和叔父都被说成是叛徒，革命家庭成了“反革命家庭”。1968 年 3 月 12 日深夜，杨奇清被抓走，送往秦城监狱，监号是“6844”。

被抓一个星期后，监狱里的一个男看守和一个女看守突然闯进杨奇清所在的监房，男的用力打他的胸部，并把他摔倒在地上，用脚狠踢，整整二十多分钟。眼镜被打掉在地上，杨奇清什么也看不见，试图站起来，终因身体支撑不住，又倒在了地上。男看守离开时说：“再打一次，你也差不多了！”杨奇清挨打后，开始咳血。监狱管理人员不但不给他治疗，还认为他是装病。在狱中，专案组直接审讯杨奇清，他们把已写好的材料强迫他签字，杨奇清严词拒绝。他们开口大骂，伸手就打……

杨奇清被逮捕关押达五年之久。“杨奇清专案组”一再对抗周恩来总理的指示，迟迟不予放人。曾有人说：“杨奇清堪称是一面超级盾牌，有效地保障了毛泽东和中共中央的安全。但他无力保障自己的安全。‘文革’爆发后，他被关进他下令修建的秦城监狱，在那里领教了法西斯专政的滋味——经常遭到毒打，以致肺部被打成严重内伤。”

就在杨奇清被抓走的当天，造反派把他的夫人肖彬押到食堂，让她站在桌子上对其进行批斗。从此，上午她在学习班被批，下午被拉到公安部大院挨斗。一些不明真相的工人用力将肖彬的头揪起、按下，致使肖彬的头皮连同头发被扯了下来，鲜血直流。

当时，极端分子为给杨奇清定“罪”，也给他的夫人肖彬罗织了一大堆

“罪名”：什么“罗杨死党”、“与杨奇清一起资敌通敌的国民党特务”……尽管肖彬多次接受批斗，但是她拒不承认莫须有的罪名，信任、深爱自己的丈夫，坚信历史总有一天会宣告杨奇清无罪！

1969年3月，肖彬被下放到黑龙江笔架山公安部“五七”干校劳动。一年后，又被送到湖北省沙洋公安部“五七”干校劳动改造——冬天推煤去烧锅炉，夏天挑水、种地、打扫厕所。当年，她日夜思念不在身边的儿女们，可她哪里知道她与儿女们的全部信件都被当权者扣押了。

杨奇清的大女儿杨筱林从北京女子二中以优异的成绩考上二炮医学院，大学毕业后被分配在三〇四医院当内科医生。可是，造反派却向该医院寄去了诬陷杨奇清和肖彬的黑材料，使该医院不得不将她下放到哈尔滨二一一医院当护理，每天的工作就是洗纱布。在1969年“珍宝岛事件”发生后，中苏关系十分紧张，造反派竟然无端怀疑她会越境叛国，对她严加防范。最后还是极不放心，强令她按战士待遇复员，到北京第二毛纺厂当工人。1974年，随着父亲问题的逐步解决，杨筱林才恢复了军医职位，补发工资，重回三〇四医院工作。日后，她在公安部下属的北京新华实业总公司工作，直至退休。

杨奇清的大儿子杨波（小名小勤）出生于1947年8月，小时候与姐姐一样在北京育英小学读书学习，成绩名列前茅；后进入重点中学北京二中读初中，继而考入北京航空学院附中念高中，还是校三好学生、学生会主席，被推荐到武汉空军某部当兵。造反派给部队寄黑材料，说他父亲是反革命，他曾“与其父一起从事反革命活动”。部队派两名军人将他押回北京，可是公安部却不予接收。那两名军人只好将他送交负责入伍的海淀区武装部，武装部迫于无奈，只好将他送到原来的学校。由于母亲被打成黑帮、受管制，杨波的生活都成了问题。迫于无奈，他与同学一起去内蒙古农村插队。1973年，杨波进入河北大学数学系学习，1976年大学毕业后被分配到中央电视台技术部从事播放工作，1990年调入国家安全部。目前，已自中国国际友谊促进会退休。

小女儿杨清自小就爱学习，先后在北京东华门小学、女一中读书。1966年初中毕业时恰逢“文革”爆发。杨奇清被抓后，造反派开始轮番的抄家活动。杨清对他们的行为非常不满意，与造反派争吵起来：“我爸爸是审查，中央没有定性！”造反派呵斥道：“你要变天？！”杨清回答：“就是要变成毛泽东思想的天！”造反派就将她的话篡改为“要变毛泽东思想的天”，于是杨清被当作“现行反革命”逮捕，关在少管所达半年之久。

杨清曾被插队到东北莫力达瓦自治旗，种土豆成了她的日常生活。两年后，到湖北沙洋公安部“五七”干校投奔在这里“劳改”的母亲，干些杂活。可是，军代表竟不准给她上户口。经肖彬力争，才勉强同意。1973 年 8 月，杨清进入华中师范学院外语系俄语专业学习。接受采访时，杨清回忆说：“当年，我填‘父亲’这一栏时，怕因父亲的原因录不上就没有填，只填了‘母亲’这一栏。面试时，老师问我父亲是干什么的，我答非所问，说我父亲叫杨奇清，心里有个小九九，后来他们以我为‘可教育子女’录取了我。我那个时候激动得好几个晚上没睡着觉，虽然我父亲还没有解放，但是我有一个新的环境，摆脱了压抑，到了美丽的桂子山学习。”

“可是，俄语在学校里只是代培专业，于是我被分到英语专业，我为这还哭了一场。”在大学里，杨清成了品学兼优的好学生，不仅学习成绩突出，而且外语讲演深得师生好评。1976 年 7 月，杨清大学毕业后被分配到北京市工艺品进出口公司当业务员，负责北美地区业务。1978 年父亲去世后，她被调到公安部一局任侦察干部。1983 年公安部组建昆仑饭店，她又被派到英国伦敦泰晤士大学学饭店管理，学成归来后任餐饮部经理。后来，杨清到海南打拼过四年，回到北京后进入公安部消防协会外联部工作，直至 2005 年退休，曾被北大青鸟公司聘为消防顾问。

杨奇清小儿子毛毛（又名杨旭），先天身患多种疾病，生活不能自理。“文革”期间的一天，毛毛见到军代表闯进家来，还误以为是来帮忙搬家的，可是军代表一挥手就打了他两个耳光，还强逼他喊口号：“打倒杨奇清！打倒肖彬！”毛毛不肯喊，造反派就使劲打他的耳光。由于家境骤变和精神肉体上遭受的折磨，毛毛病情严重恶化，万般无奈，去投奔姨妈——肖彬的妹妹。结果，造反派又追过去，将肖彬妹妹的家也查封了……

1972 年 6 月 4 日，杨奇清在秦城监狱接待室见到了分别多年的亲人。他从里面的一个小门出来，毛毛一眼就看到父亲，大声叫着。孩子们看到父亲的背驼了，面黄肌瘦，皱纹布满额头，走路变得蹒跚，十分辛酸。然而，杨奇清见到夫人与孩子们来了，非常高兴，一一询问他们的现状。孩子们实在不忍心告诉父亲有关家庭的艰难处境，只是敷衍地告诉他一切都很好，不想让父亲的愉悦心情蒙上一缕阴影。杨奇清嘱咐他们：“你们一定要相信党，相信组织，不要有抵触情绪，我的问题迟早会得到解决。”

见到杨奇清咳血，家人很紧张，为他的健康担心。杨清回忆说：“见面的时间仅一个小时。我们给父亲带来他爱吃的东西。毛毛把两块糖偷偷塞到父亲手上，被专案组人员看到，大声训斥弟弟，父亲又把糖还给毛毛，说：‘你替爸爸吃吧！’牢狱的迫害，能够摧残父亲的躯体，疾病可以侵蚀他儒雅阳刚的容貌，却未能改变他爽朗乐观的性格和脸上展现的淡定笑容。”

这年 7 月，杨奇清在狱中病情加重，咳血不止。这时，专案组才把他送到专门为监狱犯人看病的复兴医院住院。在周恩来总理的关心下，后被送到北京医院高干病房接受治疗。江青一伙及其在公安部的党羽对此深为恐慌，硬说成是“保外就医”，继续对杨奇清进行监视和迫害。

杨奇清出狱后，得知儿子杨波和女儿杨清分别上了大学，十分高兴。他仔细询问杨清所在班级的情况。女儿告诉他：“我所在的华师 7304 班有 25 人，党员 3 人、团员 20 人，有 2 名英语专业辅导老师和 1 名专业辅导员。”听后，杨奇清教导女儿：“政治上，你要积极要求进步，起骨干作用，多多与党员学生接触，关心班里同学，争取早日加入中国共产党。除此而外，还要刻苦学习专业知识，精通英语，现在外语干部极其缺乏，毕业后会大有作为的。”

杨奇清在生活上也关心孩子。杨清回忆说：“父亲没有给我买过新衣服，只是把以前的衣服装入纸箱，亲自写上我的名字和地址，寄往学校。当我收到纸箱，看到上面那熟悉的笔迹，心中感到无比温暖。”在学校，杨清积极参加各种活动，克服干部子弟身上的弱点，去湖北农村开门办学，接受党组织的各种考验。1976 年，她终于如愿加入了中国共产党。当杨清把这一喜讯第一时间告诉父亲时，杨奇清特别高兴，自豪地说：“现在，我们不仅是父女关系，而是真正意义上的同志关系！”

杨奇清虽然出狱了，但问题一直没有解决。军代表派人在家门口 24 小时监视他。杨清记得，凡是来看望父亲的，要报名字，记车号。“部里的老同志就和监视的人捉迷藏，趁他们值班换岗的时候，偷偷到家里看望父亲。外地的同志纷纷打电话来问候。即使在这样艰难的情况下，父亲还是反复教育我们，不要有悲观情绪，要相信党、相信中央，他的问题一定会解决。困难的日子总会过去。我们就当是二度长征，咬牙坚持，光明就在前面。”

1975 年，叶剑英派车将杨奇清接到他家，与杨奇清长谈。其间，杨奇清向叶帅表示相信党组织，会把他的问题调查清楚；同时请求中央能够分配给他一个力所能及的工作，自己有决心用有生之年为党再做一点儿工作。叶帅叮嘱杨奇清好好养病，养好身体，才能更好地斗争。

杨清曾对父亲要求工作的决定非常不理解，一有机会，就劝说父亲“在家安心养病，况且上面对你的审查还未结束”。杨奇清只是感慨：“时间不等人啊！”后来，杨清才理解父亲是想加倍工作，把“文革”带来的损失弥补回来。

1975年1月，华国锋兼任公安部部长，找杨奇清谈话，要杨奇清回公安部工作。造反派闻讯又恨又怕，极力反对，拼命阻挠，大造谣言。10月9日，经中共中央批准，任命杨奇清等人为公安部副部长。杨奇清不顾重病未愈，毅然决然返回公安部，受到广大干部的热烈欢迎和支持。

后来，当杨奇清向他人谈起“文革”往事时，爽朗地笑着说：“他们要我交代反对毛主席的反革命罪行。我回答说，我干了几十年的公安保卫工作，工作中的缺点、错误肯定是不少的。但要说我反对毛主席，说我是反革命，那是对我的诬陷和污辱，我没有一丝一毫可以交代的。”杨奇清就是这样光明磊落地批驳了林彪和“四人帮”对他的诬陷。可以说，在近半个世纪的漫长岁月里，杨奇清始终战斗在党的公安保卫战线上，为建设党的公安保卫事业，为保卫党、保卫军队、保卫人民、保卫国家献出了毕生的精力。

粉碎“四人帮”后，杨奇清真正获得了解放。他和其他领导同志一起，积极组织公安战线的拨乱反正工作和揭批林彪、江青反革命集团的斗争，重建和加强群众性的防谍和保密工作。他对“文革”期间和历史上被错误处理的同志十分关注，催促干部部门尽快予以安置处理。

1977年3月，赵苍璧调任公安部党的核心领导小组组长、公安部部长。当时杨奇清的病情已经比较严重，不少老同志劝他离开北京到上海去专心疗养一段，他都以“苍璧同志刚来，情况不熟，我应该帮他熟悉熟悉”为由，予以婉拒，带病坚持工作。有一次，他诙谐而又幽默地对一位去看望他的老战友说：“我快要去见马克思了，相信马克思一定会欢迎我，说我为共产主义崇高理想奋斗终生，是有功劳的！”他还用鲁迅诗句“横眉冷对千夫指，俯首甘为孺子牛”，与这位同志共勉。

“1978年，父亲病重，广东省厅郭叔叔深夜来看他，他还在坚持批文件。郭叔叔见他脸部浮肿，身体很不好，建议他去广东疗养。父亲拒绝了，因为他知道，病魔留给他的时间不多了。”杨奇清子女回忆说。

1978年11月24日，杨奇清由于咳血，内伤太重，带着未竟的遗憾在北京医院去世。12 月 2 日下午，杨奇清追悼会在北京八宝山革命公墓礼堂隆重举行。党和国家领导人华国锋、叶剑英、邓小平、李先念、汪东兴、宋庆龄等送了花圈。邓小平、汪东兴、韦国清、邓颖超、王震、康克清等领导同志参加了追悼会。追悼会由中共中央政治局委员、国务院副总理纪登奎主持，公安部部长赵苍壁致悼词。邓小平充满激情地对杨奇清的夫人肖彬说："你们是革命的家属！杨奇清同志的一生，是革命的一生、战斗的一生。"

第 4 章
“老八路”的抗日与缔约

日本是中国一衣带水的邻邦，中日两国关系历来是两国人民关注的焦点所在。对于外交部原副部长、原驻日本大使符浩老人来说，日本成就了他人生中的许多缘分。挖掘历史资料后，我们才得知符浩不仅是曾在抗日战场上抗击日本侵略军的“老八路”，也是 1978 年中日缔结友好条约的关键人物，他参与了《中日和平友好条约》的谈判和签字工作全过程。看着眼前这位慈眉善目的老人，听他讲述往昔那些事与人，让人恍然觉得，面对的正是一位走过仆仆风尘的岁月老人。

“亚洲通”背负众望沟通中日缔约之路

第二次世界大战期间，日本军国主义者入侵中国，给中国人民带来深重灾难，也使日本爱好和平的人民蒙受痛苦。缔结《中日和平友好条约》原是周恩来的设想，周恩来生前曾多次会见访华的日本客人，并多次谈及中日两国人民世代友好下去的深远意义。而当中日和约谈判正在进行时，周恩来却与世长辞了。之后，缔约的谈判便中断了。

1977 年，外交部原副部长、原驻越南大使符浩被任命为中国驻日本大使。其时，执政日本的福田内阁欲重开谈判却遭到日本国内的多方阻挠，尤其是首相福田对于缔约的态度尚不明朗。福田系是日本社会中的右派，曾和军国主义很有渊源。在这种情形之下，符浩被派出使日本，确实是身负重任。

符浩是中国外交部多年来主管亚洲事务的副部长和日本问题专家，对日本的政治、经济、军事、文化及社会状况都十分熟悉，研究得很深透，在日本政界，符浩有“亚洲通”的美称。1972 年，时任日本首相田中角荣访华时，符浩曾经负责接待工作。自从接到任命，符浩心绪如潮感慨万千，深深感到必须以史为鉴，开创中日关系的新局面。

符浩的到任，受到日本朝野的热烈欢迎。符浩向日本天皇递交国书后，接待的第一批客人就是日本促进日中缔约全国委员会的三位召集人：日本著名学者、前东京大学校长茅诚司，财界名人冈崎嘉平太和前任日本驻苏大使门胁季光。他们向符浩表达了日本朝野人士要求日中早日重开缔约谈判，以促进两国友好关系长久发展的良好愿望。之后，符浩又先后会见了日中友好议员联盟会长滨野清吾，日本国际贸促会长藤山爱一郎，自民党内积极促进缔约的人士小坂善太郎、二阶堂进、久野忠治、川奇秀二以及财界名人土光敏夫、稻山嘉宽、永野重雄等人。符浩在同他们交谈时，话题几乎都集中在日中缔约问题上。

随后，日本二十多个友好团体在东京新大谷饭店举行欢迎中国新大使到任招待会。原计划五百人的大会，到会各界人士竟高达一千余人，其中财界人士约占一半。日本经团联、商工会议所、六大财团、十大商社的负责人均出席了招待会。欢迎招待会如此盛大，也明确地表达了日本各界人士对加强日中友好关系的强烈愿望。对于这次招待会，符浩事后曾多次谦虚地说："欢迎会可以说是盛况空前。但我认为对大使来说，这并不是很重要。因为谁此时来担任大使，都会受到同样的欢迎。日本各界人士，是欢迎中国粉碎'四人帮'之后的新大使，欢迎中日早日缔结和约，欢迎把中日友好推向前进。"

符浩切身感受到日本各界有识之士对缔约的热情，深感中日缔约是大势所趋，现在最重要的是日本内阁总理大臣福田赳夫的态度。到任不久，符浩到福田办公室拜见他，两人像是老友一样谈笑风生。会见中，符浩感到福田言谈大方，比较随意。曾学过八年汉文的福田同中国新任大使首次相会，为表示亲切，用汉语请符浩就座和喝茶。福田先自我介绍学习过哪些中国经典名著，话题围绕中国文化，从四书五经到《战国策》。当谈到从政资历时，福田说："我早年曾在汪兆铭（汪精卫）南京政府担任过财政顾问。请问大使阁下当时担任何职？"符浩微微一笑说："那时我是八路军，正和日本侵略者作战。"福田顿感几分尴尬，喝了一口茶，然后又问符浩："那么您在战后呢？""从事外交工作。"符浩坦然回答。为了摆脱自己一时的被动，福田把话题一转，谈到自己名字中的"赳"字，据说是从中国经典中取来的，以此来表示中日同文、源远流长的友好关系。符浩随即答道："是的，是出自《诗经》中'赳赳武夫，公侯干城'。阁下乃国家栋梁也。"福田听后，哈哈大笑。

随之，会见的气氛又活跃起来。当谈到两国关系时，对日中关系的发展，福田表示满意。他强调，日中之间应该建立一种体制，使两国关系长久持续发展下去。

福田提到“要建立一种体制”，符浩敏锐地察觉到这表明了缔结和约的意向。随后广泛拜会社会各界知名人士和日本政界人物时，在同他们的交谈中，符浩的猜测得到了证实。甚至，时任内阁官房长官园田直就向符浩主动提起日中缔结和约，表示要积极促进，还热切地说：“众人拾柴火焰高。”福田和一些内阁大臣对缔结的表示，与符浩的想法不谋而合。这种种信息，使符浩更加增强了促成友好条约尽快签订的信心。

经过深思熟虑，就签订和平友好条约问题，符浩向中央决策高层提出了自己的看法。他认为，日本经过近二十年的高速发展，急需向外扩展市场。中国同日本近邻，有很强的地理优势。且中国粉碎“四人帮”之后必将对外开放，这个大市场正被世界发达国家看中。日本不抢先登陆，必落人后。前首相田中角荣首次访华已经打开了中日友好之门，当时中日贸易额虽然每年已达三十多亿美元，但从中国这个大市场的需要看，差距还十分巨大。福田虽然是日本社会中的右派势力，但作为当时的日本首相，为了日本自身和自民党的利益，他在对华关系上不得不超越意识形态去权衡利弊得失，通过缔约促进发展中日贸易是当务之急。符浩特别记着毛泽东主席在评论某些外国政要对华态度时说过，“有时候左派干不了的事，右派就可以干，有些事，右派干起来就没有阻力”。而且毛泽东成功地对这种深具战略性的运筹加以运用，促成了尼克松访华和中国同联邦德国的建交。“那时，福田已向公众表明，为缔约事他正在做‘鸭子浮水’，意思是动作在水下。”符浩说。福田的一项重大举措便是把主张积极缔约的内阁官房长官园田直调任外相。

于是，符浩在给国内的报告中提出了福田内阁很有可能在近期同中国重开缔约谈判，建议中方应持“因势利导，顺势而上，尽快促成”的态度。不料，符浩的报告在馆内讨论时便遭到异议。受当时国内对福田内阁不够信任看法的影响，使馆有些人认为对福田内阁是否能促成缔约，应持慎重态度。面对不同意见，符浩耐心进行协调，最后给国内的报告中采用的表述是“福田内阁在任期内不排除同我签约的可能”。

虽然对福田内阁在缔约态度上有不同看法，但全馆仍集中力量积极推动福田缔约。在符浩的指挥下，使馆各部门都为促进中日缔约而对日方有关人物和部门展开相应的工作。果然，从当时了解到的情况看，福田对缔约确实行动了起来。当时美国总统卡特对日中缔约未表示反对，干扰主要来自日本国内。福田当年 4 月访美返回途中，在夏威夷的记者招待会上表示，关于日中缔约谈判，“双方的交涉会在五六月份达成协议”。园田直外相对缔约依然十分积极。1978 年 4 月 29 日，在日本裕仁天皇的生日招待会上，园田直把符浩拉到身边坐下。两人谈到办理缔约问题的进展情况时，园田直满怀信心地说自己像爬树一样正在向上爬，从左边来阻力就从左边挡回去，从右边来干扰就从右边顶回去。

在双方的共同努力下，几经周折，于 1978 年 7 月 21 日在北京恢复了中日缔约的谈判，且进展较顺利。到 7 月底，双方对条约的基本框架达成共识。与此同时，时任中央领导人华国锋、邓小平、叶剑英和李先念等亲自听取了中国谈判代表团的工作汇报。邓小平表示：“这个方案不错，要坚持按此谈。要坚持原则，不要怕破裂，但在方式上可以灵活一些。要争取谈成，也要做拖下去的准备。”他表示同意外交部的看法。令符浩难忘的是，叶剑英听完汇报后，热切地握着他的手说：“好好谈，争取谈成。”

日本方面也加紧了步伐。8 月 5 日，福田首相首肯了园田直外相的北京之行。园田直组织了十七人的代表团，于 8 月 8 日赴北京签约。符浩也再次回到北京参加全程会谈。8 月 9 日中日外长正式谈判。园田直在谈判时说，美国总统卡特和国务卿万斯都希望日本能积极地促成此事。美国希望日中缔约能成为中美建交的一个有利条件。黄华外长肯定园田直外相对中日缔约的热情和努力及中日双方代表团会谈的成果，并表示中方同意把反霸条款有争议的一句改为：“本条约不影响各缔约国与第三国关系的立场。”

8 月 12 日下午，日本政府向园田直外相发出缔约的训令。当天下午两国外长分别代表两国政府在条约文本上正式签字。看着眼前的签字仪式，符浩忆起了抗战中朝夕相处共同战斗的战友们，尤其怀念那些为民族解放而牺牲的同志们，更想到日本在华反战同盟的朋友们信服真理、反对侵略的正义之举。他说：“我参加了整个抗日战争，是中日之间战争与和平的历史见证人。‘和平友好条约’的缔结是中日百年来第一次，也是新中国强大的表现。”

感受邓小平伟人气概与凡人情怀

《中日和平友好条约》正式签订后，当年 10 月 22 日至 29 日，时任国务院副总理的邓小平赴日参加缔约换文仪式。邓小平的日本之行被舆论视作中国改革开放的重要之旅。作为驻日大使，符浩陪同参与了邓小平在日本的访问活动，感受到伟人既有纵横驰骋于国际政治的大胸怀、大智慧，也并不缺乏对生活中美好事物的欣赏。翻开家中一直珍藏的邓小平访日相册，借着这些历史性的画面，符浩忆述起他与邓小平接触的珍贵点滴。

1978年10月23日10时30分是中日两国关系史上具有历史意义的时刻，《中日和平友好条约》互换批准书仪式在日本首相官邸大厅隆重举行。那个令人激动的时刻也同样深深印留在符浩的脑海，每当他忆起时，心情都很激动，“举行仪式的大厅布置得非常精心，尤其是在大厅中央用白色、黄色菊花与红色石竹花布置成太阳旗和五星红旗，非常夺目”。邓小平与福田共同主持了条约换文仪式，园田直外相和黄华外长分别代表本国政府在《中日和平友好条约》批准书上签字，用的是东方传统的毛笔、砚台和芳香的墨汁。互换条约批准书的时刻，大厅里掌声雷鸣，经久不息。

符浩回忆说，夙愿得偿，当时他的手都拍红了却还不想停下来。激情满怀的符浩当即写下《浪淘沙·赠日本国外务大臣园田直阁下》一词：“八年八月八，过海星槎，壮心腾起一天霞。秋月春风无限好，日本中华。扰扰任鱼虾，往事堪夸，长安古柏奈良花。历史又开新一页，友谊无涯。”

邓小平此次访日与裕仁天皇的会见具有历史意义。23日中午，符浩陪同邓小平及夫人卓琳来到皇宫竹厅。天皇和皇后与邓小平夫妇紧紧握手，然后宾主并肩而坐，进行了亲切交谈。天皇在谈话中表示，在两国悠久的历史中，虽然其间一度发生过不幸的事情，但那已成为过去。两国之间缔结了和平友好条约，这实在是件好事，今后两国要永远和平友好下去。符浩后来获悉，天皇当天的谈话未完全采用外务省和宫内厅商拟的稿子，而日本共同社报道此次会见时写道：“陛下在首次会见中国高级领导人时，使用‘不幸的事情’这一措辞，是从天皇的战争责任这个角度，间接向中国人民表明谢罪之意。”会见结束时，天皇和皇后赠送给邓小平夫妇一张署名照片和一对儿银花瓶，邓小平夫妇则回赠了一幅水墨画卷和色彩艳丽的刺绣屏风。

在东京访问期间，日程安排十分紧张，但符浩眼中的邓小平总是神采奕奕、笑容满面。符浩回忆：“小平同志在东京访问期间与福田首相举行了会谈，会见了日本在野党领导人及日本各界的老朋友，并专程拜会了日本前首相田中角荣。还出席了日中各友好团体联合举行的招待会、经济团体的午餐会等，并亲切会见了旅日侨胞。”符浩还记得，为了纪念邓小平那次访日，旅日华侨欢迎委员会特地烧制了写有“欢迎邓副主席访日纪念”字样的瓷杯赠送给邓小平及随行人员；而日本国际贸易促进协会京都总局则特意制作了一枚纪念章，刻有“日中和平友好条约签订纪念”字样及两只巨手紧紧相握的图案。

符浩回忆，在那段时间日本刮起了“邓旋风”。从言谈中，日本人不仅了解了他，并倾倒在他那充满智慧而又不乏幽默的“邓氏语录”中。说起邓小平那次访日时的著名语录，符浩最先想起的就是邓小平就钓鱼岛问题妙答记者问的精彩一幕。拿出一张当年在日本召开记者招待会的大幅照片，符浩说，当时有日本记者提出了钓鱼岛及附属岛屿的归属问题，这是缔约中的敏感话题。而邓小平却神态自若地回答，钓鱼岛及附属岛屿的归属问题中国同日本有争议，首先名字就不同，中国称钓鱼岛，而日本叫尖阁列岛。他表示，这个问题可以把它放一下，也许下一代比我们更聪明些，会找到实际解决的方法。符浩认为，邓小平的回答非常妙，四两拨千斤，令当时紧张的空气顿时轻松了许多。忆及此事，符浩不禁开心地笑起来。

符浩家里珍藏的相册里，有邓小平乘坐气垫船和新干线的照片。符浩回忆，邓小平那一次访日，除了政治性的活动，走访最多的是钢铁厂、汽车厂、电器厂等大企业。各种新技术他都要尝试，又坐气垫船，又乘新干线。符浩还记得，当时邓小平曾发表两次著名的谈话，被海外媒体评价为“下定了改革开放的决心”。一次是乘坐新干线列车前往京都的邓小平在回答记者乘坐感受时，意味深长地说：“一个字，‘快’。像是有人在推着我们跑，我们现在很需要跑。”另一次是参观日产汽车公司后，邓小平说：“来到这里，我明白了什么是现代化、近代化。感谢工业发达国家尤其是日本产业界对我们的协助。”符浩认为，邓小平早已决心改革开放，但日本之行确实给他一定的启发。

除了政治家的胸襟与智慧，令符浩难忘的，还有邓小平的幽默与平和。在会见日本国会议员时，邓小平借徐福东渡的故事引出话题说：“听说日本有长生不老药，这次访问的目的，一是交换批准书；二是对日本老朋友所作的努力表示感谢；三是寻找长生不老药。”邓小平这段幽默的谈吐很快在日本各大媒体刊出。符浩还记得，会见第二天就有和歌县九宫市的人送来一盆名为“灵芝草”的绿色植物，说这就是徐福东渡日本在和歌找到的长生不老药。符浩马上向邓小平汇报了此事。邓小平听后很高兴，笑着点点头说：“那就留给你们使馆吧。”

结束对东京的访问后，邓小平一行乘坐东海道新干线“闪光 81 号”列车前往京都、奈良、大阪访问。在奈良时，访问团下榻的酒店碰巧有一对新人举行婚礼。邓小平知道后，前往婚宴现场亲自向新人祝贺，一时被传为美谈。符浩说，作为来自古老邻邦中国的领导人，邓小平的亲切平易给日本人民留下了美好的印象。

鲜为人知的是，邓小平此次访日时，符浩为了向他面呈一份国内紧急电报而发生了一个小插曲。就在邓小平访日第二天，一纸电报飞到了日本：“美国驻中国联络处主任约见中国领导人邓小平，有要事相谈。”收到电报，符浩马上联想到美国驻日本大使曼斯菲尔德曾和他的一次谈话。符浩与曼斯菲尔德的私人关系很好，是相交多年的老朋友。一天，曼斯菲尔德给符浩打电话，告知他即将离任。符浩在中国大使馆设晚宴为曼斯菲尔德送行。正在吃饭时，曼斯菲尔德忽然高兴地凑到符浩身边，悄悄说道：“老朋友，我不走了。”符浩被搞糊涂了，瞪大眼睛望着曼斯菲尔德，只见他双手一摊说：“下午两点接到电报，改为留任。”恍然大悟的符浩一改往日的儒雅，举起酒杯大声说：“送行饭改为留任饭。干！连干三杯！”欢声笑语中，曼斯菲尔德询问符浩对美国驻中国联络处主任的印象如何，并透露说，某人喜欢喝酒，某人可能担任第一任美国驻中国大使。那一次看似随意的闲聊，却让外交经验丰富的符浩立即意识到其中可能蕴含深意，捕捉到中美之间将有重大事情发生的蛛丝马迹——莫非中美将要建立外交关系了？

想到这，符浩不敢怠慢，因事关机密，在国外不能用声音来读这重大的事情，他即刻用大字将电报内容抄写下来。赶到邓小平下榻处时，警卫员告诉符浩：“首长刚起床。”符浩说：“有要事。”就这样，邓小平身着睡衣在卧室接见了符浩，并在电报的背面写下了八个字：“回答国内，回去就见。”11 月，邓小平从日本回国，接着召开了具有深远意义的十一届三中全会。1978 年 12 月 13 日，中美正式建交。

1979 年 1 月，从美国访问归来，邓小平特意在日本作短暂逗留。三个月内，邓小平两次访日本，两次均全程陪同的符浩看得出，邓小平两次访问心情大不相同。第一次访日，邓小平始终处在为擘画中国发展蓝图而不停的思考之中。而邓小平第二次访日，符浩明显看出他心情特别愉快，笑容时常挂在脸上，还饶有兴致地到富士山下的风景胜地热海一游。正如符浩所言，两件大事（中共十一届三中全会和中美建交）都放下，来日本与新老朋友加深感情，看看风景放松心情。

令日本鬼子闻风丧胆的“符号”出自罗瑞卿的一句戏言

凡认识符浩的人都说，符浩是个与日本有缘的人。其实，提起符浩的“日本缘”，还得从抗战时期说起，也就是说，符浩与日本打交道的历史可以追溯到抗战时期。让人意想不到的是，外交家符浩曾在战场上与日本侵略军短兵相接，还是一个令日本侵略者闻风丧胆的传奇英雄。

符浩是从黄土地走出的外交家，原名符忠孝，1916 年 4 月出生在陕西醴泉（今礼泉）县东乡 15 公里处的西张堡村一个贫苦农家，祖辈都是以种田谋生的穷苦人。苦难艰辛的童年生活没有磨灭符忠孝的志气，反而激发他求知上进的信念。10 岁时，符忠孝入学校学习，他聪颖灵慧，刻苦努力。城里来的洋先生给他打开了一扇窗。

1929 年关中大旱，蝗虫肆虐，醴泉县出现了“赤地千里，十室九空，饿殍载道，鸡犬无踪”的悲惨景象。西张堡村这个仅有四十余户人家的小村庄竟有七户人家绝了户，人们被迫背井离乡。年仅 13 岁的符忠孝为了维持生计，离开学校跟着大人外出谋生。在此后的几年中，他当过药铺学徒，做过油房雇工，但在漂泊的生活中他一直没有忘记读书，还时常给工友们说“古经”、编“闲传篇”，灌输一些进步思想。1934 年夏，18 岁的符忠孝考入县立房巷小学五年级，次年凭借毅力和聪颖，以优异成绩考进当时陕西最好的学府——西安师范。西安师范犹如符忠孝人生中的一座桥梁，连接起他艰辛坎坷的过去和风起云涌的未来。在那里，这个正直的热血青年积极投身学生运动，寻找中国和自己的出路。

1935 年，日寇的侵略魔爪已由东北伸向华北，翌年春天，符忠孝写下了他第一首抒发自己爱国情怀的诗句：“文章未必医贫病，宝剑应能解国忧。”1936 年 12 月 9 日，他响应西安学生联合会的号召，参加了纪念“一二·九”运动一周年的大规模示威游行，宣传抗日救国。当年冬天，全国形势发生了很大变化，抗日红军已进驻到距西安以北百里之遥的嵯峨山，政治气氛较前更为自由和宽松。符忠孝有更多的时间从事救亡运动，并经常撰写一些进步文章。

1937 年 7 月 7 日抗日战争全面爆发后，符忠孝参加了西安学联组织的工作团，赴乡村宣传抗日救国的道理。同年 9 月，经进步组织安排，他到中国共产党所办的西北青年训练班学习，一个月后考上了延安抗日军政大学第三期，从此开始了军旅生涯。刚进抗大，教育长罗瑞卿来看望新生，点名到“符忠孝”时，其浓重的湖南口音让人听起来像是“符号”，同学马上纠正，而罗瑞卿却幽默地说：“小题大做，一个标点，一个符号，有什么不可以。”于是，“一个标点，一个符号”的典故就在抗大传开，符忠孝豁然有悟，索性取其谐音改名叫“符浩”。

符浩永远不会忘记，在抗大学习期间，有幸在延安亲聆毛泽东、周恩来和朱德等同志的教导。更让符浩一生难忘的是，在毛泽东为抗大学员作的“抗日战争必胜”报告会上，他挤到毛泽东身边请主席题词。毛泽东在符浩的笔记本上，用他那风格鲜明的毛体字龙飞凤舞般题写了“了解对象，尊重对象”八个大字。至今，符浩还珍藏着那个日记本，而那八个字也几乎预言了符浩此后将从事的事业。

在抗大学习期间，符浩思想进步很快，1938 年 2 月加入中国共产党，同年 3 月，被分配到八路军一一五师一团任政治处干事。1944 年春天，符浩调鲁北渤海军区，先后任股长、敌工科科长。在整个抗日战争中，符浩身经百战，多次死里逃生，是个极富传奇色彩的人物。他曾孤身一人深入敌穴，凭着他的胆略和才智，不费一枪一弹，硬是把王道的两千多伪军拉了过来。王道部起义，是山东战区自抗战以来伪军反正规模最大的一次。

任渤海军区对敌工作科长时，符浩被渤海区（原为清河区）一带老百姓传为八路军部队里的“智多星”，而他的名字在传说中则为“符号”。当时，群众中流行最广的是，“符号”精通《孙子兵法》，善用三十六计战胜日伪军，并教育转化日军俘虏，使他们掉转枪口共同抗日。为此，日本鬼子对“符号”恨得要命也怕得要死，甚至对他的名字也闻之生畏。当时那一带还有一个广为人知、以符浩之名讥讽日军的故事：有一个日军“三角部队”的小队长长谷川特别坏，就是对同他合作的维持会中队一个刘姓队长也待之如奴，动辄训斥和辱骂。这个姓刘的队长怀恨在心，伺机报复。一日，日伪军集合列队。长谷川当众对刘姓队长又是一顿无故辱骂。刘姓队长灵机一动，突然指向日军一士兵，大声叫嚷：“符号！符号！”说时迟那时快，真像一道军令，全体日军立即齐刷刷就地卧倒，拉动枪栓，如临大敌。一会儿，鬼子兵缓过神来，发现平安无事，长谷川怒火冲天大声责骂刘姓队长。刘姓队长却指着那个日军士兵说：“我是说他胳膊上没有佩戴三角符号。”搞得鬼子队长也无可奈何。

在对敌工作中，符浩积累了丰富的工作经验，并和许多日本反战军人结下深厚友谊。从那时起，符浩的外交才能初露峥嵘。1945 年日本投降后，符浩先后担任了渤海军区政治部联络部部长、宣传部部长、组织部部长等职。

1946 年上半年，符浩任渤海军区政治部联络部任部长的时候，被派到敌占城市德州，任北平军调处执行部派驻德州第十五小组的中共上校代表，这使他有了第一次外交工作经验。那个时期，符浩与美国代表怀特中校、国民党代表刘金明上校等人围绕德州的停战换防执行问题谈判交涉近四个月，其中经过曲折多变。

符浩回忆，那时德州在中共解放区范围内，但城中的伪军一再袭扰。国民党军企图收编德州城中的伪军，以抢占德州，美方代表则表面中立实则扶持国民党。符浩一面积极配合执行停战工作，一面小心防范城内伪军反扑，以及国民党军故意制造的摩擦，同时让美方代表无可挑剔。经过巧妙周旋，符浩维护了中共的胜利成果。这年 7 月，中共决定以武力解放德州城，国民党代表在感到形势不妙后提前逃回北平，美方代表在八路军的保护下完成了停战执行任务，虽然未能帮国民党抢占解放区，却不得不衷心佩服中共的谋略与胆识。符浩的首次外交答卷颇为精彩，后来这段历史还被拍成了电影。

脱下戎装成为共和国第一代外交官

解放战争时期，符浩随华东野战军攻占济南、会战淮海、横渡长江、解放大上海，直至全国解放。1949 年符浩调任中国人民解放军三十三军九十八师政治部主任。作为一名英勇善战的军人，符浩完成了自己的使命。1950 年，战功赫赫的符浩被抽调进入刚刚成立的外交部，开始了近五十年的外交生涯。在他的外交生涯中，无论是出使外国还是任职外交部领导岗位上，无不以党和国家利益为首位，视国家主权和民族尊严为生命。

当符浩这些身经百战经受过各种考验的同志奉调北京，脱下戎装换西装去搞外交时，毛泽东曾对他们说："为什么调你们来，因为你们跑不了！"符浩进入外交部不久，中国着手建立与蒙古国的外交关系，1950 年 7 月，符浩被任命为驻蒙古大使馆政务参赞。临行前，符浩与夫人焦玲一起前往西花厅聆听当时兼任外交部长的周恩来指示工作。一看到符浩仍然身着戎装，周恩来笑着说："已经是外交官了嘛，怎么还穿军装？"并且细致地对焦玲说："要当参赞夫人，可得学会穿旗袍呀！"这对儿"土八路"出身的外交官夫妇这才真正意识到了外交舞台的特殊。

1952 年秋，符浩从蒙古人民共和国回到国内任亚洲司专员。翌年 7 月 27 日朝鲜停战，战后的战俘遣返工作复杂而繁重，符浩受命前往朝鲜古城开城协助李克农担任志愿军遣俘代表团顾问，争取更多的志愿军被俘人员返国。期间他与波兰、捷克斯洛伐克、瑞典、瑞士和印度这五个中立国打过交道，经过一年时间，他圆满地完成了遣俘任务。

1954 年 9 月符浩调任外交部亚洲司副司长。1955 年 8 月，他赴印度任中国驻印度大使馆政务参赞。符浩在印度工作六年半，参加了第一次中印边界谈判，亲自交涉印度军队驱赶中国牧民事件，并亲历解救护送被达赖集团掳走的西藏女活佛回国等许多重大且不为外人所知的事件。

西藏解放时，达赖叛逃，并将原西藏羊卓雍湖女活佛明吉达姆劫持到了印度葛伦堡北部的一个城镇。一天，女活佛明吉达姆突然出现在驻印使馆。当时，大使回国述职，符浩任临时代办。明吉达姆向符浩提出她要返回祖国。经过详细询问，符浩这才弄清了事情的来龙去脉。原来，明吉达姆被达赖劫持到印度后，种种非人遭遇便接踵而来。为了早一天离开达赖，她白天躲在草垛里，晚上才出来吃点儿东西。最后经过种种艰辛和长途跋涉，才在好心人的帮助下，设法和中国贸易部驻葛伦堡办事处负责人取得了联系，由负责人徐仁将她送到了新德里中国驻印度大使馆。

符浩当即把情况报告了国内。国内马上指示：“欢迎被劫持了的藏胞随时回国。”当时，从印度回国有两条路线，一条路线是经过印度加尔各答再经仰光回国，这样虽然迅捷，但危机重重，一不小心就会卡在某一道关口；另一条路线是绕道喀布尔、莫斯科回到北京，这样比较安全。考虑到有关当局一旦获悉，一定会不择手段地加以阻挠，后果将不堪设想，符浩和使馆人员经过再三商讨和研究，最后选定后者。为确保万无一失，符浩提议给女活佛化妆，变个样，这样不易被人辨认出来。这个主意得到大家的一致赞成。于是，女活佛扮成了一个女演员。这一设计果然奏效，几乎没有费多少周折，就顺利通过了顾虑最多、也最可能出问题的印度出境关口。

这位不寻常的藏胞，由时任驻印使馆一秘的张昌陪同登上回国的飞机。在飞机上，女活佛表现得非常自然，相当配合。到达阿富汗，当旅客们明白这位“女演员”原来是一位颇有威望的女活佛时，都纷纷跑上前去，祈求女活佛为他们摸顶祝福。

之后，经过莫斯科，女活佛终于顺利地回到北京。看到热烈欢迎她回国的场面，女活佛激动不已。一走下飞机舷梯，便朝圣般地对祖国大地一步一跪拜，流着眼泪向人们倾诉，她会为祖国祝福，会为符浩和使馆的所有人员祈祷、祝福，并说要是没有祖国、没有祖国的外交官，她可能还在葛伦堡的草垛里躲着达赖。

1962 年 6 月，符浩调任外交部政治部副主任兼干部司司长。1966 年“文化大革命”爆发，耿直的符浩首当其冲，在外交部第一个被停职反省，被批斗。造反派要符浩交出干部档案，他横眉冷对，坚决拒绝，被称为外交部的“硬骨头”。尽管身陷窘境，符浩不顾个人安危，与外交部 91 名领导干部联名保时任外交部长的陈毅。1968 年在周恩来的直接关怀下，符浩重新工作，回到了外交部恢复原职。1970 年他被任命为外交部办公厅主任、党组成员、革委会成员。

1971 年 10 月 25 日，联合国第二十六届大会就“恢复中华人民共和国在联合国一切合法权利和立即把国民党集团的代表从联合国及一切机构中驱逐出去”的 2758 号决议通过了表决。中国国内迅速组成出席联合国大会的代表团，乔冠华任团长，黄华为副团长，而符浩则是代表团秘书长。赶赴纽约前一晚，毛泽东接见代表团成员，这是以往从没有过的，足见他对重返联大的重视。会见中，周恩来特意在介绍符浩时指明：“他是属于‘九十一人’，政审通过的。”毛泽东肯定地表示：“我还是喜欢‘九十一人’的。”毛泽东的话明确地表示支持陈毅，并肯定了外交部“九十一人”的行动，使符浩等人轻装上阵，远赴联合国。11 月中旬，代表团经巴黎飞抵美国纽约。

那段时期，中国的外交接连出现重大突破，美国也与中国频繁接触，中国外交二十年来的工作已开始显露出硕果。心情激动的符浩，在飞往纽约的途中，将纷繁思绪反复吟哦成诗一首《赴纽约途中》，其中一句“心潮逐浪云天外，誓挽强弓射大鲸”尽吐胸中豪情，为日后在联合国这个国际大舞台书写中国外交新篇章撰就绝佳序言。就在这届联大会议上，符浩同中国其他代表一起，把新生的共和国的声音带进了联合国，带给了全世界。

他是“林彪叛逃事件”发生后的首批知情人之一

1972 年 5 月，在周恩来提议下，符浩出任外交部副部长。（但“文革”后期，符浩又受到冲击，1974 年 9 月被派往形势紧张的越南担任大使）。“林彪叛逃事件”发生时，符浩恰为外交部党的核心小组成员，是以成为事件发生后国内首批知情人中的一员。

1971年9月13日上午，外交部获悉，当日凌晨在蒙古人民共和国首都以东三百公里的温都尔汗地区有爆炸声，随之火光冲天。下午，符浩等外交部党的核心小组成员，已知道林彪和叶群等人乘一架三叉戟飞机于零点32分由山海关机场强行起飞朝西北方向逃跑，目标很可能是某国。

根据周恩来的指示，外交部一边密切注意外电报道，一边研究和提出在各种可能情况下的交涉或应对方案。14日上午，符浩与其他外交部党组成员来到部会议室开会。一进入会议室，符浩便感到一种不同寻常的严峻感。但每一个与会者都很镇定，会也开得有条不紊。主持会议的是外交部代部长姬鹏飞，在会议上，大家对林彪出逃作了四种估计：（1）由林彪出面公开发表叛国声明；（2）由林彪或其他人通过外国广播或报纸发表讲话；（3）林彪及其追随者暂不露面，也不立即发表谈话，由外国通讯社客观报道林彪等已到达邻国某地；（4）暂不发表消息，以观国内动静。会议还详细讨论了在各种情况下对外交涉以及如何表态的问题。

符浩记得，会议正在进行中，突然值班秘书拿着一份手抄特急报告快步走进来，径直奔向姬鹏飞。姬鹏飞接过报告仔细阅读，神态冷静沉着。接着把报告读了一遍。原来，这是驻蒙古大使馆的直线电话，关于中国一架军用飞机在蒙古境内机毁人亡的报告，大致内容是：今日上午8时半，蒙古副外长额尔登约见许文益大使，通知有一架中国喷气式军用飞机于凌晨2时30分左右坠毁在蒙肯特省贝尔赫县境内，机上共有九人，全部死亡，并向我国提出抗议，以及许大使已向对方提出要求到现场调查等。分管对蒙外交的副部长韩念龙从姬鹏飞手里接过报告，仔细看了一遍。

为了让毛泽东与周恩来尽快知晓这一消息，姬鹏飞立即要王海容与主席和总理办公室联系，但得到的回答是，他们两位自前天夜里起，一直没有合过眼，刚刚服过安眠药入睡，总理按习惯要四个钟头以后才能醒来。姬鹏飞要求再一次和两个办公室的秘书通电话，强调送去一份特急和特别重要的文件，一定要把主席和总理叫醒。

一番紧张工作过后，已是下午2点，饥肠辘辘的符浩回到办公室，从抽屉中找出一包应急用的苏打饼干，权作是午餐。可还没吃两口，就被通知去姬鹏飞的办公室。正巧姬鹏飞也在吃饼干，符浩不客气地不请自拿了。嘴里一边嚼着饼干，姬鹏飞告诉符浩，总理来电话说，他和主席对外交部的同志迅速把报告送到并叫醒他们很满意。周恩来特别对驻蒙古大使馆面临突发事件，果断启用已经封闭两年之久的专用电话线，以最快的速度把报告传回来表示满意。

周恩来还指示，从即时起，指定专人译办驻蒙古使馆来的电报，由符浩亲自密封后送他亲启。而且，驻蒙古大使馆的报告，凡经办和知道的人都要打招呼，要绝对保密。符浩回忆，依照周恩来的指示，当天下午 5 点 58 分，他将驻蒙古大使馆的报告用三号铅字打印十八份，提前两分钟按指定入口走进大会堂北门。他一眼就看见王良恩站在偏东一边的走廊正在等候。符浩与王良恩并不陌生，但此刻情况紧急，两人来不及寒暄，王良恩告诉符浩，参加政治局会议的人已到齐，连董老也来了，就等符浩的文件了。听到王良恩特别提到董必武，符浩自然明白这次会议非同小可，因为那时董必武年事已高，一般不出席会议。

当天晚上，因之前几乎一天一夜没有睡觉，符浩打算小憩一会儿。但人体在太过疲劳的状态下反而兴奋，而且当天发生了这么大的事件，符浩怎么也睡不着，便信步来到同院的时任外交部副部长的乔冠华家里。乔冠华拿出一瓶未启封的茅台，两人围绕着“林彪叛逃，机毁人亡”的话题边谈边喝。突然，符浩想起了一位唐人的诗句，脱口诵出：“月黑雁飞高，单于夜遁逃。欲将轻骑逐，大雪满弓刀。”乔冠华听后，沉思了一会，对符浩说道：“贾宝玉不是说述旧不如编新吗？我把这首诗略加改动，你看新意如何。”他又斟满了一杯，端在手中，站起身，用他那苏北口音吟了起来：“月黑雁飞高，林彪夜遁逃。无需轻骑逐，大火自焚烧。”符浩不禁为“乔老爷”的才思敏捷而拍手称好。后来，郭沫若知道了乔冠华的这首新“塞上曲”，曾挥毫将此诗书成条幅并加赞语赠给乔冠华，称此诗“巧合无间，妙不可言”。

之后不久，中国政府代表团准备按原定计划出国访问，符浩也是代表团成员之一。虽然“九一三”事件余波未了，但毛泽东嘱咐中国代表团继续通过巴黎渠道保持与尼克松、基辛格的联系。9 月 26 日晚，在人民大会堂西大厅，代表团全体成员向周恩来汇报准备情况并听取指示。符浩离周恩来很近，在灯光照射下，符浩发现总理半个月来明显地消瘦了，但清癯的面孔上却有一种喜悦和轻松的表情。快要走出北门时，一位服务员追上符浩，告诉他总理请他去西大厅。

符浩一时不知道总理有什么指示，也顾不得多想，便疾步走回西大厅。大厅里只有周恩来一个人，好像在思考着什么。看到符浩已经转回来，周恩来招手示意他坐下，又望着他想了一会说：“你明天一早就要动身去巴黎，有关林彪叛逃的事，见到黄镇同志时，把情况告诉他。”停顿了一下，周恩来的语气更加郑重：“中央已决定逮捕黄、吴、李、邱等人。这些也告诉他。”并叮嘱符浩，这些情况只能告诉黄镇一人。

9月29日，符浩随中国政府代表团到达巴黎。当晚，他就前往纳伊区城堡街的中国驻法大使官邸。与黄镇大使寒暄一番后，符浩暗示道，奉总理之命有要事转达。黄镇微笑着领着符浩走出屋门，来到花园里。黄镇拿着打开的小半导体收音机踱到花园的草地上，两人一边漫步，一边谈了起来。听了符浩带来的消息，黄镇非常激动，两人的交谈似乎也轻松很多。不知不觉夜已深了，黄镇突然一拍符浩的肩膀，提高嗓子对他说：“走！老符，让我们喝一杯，庆祝一下！”回到房间里，黄镇打开了所有的灯，屋内璀璨生辉。黄镇找出一瓶茅台，斟满两个精致的刻花高脚杯。黄镇告诉符浩，这瓶酒已珍藏多年。杯中的酒液已变成一种淡淡的琥珀色。一股清芳的香气在屋中弥散开来。

“老八路”与日本战友三十多年后重逢于日本

符浩曾担任中日友好21世纪委员会中方首席委员，1998年4月，82岁高龄的他还曾出访日本，为中日世代友好史写下了精彩篇章。而且，为中日友好做出巨大贡献的符浩，自己就是一位中日友谊的代表。

松木嘉次郎（即松木春一）是符浩的一位日本朋友，他们的友谊延续了六十多年。但他们的相识却是在战场上。1942年春天，在山东滨海地区的一次战斗中，松木被八路军俘虏。当时符浩在滨海做对敌工作，他接触到松木时便感到松木效忠天皇的观念非常强烈，思想也很顽固。符浩还记得第一次见到松木时的情景，“他怒气冲冲，一脚就把新缴获的一挺重机枪踏翻在地。还拒绝教育，声言‘宁为玉碎，不为瓦全’”。但是，松木还是在真理面前改变了态度，他参加了反战同盟，从此成了符浩的战友。开始，松木在符浩带领下到江苏东海县桃林镇向日军据点用日语喊话，开导日军不要再为日本军阀卖命。后来，因工作需要，他们各有调动，并无联系。1943年符浩由鲁南奉调鲁北，就任渤海军区敌工科科长。当年10月31日，符浩抵达在华日本人反战同盟鲁北支部所在地，竟意外地看到了松木，那时的松木已是鲁北反战同盟的支部长。一年未见，两人感慨万千。

此后，符浩一直同松木、中野谦吉等日人反战同盟的朋友在鲁北做对敌工作。他们经历了战火的洗礼，称得上是生死之交。1945 年 6 月，八路军发起了收复鲁北的蒲台、滨县等县的战役。在扫清蒲台城外的道旭据点时，战斗十分惨烈。符浩记得攻打道旭时是个大白天，军区杨国夫司令亲临前线指挥。在距敌堡近百米处，符浩同松木、中野谦吉等人选好了一个掩体，松木用日语喊话。他告诉日军："你们已被八路军包围，死守守不住，待援不可能。八路军优待俘虏，赶快投降是唯一出路。"但是敌人拒降，并用机关枪射来一连串子弹。接着，中野谦吉接过话筒，在敌人的机枪声中，扯开嗓门劝敌投降，并以亲身经历证明八路军优待俘虏的政策。但敌人仍然顽抗，不仅继续以机枪扫射，还用掷弹筒向符浩他们发射炸弹。见到如此情景杨国夫下令还击，八路军的迫击炮、掷弹筒、轻重机枪一齐向日军开火。经几次冲锋，八路军杀进了敌营，守敌被全歼。

从 1942 年至 1945 年，符浩与日人反战同盟的日本朋友一直并肩作战。1945 年日本投降后，松木等人随主力部队去了东北。松木在东北全境解放后就返回日本，其他日本朋友也于 21 世纪 50 年代先后回国。令人感叹的是，当符浩作为中华人民共和国大使来到日本时，分别三十多年的老朋友戏剧性地重逢了。

一天，松木从报纸上看到了中华人民共和国新任驻日本大使到任的消息。当他看到符浩的名字，又看到报端那幅新大使的照片时，惊喜得几乎叫了起来：这不是当年的符科长吗！松木再也坐不住了，立即拨通了中国大使馆的电话，称自己是符浩大使的老朋友，要求会见。可接电话的是一位处事较简单的馆员，听电话那头的日本人说是符大使的老朋友，就深表怀疑。她想，大使是有名的抗日老战士，八年抗日的老八路何来日本朋友！于是一口拒绝了松木的要求。

松木被回绝之后，并不死心，继续设法同符浩取得联系。不久，松木了解到他的家乡长冈京即将举行欢迎中国新大使的大会，便给符浩写了一封信。先做了自我介绍，又问符大使是否是当年的符科长。如是，还记得松木春一否？为了证实自己确实是符浩的老战友，他还把当年山东军区司令员罗荣桓和渤海军区司令员杨国夫等一大串负责同志的名字列了出来。符浩接到信自然喜出望外。日中友协在长冈京开欢迎大会那天，符浩和夫人焦玲坐在主席台上。还是焦玲的眼神好，老远就认出了在会场上的松木春一。抗日老友就在面前怎能不激动万分。两人立即走下主席台，在数百名与会者惊奇的目光下，快步走向松木。松木见状也即飞跑着迎了上去。符浩和松木紧紧地拥抱在一起。全体与会者都被这一场面所感动，用掌声对他们表示祝福。

自从同松木恢复联系后，符浩与那几位前日人在华反战同盟的老朋友及其家人一直保持着密切的联系，这些老人及其后代都是促进两国友好事业的积极参与者。松木及其他前日人在华反战同盟的战友一直有一个愿望，他们也不止一次地对符浩提出，希望在有生之年回山东故地看看。1992 年，中日邦交正常化二十周年之际，松木夫妇、中野谦吉和青山耸等人，在符浩和焦玲陪同下，访问他们曾经多年在那里并肩战斗、同甘共苦的原抗日根据地——山东省东营地区。他们满怀深情地拜访了战斗和生活过的故地，搜寻着当年的遗迹，还拜访了几位参加过抗日的老人。面对故地，他们触景生情，无不潸然泪下。这次重访当年根据地，符浩写了一首诗以作纪念：“五十年前鏖战处，重逢热泪意如山。浩浩春风暖大地，迢迢陆海心相连。”所有的人都共同祈盼，战争不要重演，和平永驻人间。

在符浩心里，日本爱好和平的人们是中国的朋友，日本文化更与中华文化有着源远流长的联系。中国与日本的交往可追溯到秦代，中日民间常用“一衣带水，两千年史”来形容中日文化的渊源。其实，驻日之前，符浩于 1955 年作为新中国外交官，曾随中国贸易代表团访日。那次访问期间，符浩应邀欣赏了由日本著名的松山芭蕾舞团团长清水正夫先生按中国同名话剧改编的芭蕾舞《白毛女》。这也是《白毛女》首次被搬上芭蕾舞台，在日本轰动一时。及至后来任驻日大使期间，符浩更是深深感受到中国传统文化在民俗、宗教、建筑、文字、绘画、书法、音乐、舞蹈等方面，深刻影响着日本社会。

宋朝王安石《元日》中云：“爆竹声中一岁除，春风送暖入屠苏。”屠苏是中国古代在阴历正月初一时，家中必喝的酒。现代日本保留了过春节喝一种用草药炮制的屠苏酒这一习俗，并成为日本传统节日必不可缺的一项活动。符浩发现，在日本的书店里，中国的四书五经和四大名著是经久不衰的畅销书，而老一代日本人都喜欢读中国古代的经典书籍。难得的是，如今日本很多城市定期举办吟诗会，一些人身着唐服唱俳句，唱中国古诗。李白的诗作名句“兰陵美酒郁金香，玉碗盛来琥珀光”，在日本几乎家喻户晓。源于中国的书法艺术在日本也十分普遍，孩子上小学即开始学习书法，全国各地的书法协会数不胜数。符浩感慨地说，日本文化的根在中国，日本人并不讳言这一点，他们对中国文化的崇拜，中国人恐怕很难想象。

中国对日本文化有深远影响的另一个重要领域是佛教。众所周知，佛教是从印度传到中国的，又由中国传入日本。日本几乎每个城市都有寺院庙宇，建筑风格与中国古代的寺院基本相同。符浩说："设在四国的少林拳总部大雁塔就是模仿中国西安的大雁塔建造的，只不过尺寸缩小了。而鉴真和尚东渡日本，在奈良修建了唐招提寺，成为日本现存的天平时代最大最美的建筑。"确实，由于日本仿华古建筑保存较完好，如今中国在研究古代建筑艺术方面有时还需要参考日本的一些古迹。

符浩还特别提到，风靡日本的相扑运动也是源于中国。符浩对日本人的性格印象很深。他认为，大和民族自古崇尚武士道精神，这既有来自中国的影响，也有源于部落之间长期争战的影响。经过几百年的发展繁衍，逐渐形成一种特殊的民族心态：争强好胜，喜欢变化，渴望吸收一切对自己有利的东西，不达目的誓不罢休。符浩在欧洲访问时听过一个小幽默：德国人谈科技，法国人谈女人，日本人则到处打听什么地方有新东西。在和平时期，不保守、善于吸收外来精华的特性无疑是日本经济繁荣发达的思想基础。利用国外的发明成果进行开发研究，作为本国经济发展的基础，实用经济主义是他们经济发达的重要原因。

符浩祖籍陕西礼泉，至今乡音未改。出使日本，符浩的家乡成了他与日本朋友交谈的话题。有一次，符浩与一位日本政治家会晤。听说符浩是长安人后，那位日本政治家便提议由自己说一上句，请符浩续下句。当这位日本政治家说出"长安一片月"，符浩脱口而出："万户捣衣声。"那位政治家遂相信符浩是真正的长安人。礼泉在唐代属于长安，长安当时是亚洲的经济文化中心，日本就是在那时开始与中国进行广泛交流的。大量日本学者到长安访问学习，将先进的文化技术带回去，对日本的社会发展起了积极作用。说起家乡那片黄土地，符浩的话语中充满了自豪："药王孙思邈可是我的老乡呢！"他曾从日本买回国内已经失传的宋版《千金方》，捐献给耀县孙思邈纪念馆，还向家乡礼泉转赠日本优质苹果树苗。

这位被当年日本侵略者视为死敌又畏之如虎的抗日老战士，今天成了代表中国和中国人民的和平友好使节。他的那双曾亲自赶走侵略者的手，又为两国的和平，紧紧握住日本友人的手。历史的安排，让符浩感慨万千：“我是中日战争与和平的历史见证人，抚今追昔，中日关系应以史为鉴，继往开来。”参加过抗日战争、担任过驻日大使的符浩，依然关心着中日关系的未来。

日军大尉无意间成了外交伉俪美好姻缘的“牵线人”

1982年，符浩结束日本的任期回国，继续担任外交部副部长，并当选为中共十二大代表。1984年后，符浩先后当选为第六、七两届全国人大代表和全国人大常委，并担任外事委员会常务副主任。在此期间，符浩多次陪同领导人出访，或作为团长带团出访。十年间，他走遍了世界五大洲的三十多个国家，并在“人权问题”上同西方国家进行了不懈的斗争。1993年，77岁的符浩正式从人大的工作中退出。

现在，符浩已年逾九旬，这位豁达正直的共和国第一代外交官晚年生活很幸福。谈起近况，他毫不掩饰对老伴焦玲的赞许：“她把生活安排得很好。我每天都去散步，和老朋友聊天，只是最近不大写文章了。”焦玲是从烽烟中走来的共和国第一代女外交官，离休前任外交部领事司副司长。这对有着传奇经历的外交官伉俪既是事业上的最佳搭档，也是生活中惹人艳羡的佳偶。

焦玲出生于教育世家，自幼受着传统教育，为人沉稳。1937年10岁的她随父母参加了八路军，成长在革命队伍中。

符浩与日本有缘，他与焦玲的美满婚姻竟是由一个被俘的日军大尉无意中牵的线。

1944年日军一架战斗机由青岛起飞，因方向盘失灵，迫降在潍县以北的海滩上。驾驶员山田敬马被民兵活捉，送到军区。符浩记得他同山田谈话时，山田一言不发。“我通过翻译对他说，日本侵略战争注定要失败，你那么年轻就被送上战场，为日本军国主义和军阀、财阀当炮灰，实在不应该。”山田受日本军国主义影响很深，听了符浩的话后，认为符浩是骂他，便写了几个汉字：“骂人非君子。”山田的叔叔山田艺一时任日本关东军司令，托济南的日军指挥官提出，愿以被日方扣押的中方两名重要干部交换山田。渤海军区同意了日方的要求，并商定在利津城交换。

驻守利津城的是伪治安军二十七团，日方指派一名叫竹田的大尉为利津县顾问兼二十七团教导官。实际上，竹田就是利津县的“太上皇”。交换山田敬马一事便是由竹田拍板决定的。竹田曾参加过第一次世界大战，当时已年近六十，很老于世故。看到利津是个穷地方，生活条件不好，而且八路军在鲁北各县发起反攻，利津危在旦夕，躲到了北平。当年8月，八路军扫清了利津县城周围的日伪据点，兵临城下，城内的日伪军惶惶不可终日。身在北平的竹田知道利津的处境，却不敢回去。但上司限令他回利津，否则以失职论处。在此情况下，竹田硬着头皮踏上了回利津之路。当行进到博（兴）蒲（台）公路中段时，中了博兴县一区区中队的埋伏，竹田和伪军全部被活捉。在中方俘虏的日军中，大尉算是高级军官了。

很快，竹田被送到了渤海军区。在军区，符浩看到竹田头部负伤，缠着白纱布，便问他怎么负的伤。竹田两眼瞪得圆圆的，说八路军口口声声优待俘虏，但做的跟说的不一样，自己头上的伤是被俘后被八路军打伤的。符浩正要问个明白，站在一旁负责押解俘虏的一位战士告诉他，“竹田只说对了一半”。原来，事情是这样的：回到根据地后，区中队便在村边一个场院里暂息。村里人知道抓到了一个鬼子“太君”，都围着看。谁也没想到，一个幼童突然捡起一块瓦片，猛地一下向竹田的头上打去，竹田头上的伤就是这样来的。符浩听后，感到这件事的过程本身对教育竹田就很有意义，便请翻译把刚才这段话译给竹田听。符浩趁热打铁对竹田说：“这件事是我们不愿意看到的。但很值得你深思：为什么一个三尺孩童会对日本侵略者如此仇恨？”竹田低头一言不发。后来，经符浩和松木等反战同盟的朋友教育开导，竹田要求参加反战同盟。

身为敌工科科长的符浩，有感于竹田被俘后接受教育的思想转变，文思涌动，提笔写了一篇纪实散文《竹田大尉的创伤》，发表在《渤海日报》上，文章署名为黄木。由于其文字和故事非常精彩动人，故而很快被当地的耀南中学收入《国语选编》中。当时焦玲在耀南中学读书，听了国文老师王苇塘对《竹田大尉的创伤》这篇课文的精辟讲解后，被文章打动了，便向王老师打听文章作者黄木的情况。王老师告诉焦玲，黄木的真名叫符浩，是军区的敌工科科长。对于符浩，焦玲并不陌生，她知道符浩是一位神出鬼没专门瓦解敌伪的对敌工作人员，可没想到他还是个文人。从此，文武双全的符浩在焦玲的心中留下了深刻的印象。

此后不久，焦玲调任渤海军区宣传部干事。一个偶然的机会，在演兵场上看到美丽的焦玲飞身跳马的英姿时，符浩就知道缘分到了。几乎与此同时，军区选举模范党员，焦玲榜上有名。符浩为焦玲的模范事迹所感动，诚心诚意投了她一票。焦玲最终当选为模范党员，符浩主动去同焦玲握手，对她光荣当选表示由衷祝贺。这是他们两人第一次握手。从那时起，符浩就坚定而默默地认定了焦玲。

抗战胜利后，符浩已年近而立，组织上很关心他的个人大事，便张罗给他介绍对象。当组织征询符浩的意见时，符浩脱口而出：“我看焦玲很合适。”于是，军区领导通过焦玲的上级——宣传队曹队长，向焦玲介绍符浩的情况，征求她的意见。虽然焦玲那时年仅 19 岁，但处事稳重，对于婚姻的态度尤其慎重。虽然她对符浩很崇敬，但她表示还要了解他的历史、家庭和为人。当一切都了解清楚并满意了，当年焦玲便与符浩结成终身伴侣。

由一篇《竹田大尉的创伤》而结缘的符浩和焦玲对于那位竹田大尉的去向也一度非常关注。由于竹田的资历和他被俘后思想的转变情况，考虑放他回去会在日军下层军官中产生积极影响，部队决定放竹田回日营。可是，符浩征求竹田的意见，发现他很不满，担心回去会被以“瓦全”之罪处决。竹田经过思想斗争，还把他同妻子和儿子的照片放在床头，苦思了数日才下决心回去。临行前，符浩为竹田饯行。几杯酒后，竹田老泪横流，感谢八路军的不杀之恩。符浩和焦玲在日本任职期间，曾几次到竹田的老家山形县访问，也没打听到他的情况。

相携共度六十余年，符浩与焦玲这对外交官夫妇的性格却颇为不同，焦玲爱恨分明，对看不惯的社会风气常常义愤填膺，交通问题、公共卫生问题等，都是她很关注的。符浩说：“我老伴儿脾气大，我脾气好，所以能以柔克刚。”离开工作岗位后，焦玲也没有闲着，在外交部老干部大院里一连当了三届离退休干部的党支部书记。生性豁达开朗的焦玲，与丈夫符浩一样淡泊名利，三个子女也继承了他们的性格，好学而不耽于名利。

出于外交官的职业习惯，只要有客人来访，符浩必换上皮鞋，穿戴整齐。遥想当年中国重返联合国中国代表团的秘书长、驻日大使，外交家符浩的英姿与风采仿佛跃然而出。

1970 年就搬入的这套房子，客厅很敞亮。地面铺着地毯，三面沙发，中间是茶几。墙上挂着齐白石的画作：螃蟹。旁边墙壁上还悬着日本大画家东山魁夷的真迹和吴作人专为符浩书写的一副对联：同求大道，自异庸流。家中古香古色的摆设大多是喜欢历史考古的小儿子“淘”来的旧东西，简单古朴不失风雅。

作为一位外交家，无论从政治敏感、思想方法，还是学识胆略、才情风度，符浩都很优秀。符浩年轻时写过小说，演过话剧，古诗词造诣也极深。他家客厅的北面便设有一间书房，整面西墙是四组书柜，里边装满政治、外交类以及《二十四史》、《鬼谷子全集》、《孙武子全书》等文史类书籍。符浩有随兴赋诗的习惯，无论是戎马倥偬的战争年代，还是风云变幻的外交旅程中，他都有佳篇。是故，书房临窗有一条案，上面置放笔墨，喜爱书法的符浩时而吟诗一首，大笔一挥而就。近年来视力因白内障大大下降，提笔之手也常常发抖，符浩已很少提笔研习书法。但每晚睡觉前在书房里读一会儿书，看一会儿报，已成为符浩多年来生活的一部分。

第5章
执勤在“世界第一广场”

天安门广场是当今世界上最大的城市广场。它不仅见证了中国人民一次次要民主、争自由，反抗外国侵略和反动统治的斗争，更是共和国举行重大庆典、盛大集会和外事迎宾的神圣重地。

郭连江每次到北京，一定要在这里走一走，毕竟自己曾在这里及周围区域的岗哨上以军人的身份守卫过近八个年头。今天，每当他漫步在天安门广场，仰望高高飘扬的“祖国第一旗”，欣赏四周那宏伟的建筑，感受那磅礴的气势，就会从心底涌起一种激情。在“祖国第一哨”上，他经历了许多重大国事风云。有关红色往事的记忆尽管零零碎碎，但是不变的是那永远的红色情结。

从“红色青年”到红色警卫

1970年末的一天，邯郸火车站。这天上午，锣鼓喧天，人声鼎沸，当地党政军负责人正在欢送二百多名入伍的新兵。郭连江是其中的一员。随着汽笛一声长鸣，郭连江与这些新结识的战友告别了生己养己的冀南热土。

这是北京卫戍区首次在河北邯郸征兵。征兵完全按照特种兵挑选，要求：政治清白可靠，成分是贫下中农；身体素质好，个子高挑、匀称，五官端正，有军人气质；文化程度在初中以上。原来是“御林军”的兵源，要过五关斩六将。

在孩提时代，郭连江便听到过一些老人讲：毛主席就在天安门城楼上办公。从那时起，郭连江便萌发了到天安门前为毛主席站岗放哨的梦想，没想到梦想一步步向自己走近。在那个政治挂帅的年代，这些农村热血青年经过千筛万选成为北京警卫部队中的一员，不仅本人感到自豪，就是对家庭乃至全村来说也是一种荣耀。“当兵前，我在农村教书。我从小就对军人充满了尊敬和羡慕，没想到自己后来成了一位军人。”至今，郭连江都为自己当年的幸运入选而自豪。

经过一段时间的新兵集训后，郭连江所在的连队于 1971 年 5 月下旬的一天接到上级的命令：全连到天安门广场接勤。当时“甭提多高兴，我们纷纷奔走相告。当天夜里，我辗转反侧，难以入眠，多年的梦想终于成真，一种天遂人愿的兴奋感真是难以言表”。次日上午，郭连江和战友迎着旭日东升的朝霞，迈着矫健的步伐，开进了祖国最神圣的地方、“世界第一广场”天安门广场。“也就在这一天，连里领导决定调我到连部当通讯员，我高兴地接受了任务。”当时，全营的执勤点都分布在以天安门广场为中心的周边地区。郭连江所在的连部就设在天安门广场东南角的小红楼二楼，三楼是营部。

其实，这并不是郭连江第一次到北京，他曾于 1966 年下半年以红卫兵的身份到过北京，并受到毛泽东的接见。红卫兵于 1966 年 5 月下旬最早在北京出现，并首先在首都的青少年中发起了红卫兵运动。1966 年“文革大革命”爆发后，毛泽东认为青年学生是推动“文化大革命”全面开展的突击力量，并于同年 8 月 1 日写信给清华大学附属中学的红卫兵，表示支持他们起来“造反”。从此，红卫兵运动迅速向全国发展。郭连江对当年到北京的细节记忆犹新：“我们大串连到北京，同行的有同学与老师。到北京的第三天，通知说毛主席将接见我们，我们十分激动，不能入睡，第二天早早地起来了。我就站在离天安门不远的国旗附近，一直等到下午 3 点多，身穿绿军装、佩戴红卫兵袖章的毛主席和林彪出来了，毛主席手拿军帽，频频向我们挥手。尽管我看得不是很清楚，但是十分激动。林彪在大会的讲话中，表示坚决支持红卫兵敢闯、敢干、敢造反的‘革命精神’。红卫兵高呼‘毛主席万岁’等。人山人海，场面十分宏大，口号声惊天动地。我们一直没有走，晚上毛主席又接见了红卫兵。”当年单纯、热血沸腾的郭连江，没想到日后以军人的身份走近天安门。当年，他们作为警卫战士的口号是：“誓死保卫毛主席，誓死保卫党中央！”

作为连部的通讯员，郭连江的主要任务是接听电话，到各哨点送文件和口令，到团、营部取送文件，随连干部到各哨点查哨等。天安门广场是政治广场，这一点无人不知。于是，郭连江所在的连队上下对各项工作十分慎重和认真，特别是对每个警卫目标和每个哨位更是慎之又慎，唯恐发生警卫事故，造成不可挽回的政治影响。郭连江记得：当时召开的有关警卫工作的会议特别多，一级一级大讲所处的位置特殊、警卫目标重要、警卫任务艰巨，提出每个哨位都是第一道警卫防线，不能出现任何纰漏。“天安门广场是党和国家领导人及重要外宾经常活动的地区，我们的哨位点多、线长、面广，为防止鞭长莫及出现警卫死角，连、排干部每天夜里都要几次到哨位上查哨，未雨绸缪，防患于未然。大家都深感在天安门地区执勤既光荣又责任重大，唯有百倍警惕，严防敌特破坏，确保警卫目标绝对安全才不辜负党和人民的重托。”

国旗作为一个主权国家的象征，具有神圣的高度和非凡的召唤力。升降国旗，是一项极其庄严的仪式。升降国旗的时间是由日出、日落时间决定的，每天国旗与太阳同时升起和降落，暗喻祖国与日月同辉。国旗从地面升至旗杆顶的时间，与太阳从跃出地平线到完全升起的时间相同，为 2 分 07 秒。鲜红的五星红旗升起来了，升起来了，升到万众瞩目的高度。这时，在现场的中华儿女都会十分激动，因为与国旗同时升起的有炎黄子孙的骄傲和中华民族的高度！

20 世纪五六十年代，天安门广场的国旗由在北京市供电局工作的胡其俊负责升旗。70 年代初至 1982 年 12 月，由郭连江所在营某连国旗班负责升降和护卫。1991 年初，天安门国旗护卫队正式成立，并从 1991 年 5 月 1 日起实行新的升降国旗仪式。郭连江在服役期间，天天在哨位上能看着国旗，回到住地小红楼，只要举目便能望到国旗。“天安门广场上飘扬的国旗，长 5 米、宽 3.3 米，足有一间小房子大，真说得上是‘祖国第一旗’。”他说，当年天天在眼前飘动的国旗给自己留下了不可磨灭的印象。

忙得不亦乐乎中感受荣光与自豪

1971 年立秋后，北京的天气开始变得凉爽宜人。郭连江所在连队警卫的中国革命历史博物馆（现国家博物馆）西门小广场上，工人师傅正在扎各种各样的彩车，并且用各种花草营造着“国庆花境”，它将盛装亮相迎接中华人民共和国成立 22 周年庆典。天安门广场显得那样的宁静和祥和。

然而，就在这一年 9 月 13 日，随着上级一道命令部队立即进入一级战备的紧急状态，风云突变，火药味骤起。郭连江记得，除各哨位加强警戒严防任何人进入外，其他人员一律身不离枪、枪不离身原地待命，子弹发到了每个战士手中。“当时，大家都不知发生了什么事，都猜测是否中央突然出了什么大事。人人感到形势严峻，绷紧了每根神经，严阵以待，做好了一切战斗准备。”

第二天，郭连江才知道，与其警卫的一家宾馆仅一墙之隔的空军招待所当天夜里被警卫部队控制。同时，卫戍区兄弟部队也对其他要害目标进行了突击占领和控制。“我团某连在团参谋长的带领下，向位于紫禁城北面的景山公园奔跑，抢占了能鸟瞰北京市的景山公园制高点。在惊心动魄地度过十多天后，我们并没有发现什么异常，天安门广场照样搞学生彩排准备国庆，广播照样播放‘林副主席教导我们说……’这是按照周总理指示，降低林彪事件的负面影响。但当时，我们并不知道真实用意。”

又过了几天，天安门广场学生彩排没有了，天安门前迎国庆的各种彩车也停止了制作。一连串的反常现象很快在部队中秘密地传出了一个惊人的消息：身为副统帅，中共九大通过的、党章明文确定的毛泽东主席的接班人林彪，与其夫人叶群、儿子林立果等其他死党从山海关乘三叉戟向苏联叛逃，因途中油料用尽，于9月13日凌晨在蒙古温都尔汗东北的草原上机毁人亡。当时，指挥粉碎林彪集团反革命政变的毛泽东、周恩来就在天安门广场西侧的人民大会堂内。

据悉：自1949年开国大典到1971年五一国际劳动节期间，毛泽东共登上天安门城楼45次。郭连江说：“自这年发生‘九一三’事件后，毛主席就再也没有登过天安门城楼。也自这一年的国庆节开始，每年的‘五一’和‘十一’在天安门广场搞庆祝活动改为在各大公园搞游园活动。而也是在这一年国庆节，人民英雄纪念碑北面的天安门广场中轴线上安放了孙中山先生的巨幅画像，与天安门城楼上的毛主席画像双像耸立，成为一道庄严的国庆风景线。”

这年10月25日，联合国大会第二十六届会议以76票赞成、35票反对、17票弃权的压倒多数，通过了阿尔巴尼亚、阿尔及利亚等23个国家提出的要求恢复中华人民共和国在联合国的一切合法权利和立即把原蒋介石集团的代表从联合国一切机构中驱逐出去的提案。11月9日下午，经毛泽东主席亲自审定的，以外交部副部长乔冠华为团长的，中国出席联合国第二十六届大会的代表团一行十人自首都机场前往纽约，在京的政治局委员全体到机场为中国代表团送行。郭连江所在连队参加了以周恩来总理为首的政治局委员到机场欢送代表团的路线警卫。

1972年2月21日11点30分，首次访华的美国总统尼克松刚下飞机，就与前来迎接的周恩来伸手相握。这个跨越最辽阔海洋的握手震撼了世界，标志着中美关系开启了新的一页。

尼克松访华，总统助理基辛格主要负责政治、外交方面的准备，而后勤方面则由基辛格的副手——美国国家安全事务副助理黑格来负责。在尼克松正式访华前的1月3日，黑格带18人抵京，与中方商讨礼宾、安全、住房、电视转播等所有细节。双方有一个分歧便是地面交通工具：美方要求把自己的防弹车运过来，我中方坚持尼克松乘坐由中方提供的车。最后，美方作了让步，为此中方调用了仅有的两辆苏联产吉斯牌防弹车。郭连江说：“尼克松的来访，使我们第一次感到什么叫警卫工作的特殊性。当然，我国对国家的主权和尊严看得很高很重，在这一点上，坚持原则，决不让步。”

美国已有自己一套完整而系统的安全策略，某些方面在当时的中国人看来未免觉得有些霸道。无论是谈判还是参加活动，美方都要安排他们的警卫到现场打个前站，带上先进的工具去测试，而有些地方中方又坚决不允许他们去。最后商定的结果是，双方安全人员同时出现在现场。郭连江说：“我连位于天安门广场，是尼克松活动和行车的频繁区域之一。随时抽调兵力执行尼克松临时任务是压倒一切的政治任务，我们抽调出的干部战士占全连人数的一半以上。为确保原警卫目标不出问题，各个哨位都对上哨人员进行了调整，由原来的一个哨位四至五人降至二至三人，一下打乱了原来的正常勤务。特别是两人一个哨位的哨兵，搞起了你下哨我上哨、我下哨你上哨的‘车轮大战’。就是执行临时任务的也不轻松，一连站几个小时是常事，往往还是无人换哨的‘独角戏’。”

其实，早在尼克松访华前一段时间内，中国政府便开始准备安保工作。郭连江在执勤中发现天安门广场及附近地区在悄悄地发生着变化：广场上一些有关反美的标语进行了更换；位于天安门广场南侧的反帝东路和反帝西路恢复了过去的路名——东交民巷和西交民巷；前门大街所有的门面都装饰一新；天安门广场和东西长安街上的所有华灯全部进行了检修……

尼克松在北京有一个重要行程，是2月25日上午游览故宫博物院，参观故宫奇珍异宝。郭连江回忆说：“尼克松游览故宫这一天，天降大雪，为使尼克松按原计划参观故宫，我连奉上级指示，每个哨位除留一名哨兵站岗外，都到故宫和沿途扫雪。那时，全连上下，不管站正常哨还是站临时哨，无论是扫雪还是铲冰，对所有任务都一丝不苟，圆满完成。”

当美国客人进入故宫后，发现当天的故宫游览不是专场，有许多中国的群众也漫步其间。毋庸讳言，这些群众都是有关方面事先组织、经过审查的，不可能对美国来宾构成威胁。即使如此，公安部、北京卫戍部队、中央办公厅警卫处、北京市公安局的警卫人员，照例做了周密的内外安全保卫布置。美方对中方投入了大量警力很清楚，但他们的保卫人员还是显得特别紧张。但一如中方事先承诺的，什么意外也没发生，美方不得不佩服中国的安全保卫工作做得很好。尼克松夫人身着一件红色呢绒长大衣，与白色的雪景相互映衬，非常夺目……

尼克松的来华访问，如一石激起千层浪，震动了世界，更震惊了西方国家。一时间，世界各国通过各种渠道来华访问。经常执行临时警卫工作的郭连江就明显感受到：西方国家来访明显增多，其中不乏国家元首或政府首脑，并且来访频繁、应接不暇。“有时刚完成一次临时哨回来，还没有顾上喝口水，又接到到另一地点上临时哨的通知，于是便马不停蹄地赶到新哨位上，真是忙得不亦乐乎。”

据郭连江回忆，形成警卫工作忙碌的另一个重要原因就是自 1973 年 4 月来访的墨西哥总统埃切维利亚开始，按照周恩来总理的指示改变迎宾方式。以往国宾来访，除周恩来总理到首都机场或北京站迎送，还由郭连江所在师仪仗营组成的陆、海、空三军仪仗队及学生组成的欢迎队伍到机场欢迎。除此外，最隆重的欢迎仪式就是周总理与国宾同乘一辆红旗敞篷车接受长安街上十多万人的夹道欢迎，而欢迎的重点区域便是天安门广场。“随着来访国宾的日益增多，每次十多万人的夹道欢迎，不仅影响了这么多人的工作和学习，也使国家的迎宾费用不断增加。于是，中国政府决定凡以后国宾来访，机场欢迎仪式不变，但取消从机场到宾馆沿途的有组织的群众夹道欢迎。天安门广场不戒严、不清场，迎宾车通过时，任何人都可在警戒线外的人行道上观看，这无疑给警卫安全工作带来了困难和挑战。”

迎宾方式改变后第一个来访的墨西哥总统偏偏又提出在天安门前下车与群众见面，中方不但答应了墨方的这一要求，而且周恩来总理也要陪同墨方总统一同下车，与群众见面。“为确保迎宾方式改变后的第一次迎宾警卫工作万无一失，从卫戍区到师、团的领导都深入担负执勤的连队进行督导检查，我连将抽调出的担负这次警卫任务的同志全部集中到历史博物馆内，我也奉命参加了这次任务。”当时，进行了全面深入的警卫动员，并针对群众中如有人搞破坏如何进行应对反复做了假设敌模拟训练，“尤其是对周总理下车后，群众想近距离见总理，极有可能一下子涌过来的情况进行了反复演示，并制定了具体方案”。

经过刻苦模拟训练，大家都掌握了改变迎宾方式后处理各种情况的过硬技能，圆满完成了包括埃切维利亚在内的一次次变更后的迎宾警卫任务。郭连江回忆起那在天安门地区担任警卫工作的岁月，一脸的幸福：“那几年，我们的外事警卫工作虽然很忙、很累，但每次看到由几十辆红旗轿车组成的迎宾车队从眼前安全驶过的时候，内心总会骤然升腾起一股自豪感——共和国迎来了外交盛况，我们的朋友遍天下！”

红色执勤袖章换成黑色袖标

1975 年以后，毛泽东的身体大不如以前，常常抱病接见外宾。周恩来在这一年除参加四届全国人大一次会议和贺龙的追悼会等国内重要政治活动外，只能有重点地在医院会见一些外宾。郭连江说：“在那几年的来访外宾中，如能见到毛主席和周总理，都是一件非常骄傲和自豪的事情。由于周总理病重住院，从 1975 年起，迎送外宾的重任由主持中央日常工作的中共中央副主席、国务院第一副总理邓小平负责。”

1976 年 1 月 8 日上午 9 时 57 分，人民敬爱的总理周恩来在与病魔的搏斗中耗尽了生命的最后一丝精力之后，怀着许许多多造福人民的美好设想，怀着对党和国家前途命运深深的关切，怀着对共产主义事业必胜的信念，离开了人世。这天上午，天安门地区的警备骤然升级，人们都不知道发生了什么。当天下午 3 时，中央政治局会议在人民大会堂东大厅召开，讨论治丧办公室提出的周恩来逝世的讣告，治丧委员会名单，遗体告别、吊唁活动和追悼大会方案等。会议由邓小平主持。经过讨论，中央政治局一致通过了讣告。

在凛冽的寒风中传来噩耗，郭连江与战友们都哭了。“大家望着天安门广场，泪如雨下。每位战士都明白，周总理再也不能与国宾同乘敞篷车在天安门广场与欢迎群众同欢了，再也不能不分昼夜前往人民大会堂处理内政外交事务了，我们再也不能为这位共和国的首位总理站岗上哨、执勤警卫了。”郭连江说，“用‘日理万机’来评价周总理每天繁忙的工作再恰当不过了，不论是酷暑寒冬，还是深更半夜，我们经常可以看到总理的车从天安门前匆匆驶过，我们担任路线警卫的同志都向从眼前驶过的总理车致以深情的注目礼。”这天下午，郭连江和战友把平时衣袖上的臂佩红色执勤袖章换成了黑色袖标。郭连江站在天安门广场东北角的马克思、恩格斯伟人像下执勤，望着天安门广场上哭泣的人群，回顾前几年周总理在天安门广场迎宾时的英姿，不禁潸然泪下。

1月11日下午4时40分，寒云低垂。在几辆前导车的指引下，周总理灵车从北京医院开出。灵车四周挂着黑黄两色的挽幛，上面缀着白花，庄重肃穆。后面跟着邓颖超、汪东兴和治丧委员会工作人员及一些老同志乘坐的车辆。这天下午，郭连江所在连队按照上级安排，被抽调部分兵力到天安门前执行警卫任务。郭连江清楚地记得：“我站在天安门观礼台东侧的长安街北路沿上，战友也与我一样在天安门东观礼台到南池子大街口一线排开，负责周总理灵车通过时的安全，维护现场秩序。”

郭连江和战友布哨时，已有不少群众站在了天安门前和长安街的人行道上。“当我们布好哨时，大家便知道这是警戒线，于是警卫人员与站立群众默契地配合，我们一不用手势二不用喊话，前面的群众自觉走在我们身后，后面的人们默默移到哨兵后面，自然而然地形成一条直线。上哨前，上级领导就给我们讲，这次任务非常特殊，人们的心情都很沉痛，在执勤中除发现带有破坏性的问题及时果敢地排除外，对一般群众在送别总理时无意中的拥挤、越线等情况尽可能用手势示意，或到跟前小声劝说，不要大声喊话。”但是，在现场，郭连江没有想到不但不用喊话，而且连手势都不用打，大家都自觉有序地默默排列好，好似有谁在长安街的冥冥苍穹中下了一道默令似的，难以尽数的人们无声地默守着这道默令，无人越雷池一步，在沉默中站成一道笔直的人墙、人堤、人坝，为周总理的英灵守住最后的坚固防线。

时间在一分一秒地行进着，郭连江和战友身后的群众越聚越多，人墙在不断加厚、加宽，放眼望去，一眼望不到边，如同一条静止的人河。天气依旧十分寒冷，人们虽然穿着厚重的衣帽，但长时间站在寒天里，自然是寒冻难耐，但听不到一人跺脚或搓手声。随着长安街的禁行令下达，整个长安街空无一车，在郭连江目及的视野内，除偶尔有一辆警卫或警察的督导车驶过外，仅有一名戴着黑袖章的交警站在天安门广场东侧路与长安街交汇处的长安街中心指挥台上。此时的天安门前，宽阔的长安街上，恭候着一代伟人的最后一次经过。

从北京医院到八宝山的几十里长街上伫立着近二百万群众，有白发苍苍的老人，有抱在手里的小孩，人们都臂戴黑纱、胸佩白花，闻讯赶来为总理送行。大家肃立在寒风中，站在街道两旁默默等待灵车通过。随着灵车的缓缓而至，男女老少都不约而同地脱帽志哀。悲痛万分的群众终于控制不住自己的感情，开始抽泣，哭声由小渐大，由近及远，街道很快变成哭的海洋。大家顾不得擦去腮边的泪水，虽然看不见总理的遗容，但多看几眼他的灵车，对无边的哀思也是一种最大的寄托和安慰。郭连江回忆说，人们在热爱总理的信念支撑下，直到最后，完整的队形始终没有变、没有乱。

晚上 10 时 30 分，火化结束时由两位工人仔细地把骨灰收集起来，装入骨灰盒。当周恩来的骨灰送到劳动人民文化宫大殿时，邓颖超在军乐团所奏的哀乐声中将骨灰盒抱在怀里，缓慢地一步步登上大殿的台阶，安放在早已布置好的吊唁大厅里，三鞠躬……接下来三天，是群众吊唁活动。“在骨灰到达劳动人民文化宫之前，我们便由连队干部带队，到达文化宫门前至文化宫内通往大殿的通道上执勤，主要任务是在外围保护周总理骨灰的安全，维持吊唁人员进出秩序，防止没有吊唁证情绪难以自抑的群众硬闯文化宫大门进入大殿。”郭连江的哨位在劳动人民文化宫南大门门口，他面东而站，这是参加吊唁的人员唯一的入口。

12 日早晨起，到劳动人民文化宫吊唁的群众络绎不绝。大家在沉痛的哀乐声中低着头，迈着沉重的步伐步入文化宫。哀乐声伴着哭泣声，许多人止不住自己的眼泪，还有不少人哭得只能由旁边的人搀扶着走，还有些人用已经湿了的手帕掩着脸。郭连江回忆说：“这天上午，吊唁秩序井然。下午，有些不能吊唁的群众悲痛地聚集在天安门东观礼台东侧，我们担心人越聚越多会影响吊唁活动，便以理解的心情将他们劝说到天安门广场。这天晚上，不少人聚在天安门广场东北角，远望着已经关闭大门的劳动人民文化宫放声大哭，哭声在寒风中飘荡，我站在文化宫门口的哨位上听得清清楚楚，不由得泪眼蒙眬。”

13 日，仍有不少群众因无吊唁证滞聚在文化宫大门不远处，其中有不少啼哭者经过郭连江等耐心说服而离开。“也有个别没有吊唁证的人随持有吊唁证的人到达门口时，突然以失控的嚎啕大哭拼命往大门里冲，我们迅速将这些人拦下，先进行安慰劝说，然后将他们送到文化宫大门外东侧的平房里，由那里的地方同志做细致的劝解工作，让他们离开。”

14日，无吊唁证而冲闯文化宫大门的人有增无减，有的哭声嘶哑，声嘶力竭；有的精神恍惚；有的躺在地上，因悲恸过度而抽搐。看到这些人因未能与自己心目中最敬爱的总理告别而做出此类激动难抑之举，郭连江这些与他们深有同感的警卫人员在拉劝中也哀情难控，默默流下了热泪。京剧演员洪雪飞在“文革”期间因扮演样板戏《沙家浜》的女主角阿庆嫂而闻名，郭连江在执勤时看到她来到大门外警戒线，找到有关负责人自我介绍后，提出想进去吊唁总理，终因无证被婉言谢绝，后在原地徘徊了很久带着泪眼离去。郭连江回忆说：“有一位日本朋友拿着吊唁证匆匆赶到文化宫时，时间已晚，停止入场。他告诉有关负责人，再过两个小时他就有要事飞往东京了，能否通融一下让他进去，但是负责人遗憾地摇了摇头：不能破例！这位日本友人在门口停留了好久，最后只好向里面深深地鞠了三个躬，以表示对中国总理的深切怀念。”

这年9月9日中午1时，郭连江和战友正在地震帐篷内休息，副指导员突然急匆匆地赶来，眼含热泪地沉痛向大家宣布：毛主席逝世了。这话似晴天霹雳，让所有人瞠目结舌，继而抽泣声一片。这位副指导员对战士们说：“毛主席永远离开了我们，我们要化悲痛为力量，搞好毛主席治丧期间的警卫工作，为毛主席站好最后一班岗。无论是抽调去执行毛主席办理丧事期间的警卫工作，还是站原警卫哨，都要提高警惕，不能出任何问题，从现在起进入一级战备状态。”

下午4时，中央人民广播电台向全国、向全世界播报了《中共中央、人大常委会、国务院、中央军委告全党、全军、全国各族人民书》，沉痛地宣布了中国人民的伟大领袖毛泽东主席逝世的消息！全国人民震惊了！全世界震惊了！当天有报道称：“这一悲痛时刻，似乎地球也停止了转动。”自当日起，郭连江和战友枕戈待旦，随时准备应对突发事件。

毛泽东逝世后，守卫天安门前五星红旗的警卫战士含着热泪把高高飘扬的国旗降为半旗。一时间，庄严的天安门广场沉浸在一片肃穆和悲恸之中。这一年，郭连江的战友们先后三次为共和国的主要开创者周恩来、朱德、毛泽东的相继逝世而降半旗，的确让人难以接受。站在半旗下的警卫战士，每每看到聚在半旗周围成千上万望旗啼哭的群众，心如同被撕碎了一样疼痛。但他们不能失态，泪水更多的只能在心中流淌，失控时最大的表露就是默默流泪，但身姿依然笔直。

9 月 11 日至 17 日，三十多万人次到人民大会堂瞻仰毛主席遗容。这七天，郭连江参加了大会堂的外围警卫。“我有幸四次随瞻仰队伍进入吊唁大厅瞻仰毛主席遗容。当胸戴小白花、左臂佩戴黑臂章的人流走上大会堂北门台阶时，人们就控制不住自己对领袖的真诚感情，悲声四起……”

9 月 18 日下午 3 时，首都百万群众在天安门广场举行毛泽东主席追悼大会。其实，参加追悼会的首都党政军机关代表和群众一大早就来到天安门广场和东西长安街，队列一直延伸到东单、西单。一百多万人臂戴黑纱，胸佩白花，列队肃立，除了啜泣声，无一点儿响动。在天安门城楼下搭建的追悼会主席台上，站着哀容凝重的党和国家领导人，领导人的身后摆满了鲜花、翠柏和花圈。悲伤的哀乐在天安门广场萦回，弥漫向广袤的天际……此时，郭连江带着一位战士站在制高点上为追悼大会站哨。

毛泽东主席逝世以后，中央决定建设毛主席纪念堂，以纪念毛泽东的丰功伟绩。由当时国务院副总理谷牧任中央保护毛主席遗体领导小组办公室主任，下设建筑组、水晶棺组和遗体保护组。1976 年 11 月 24 日下午，毛主席纪念堂奠基典礼在天安门广场奠基动工，参加奠基仪式的工人、农民、解放军指战员和各界代表共八千多人。

1977 年 5 月，毛主席纪念堂竣工落成；8 月 18 日，水晶棺移入纪念堂；8 月 20 日，毛主席遗体进入纪念堂；9 月 9 日毛泽东逝世一周年时，纪念堂正式接待国内外来宾和广大人民群众瞻仰毛主席遗容。“因毛主席纪念堂的施工工地是在我连的警卫区内，所以一开始我连便派出战士负责纪念堂施工工地的安全警卫。当时，四周全用两米多高的木板围成板墙，仅留几个大门便于通行，里面有序地堆放着从全国各地运来的优质建材，夜晚灯火通明，施工不停。首都各界代表轮流参加了纪念堂义务劳动。”郭连江说，“纪念堂建成后，我便带领全班战友从别的哨位撤下，到纪念堂执勤。在纪念堂执勤，着装有了一定改善，如腰带换成了人造革，一年四季穿从上海定做的黑色皮鞋。当然，站岗标准要求更高，特别是在烈日炎炎的夏季，腰挎手枪，脚穿黑色高靿儿皮鞋，即使汗流浃背，也一动不动，但是没有一个人叫苦。我们在潮水般的人流中，注视着每个人的举动，确保纪念堂的安全。”

平凡而特殊岗位上的红色记忆

位于天安门东侧的东长安街上，有郭连江所在连队的两个游动哨。两个哨的警卫职责基本相同：确保党和国家领导人及重要外宾在大街上的行车安全，搞好警卫区域内的社会治安。“我不仅在这两个哨上站过岗，还带过班。”郭连江说，“游动哨的最大特点和诱人之处就在于它与固定哨相比，比较自由，可站、可走、可查、可看。只要在自己的管辖区内，都可按哨兵职责处置应处置的各种问题。酷暑难耐的夏日，哨兵在不影响勤务的前提下，也可移到树荫下或凉风处，有一定的灵活性，这些都是固定哨所不能‘享’有的。”

1973 年 8 月下旬，中共第十次全国代表大会在人民大会堂隆重举行。“当时开这样的大会是严格保密的。部队在警卫动员中，要求参加执行这一任务的同志守口如瓶。为迷惑外国记者的视线，特别是防止名为外国记者实为外国间谍的特务人员搜集大会情报，中央要求与会人员从较隐蔽的通道出入，并特意在开‘十大’的同时在大会堂安排一些社会团体会议。”郭连江记得当时天气特别热，他与战友们执行控制制高点任务时，没有遮阴处的楼顶如烤炉一般，军装一会儿便湿透了。“外国记者们在警戒线外来回窥视，想发现一些蛛丝马迹，但总觉得参加会议的这些人不像参加特别重要会议的人。一直到我国公开报道了这一大会盛况，外国人才方知内情，十分吃惊。”

这次大会经过反复酝酿、讨论，用无记名投票的方式选出了中共第十届中央委员会。大会上，邓小平虽仅被选为中央委员，但这是他复出后在党内政治生活中的又一次擢升。郭连江说：“我在北京卫戍区服役期间，经历了小平同志两次复出和中间一次被撤职的大起大落，并耳闻目睹了他以中国繁荣为己任，废寝忘食参与各种重大国事活动的情景。”

1975 年 4 月 18 日，朝鲜劳动党中央委员会总书记、朝鲜民主主义人民共和国主席金日成率领朝鲜党政代表团访华。邓小平代表毛泽东主席、中共中央和中国政府到北京站迎接金日成。首都十万群众载歌载舞，隆重欢迎朝鲜贵宾。“天安门广场更是一片欢乐的海洋。我部在加强天安门前各个警点的警戒力度基础上，抽调了一定人员参加这次朝鲜代表团的临时警卫任务。”郭连江就是在这次着便衣的警卫任务中，第一次近距离见到了邓小平。邓小平给郭连江留下了一种刚毅、沉稳、老练的政治家印象。当天下午，毛泽东会见金日成率领的朝鲜党政代表团。毛泽东说：“今年我 82 岁了，快不行了。靠你们了。”他向客人介绍并称赞邓小平说，“我不谈政治，由他来跟你谈。此人叫邓小平，他会打仗，还会反修正主义，红卫兵整他，现在没事了。那个时候打倒了几年，现在又起来了，我们要他。”

当年，郭连江经常见到复出的邓小平不分昼夜忙碌的身影，有时凌晨三四点钟才从人民大会堂出来。进入 1976 年的春天，首都北京仍有些寒意袭人。郭连江没有想到的是，政治气候也同样不同寻常。这年 3 月 3 日，一场突如其来的“反击右倾翻案风”矛头直指邓小平。4 月 7 日，“天安门事件”后第二天，邓小平被撤销了党、政、军一切职务。历史再次为邓小平讨回了公道。1977 年 7 月 16 日，在中共十届三中全会上，众望所归，邓小平又回到了人民中间。

1977 年 8 月中旬，中共第十一次全国代表大会在北京举行。这次大会，是在揭批江青反革命集团进一步深入，各方面工作得以恢复和整顿，广大群众渴望对“文化大革命”及其以前的“左”倾错误进行全面清理、拨乱反正的情况下召开的。郭连江所在连在大会召开期间，重点加强了紧临大会堂的三个制高点哨的警卫力量，并对有关地面哨进行了充实调整，为十一大的顺利召开做了周密细致的警卫工作。

这年 8 月 30 日，南斯拉夫社会主义联邦共和国总统、南共联盟中央主席铁托访华。“天安门广场举行了盛大的欢迎仪式。我身着便装在欢迎队伍里执行警戒任务。华国锋陪同铁托同乘敞篷红旗车绕广场一周，同欢迎群众见面。”欢迎队伍中，一个姑娘发现了紧随着敞篷车后坐在红旗车内的邓小平，高兴地大呼：邓小平！邓小平！其他人见后也跟着喊了起来。郭连江回忆说：“可能是小平同志听见有人喊自己的名字，我见他满脸微笑，频频向我们招手示意。这是他再次复出后，我又一次见到他的灿烂笑容。”

1978 年 2 月底 3 月初，第五届全国人大第一次会议与全国政协五届一次会议在京召开。这次全国“两会”规模盛大，各方面的代表人物济济一堂，共议大政。会议的主题是动员全国各族人民团结起来，为建设社会主义的现代化强国而奋斗。“我参加了这次全国‘两会’的警卫工作。毛主席纪念堂南门哨，是我站的最后一班岗。1978 年 4 月下旬，我复员回家。”离开朝夕相伴的天安门广场那一天，七尺男儿郭连江哭了……

“五星红旗，你是我的骄傲；五星红旗，我为你自豪，你的名字比我生命更重要……”每每听到这首既昂扬而又抒情的歌曲《红旗飘飘》，郭连江就激动不已。因为国旗让他联想到魂牵梦萦的天安门广场、令他忆及此生难忘的警卫时光。从采访中，记者分明感觉到，虽然如今他身在河北邯郸，但心却留在了北京天安门——曾经的“祖国第一哨”的经历，让他的心永远地与这“世界第一广场”连在了一起，并成为他此生难以割舍的情愫、生命的一部分。

第 6 章
见证庐山风云幕后

耸峙于长江中下游平原与鄱阳湖畔的庐山，自古享有“匡庐奇秀甲天下”之盛誉。有人说，庐山的魅力不只是风景名胜区和避暑胜地，更在它特有的文化底蕴与历史印记。从一定意义上讲，庐山不只是自然山、文化山，还曾是座“政治山”。

1959 年 6 月 30 日下午 1 时 45 分，毛泽东及随行人员乘轮船离开武汉，当晚 12 时抵达江西九江，行程 269 海里；在船上休息一晚，第二天继续乘船去庐山。随行人员与服务人员见证了毛泽东这次庐山之行鲜为人知的细节。

“美庐”来了新主人

早在一周前，江西省委决定成立会议接待委员会（即江西接待委员会），由江西省委书记方志纯担任主任；江西省委常委、副省长王卓超、汪东兴，江西省委副秘书长袁立中、九江地委委员朱冰、庐山管理局党委书记楼绍明分别担任接待委员会副主任。下设办公室，办公室又分生活接待组、物资供应组、保卫组、交通组、通讯联络组、水电组、文娱组、卫生组，南昌和九江临时成立两个接待站，抽调机关干部和放暑假的学生近千人参加各项接待任务。庞大的接待组织如军队上阵一样，迅速布置组建完毕。

中共中央办公厅主任杨尚昆经南昌已提前到达庐山。在会议接待委员会第一次会议上，他传达了中央要到庐山来开会的精神以及注意事项。汪东兴最后补充说：你们“知道的不能说，不知道的不能问”。上级要求接待工作绝对保密，就连自己的家人包括妻子都不能告诉。接待委员会的人很多，但相互之间不沟通，大家都是“你干的事我不能知道，我干的事你不能知道”。同时要做到内紧外松。参加接待的人员都是精心挑选的，要求政治上过硬，这是最重要的一个条件。其次是社会关系好，自身条件好。汪东兴还说，这期间“全国心脏在九江，中央在这里开会，接待工作很紧张，出了问题要追究责任人”。

有诗云：“长江南岸鄱湖畔，拔地庐山风景妍。峭壁陡崖飞瀑布，奇峰秀岭绕云烟。”相传殷周时有匡氏兄弟七人上山修道，结庐为舍隐居于此，因名庐山，又称匡山、匡庐。庐山俨然是一幅充满魅力的天然山水画卷，以雄、奇、险、秀闻名于世，以盛夏如春的凉爽气候为中外游客所向往，是久负盛名的风景名胜区和避暑游览胜地。由于江湖水气郁结浮聚，云海弥漫，故有“不识庐山真面目”之说。

7 月 1 日一大早，轮船在庐山脚下靠岸。中共中央办公厅主任杨尚昆和江西担任主管内务的副省长汪东兴来接船。见到汪东兴时，毛泽东问：“到省里工作如何？”汪东兴说：“这两年我是按照主席的指示做的，接触了很多群众，确实受到了教育。”

毛泽东说：“人不能总浮在上面嘛，只有沉下去，才能看到水底的真实情况。”说着，毛泽东转过头来，对陈长江等警卫战士说：“以后要立个规矩，大家都轮流下去蹲点。”

随后，汪东兴热情地和李银桥、陈长江等老部下打招呼，大家一起随毛泽东上了司机高广江驾驶的苏制“吉姆”轿车，直上庐山。沿途只见壁立千仞，峡深万丈，柳杉傲立，青松滴翠。汽车行至半山，车头水箱沸腾，只好停车加水。

连日来，庐山一直是阴雨天，这天早上突然放晴，毛泽东的心情十分轻松。因车加水，毛泽东下车沿山路信步而行。他举目远眺，茫茫长江东流去，宛如长练飘挂天地间；俯首探望，田园阡陌炊烟袅袅，恍若置身蓬莱仙境中。毛泽东随口问道：“这条公路有多少弯呐？”同行的九江市负责人答：“有三百八十多道，修路时统计过的。”随行有个同志惊奇地说：“到处是云彩，山峰在哪里？”毛泽东笑道：“山在云雾飘缈间。”

汽车加好水，毛泽东等坐上车继续往山上驶去。又走了一两公里路，前方豁然开朗。但见远处鄱湖万顷，碧波荡漾；青山静卧，披上锦缎；湖光山色，尽收眼底；丹崖翠壑，令人心醉。毛泽东在车上边观赏沿途山色美景，边与李先念、罗瑞卿等人谈笑风生，不知不觉车沿着盘山公路逶迤而上，已驶过五家坡、小天地、月照峰隧道和牯岭街，到达牯岭河东路 180 号别墅。

这座掩隐在一片绿荫深处的英国券廓式的别墅就是“美庐”。这里曾作为蒋介石的夏都官邸、“主席行辕”，也是当年“第一夫人”生活的“美的房子”。这幢别墅始建于1903年，由英国兰诺兹勋爵建造，1922年转让给巴莉女士。巴莉女士与宋美龄私人感情颇深，1933年夏，巴莉女士将此幢别墅让给蒋介石夫妇居住，1934年又将这幢别墅作为礼物赠送给宋美龄。从此，宋美龄成了这栋别墅的主人。

这幢别墅，前临长冲河，背依大月山，坐落的位置形如安乐椅。蒋介石很喜欢这里的环境，视为风水宝地。在他的眼中，“背山面水”正符合中国风水学说所推崇的格局。蒋介石夫妇很喜欢这里的恬静、秀美，而宋美龄名字中也有一个“美”字，于是将这幢别墅命名为“美庐”。

当天上午10时许，三辆小车停在美庐门口，毛泽东从第二辆小车上走了出来。庐山管理局交际处工作人员一个个惊喜得不知所措，原来是毛主席下榻这幢别墅。一组服务员任金娥、郑仪修和生活管理员余宝山、炊事员廖济标、小车司机高广江等傻愣愣地红着脸站在大门口，连最简单的问好也不知道说了。只见毛泽东笑呵呵地走上台阶，主动和每一个工作人员握手，说：“大家辛苦了！”庐山管理局党委书记楼绍明在旁简单地介绍。

为了保密起见，将毛泽东、刘少奇、周恩来、朱德、林彪（当时已知常委中陈云、邓小平不来）分别称为一组、二组、三组、四组、五组。由庐山管理局出面，遵照上级部署内紧外松的原则，已将庐山东谷片区的居民全部搬迁至西谷居住。中小学（庐山当时辖一所中学和八所小学）提前放假。

刚自闷热的武汉登上这秀丽宜人的庐山，陈长江精神一振。看到美庐的庭园营构注重因形就势的精心布置，不着意人工的修饰，一条小径巧妙地依着景物迂回环绕，陈长江差点儿忘了自己的警卫身份，细细观赏，慢慢品味。再观那幢二层小楼的别墅，映入眼帘的是一片绿色的世界，绿门、绿窗、绿栏、绿柱、绿廊，而属于建筑第五立面的屋顶，也漆成了墨绿色，连那原先的灰褐色石墙，也因“爬墙虎”、美国凌霄爬满而终成绿色，给人静谧安宁而又清新的感受。

庭园中有一天然裸露石丘，上面镌刻着“美庐”二字，左下刻有“中正题”，这是蒋介石于1948年8月亲笔题写的。对此，毛泽东表现出特有的宽容。当工作人员提出要铲除石刻时，毛泽东连忙阻止了他们，说：“这是历史的印迹，应当保护。”

毛泽东在杨尚昆、汪东兴、楼绍明等陪同下直接上了美庐二楼。走过客厅，紧挨着的是毛泽东的工作室兼卧室。工作室、卧室合二为一，是毛泽东一直保留的战争年代生活习惯。汪东兴向毛泽东介绍："这间原来是蒋介石的起居室。"毛泽东神情盎然地说："哦，久违了，蒋委员长，我来了！"毛泽东的幽默赢得一阵畅笑。

真是山河依旧，世事全非。二十多年前，蒋介石就在这幢别墅多次召开军事将领会议，下达调兵遣将命令，出动几十万国民党军队，"围剿"山下三四百公里外的中央苏区和红军，悬赏缉拿朱德、毛泽东。如今，当年弱小的共产党得了天下，蒋介石和国民党却被赶到东南海岛去了。

毛泽东落座，笑着问庐山管理局党委书记楼绍明："你这个父母官，知道蒋介石在这屋子里住了多少年啊？"楼绍明胸有成竹地说："十几年吧。蒋介石每次上庐山都住在这里。""那么肯定，不见得吧？"毛泽东呵呵一笑，"庐山方志找一些我看看。朱熹'下轿伊始问志书'，朱熹到南康军（庐山南麓）做官，下面人夹道迎接。朱熹问，哪个带来志书借我一看。我们不能连古人都不如。"

大小领导不好意思地"呵呵"，楼绍明连忙下楼打电话给江西省接待办。办公室文娱组组长、江西省文化厅副厅长林铁接的电话，他立即派工作人员殷荫元去庐山图书馆借了一套吴宗慈1934年编纂的《庐山志》（十二卷）送过来。

下午，江西省委第一书记杨尚奎、省长邵式平、省委书记方志纯等人一起来探望毛泽东，毛泽东吩咐还要借些地方史志。邵式平在江西省领导同志中文化程度较高——1922年北京师范大学学生、李大钊培养和发展的共产党员、赣东北革命根据地创始人之一，长征到延安后曾任陕北公学教务长等职。此时一听毛泽东还要有关庐山的书，便亲自到庐山图书馆去找，找出吴宗慈《庐山续志稿》等一摞线装书亲自送到了180号大门口警卫室。

当天，毛泽东的心情不错，对前来看望他的聂荣臻等人说："你们把形势和问题，都一块儿说说，这次中央扩大会议上，主要是反'左'的问题，不要怕右。"

刘少奇和朱德是6月30日上山的。6月28日，周恩来乘专机到达武昌，随后乘客轮至九江，7月1日偕邓颖超（此前，邓颖超到江西省妇联了解情况）上了庐山，被安排住庐山管理局交际处直属招待所（今庐山宾馆主楼）。周恩来住201房间，邓颖超住207房间。杨尚昆住101房间，彭真后来上山住106

房间，李富春住206房间，蔡畅住208房间，李先念住448号别墅，彭德怀住在河东路166号一幢平房。直属招待所及附近住的各位领导一见面，便热情寒暄起来。

庐山上下的保卫工作随之全面铺开。方志纯、汪东兴解放战争期间都在中央警卫团负责保卫工作，七届二中全会全方位（包括防空降兵）设防，方志纯曾在周恩来的领导下立过功。庐山会议的保卫工作，这两位“老保卫”首先安排全面清山，沟沟洼洼大小道路全部做了清查，连日本占领庐山时扔在半山坡的一颗手榴弹也被清查出来。山道上虽没有设岗，但在6月底沿途已设流动便衣警卫，同时停售九江到庐山的汽车票。

趁与会者还没有到齐，毛泽东想进一步了解庐山的真面目，便在警卫战士的陪同下去登庐山东谷含鄱峰中段的含鄱口。后又游览了汉阳峰、仙人洞、御碑亭和大天池、小天池等处，还兴致勃勃地对陈长江、封耀松、李银桥等人讲了朱元璋和陈友谅大战鄱阳湖的故事……

自古以来，庐山为文人荟萃之地，登临歌咏之诗层出不穷，其中佳作迭出。站在襟江带湖的庐山这山中之山，纵目远眺，水色山颜，尽收眼底。极富浪漫主义气质的诗人毛泽东神驰目极，手心相应，写下了一首豪放之歌《七律·登庐山》：

一山飞峙大江边，跃上葱茏四百旋。
冷眼向洋看世界，热肤挥汗洒江天。
云横九派浮黄鹤，浪下三吴起白烟。
陶潜不受元嘉禄，只为当年不向前。

后来，毛泽东接受郭沫若等人建议，把“热肤挥汗”改为“热风吹雨”，把最后两句改为“陶令不知何处去，桃花源里可耕田？”为世人留下了歌咏庐山、感怀时世之名篇。

整个庐山上空有阴云荡来荡去

7月2日下午3时，毛泽东在庐山446号别墅西餐厅主持召开政治局扩大会议，政治局委员、列席人员共七十多人参加。陈云、林彪、邓小平请病假没有到会。

会场中央是一长列条桌，铺了白布。四周一圈藤椅。中央政治局成员围着长桌坐定。每个人的面前都放着一只青花瓷杯、一个放口巾的小碟、一红一蓝两支铅笔及一叠公文笺。

再外几圈，还是藤椅。样式、大小参差不齐，是从庐山管理局交际处各招待所临时凑起来的。中央和国务院各部、委负责人以及各省、市、自治区主要负责人等坐在外圈。

毛泽东在开场白中表明会议主题是：进一步总结1958年以来工作中的经验教训，统一全党对形势的认识，调整部分计划指标，以实现1959年的继续跃进；提出了会议讨论研究的19个问题，重点是怎样估计1958年以来的国内形势，有哪些经验教训，今后怎么办。

对形势问题，毛泽东在讲话中谈道："总的说来是：有伟大的成绩，有不少的问题，前途是光明的。"问题虽然不少，但也只是几个指头而已，现在的问题是统一思想，鼓起劲来，继续跃进。毛泽东说："这次会议的主题是反'左'，反瞎指挥，反脱离实际的主观主义。大跃进的重要教训之一，就是没有搞好综合平衡，这是经济工作中的根本问题。"

会议按毛泽东定下的基调，从7月3日开始，分六个大区分组讨论。主要是围绕形势和任务，大家畅所欲言，各抒己见，有的还对"大跃进"以来的问题提出了批评。作为警卫战士的陈长江感受到整个气氛很好，轻松而祥和，看到与会者白天开会、学习、讨论，晚上听戏、跳舞或看电影。从外地调来的影片有美国的《花花世界》、香港的《金丝雀》和《情窦初开》。早晚还有人漫步游山，登高看日出。大家有一种"借得名山避世哗"的"神仙"之感。为此，毛泽东与到会者皆谓之曰"神仙会"、"务虚会"。彭德怀却关起门来阅读文件资料，了解各地情况，准备发言材料。

有一天，江西省委第一书记杨尚奎偕夫人水静来美庐看望毛泽东。毛泽东请杨尚奎夫妇给卫士帮忙介绍对象。毛泽东对水静说："水静啊，我身边几个小伙子都是不错的，总想选择个漂亮点儿的对象，帮帮忙吧！"水静答："就怕您的小伙子看不上哪，都长得这么精神。"

"帮他找一个吧！"毛泽东指了指身边的卫士封耀松说，"你这儿老表很多嘛。"陈长江、李银桥等卫士看着封耀松，"嘿嘿"地偷偷笑了。水静想了想，问："你们楼里的小郑姑娘好不好？"

"好啊，江西老表好啊！谈谈看嘛。"李银桥也跟着凑热闹。毛泽东笑着提高了嗓音："我看也很好，水静，你就当个红娘吧。"

事后，毛泽东还多次问封耀松："见过面了吧？""谈得怎么样？"封耀松答："见过面了。"又说："正在谈。"后来，封耀松还真和小郑谈成了。

对于在庐山开会一事，中央是绝对保密的。越共中央书记胡志明在中国西安参观考察后来到庐山，正值中央在庐山开会。毛泽东等中央领导都接见了他。他在山上住了七天，离开庐山后有报纸报道说：胡志明从西安飞往北京，并没有提到胡志明到庐山一事。还有一次，班禅途经九江，准备上庐山，经请示没有被批准，又从九江返回了。

中央首长的接待用烟是"中华"、"熊猫"牌，毛泽东抽的是"三五"，一般工作人员抽的是"大前门"。接待用酒是茅台和青岛啤酒，水果则是会务组从浙江、河北等地运来的大量金陵瓜和水蜜桃。最初九江为代表们准备了鱼翅、燕窝等，后来代表们说到江西就吃地方特产，于是就准备一些芋头、苦瓜、青蛙、石鸡、麻雀等用来接待。九江地委曾发动干部到庐山周边去抓石鸡，晚上抓麻雀——晚上等麻雀在树上歇息之后，就用水喷到树上，麻雀身上淋湿了就会掉下来。

会议的饮食保障很充分，除了毛泽东等领导人的个人厨师及江西本地的厨师外，著名的上海锦江饭店也派了厨师来服务。开会的头些天，毛泽东食欲不佳，做的菜都原封不动地退了回来，后来才有所好转。

从7月3日上午到7月10日上午，彭德怀在西北组作了七次发言。他讲得很多，直言不讳，有些涉及毛泽东的话也不回避。他操着沙哑而厚重的湖南口音说："1959年整风反右以来，政治上、经济上一连串的胜利，党的威信高了，得意忘形，脑子热了一点儿。""毛主席家乡的那个公社，去年提的增产数，实际没那么多，我了解实际只增产16%。我又问了周小舟同志，他说那个社增产只有14%，国家还给了不少帮助和贷款。主席也去过这个社，我曾问主席，你了解怎么样？他说没有谈这个事，我看他是谈过。""要找经验教训，不要埋怨，不要追究责任。人人有责任，人人有一份，包括毛泽东同志在内。'1070'是毛主席决定的，难道他没有责任！"……

作为警卫战士的陈长江与同事自然不知道会议的细节。不过，彭德怀的这些话一听都会让与会者为他捏一把汗。周恩来除了要几位秘书分别参加大区的小组会，将小组会的重要意见向他汇报外，还要他们帮助办公厅编会议简报。小组的简报由各组长签字后交会议科印发。周恩来安排身边有关秘书旁听了小组讨论，小组长在审查简报稿的时候，把彭德怀发言的一些尖锐词句删掉了，签字后送到会议科汇总、印发。于是，彭德怀的发言有些就没有通过简报如实地反映到毛泽东那里。

这几天，毛泽东没怎么召集会议。他批阅了一些文件印发给会议，以推动与会者深入讨论一些问题。

彭德怀的发言，多少有些出乎毛泽东的意料，同时也打乱了会议既定计划。毛泽东感到，会议如果继续开下去，不但解决不了多少问题，而且由于很难取得统一认识，势必要损害党内的团结，而这是他不希望看到的。

7 月 10 日，毛泽东召集各组组长开会，针对前一阶段会议的情况，指出需要统一思想。他说："对形势的认识不一致，就不能团结。要党内团结，首先要统一思想。"他认为："有些同志缺乏全面分析，要帮助他们认识，得的是什么？失的是什么？要向他们说明，从具体事实来说，确实有些得不偿失的事，但总的来说，不能说得不偿失。取得经验总是要付学费的。"毛泽东将形势概括为："成绩是伟大的，问题是不少的，前途是光明的。"

根据毛泽东的安排，庐山会议原准备在 7 月 15 日结束。彭德怀得知这个消息后，感到开了这么多天的会，问题并没有很好解决，难道就这样结束了吗？他心里很着急。于是，他决心找毛泽东面谈，希望毛泽东能在会上把当前存在的严重问题再着重讲讲。12 日上午，他去毛泽东的住所美庐，陈长江等警卫战士告诉彭德怀："彭老总，不巧，主席一夜没睡，刚刚躺下。"

彭德怀联想起战争年代自己与毛泽东亲密无间，有急事、要事找毛泽东商量随时可直接推门入屋，有时毛泽东还在睡觉，他就掀开被子唤醒毛泽东起床面谈。但他知道现在不能再这样了，只好悻悻然转身离开。

面谈不成，彭德怀想到会议过两三天就要结束，生怕误了事，就改用写信方式向毛泽东坦陈己见。13 日中午，他拿着拟好的提纲口述，让参谋王承光记录整理。至 14 日下午，彭德怀两次修改信稿，让参谋誊抄后签上自己的名字，嘱其立即送交毛泽东的秘书。待参谋回来告知信已送到主席秘书手里，彭德怀连连说"好，好，送到了就好"，顿觉心头一块大石落地。

这封长信就是后来人们广为传说的"万言书"，信中阐述了彭德怀对"大跃进"的看法，在肯定成绩的同时又指出存在的严重问题，建议中央采取措施。表示只要团结起来加以克服，他对"伟大的成绩和光明的前途"充满了信心。

信中涉及的问题以及“比例失调”、“浮夸风”等的原因分析，实际上代表们都讨论过了，毛泽东做的调查研究和掌握的情况并不比彭德怀少。然而信中说大炼钢铁是“有失有得”，搞跃进是“小资产阶级的狂热性”、“左倾错误”等，毛泽东无法接受。联系到彭德怀此前在小组会上说过的“胜利冲昏了头脑”、“相信浮夸，只喜欢好听的”、“滥用威信”等一系列发言，毛泽东很生气。

毛泽东看过这封信后，带着苦笑的表情对卫士说：“彭老总批给我看的尽是消极材料。”接着，他说出其他几位中央领导人的名字，说：“他们送的材料积极。”卫士们也不知真实的内情。

7月16日凌晨，毛泽东在这封信上批示：“印发各同志参考。”并加了一个标题“彭德怀同志的意见书”。这天上午，毛泽东对会议作出新的部署，决定延长会期。

印发彭德怀信的那几天，各小组讨论时就有人对信提出反对意见；但相当一部分人赞同，包括外交部副部长张闻天、总参谋长黄克诚、湖南省委第一书记周小舟等都在讨论组发言，说：“彭老总给主席的信总的精神是好的，我同意。”

7月23日早饭后，陈长江以为毛泽东会休息，结果看到他吃了三次安眠药还是睡不着，于是干脆起来，在美庐外踱来踱去。陈长江等身边的人都明显地感觉到毛泽东心事重重，但他们没有意识到这一天庐山风云突变，中共党史和中国当代史将会记下这一天。

不多时，毛泽东要机要秘书告诉办公厅会议科立即通知大家开会，强调他要讲话。大家当然以最快速度赶到庐山大会堂，陈长江与同事临时在会场四周部署安保工作。

8时20分，毛泽东走进会场，表情异常严峻地扫视了一下会场，先看与会人员到齐没有，像是在寻找彭德怀。中央政治局委员都坐在台下的前排，而彭德怀却独自坐到了最后一排，并且剃光了头。毛泽东一坐下便开了火：“你们讲了那么多，允许我讲个把钟头，可以不可以呀？吃了三次安眠药，睡不着觉，想讲几句。”

坐在前排的人发现毛泽东的眼球里隐约可见缕缕血丝，嗓音也有些嘶哑。毛泽东在会议上发表了长篇激烈的讲话，对彭德怀的信进行了严厉的批判，宣称党内党外右倾情绪、右倾思想、右倾活动已经增长，大有猖狂进攻之势，这种情况是资产阶级的。毛泽东边抽烟边讲话，语锋越来越凌厉，整个会场鸦雀无声。

毛泽东的讲话历时近三个小时，通篇讲话充满愤激之情。对于彭德怀等人来说，毛泽东的讲话简直是如雷轰顶，当头一棒。陈长江等外围警卫战士没想到“临时”会议时间这么长，更不清楚会场的火药味这么浓。

会议结束后，彭德怀在礼堂外拦着毛泽东说：“主席，我是你的学生，我说得不对，你可以当面批评教育嘛，为什么要这样做呢？我给你的信，是给你看的，你怎么转发了？你要把信收回来，我不同意发。”毛泽东边走边冷冷地说：“已发出去了，收什么收？你说得很好嘛，还可以再说嘛。”话毕，毛泽东上车走了。陈长江看到无言以对的彭德怀默默地走开了。在场的几位中央首长也怀着复杂的心情注视着这一场面。

面对突变的政治风云，许多人再也没有心思欣赏庐山美景，“神仙会”变成了批判会。这个时候，陈长江与同事才初步了解一些眉目，似乎整个庐山上空有阴云荡来荡去，大家都变得小心翼翼的。

庐山由热闹到平静的恢复

1954 年始在海拔一千米的东谷芦林盆地筑坝蓄水，1955 年建成称芦林水库，又名东湖或芦林湖。高峡出平湖，群山环抱，湖水碧清如镜，山色倒影，相映成趣。这里似发光的碧玉镶嵌在林荫秀谷之中，在缥缈的云烟衬托下异常美丽。

庐山会议期间，毛泽东经常到芦林水库游泳。7 月下旬的一天，毛泽东的卫士给王光美办公室的刘振德秘书打电话，说毛主席邀请王光美到芦林水库游泳。王光美赶紧找出游泳衣。临出门前王光美觉得有点儿冷，又找了双丝袜穿上。

王光美到芦林水库的时候，毛泽东正在和身边的警卫战士等一起游泳。王光美和毛泽东打了个招呼，就下去游。期间，王光美问毛泽东：“看我游得怎么样？”毛泽东说：“你游得及格。”

休息的时候，毛泽东关切地问王光美：“少奇同志身体怎么样？”王光美告诉他：“少奇同志犯了肩周炎，还没有好。最近因为工作繁忙，他感到很疲劳，所以到了这里也没有参加什么活动。”毛泽东听完后，认真地说：“请你转告少奇同志，不要搞得那么紧张嘛！开完会后让他找个地方休息休息。”王光美频频点头。

有一天，毛泽东的秘书徐业夫电话通知王光美和孩子们去芦林水库游泳。她们到了那里，见到江青，还有江西省委第一书记杨尚奎的夫人水静、安徽省委第一书记曾希圣的夫人余叔。大家说说笑笑，江青还为她们照了张合影。不一会儿，不知什么人打来电话，告诉江青说天上的云彩过来了，请她快去摄影。原来江青已经在庐山仙人洞选好了景，派人在那里等着，云彩一来就去照。江青立即撂下她们走了。于是王光美等下水库与毛泽东一道游泳。

游完泳上来已经是晌午，毛泽东留王光美等吃饭。饭摆好了，江青还没有回来，催了两次，仍不见踪影。大家说："请毛主席先用餐，好早点儿休息，我们等江青同志来了再吃。"毛泽东说："咱们一起吃吧！"

大家正准备就餐，江青回来了。她一见这场面很不高兴，立即沉下脸来，生气地说："文章是自己的好，老婆是人家的好。"陈长江等一怔，毛泽东则哈哈一笑。王光美没想到，江青当着这么多人还有孩子们的面，说出这样的话，很是意外，只好装没听见，忙给她让座，问她摄影的情形，才使她平静下来。

7月29日，毛泽东在会上提出，是否召开一次中央全会，目的是做两件事：一是修改指标，二是解决路线问题。随即中央派专机限期将未上山的中央委员和中央候补委员等接到庐山出席八届八中全会。

没有那么多车送中央委员和中央候补委员等上山，怎么办？之前会务组从上海调运三十多部车，从湖南借来三十多位司机。另外，江西省每个厅调来一部车，会议用车主要是"华沙"、"伏尔加"等。会务规定，中央委员两人坐一部车，只有年纪最大的谢觉哉和身体太胖的李涛上将是例外。共有三四十部小车送参会代表同时上山，根据安排，每隔一段时间放行一部车，沿途的九江老百姓都驻足观看，他们说那天晚上的车子"就像玩龙灯一样，一辆接一辆，好热闹"，九江人从来也没有见过这样的场景。陈长江这时感到已被戒严的庐山一时热闹起来了。

7月31日至8月1日，中共中央召开政治局常委会议，由毛泽东主持，会议每次开六七个小时，主题是揭发和批判彭德怀。毛泽东还让通知未上山开会的林彪到庐山开会，并提出如果陈云身体情况可以的话，也请上山来开会。但陈云身体实在不好，后来也没有出席。平时怕风、怕光、怕水的林彪，此时却像援兵一样于7月29日上山，成了"批彭"的急先锋。

这两天的会议，警卫战士尽管没有机会在现场，但看到与会者这几天中午都没休息。陈长江注意到：第一天会议从上午 10 时 50 分一直开到下午 5 时，第二天常委会从上午 10 时开到下午 5 时，中餐是用工作人员送来的包子充饥，随后接着开。

8 月 2 日，庐山会议由中央政治局扩大会议变为中共八届八中全会，出席会议的有中央委员和中央候补委员 147 人，中央有关部门和省、市、自治区党委其他负责人 15 人列席了会议。会议进一步开展对所谓“彭德怀、黄克诚、张闻天、周小舟反党集团”的斗争，并把这场斗争说成是“一场阶级斗争”，是“资产阶级与无产阶级两大对抗阶级生死斗争的继续”。

8 月 16 日，彭德怀、黄克诚、张闻天、周小舟作全面检查，彭德怀“承认”自己是“老野心家、阴谋家、伪君子，也是魏延式、纳吉式的人物”。会议通过《为保卫党的总路线、反对右倾机会主义而斗争》的决议、《关于以彭德怀同志为首的反党集团的错误的决议》以及《关于开展增产节约运动的决议》。

在投票表决《关于以彭德怀同志为首的反党集团的错误的决议》时，朱德弯曲着胳膊，手举到别人一半高的位置，似乎表明自己是在极不情愿的情况下举的手，这动作没有逃过洞察秋毫的毛泽东的眼睛。散会后，毛泽东在散步时遇到朱德，说：“你啊，老总，举手举了半票。”朱德答道：“反正我举了手，至于手是怎么举的，我就不知道了。”

会议开完了，九江机场上已经准备好的专机以每十五分钟一个航班的间隔将多数与会者送往北京。尽管毛泽东在全会闭幕时的讲话中说过“不要怕沾什么俱乐部的边”，但人们还是尽可能避免与彭德怀接触。彭德怀乘坐的飞机仅稀稀落落地坐着几个人，除彭德怀和夫人浦安修及身边秘书、参谋外，只有张爱萍上将一人。据悉，中途因暴风雨而临时改降济南机场，中午就餐时，整个食堂桌桌满座，唯独彭德怀孤零零地一人一桌吃饭。

人走后，庐山一时恢复了平静。但是，还没有离开的毛泽东心情并不平静。江西省委领导请毛泽东等吃饭，上了毛泽东爱吃的兴国米粉肉、萍乡辣椒、九江胖头鱼煮豆腐等，并端上了赣南产的冬酒。庐山会议闭幕后第四天，毛泽东才离开庐山。毛泽东自九江到南昌的列车是将普通列车中的四节车厢重新布置一下——把所有的座位卸下来，搬上一张床、几张桌子和椅子，车厢两头分别放着一口盛满冰块的大缸来降温。

临上车前，杨尚奎拉着九江军分区政委钟光跟毛泽东说："主席，有个熟人想见您。"这时，钟光赶忙敬礼。毛泽东一见，带着浓厚的湖南音脱口而出："你不是钟富昌吗？""是。""你现在干什么？"当钟光回答自己正担任九江军分区政委时，毛泽东笑着说："不错嘛，你还当上了官嘛。"大家都跟着笑了。

钟光原名钟富昌，在延安时期为毛泽东当过专职护士，新中国成立后改名为钟光。听说主席要经过九江，钟光事先就跟杨尚奎说想见主席，这才有上面的插曲。这时，接待站准备了椅子，送行的人准备与毛泽东合影留念。但卫士长李银桥在毛泽东握完手后迅速地将他请上了列车。列车经过的地方，都进行特别的警卫。每座桥梁都安排有部队把守，每一个涵洞都有人巡逻。

经上饶到南昌后，毛泽东改乘专列，到杭州休息了两天，后经上海、南京、徐州、济南、天津，于8月27日回到北京。陈长江不理解，66岁的毛泽东精力似乎异常充沛，沿途不断找当地一些地、县级干部谈话，了解情况。

在机关组织学习时，陈长江才看到了八届八中全会作出的《关于以彭德怀同志为首的反党集团的错误的决议》中的部分文字，看到决议认定"以彭德怀同志为首，包括黄克诚、张闻天、周小舟等同志的右倾机会主义反党集团"，在庐山有目的、有准备、有计划、有组织地发动了"反对党的总路线、反对大跃进、反对人民公社的猖狂进攻"，犯了"具有反党、反人民、反社会主义性质的右倾机会主义路线的错误"等文字时十分不解，但一联想起在庐山的日子里感受到的气氛似乎又明白了什么，总之有些云里雾里。

莫道不识匡庐面，政坛风雨更难知。随着庐山会议精神在全党的传达以及在全国的披露，一场声势浩大的"反右倾"运动，迅速在全党、全国铺天盖地开展起来。"反右倾"斗争首先在党政军各级领导机关中开展，各级党委按照中央文件的要求和部署，自上而下发动群众运用大字报和召开辩论会（实为批斗会）等形式，揭发、批判、斗争曾经对总路线、"大跃进"、人民公社发表过不满言论的各级领导干部。一批省委书记、副书记、省长、副省长、地厅级和司局级以及处级干部等，被定为右倾机会主义分子，遭降级、撤职、开除、下放劳动等。继而，"反右倾"运动在全党各级组织、全国各地方、企事业单位普遍开展，批判、斗争、处理了大批党员、干部。

这年10月1日，天安门广场上隆重举行庆祝中华人民共和国成立十周年的盛大典礼。人们没有见到功勋卓著的彭德怀元帅，取代他检阅部队的是新任国防部长林彪。

刚刚自石家庄高级步校学习而临时回京的陈长江，在观看阅兵式时没有想到庐山会议后不久，被免去军内职务的彭德怀已奉命将元帅礼服、军装、勋章等与军队有关的物品全部交给中央办公厅。就在国庆的前一天，彭德怀一家离开了居住七年多的中南海永福堂，搬到了位于北京西北郊颐和园东约两公里处的挂甲屯吴家花园。此时的彭德怀已在中央的安排下，成了离住处不远的中央高级党校的一名特殊学员，党派专人辅导他的学习，并向中央报告他的学习和思想情况……

第 7 章
风雨沧桑尽传奇

刘西尧的一生充满传奇色彩，曾亲历过筹建“二汽”、“两弹”研制等影响中国的历史事件，“文革”中担任过周恩来总理的联络员。刘西尧和夫人既是一对患难与共的战友，又是一对恩爱夫妻。然而，最初的他们却是一对“假夫妻”，是共同的革命理想和追求使他们“弄假成真”，成了人人称羡的“模范夫妻”。

笔者曾在武汉市武昌区茶港小区刘府专访过这位极少接见访客的老人，他的谦和、慈善、低调让人记忆犹新。老人的听力不是很好，语速较慢，采访期间他还提供了翔实的历史文献，包括相关老照片。老人幽默地调侃自己“头戴十顶帽子”：“我患有高血压、糖尿病等十个病，小病多着呢。”如今，这个被戴多顶“帽子”的可敬老人走了，他给笔者的题词“为和谐社会鼓与呼”成为永久的记忆！

在第二故乡“真枪真弹”到“虚晃一枪”

孩童时候的刘西尧非常守礼，每逢除夕、元旦，总要规规矩矩地在祖宗牌位前磕头。在北京笃志小学读初小一、二年级时，见到老师就鞠躬，一天见几次就鞠躬几次。一次，校长在全校学生大会上批评有的学生不讲礼貌，见到老师不鞠躬，但又说：“当然也不要像刘西尧同学那样每次见到老师都鞠躬。”谁会想到，就是这样一个老实的小孩日后成为旧社会的叛逆。

1916 年出生于四川成都的刘西尧，自言是湖南长沙人。“长辈们讲，我们原籍江西，后到湖南衡阳、长沙经商，是一个从商业发家的封建大族，后来又随封建王朝的崩溃而衰落。我的曾祖父刘培元是曾国藩湘军的一个将领，在一本清史演义中见过他的名字，好像是一个团练。不过，父亲说，因为没有给写书的人送钱，写书人就把曾祖父的官写小了——这有可能，因为他死后还被清王朝谥为‘壮懿公’。”

刘西尧的祖父刘于礼是晚清的知县，父亲刘秉勋是职员。“我1岁左右随父母从成都迁居苏州，6岁到北京，先后进笃志小学、缸瓦市小学、宏庙小学、北京四中读书，直至1928年冬随父母迁居南京，考进南京钟英中学。父亲喜爱我，但不娇宠我，对我要求很严，从小就教我读《诗经》、《春秋》、《左传》等。”

“九一八”事变后，刘西尧带领同学在街头贴出“平津危急！华北危急！”的标语，即受到了当局的呵斥，说是“煽惑民心”。之后，南京还发生了枪杀请愿学生的“珍珠桥惨案”。这时，刘西尧开始觉悟。

1934年夏，刘西尧考入国立武汉大学物理系，后转入数学系学习。刘西尧上武大，是在武大做教授的伯父的主意：一来伯父膝下无子，想让刘西尧过继给他做儿子；二来也怕刘西尧到了北平上学被“赤化”，他希望刘西尧走他的路，将来出洋留学。孰料，正是在风景秀丽的珞珈山下，刘西尧踏上了革命道路。

在一些进步师生影响下，1936年，20岁的刘西尧领导了武汉大学响应北平学生的爱国游行活动，即“一二·九”运动。1937年2月，他和在南京开展抗日活动的段君毅取得联系，并代表全国学联，和代表全国救联的胡子婴一道，向国民党五届三中全会递交了一份要求团结抗战的请愿书。“七七”事变后，刘西尧在武大贴出了第一张有十人联名的团结抗战呼吁书，参加组织武汉大学青年救国团，先后任总务干事、组织干事。当年10月2日，他宣誓加入了中国共产党。11月，还未从武大毕业的刘西尧就奔赴红安县七里坪，毅然踏上了从戎之路。因此在他的人生履历中，武汉大学一栏填的是“肄业”。

在红安七里坪农村工作训练班，刘西尧结识了在湖北生湖北长的福建姑娘陈景文。陈景文从安徽大学辍学后参加革命。她落落大方，青春飞扬，大会演讲气宇轩昂，联欢表演甜美动人，给刘西尧留下了深刻的印象。特别是在训练班结业时，陈景文换上黑棉旗袍、白围巾，在积雪的山坡上来回走着，若有所思的样子，令刘西尧心动：如果自己能有这样一个伴侣该有多好啊！训练班结业后，刘西尧被中共湖北省工委委以黄冈中心县委书记的重任，这是在武汉外围建立的第一个县委。为了掩护秘密工作，中共湖北临时省委组织部部长钱瑛提议，让刘西尧自己提名一位女同志假扮夫妻同行。刘西尧喜出望外，当即说：“那就选表现最好的陈景文。”钱瑛于是找陈景文谈话，征求意见，陈景文欣然同意。

1938 年 1 月 24 日，正值农历小年，刘西尧与陈景文装扮成夫妻，从汉口乘小轮船到达黄州。第二天，他们拿着董必武的亲笔信，以湖北省乡村工作促进会工作人员的名义，到黄州中心小学找到该校校长、董必武辛亥革命时期的老友吴荫棠。吴荫棠将刘西尧和陈景文以代课教员的身份安排在学校里暂住下来。春节后，他再租下黄州考棚街 3 号何甲长家后院的三间房屋，让刘、陈二人搬到那里居住。刘西尧把这里作为中共黄冈中心县委的秘密机关。

日后，刘西尧曾回忆此事：“我到黄冈工作，是钱瑛同志同我谈的话，名义上是湖北省委书记郭述申同志委派我的，后来我从漆先庭那里才知道其实是董老安排的。我到黄冈当县委书记之前，黄冈县委书记汪少川、漆先庭就已经在到处招兵买马，壮大力量了。我这个县委书记是漆先庭与我交接的，他由于在当地目标比较大，根据高敬亭的意见对外暂时没有公开县委书记身份。”

当年，陈景文为秘书，黄冈中心县委的重点工作是恢复和发展党组织，发动抗日救亡运动，为开展敌后游击战做准备。原黄冈中心县委机关在大崎山地区，黄州没有党组织的活动，刘西尧、陈景文到达黄州后，刘西尧主要负责全县党组织的发展和建设，陈景文主要负责在黄州城区发展党员。她在湖北省立六中（今黄冈中学）和黄州中心小学吸收了二十多名青年学生和教员中的积极分子入党，成立中共黄州特别支部。

3 月 8 日，刘西尧装扮成裁缝师傅，花了两天时间，走了近七十里路，来到杜皮张家湾，见到了许多党员、便衣队。4 月初，徐州会战已接近尾声，刘西尧决定，撤掉黄冈中心县委在黄州的秘密机关，让陈景文转移到杜皮山区，把在黄州发展的二十多名青年党员动员到杜皮。随后，黄冈中心县委机关正式迁到杜皮孙家冲。刘西尧和陈景文被安排在一个较富裕的中农家里住下，一位叫“老铁”的老交通员负责他俩与外面的联系。陈景文化装成村姑，与房东家的童养媳同出同进。

就在这个中农家里，经漆先庭撮合，上级批准，刘西尧、陈景文这对为革命工作假扮夫妻结成了真正的革命伉俪。两人在一起相濡以沫共同生活了 52 载，1990 年初，陈景文因直肠癌不幸逝世，刘西尧痛心不已。

1938 年 10 月 23 日清晨，刘西尧与战友张体学得知浠水县城陷落的消息，立即通知各地党组织带领群众分头行动，去收捡国民党军丢弃的枪支、弹药、马匹，并收编那些愿意参加敌后游击战的国民党士兵。在淋山河日本鬼子刚刚占领的一个据点附近，刘西尧他们发现了一个被国民党军遗弃的军械库，于是趁着夜色，将枪支弹药全部搬了回来。那时，黄冈、浠水一带的共产党员已有六百多人，刘西尧与张体学、文祥等在此基础上组织了一支抗日武装——鄂东抗日游击挺进队。为了统一领导部队和地方的工作，又成立了军政委员会，方毅任书记，刘西尧任副书记。11月，在方毅率领下，游击队的一部分人马猛袭了淋山河的日寇据点，打响了鄂东敌后抗日武装斗争的第一枪。

1940年6月上旬，上级决定由刘西尧代表鄂东地委，与陈景文等一起经敌占区到黄冈与张体学等会合，组织东进。刘西尧一行由秘密交通员姚去非带路出发了。他们在敌寇占领的孝感县城附近上船，第二天到达了汉口郊区菜园子地下党员胡念周的家，然后在汉口江边坐上一条大船，直奔黄冈。他们一到黄冈大埠街，就遇到了前来接应的当地民兵。很快，湖汉里撑出船来，一行人往涨渡湖深处划去，与张体学等胜利会合。遵照上级指示，张体学领导的一个营和文祥等发展起来的部队整编成一个独立团，由张体学任团政委，熊桐柏任副职。整编完成后，张体学、熊桐柏和刘西尧立即带着独立团中完整的两个营六百多人，开始东进，从而揭开了创建鄂豫皖边区抗日游击根据地的序幕。

刘西尧，原名刘锡尧。当年，他投入武装斗争，长期坚持在鄂东和鄂皖地区抗战。其间，战友嫌“锡”字太繁，就简写为“西”字，他竟不以为意，索性就将“锡”字改成“西”，足见他生性的豁达。解放战争中，刘西尧曾任鲁中军区政治部宣传部长。新中国成立之初，任湖北省委秘书长、省委第一副书记。刘西尧一直把湖北当作自己的第二故乡，五个孩子也都是在这里出生的。

“1953年正月，毛泽东主席从汉口乘轮渡到武昌，我在江边迎接。上岸后，毛主席仔细问了我的个人情况。原定午饭后去武汉大学，可是有关安排已泄露出去，武大门口已人山人海。于是，我建议乘车去省委，从省委后门上蛇山，春节期间估计那里没有什么人，虽然看不了学校、街道，但在蛇山上可以把武汉三镇尽收眼底。在蛇山上，果然一路平静，毛主席戴着一顶博士帽，也就是他1945年去重庆谈判时戴的那种帽子，有人说他戴了个大口罩，那是记错了。”刘西尧说，毛泽东当时想登上对面的黄鹤楼那座山，说“不要紧，搞突然袭击”，没想到被那里买油豆腐的两个小学生认出来了，一时间人群蜂拥而来。“我大声喊着请大家让开条道，但是人群还是不断地拥来，在罗瑞卿、杨奇清等和我们的簇拥下，毛主席好不容易才下了山。李先念、李雪峰等都没人顾得上管了，有的被踩掉了鞋子。到了江边上船时，毛主席非常高兴地回头望了望黄鹤楼那座山上的人群，笑容满面地对我们说：都是好人！”送别毛泽东后，刘西尧听说：有一木匠，因为夫妻口角，一气之下上了黄鹤楼，回家后满面笑容地对他的妻子说“得亏了你，我才见到了毛主席”。

34年后，刘西尧偕夫人登上新建的黄鹤楼时，赋诗一首：“蛇山重上忆蛇年，游客争看领袖颜。万岁声嘶情似海，一家口角怒成欢。鹤楼不是旧时貌，皓首难忘当日言。触景几回思往事，扶栏远眺艳阳天。”

在湖北省委工作期间，刘西尧指挥过1953年夏季防汛抗洪斗争。当年，长江涨水来势很猛，荆江大堤头年冬全面加固过，刘西尧主持确定了全面固守的方针，提出了“水涨堤高”的口号。“那个时候，先念、子厚在北京开会，提醒我不要因小失大，必要时还应主动分洪。我反复到长江、汉水交汇处观察，看到长江水泄得很快，因此决定方针不变，打了一场全胜的仗。”

1950年2月，毛泽东访问苏联，就苏联对中国社会主义建设的援助与斯大林进行会谈。会谈中，斯大林说：你们这么大一个国家，一个汽车厂不行，最少要建两个。毛泽东回应：先建一个再说。1952年，周恩来率代表团访问苏联，就苏方对我国的援建项目由141个增加到156个，以及关于汽车厂几年建成的问题与苏方谈判。谈判中，我方提出建“二汽”，得到苏方首肯。

鉴于第一汽车制造厂已决定全部引进莫斯科斯大林汽车制造厂的吉斯150型汽车制造技术，并计划于1953—1956年在长春建成投产，二汽项目与苏联汽车拖拉机部及所属设计院谈判时，商定采用高尔基城莫洛托夫汽车制造厂的嘎斯型系列汽车制造技术。1953年3月，政务院正式确定在中南地区建厂。7月，成立二汽筹备处。10月，在苏联专家的指导下，对武汉市青山地区进行了地质钻孔取样。随后，李先念提议，时任湖北省委第一副书记的刘西尧调任筹备处主任，准备任二汽厂长。二汽建设紧锣密鼓地上马了。

1954年5月19日，根据李先念的建议，二汽将选定的武汉青山厂址转让给华钢（后来的武汉钢铁公司）。根据湖北省委意见，二汽又另选定武昌东湖与沙湖之间的水果湖东北岸的答王庙地带作为厂址。由于二汽选定在湖北兴建，1953年底党中央决定由湖北省包建。1954年初，湖北省决定调刘西尧任厂长，并抽调了5名地市委书记、7名正副厅局长、8名地市委宣传部长和30多名正副县委书记、县长以上干部，在原来筹备小组的基础上，正式组织筹备处和党委班子。4月10日，正式集中办公，全面开展各项筹建准备工作。在建厂规模上，先后做过多次调整，正式与苏方会商的设计规模，为年生产汽车十万辆，预定1957年开始建设，1959—1960年建成投产。

然而，1955年初，一机部在向国务院呈送的“关于选择第二汽车制造厂等厂址的报告”中说：“武汉厂址介于两湖之间，空中目标显著……似另外选择厂址为妥。”并建议将呼和浩特和成都、绵阳一带作为二汽厂址选择区域。在对以上两地的勘探后，根据专业化协作及建设铸锻中心的设想和汽车总局建议，考虑到十万辆设计能力，设计出了分别按专业部署在成都、德阳、宝鸡、西安、郑州等地区建设十个分厂的方案。后因国家建设投资过大、石油紧缺，这便有了1956年的“反冒进”。苏联援建的156个项目，好多因此下马。当然，这与苏联赫鲁晓夫上台后，感到无钱无设备，也不愿再背“中国包袱”有关。8月间，二汽也下马了，主要负责人均另行安排工作。晚年的刘西尧言及自己参与二汽的筹建，不无感慨地说：“我搞汽车是虚晃一枪。”

蘑菇云冉冉升起的背后

1961年夏，中央在北戴河举行了一次有关国防工业和科研的重要会议。会前，聂荣臻副总理紧急召见了时任国家科委副主任兼国防科委副主任、国防工办副主任的刘西尧等，让他们赶紧起草一份国防尖端武器要继续上马的报告。

此前一段时期，共和国骤遇“三重浪”：苏联中止合作协议、“大跃进”劳民伤财、经济困难连续三年，迫使决策层不得不考虑——原子弹是继续上马还是暂时下马？这当口陈毅元帅快人快语：“脱了裤子当了，也要把我国的尖端武器搞上去。我这个外交部长的腰杆现在还不硬，你们把原子弹、导弹搞出来了，我的腰杆就硬了！”

聂荣臻指定刘西尧等人起草的报告，很快提交给了毛泽东、周恩来。中央决定详细了解核武器研制的现状：我国究竟能否自力更生造出原子弹？什么时候能爆炸第一颗原子弹？张爱萍和刘西尧被“点将”进行调研。他们通过一个多月的调研备受鼓舞，返京后联名写出《关于原子能工业建设的基本情况和亟待解决的问题》的报告，核心观点是：在两三年内，即最迟在1964年，实现第一颗原子弹的爆炸是可能的。报告很快通过了中央书记处的审议，毛泽东圈阅同意。1962年9月，二机部党组关于爆炸原子弹的“两年规划”呈报中央。1963年初，“两年规划”得到中央批准。没料到二机部有的同志在这节骨眼上提出异议，认为“两年规划”不可能实现，二机部党组在京的成员向中央作了反映。为此刘西尧再一次受命，率领国防科委、国防工办联合调查组，重走一年多前走过的那条路线，检查和帮助解决“两年规划”中存在的问题。不同的是，这次首先在北京广泛征求有关负责人和专家的看法。通过了解，核燃料生产事实上已无问题，另一项关键技术也选定方案，种种情况表明“两年规划”切实可行。这年3月，检查组兵分两路再次出发调研。检查组在玉门请来各方人员研究讨论，结果，多数人认为既定目标完全可以拿下。这一年，在周恩来总理和聂荣臻副总理的安排下，刘西尧被调任二机部第一副部长，主抓核武器研制工作。5月27日，被授予少将军衔。刘西尧说，中国的核工业建设是在一片空白的基础上开始的。新中国成立后，在1954年10月第一次发现了铀资源后，当时的国务院第三办公室副主任、地质部副部长刘杰等，向毛泽东、周恩来作了汇报。毛泽东详细询问了勘探情况，看了铀矿石标本后，兴奋地说：“我们有丰富的矿物资源，我们国家也要发展原子能。”

1964年8月，原子弹现场试验指挥部成立，张爱萍、刘西尧任正副总指挥。至此，刘西尧开始参与第一颗原子弹爆炸的筹备。当时，刘西尧和张爱萍多次往返于北京、青海与新疆之间，检查试验弹的制造和试验场区的各项准备工作。准备工作一切就绪，刘西尧和张爱萍回到北京向中央专委汇报。当时有两个方案，一个是“早试”，另一个是“晚试”。“晚试”打算避开锋芒，先抓紧“三线”建设，后寻机试爆。从战略高度权衡再三，毛泽东一锤定音：“原子弹是吓人的，不一定用，既然是吓人的，就要早响。”

刘西尧建议，在当年“十一”为国庆献礼，但中央考虑到国庆时有外宾，没有同意，最后根据试验场区的气象预测，经中央批准定在10月16日北京时间下午3时进行试验。为了确保成功，以防万一，准备了两颗原子弹。在这期间，有一次中央专委开会，贺龙特别问：“你们到底有没有把握？”没有人应承。“贺老总当年连问了三次我们都不敢吭声，”刘西尧说，“其实我心里是有把握的，但有千分之三不炸的几率，故而有些犹豫。”

当时的国际形势对我国是险恶的，霸权主义者扬言，中国如果进行核试验，他们就要摧毁我们的核设施、核基地。就是在这次会议上，周恩来说：“对这次试验要严格保密，万一不成功，让外国人知道了，风险会更大。”

中国第一颗原子弹爆炸前，曾设定了密语程序。在这之前，周恩来提出要编些密语，不要直截了当地讲原子弹如何如何，以免泄密。于是大家商量，决定把原子弹称为“邱（球）小姐”（因为原子弹是圆球形状），把放原子弹的铁塔称作“梳妆台”。平时工作中的称呼或用电话向北京的指挥部报告时，就说：“‘邱（球）小姐’正在梳辫子（安装爆炸装置），几点钟上‘梳妆台’……”爆炸前由于严格保密，保证了试验的顺利进行。据刘西尧回忆，第一颗原子弹爆炸前的一次会议上，周恩来对大家说：“凡是和试验无关的人员都不能让他们知道，包括你们的妻子儿女。邓颖超是老同志、中央委员，关于原子弹爆炸的事，我都不跟她讲。”

原子弹装配好并吊上塔顶后，张爱萍返回60公里外的地面指挥所，刘西尧在离爆心20公里处的路口指挥撤退。等所有人撤离警戒线后，刘西尧再次检查了地下指挥所并将启动按钮钥匙交给了国防科委副秘书长张震寰，由他按动电钮。刘西尧回到地面指挥所，等待最后时刻的到来，却发现少了朱光亚等三人，事后听说是撤离时走岔了路，戈壁滩太大了。“当时，我们不让女同志到现场，基地政治部一位女同志缠住我们不放，只好批准了。”

“9，8，7，6，5，4，3，2，1，发射！”伴随着倒计时，地面指挥所的人都戴好墨镜，以防光辐射伤害到眼睛。不过，刘西尧没有戴防护墨镜，老人在晚年有些顽皮地笑了：“我知道它（原子弹）什么时候爆，那一瞬间我掐好时间，闭了眼。”

一道巨光，一声巨响，蘑菇云冉冉升起。当首次原子弹爆炸后的烟云升到九千米时，张爱萍通过专线报告说：“总理，爆炸成功了，看到烟云了！”周恩来急切地问：“是不是真的？”张爱萍回头又反问在场的科学家，可无人回答。直到防化工程兵到了现场，看到试验工程被摧毁，羊、猪等都烧成了焦炭，这才确定爆炸的确成功了。经过对各种测试结果的仔细分析，爆炸威力在两万吨TNT当量以上。

据刘西尧回忆，当时日本已发出中国进行了原子弹试验的消息，“他们是从地震波和高空烟云放射性含量的测量中判断出来的，高空放射性烟云飘出我国国境后，首先经过日本”。

在首次原子弹试验进行的当天，人民大会堂灯火通明，大型音乐舞蹈史诗《东方红》正在演出。有人坐在毛泽东、周恩来身旁，听到毛泽东用湖南话悄声问周恩来：“你怎么还不把那件振奋人心的事告诉大家？”周恩来说：“等一会儿再宣布，不然，三千人跳起来，还不把大会堂震塌了！”不久，周恩来站起来宣布："我国第一颗原子弹爆炸成功了！"顿时，人民大会堂沸腾了，人们欢呼起来，相拥而泣，只是谁也不敢蹦跳。

当天晚上，有关科学家集体签名，宣布中国第一颗原子弹爆炸试验成功。这个消息振奋了全中国，震惊了全世界。中国政府郑重宣布，中国在任何时候、任何情况下，都不会首先使用核武器。中国掌握了核武器，对于斗争中的各国革命人民，是一个巨大的鼓舞，对于保卫世界和平事业，是一个巨大的贡献。

在刘西尧家的客厅墙壁上，裱有《清平乐》一词："东风起舞，壮志千军鼓。苦斗百年今复主，英雄矢志伏虎。霞光喷射云空，腾起万丈长龙。春雷震惊寰宇，人间天上欢隆。"这是我国第一次原子弹试验成功后，开国上将、首次核试验总指挥张爱萍写给他的。刘西尧介绍，其中一句"英雄矢志伏虎"，考虑到韵律，后改作"矢志英雄伏虎"，而张爱萍在爆炸成功现场的即兴之作带着"瑕疵"，留在了刘西尧武汉的家中。一米多长的书裱，跟着他搬了几次家。

原子弹试验成功后，周恩来立即指示加快氢弹的研制。我国科学家一开始就提出要用空投方式将氢弹投掷到新疆的罗布泊上空。1965 年底，刘西尧接到科学家邓稼先的电话，说理论设计方案在计算机上已验证可行，请求立即付诸实施。中央同意后，决定组织三次核试验。

1967 年 6 月 17 日早晨 7 时左右，试验场上空，天气晴朗。所有人员，各就各位。一架银白色的喷气式轰炸机，在蔚蓝的天空，拉着白烟，飞了过来，绕过靶心上空飞过一圈。指挥所的喇叭里传出口令：注意了！第二圈将要投弹。但看着飞机飞过第二圈，毫无动静，怎么回事？难道……刘西尧回忆说："当时心都提到了嗓子眼儿了。人们的心理承受力，恐怕已到了极限。"

飞机飞到第三圈，天空中突然出现了极强的闪光，紧接着轰鸣之声响彻云霄，巨大的蘑菇云升上蓝天，巨大的轰鸣声与人们的欢呼声在这个大沙漠的天空和地下响成一片……成功了！后来才了解到，飞机多飞了一圈，主要是飞行员太紧张了。

从第一颗原子弹爆炸到氢弹爆炸，我国仅用了两年八个月时间，而美国用了七年，苏联用了四年，英国则用了将近五年。"从 1963 年到 1966 年，我在青海待了一年多。那里海拔 3200 米，由于空气稀薄，缺氧，晚上睡觉，也是似睡非睡。刚开始没有高压锅，米饭馒头都是夹生的，为了开胃，我每次去都要带几瓶最辣的小辣椒，餐餐都要靠它才吃得下饭。生活确实很艰苦。”想起那段岁月，刘西尧在晚年仍感慨不已。

中国人有了自己的原子弹与氢弹，被美苏两霸核讹诈的时代过去了。在刘西尧眼里，我国核试验成功，就表明中国站起来了，挺起腰杆了。他说，世界以实力为基础，没有力量，谁也瞧不起你。

非常岁月做周恩来的联络员

1965 年全国开始“四清”运动。当时，刘西尧的身心扑在氢弹研制上，对全国政治形势不甚了了。“二机部党委要我负责在青海的核弹研究基地（即九院）的四清工作，我认为该单位领导班子不错，建议不派工作组，由他们党委自己搞。”

1966 年 5 月中旬，刘西尧在青海接到中央电报通知，令在外地的所有中央、国务院各部的部长、副部长立即回京。飞机在北京东郊机场着陆时，不远处的天空电闪雷鸣，但刘西尧还没有意识到，那正是我国当时政治风云的现实写照。回京后，刘西尧听了中共中央政治局扩大会议通过的“五一六通知”的传达：彭（真）、罗（瑞卿）、陆（定一）、杨（尚昆）出问题了！接着，北京大学的聂元梓贴出了一张大字报，北京市委被宣布为黑市委，文化部、教育部、高等教育部相继被宣布为黑线专政，这几个部的领导不是靠边站，就是被审查、被批斗了。甚至到这年 7 月，中央在人民大会堂开大会，刘少奇、邓小平作检讨，刘西尧还是不清楚“文化大革命”的矛头所向。

8 月中央召开八届十一中全会期间，刘西尧去开会的宾馆找二机部部长刘杰商量工作，在走廊里见到中央政治局委员、四川省委书记李井泉低着头来回踱步，沉思不语。在电梯上遇到江苏省委书记江渭清，他只向刘西尧说了一句：“这是怎么一回事？”后来刘西尧得知：毛主席写了一张众所周知的、支持聂元梓的《我的一张大字报》；同时中央改组，从 1950 年到 1959 年一直称病休养的林彪当了唯一的中共中央副主席，刘少奇、周恩来、朱德、陈云都不再是中央副主席了……这些都是怎么一回事？刘西尧坠入了迷雾当中。

8 月 13 日，中共八届十一次全会闭幕。这次会议，确定了中央政治局常委的排名顺序，国家主席刘少奇和总书记邓小平被排到第八位和第六位。这天下午 2 时许，周恩来在中南海西花厅办公室召见刘西尧，他神色严峻地说：“中国科学院出了问题，经一些同志推荐，决定你到中国科学院去，担任我的联络员。”随后，周恩来告诉刘西尧，陈伯达、江青正在解放军报社，听中科院应用地球物理研究所的造反派汇报，要他也赶去听一听。刘西尧什么都来不及想，什么都来不及说，匆匆赶到解放军报社。

刘西尧回忆说：“我赶到解放军报社时，报社二楼汇报已经开始，在场的除陈伯达、江青外，还有中央文革小组成员关锋。汇报中，应地所的造反派说，有人供出了一条又黑又粗的黑线，从刘少奇、罗瑞卿到青海的负责人王昭——我吓了一跳，却见陈伯达、江青喜形于色。”

刘西尧到科学院后才知道，那个曾命令科学院党委书记张劲夫三天夺回科学院大权，爱说别人是“变色龙”、“小爬虫”的陈伯达，此时摇身一变，成了支持中科院造反派，要为“被迫害的造反派”平反的救世主了。“陈伯达实际上变了色，可是在表面上又叫张劲夫和他一起到应地所，并对张劲夫说，对造反派举动的定性不变，意即还是反革命事件。张劲夫回院传达，中科院广大群众认为张劲夫是在造谣，我也信以为真。一天，张劲夫来找我，我还用质问的口气问他，是不是他造的谣？张劲夫有口难辩，只好忍痛承担。”刘西尧将前后经过书面报告了周恩来和陈伯达。周恩来看到报告后指示这样的事，不要报告给陈伯达。此后，关于中科院的情况，刘西尧便不再向陈伯达报告。中科院因而没有更多地直接遭受陈伯达的破坏。

刘西尧到科学院不久，保院党委和反院党委的两派群众就轮流到国务院机关事务管理局院内的国务院接待站和国务院的西门（中南海的西北门）及国务院北门（即中南海的北门），要求中央领导接见。“我每次接到电话，就要赶去做工作，劝其回去，有时是在下午，多数是深夜。北京航空学院的造反派认识我乘的轿车，摸出了规律，也经常深夜在路上拦车，要我向中央领导转材料。”

在复杂的形势下，中科院极少一部分人，一再策动冲击中南海，把矛头指向周恩来。刘西尧清楚地记得，一天下午，一些人开了一辆大卡车直抵中南海北门，不顾警卫劝阻，要冲进国务院。周恩来派刘西尧出去告诉来者：中南海是党中央、国务院所在地，谁也不准冲！刘西尧赶到北门，感觉来者不善，便站在路中间挡住大卡车，按照总理的指示，严正宣布：“谁敢冲！谁冲击党中央、国务院，谁负责！”但造反派头头气势汹汹，仍叫司机“不顾一切冲”。倒是司机见势不妙，掉转车头而去。刘西尧回到总理办公室时，周恩来微笑着道：“你把他们挡回去了！”可刘西尧回家时，见天安门城墙上和自家门口，都贴了打倒自己的大标语。周恩来后来还笑着对国务院的领导同志说："打倒刘西尧的标语都上了天安门。"

1966年12月28日，氢弹设计原理试验成功，这是当时那个年月难得的喜事。周恩来特别高兴，特意在西花厅备餐，请刘杰和刘西尧等人共同庆贺。就在这个时候，二机部的造反派围在中南海西北门，扬言要打倒刘杰和刘西尧，实际上是把矛头指向周恩来。

周恩来闻讯，风趣地说："他们反对我，我引以为光荣！"说着，念起了主席诗词《水调歌头·游泳》中的两句——"不管风吹浪打，胜似闲庭信步"，表明他力挽狂澜的决心。念罢，周恩来向刘杰、刘西尧举起酒杯说："今日得宽余，喝酒吧！"

然而，周恩来哪有"宽余"啊，随后"揪"风四起，刘杰被打倒，青海基地的造反派到北京要把刘西尧揪回青海去批斗。中科院的造反派更是乘机想"赶走"联络员。

周恩来出面了。自从煤炭部部长张霖芝遭揪斗而惨死后，周恩来痛心地说："我再也不放一个干部出去了！"他采取紧急措施，把国务院的许多部长接到中南海保护起来。刘西尧被安排在西花厅旁秘书办公室对面的一间房内，在国务院小食堂吃饭，哪儿也不让去。

那段时间周恩来特别忙，没日没夜处理中央和各省的突发事件，真正是日理万机。十天后，他抽出时间接见青海221基地的造反派，说服他们不要揪刘西尧去青海，才让刘西尧出西花厅继续工作。"我在西花厅旁的十天，给邓大姐和总理的秘书们留下了深刻的印象。后来，一直到十一届三中全会以后，他们一见到我还笑着说：你再不是那时的狼狈样了！"

1967年春，国家科委和中科院的造反派在人民大会堂联合开大会，要求周恩来参加。他们会前一个多小时才把自己的讲话稿送审，实际上是对周恩来搞突然袭击。周恩来正在处理一些急事，已来不及看，让刘西尧先去了解一下情况。处理完急事，周恩来又叫刘西尧同车去人民大会堂。刘西尧在车上向周恩来报告："他们的讲稿中有反聂荣臻副总理的内容。"于是，周恩来一到人民大会堂，就在大礼堂主席台后面把国家科委造反派头头叫去，严肃地对他们说："聂荣臻副总理就在主席台上，你们若是不删去反聂荣臻的话，我就不参加大会。"并在讲稿上亲笔加上了"伟大的、光荣的、正确的"中国共产党万岁。周恩来的这种鲜明态度，迫使造反派不得不收敛气焰。后来造反派虽然没有再讲反聂荣臻的内容，但是也没有念总理亲笔加上的“伟大的、光荣的、正确的”九个字。

在中科院，周恩来力求大局稳定，亲自主持“两派辩论会”。针对陈伯达把造反的称为“左派”、不造反的称为“右派”的说法，他从不使用“右派”的字眼，至多只称之为“保守派”。“两派辩论会”开了两次后，周恩来决定改为每天开一次。开始和结束时，他都亲自到会把握方向、控制局面，中间由刘西尧主持。会上，有人提出了“痞子掌权论”，中关村大操场也贴出“踢开共产党闹革命”的大字报——这些与当时流传的“旧政府、新文革”如出一辙。对此，周恩来在会上给予有力的驳斥和坚决批判。

那时候，由于陈伯达等人的严重干扰，中科院陷于“无政府”状态。这种状态若持续下去，将使中科院元气大伤，对科学事业极为不利。为此，周恩来审时度势，决定尽快结束混乱局面。在这样的背景下，中科院成立了由造反派组成的“夺权委员会”。周恩来的意图是，把责任让造反派背起来，向“夺权委员会”明确提出：中科院若遭破坏，唯你们是问！此后，周恩来仍坚持做工作，促成中科院两派达成协议，于 1967 年 7 月 30 日在人民大会堂宣布成立中科院革命委员会。在周恩来的安排下，由郭沫若任主任。而造反派又要求陈伯达任名誉主任。

开成立大会时，陈伯达忸怩作态，姗姗来迟，让大家等了好久。一进门，陈伯达又把周恩来找进一个房间谈了好一阵，出来同拟定的党委成员们见面后就扬长而去。周恩来向大家解释：陈伯达说他不能担任名誉主任，不能摆在郭老的上面，因此不能参加成立大会。其实，真实的原因并非如此，当时陈伯达称，他若参加中科院革委会，会引起新的两派斗争。

原来，中央文革小组的一伙人反对周恩来组建的中科院革委会，不同意陈伯达任名誉主任。周恩来在中科院革委会成立大会上讲了话，并宣布刘西尧继续担任他的联络员。然而，革委会的造反派马上和王力、关锋、戚本禹等勾结上了，两名军代表又各支持一派，两派斗争日趋激烈，并在大操场召开批斗刘西尧的大会。刘西尧感到在中科院工作很难发挥作用，向周恩来提出回二机部接受审查。周恩来秘书孙岳对刘西尧说：你说话没人听，总理说话就有人听吗？刘西尧恍然大悟，深感总理当时处境的艰难，便留下来为总理分忧。

1968 年 10 月，八届十二中全会扩大会议在北京举行，全会决定召开第九次全国党代表大会。“周总理亲自主持了国务院所属单位推选九大代表的协商会议。见代表名单中有我的名字，二机部出席会议的同志提出，该部有的造反派说我是假党员。他们的理由：一是何伟不承认他是我的入党介绍人，何伟说他只开了一张积极分子名单，其中有我的名字，并未介绍我入党；二是找到一张陶铸在南京与同时出狱的难友的合影照，上面印的是10月，因此认为我说陶铸9月底去武汉找我有假！谈到这里总理插话，问我：‘陶铸到武汉后，是否又回过南京？’其实是日期搞错了，照片是9月27日照的。”刘西尧对周总理记事竟这么的准确感到惊讶！事实上，陶铸也确实是到武汉后，又回南京去了一趟。“至于第一个问题，倒不是完全没有原因，因为当时在武汉的共产党员，我只知道何伟、陶铸两个，所以写入党介绍人时，就写了他们两人的名字，并没有告诉何伟。”刘西尧说，大概因为那时陶铸、何伟都靠边了，有人想以此抓他的“小辫子”。周恩来在那次会上又说：“介绍人就是介绍人嘛！我的入党介绍人是张申府、刘清扬，不能因为张刘二人后来脱了党就认为有什么问题嘛！”为此，刘西尧被顺利“解围”。

1969年4月，党的第九次代表大会上，刘西尧被选为中央候补委员。后来周恩来告诉刘西尧，原来并没有提他的名，是李富春提出科技界应有一个负责人进入中委，并提了刘西尧的名，经中央批准才提名的。

九大后，刘西尧开始在中科院抓业务：一是配合1970年第一颗东方红卫星上天，制定时间标准等；二是布置恢复对淮海平原的综合考察；三是继续人工合成胰岛素的工作，搞大分子核酸合成；四是在上海和合肥的两家光机所开始了激光研究；五是组织队伍到新疆观测日全食，加强北京天文台的建设；六是开始对珠穆朗玛峰高度的测量。

在“文革”相对平静的日子里，周恩来始终关注着海外科技的发展。一个时期，他集中会见了回祖国探亲访友的华裔科学家，如杨振宁、李政道、吴健雄等，非常尊重他们的意见，对他们十分关心。李政道访问结束时，新华社准备在他离京的当天播发一则消息。细心的周恩来考虑到李政道的母亲还在台湾，可能会对她产生一些不利影响，委派刘西尧凌晨2时带着新闻稿去北京饭店，征求李政道的意见。为了不影响李政道的休息，他还叮嘱刘西尧找李政道从上海来京陪同的妹妹，直到李政道表示同意后，才让新华社发稿。杨振宁回美国后，寄来一张给刘西尧拍的彩色照片，并附了一封信，建议我国重视基础理论研究。刘西尧将此信呈送给周恩来，周恩来立即转呈给毛泽东。他抓住机会，针对当时轻视自然科学基础理论研究之风，发出要重视基础理论研究的指示，使中科院和全国这方面的研究工作重新得以恢复和发展。

1974年底，中央召开工作会议，通知刘西尧参加。一天晚上，华国锋、李先念、纪登奎找刘西尧和二机部代理部长刘伟谈话，其间谈到让刘西尧回二机部当部长，刘西尧说："让刘伟当吧！"华国锋说："中央已经定了。"刘西尧就没有再提意见。事后中央组织部一位同志告诉刘西尧，国务院负责常务工作的同志曾提议让刘西尧到教育部，但周总理认为刘西尧和"四人帮"关系太紧张，不宜去教育部，而且教育部部长人选康生已有提名，周总理随即在一张纸条上写了"二机部"三个字，又把纸条撕了。

1975年1月25日，根据周恩来的提名，四届人大任命刘西尧为第二机械工业部部长。随后，周恩来主持召开国务院第一次全体会议，这是刘西尧最后一次见到周恩来。直至晚年，刘西尧感慨道：没有周总理，"文化大革命"的后果不堪设想！

刘西尧一生廉洁自律，对五个子女的要求也很严格，从没有为子女向有关部门打过招呼。当年，小儿子刘江汉要当兵，可作为父亲的刘西尧却力劝儿子响应号召上山下乡。当时自己的大女儿已经支边去新疆工作了，按照政策小儿子本可以不用插队当知青，可刘西尧却执意这么做。1977年恢复高考，刘西尧是重要的参与者和推动者。成绩不错的刘江汉也准备参加高考，但刘西尧不同意，说："我是教育部长，大部分考题我都清楚，为了避嫌，你不能参加高考。"就这样，小儿子刘江汉愣是没进过大学校门。小女儿刘江夏当年在山西当兵，曾想调回北京的部队，可刘西尧不仅不帮忙说话，还坚决反对她这么做。刘江夏还是复员后才按政策调回北京工作的。刘西尧说："退下来后就安心休养，有人找我办事写条子我都拒绝，假如是不该办的事，写条子会让别人感觉为难；假如是该办的事，也就不需要我写条子了。"

2013年8月24日，刘西尧在武汉同济医院病逝，享年97岁。四天后，他的遗体告别仪式在武昌殡仪馆天元厅举行，随后他的骨灰被安葬在九峰山革命烈士陵园。

斯人已逝，风范长存。刘西尧的革命精神、高尚品德和崇高风范永远值得世人学习和怀念。愿低调、宽厚、坦荡的老人一路走好！

第 *8* 章
“体育门外汉”让中国体育走向世界

他是“红二代”，出生在红色革命家庭。他曾坦言，人不能躺在先辈的功劳簿上吃老本。他是新中国最后一任国家体委主任，也是新中国成立以来第一任国家体育总局局长。很少有人知道，他曾被授予少将军衔，并出任过国务院副总理王震的秘书。他称自己在体育工作战线上是“半路出家”，并毫不隐讳地说：“我是一个不太喜欢参加体育活动的人。但对于工作，我已超脱到不以爱好来取舍。”然而，就是他曾带领中国体育走出低谷。

他是“全民健身计划”诞生和《体育法》出台的关键人物，并最先倡导过足球职业化，强力反兴奋剂与唯金牌论。他多次强调过，影响自己最大的是三位社会老师：“胡耀邦是我的思想老师，王震是我的政治老师，张爱萍则是我的工作老师。”

有人说，伍绍祖在中国体坛任职的 11 年，是中国体育开始密切接触世界的 11 年，也是为中国当代竞技体育奠定基础的 11 年。他在任期内所参与的一系列改革和力倡的诸多理念，注定会被载入中国体育的史册。

作为他的“忘年交”，笔者曾多次到访过位于北京三里河南沙沟小区的伍府，听伍绍祖谈与体育结缘的岁月，与小平同志交往的点滴，父亲伍云甫的传奇故事……当年，伍绍祖刚从中直机关工委常务副书记的位置上退下来时，笔者不知怎么称呼他为好——“是叫您伍书记还是叫您伍主任？叫您伍老似乎并不适合，您年龄并不是很大，看上去也不显老。”话音刚落，伍绍祖接上话茬：“这简单，叫我老伍，叫我伍绍祖也好。”当笔者表示这么称呼就“不礼貌”了，他连连摆手……

“不太喜欢体育”的“外行”主帅体坛

1988 年 12 月 29 日，伍绍祖调任国家体委主任、党组书记，并担任 1990 年北京亚运会组委会执行主席。他是中国第五位国家体委主任，也是第三位军人出身、具有军衔的体委主任。据伍绍祖回忆，当年国家体委内有人想当体委主任，“争得很厉害，后来中央一考虑，就把我从外面给调过去了。当时我是国防科工委的一把手，从来不看体育节目的”。后来，他一打听，才知道原来是自己在中组部的一个同学推荐的。“在考虑体委主任人选时，我这同学就说，伍绍祖挺能干的，还有思想，让他去吧，结果就轮到我头上了。”

那年 12 月中旬，伍绍祖正在京西宾馆参加军委工作会议。其间，突然接到时任中组部副部长刘泽彭的电话，说要把他调到国家体委当主任。领导找他谈话时，伍绍祖说：“第一，我可能不太懂体育，不要给国家、给人民带来损失；第二，我坚决服从党的分配，到哪儿我都一定好好干。”

对于担当国家体委主任的要职，伍绍祖晚年回想起来，还是说当时令他感到“十分意外”，因为在他所走过的岁月里，仅在大学读书时担任过班级里的体育委员，这也是他仅有的一次与体育结缘。他自己也坦言：“我是一个不太喜欢参加体育活动的人。严格说来，我是一个外行。作为国家体委主任，我在高层次上既要管体育，又要管运动，有时确实不知道怎么办。不懂就要学习，一学就是十一年半，直到我离开国家体育领导机关时也不能算是搞明白了，但应该说是努力了。”共产党员是组织里的一块砖，哪里需要哪里搬。父辈们的这种精神已经深植他的血脉。他二话没说，去国家体委报到，由此开始了与体育、与奥运的不解之缘。

走马上任后，伍绍祖开始调查研究，到处跑，到处学习，到现场看赛事，看历史资料，及时掌握情况。“作为体育领导机关的一把手，到很多地方都要讲话，我不愿意随便讲，这确实花费了许多时间和精力。我曾开玩笑说，讲一小时话，我平均要想五个小时，秘书根据录音整理出来最后形成定稿大概要十个小时。”不过，他戏言，自己作为“外行”没有压力：“我不是个糊涂的人，我是个共产党员，干得好，让我干；干不好，不让我干就得了，没想那么多。”

他发挥自己当过三年政治委员做人思想工作的优势，和运动员、教练员交朋友，以心换心，推心置腹，很快就深入到体育队伍里去了。河北省体育局原局长王国强与伍绍祖接触的时间最长。王国强说："老局长（伍绍祖）原本是圈外人，但圈外人看事很清楚，他对中国体育的发展有独到的视角。"

伍绍祖上任之初，面临的形势不容乐观。1988 年汉城奥运会中国体育代表团仅夺五金，社会反响比较强烈，有"兵败汉城"一说。一时间，体育部门在社会上的地位很尴尬。还有一些人认为，搞亚运会"劳民伤财"、"得不偿失"。有一次，伍绍祖陪一位老同志看亚运会场馆建设，老同志说有这些钱不如改善人民生活，盖这么大体育场馆干什么？接着，1989 年、1990 年国内、国际上的一些突发事件一下子给北京亚运会筹委会的工作增加了很多变数。

1989 年下半年，中央专门发了一个文件，强调举办亚运会的重大意义，要求各地区、各部门大力支持。1990 年 2 月，在中央的安排部署下，亚运会组委会又主持召开了一个全国各省、自治区、市政府秘书长、体委主任、团委书记和驻京办事处主任的会议，部署发动群众，使各地区、各部门大力支持亚运会筹办的具体工作。此后，形势发生了翻天覆地的变化，全国掀起了迎亚运的热潮。伍绍祖在任时，中央财政每年拨给体育部门 2 亿多元。举办亚运会，一共花费 21.37 亿元，中央财政给了 8.5 亿，缺口很大。为此他们想了很多办法，比如募捐、转播、盖亚运村卖房子、广告、发行体育奖券等，从中取得收益。其余的资金来源是银行贷款、国家体委和北京各区县的投入等。筹办资金来之不易，当时亚组委提出了"节约办亚运"的口号。

当时，国家体委尽量争取亚奥理事会的全体成员都来参加北京亚运会，这些国家也都表示愿意来。但是，1990 年 8 月伊拉克入侵科威特，总部设在这里的亚奥理事会遭到严重破坏。这给亚运会"团结、友谊、进步"的主题带来了阴影。国家体委、中国奥委会完全赞成我国在海湾危机中的原则立场，反对伊拉克入侵科威特，也反对大国在海湾地区的军事卷入，希望在阿拉伯地区范围内和平解决海湾危机。但在具体处理伊拉克能不能参加亚运会的问题上，要把体育与政治两者分开来处理，我们不能单独作出决定。伍绍祖提出了一个解决办法，那就是严格按亚奥理事会章程办事，尊重大多数成员国的意愿。按照这样一种方针，比较圆满地解决了海湾危机给亚运会带来的挑战。9 月 20 日，亚奥理事会决定，暂停伊拉克的会籍，不让伊拉克参加本届亚运会，直到科威特奥委会能正常地行使权利、进行工作为止。开始时，国家体委担心不让伊拉克参加可能会带走一些西亚国家，比如巴勒斯坦、也门、约旦。经过做工作，这些国家都留下来了。除了伊拉克以外，亚奥理事会的其他成员都来了。伍绍祖认为，尽管体育的政治色彩要淡，但是通过体育活动，可以使很多不同观点、不同立场的人走到一起，促进了人类进步事业的发展。

1986 年，台湾当局接受了奥运模式，即台湾奥委会作为一个地方组织参加国际奥林匹克活动。1989 年，国家体委与台湾当局达成协议，台湾体育界可以组团派队到大陆来参加比赛。这个协议是 4 月 6 日达成的，所以也叫“四六协议”。

在伍绍祖到国家体委后的第一次办公会上，他说：“我来体委工作是中国体育历史长河中的一段。历史不是从我开始的，也不会到我结束。我是接力中的一棒，这一棒我努力跑好。”他怎样跑好呢？他几次讲道：照章办事，照党的指示办，照人民的需要办，照事物的发展规律办。就在这次体委办公会上，有关人员汇报了亚运会这一庞大工程的预计概况：亚运会将有 37 个代表团 6500 多人参加，将邀请境外的贵宾 1300 多人，技术代表、裁判员有 2300 多人；亚运会艺术节有 73 个中外艺术团体参加，共演出 163 场……在硬件系统方面，亚运会所需 80 个体育比赛和训练场馆，其中有 55 个都是新建与改建的，共涉及搬迁的单位有 380 个，共征地 5770 亩……此外还有很多问题，服务系统方面、宣传系统方面、涉外系统方面、精神文明系统方面，等等，搞得人耳廓轰鸣、眼花缭乱。而其中的哪一项，要出了状况，都会造成难以弥补的损失和影响。怎么办？

“这好办，”伍绍祖似未动声色，平静地说，“搞出个计划网络图来，把亚运会要做的工作按轻重缓急、需时长短、牵扯面大小，都排在计划网络图上。”他见不少人瞪大了眼睛，遂又解释道：“计划网络技术是美国北极星导弹研制时首先使用的。很简单，像包饺子，应该先买馅，而不是先擀好皮再去买肉、买菜、剁馅子。把各种事情科学合理地安排一下，上升为理论就是计划网络图。我们研制‘两弹一星’的工作中，也曾用过，并且有所创新、有所发展。”

在此后的很多场合，他都详尽介绍网络图技术知识，介绍国防科技工作中行之有效的科学方法。在他的倡导下，亚运会指挥中心很快挂起了亚运会筹备工作计划网络图、组委会指挥系统图、指挥程序图、境外人员迎送工作流程图、场馆分布图、金牌产生日程表及中国队各项奖牌分获图，等等。他把“指挥、控制、通信、情报”变成有效、有机、有力的整体，进行准确迅速的指挥。在亚运会开幕之前，作为亚运会执行主席的伍绍祖又先后组织了多次“单项练”及“全区合练”。“全区合练”就像进行导弹、卫星发射前的演练一样，江泽民总书记称之为“热运行”。经过三次大的“热运行”，成百上千个大大小小的隐患被消除。

1990 年，第十一届亚运会在北京成功举行。担任组委会执行主席的伍绍祖团结体育战线的同仁，密切与北京市政府合作，使本届运动会取得了圆满成功。这次运动会，我国不仅获得了创纪录的 183 枚金牌的成绩，而且在扩大中国的国际影响、增进中国同亚洲各国的友谊、打破西方国家的所谓制裁等方面都取了积极的作用，振奋了全国人民的精神。

在这次运动会上，伍绍祖使出了杀手锏——将发射原子弹、导弹和卫星的组织、管理方法，运用到亚运会的组织管理上。众所周知，倒计时牌就是这次率先军转民用的。时任全国政协副主席、“两弹一星”元勋钱学森两次写信给伍绍祖，称赞：“是您，把周恩来总理和聂老总开创的组织‘两弹一星’大规模科研的那一套，移植到亚运会上，这是件值得大书特书的事，好！”

烙有红色背景的体育运动活动家

在伍府客厅，有一张特别的合影，上面有伍绍祖和毛泽东，时间是 1946 年 1 月 1 日，地点在中央军委所在地——延安王家坪。伍绍祖回忆说：“我那时才 6 岁多。照片上一共有 33 个人，大致确定身份的有 22 个人，我父母和我岳父也在上面，而我正好站在毛主席的左前方。”这张照片是 2004 年 7 月在军事博物馆展出的“延安精神永放光芒”展览上用的，但当时把照片的时间、地点都注错了，伍绍祖向展览的主办方提出来，他们就把这张照片摘下来送给了伍绍祖。

伍绍祖说自己特别崇敬毛主席，认为毛泽东不仅是伟大的思想家、军事家、革命家，还是伟大的文学家、艺术家、体育家。“我说他是体育家，是有根据的。毛主席曾于 1917 年 4 月在《新青年》杂志上发表《体育之研究》，这篇文章充满了物质第一的思想，充满了辩证法思想，充满了中华文化的意味，一直到多年后我当国家体委主任了，这篇文章的主要观点还是我的基本指导思想，而毛主席写这篇文章时才刚刚 24 岁。”

伍绍祖的父亲伍云甫，1923 年就参加革命，1926 年入党，参加了二万五千里长征，是红军无线电通讯事业的奠基人之一。他的母亲熊天荆也是一位早年参加革命运动的“老革命”,1926年由瞿秋白夫人杨芝华介绍入党，并参加过周恩来领导的上海工人武装暴动。伍云甫的同祠堂亲戚伍若兰，早年参加革命，后成为朱德总司令的夫人，1930年在一次战斗中被捕后壮烈牺牲。伍绍祖的岳父曾三曾任中央办公厅副主任、国家档案局局长，与伍绍祖的父亲伍云甫是世交，都是红军电台的创始人。

伍绍祖的祖父伍如春在长沙湖南第一师范学校读书时曾和毛泽东同窗，他们是很要好的同学。毛泽东曾动员他一块闹革命。然而，伍如春念及家中妻小，师范学校毕业后回到家乡耒阳县当教师。二万五千里长征中，在中央电台工作的伍云甫一直跟着党中央。当毛泽东知道伍云甫就是他的老同学、那个没有一起来闹革命的伍如春的儿子时，曾诙谐地对伍云甫说：“好嘛！没想到伍如春的儿子也来革命了！”其实，伍云甫早在1922年在衡阳湖南省立第三师范学校（现衡阳师范学校）读书时，在听取毛泽东去该校作关于社会主义的讲演后，思想受到很大的震动，开始追求进步，不久即加入了中国社会主义青年团；1927年秋，伍云甫参加了毛泽东领导的湘赣边界秋收起义。

1939年4月8日，伍绍祖出生在西安。他出生时，父亲伍云甫是八路军驻西安办事处处长，母亲熊天荆是西安办事处党代表林伯渠的秘书。“有一次母亲出门办事，就把我放在大床上。一听到轰炸的声音，她马上跑回来，发现我已经被甩到了地上，还碰翻了一盆水，但我依然在熟睡。”

1940年2月，中央领导同志考虑到伍绍祖母子的安全，让熊天荆带着襁褓中的伍绍祖回到延安。当时生活极其艰苦，伍绍祖的弟弟夭折，妹妹胎死腹中，这给熊天荆的身体和心理造成了极大损害，致使她1942年肺病复发，住进延安中央医院，卧床长达15个月之久，其间曾数次病危，棺材和寿衣都准备好了。伍云甫到重庆八路军办事处后，三四岁的伍绍祖便独自一人“流浪”，在延安杨家岭和王家坪得到邓颖超、康克清等许多革命妈妈的关心照顾。“没有人管我，朱老总就收我做‘干儿子’。后来，我跟父亲在中央党校住了一段时间。”从伍绍祖开始懂事起，母亲就教育他做一个对人民有用的人，要热爱党，热爱领袖，热爱人民。1944年9月，年仅5岁的伍绍祖被母亲送去上学，母亲让他参加一些力所能及的有意义的活动，如在大生产运动中帮助纺线、捻线，开荒时敲土坷垃，在针对蒋介石打内战阴谋的备战活动中，让伍绍祖模拟伤员，让人在他身上练习包扎等。

1946年夏，内战一触即发，伍云甫在北平、上海等地跟随周恩来、叶剑英等与国民党政府代表周旋。熊天荆把伍绍祖从每天可以走读的延安第一完全小学，送到了离延安一百多里地的安塞白家坪的延安第一保育院小学住校。伍绍祖从小就听《黄河大合唱》中的歌词“黄河在咆哮”，对黄河非常向往，他误以为“黄河在‘保小’”，所以，他带着一份激动的心情去了。到了以后才知不是那么回事。不过，在保小的生活对伍绍祖来说确实是一段非常重要的经历。不久，他就在这里加入了儿童团。

从 1947 年 3 月开始，历时两年，伍绍祖跟随保小行军两千里，最后到达河北。在他开始行军前，母亲熊天荆也撤离了延安到达安塞真武洞，那里离白家坪只有几里地。母亲工作忙走不开，便派勤务员朱德奎把伍绍祖接去，与她住了一个晚上，这也是两年的时间里唯一的一次母子相聚。第二天回学校时，母亲给他带上了一双刚打的毛袜，便送他离开了。

国民党军胡宗南部占领延安后，保小的行军队伍继续向北走。一路上，这些小小年纪的儿童团员除了要忍受饥饿与疲劳外，还要不时躲避敌机的轰炸、扫射。一天，熊天荆派朱德奎给伍绍祖送来了一双鞋、一口袋炒黑豆和三个子弹头。朱德奎叮嘱伍绍祖“黑豆要和同学们一起吃”，并说那三个弹头是有一天国民党飞机扫射了他妈妈住的房子，他妈妈从土里挖出来的，一个叫穿甲弹，一个叫爆炸弹，一个叫燃烧弹。伍绍祖和同学们看着这些从天上掉下来的不祥之物新奇了好长时间。据伍绍祖晚年回忆：“从延安开始，经过了整整两千里的行军到河北，我们自己叫‘短征’。两千里的行军，对于不到 8 岁的我来说还是很大的挑战，而且我还被评为行军模范。”

1948 年春，解放战争的形势已经发生了更有利于我的重大变化，伍云甫调到党中央机关工作，听说保小学生在河北武安县阳邑镇，就来看儿子伍绍祖。父子有一年多不相见，伍绍祖已经不大记得父亲的样子了。父亲走后，学校组织一次书信活动，要求学生给家长写一封信。伍绍祖当时想，父亲见过了，就给妈妈写吧，信的第一句话是：“妈妈同志：儿一切都好，请放心……”

作为一个革命家庭，悲欢离合、生死离别都已是极平常的事。1948 年夏天，我军在解放战争中不断取得重大胜利，伍家终于团圆了。平津战役之后，熊天荆受命在彭真领导下参加接收北平的工作。临走的时候，9 岁的伍绍祖跟着其他同学乘汽车去石家庄送妈妈去北平。那天晚上妈妈紧紧地抱着他睡了一晚上，第二天就英姿飒爽地走了。那“从容就义、慷慨赴死”的精神，对伍绍祖影响很大。“党的七届二中全会以后，我随中央机关坐着杨尚昆同志的中型吉普进了北平，随父亲住在香山的镇芳楼第二层，后又搬到中南海。”

到北京以后，伍绍祖在北京市一〇一中学（原北京师范大学第二附属中学）上了六年中学。1957 年，伍绍祖考入清华大学工程物理系，后读理论核物理专业。大学毕业后，又在组织的推荐下考上了清华大学理论核物理专业的研究生。大学本科毕业前，团中央书记处书记杨海波突然找伍绍祖谈话，说如果组织上需要，把他调到全国学联做社会工作，问伍绍祖愿意不愿意。伍绍祖表示坚决服从组织安排。1965 年 1 月，在全国学联第十八次代表大会上伍绍祖被推举为全国学联主席，并在同时举行的全国青联代表大会上被选举为第四届全国青联常委。当选后，伍绍祖参加了在人民大会堂欢迎巴勒斯坦领导人舒凯里的宴会，舒凯里与伍绍祖握手时惊讶地说：“你这么年轻！”

1965 年底，伍绍祖又被补选为广东省第三届全国人大代表。“1965 年 5 月，我在清华大学办了保留研究生学籍的手续，正式调到团中央机关工作，被分在国际联络部组织科。此后，我两次到访欧洲，一次是 1965 年 11 月以全国学联主席的身份率中国学生代表团去捷克斯洛伐克参加国际学联执委会，另一次是 1966 年 6 月随中国青年代表团到匈牙利参加世界青联的代表大会。6 月 24 日回国时，我一下飞机就被人直接拉到团中央机关礼堂，当时正在对团中央书记处进行批判。会后，团中央书记处书记王照华同志找我谈话，说我的女朋友曾晓前的爸爸被定为杨尚昆的死党，要我与之划清界限。1966 年 8 月，我送两位到访中国的美国青年走后回到团中央机关，看到团中央的主要领导人胡耀邦、胡克实、王伟等被‘示众’，心里非常不是滋味，就向机关造反派负责人提出意见，他们也觉得不妥，到 9 月初就停止了这些活动。”伍绍祖说，当时对“文革”确实很不理解，但这是党中央、毛主席发动的，又要想办法努力跟上，这成了我所经历的一次人生考验。

“文化大革命”开始后，伍绍祖全家交上厄运。当时，伍云甫已重病在身，右半身瘫痪了，但仍被抄了十多次家，连地板底下都被搜查了，专案组的人还时不时地到家里来批斗他，致使他 1969 年 7 月被迫害致死。当家人分别从各自的干校赶回来时，伍云甫已全身瘫痪，讲不出话来了。伍绍祖后来一直珍藏有父亲临终前用左手写下的“血书”（红笔写的“绝命书”），其中写道：“我相信党和群众不会放过一个坏人，也不会冤枉一个好人。”“自己心中无鬼，自己心中有底，心安理得，问心无愧。”“彻底的唯物主义者是无所畏惧的。”“不为名，不为利，不怕苦，不怕死，一心为革命，一心为人民。”“许多烈士已英勇牺牲了，自己是幸存者。”“比一比过去，比一比劳动人民。”伍绍祖认为，这是父亲对不平境遇的诠释，是对党对人民无比信任的交代，是沧桑人生的独白！

母亲熊天荆先是被定为“三反分子”，相继而来的是“走资派”、“叛徒”、“苏修特务”、“现行反革命分子”——每一顶“帽子”都伴随着一段时间的残酷斗争和人身侮辱。全家人都遭到冲击，被打骂、批斗、戴高帽、游街、住“牛棚”、劳动惩罚，无一幸免。熊天荆甚至运用住国民党监狱的经验，说服看押她的同志，在给她送饭和日常用品时夹着字条，传递消息。家人各自被“专政”，经常不能回家，但只要一有机会回家，全家就开“紧急战斗会议”，分析形势，研究对策。分别时，都没有哭，就像各自走上战场一样，去接受新的战斗考验，创造新的人生历程。

伍绍祖由于有一些独立的思考和言论而被打成“现行反革命分子”。1969年4月，团中央机关被“一锅端”下放到了河南省的黄湖农场“五七”干校。5月，团中央第一书记胡耀邦也被下放到这里。“我们都被分到一连的行政处人员的班里。在与耀邦同志相处的两年多里，他的一切从实际出发，从不迷信权威，善于运用辩证法分析问题，刻苦思考、刻苦学习等很多优良品行对我影响至深。他是我人生中的第一位社会老师，也是思想老师，是他真正使我走上了永远跟着党干革命的道路。这是我在团中央机关七年的最大收获。”在党的九大后，胡耀邦获得“解放”，伍绍祖当时虽然还没有恢复组织生活，却“煽动”班里已恢复组织生活的党员，推举胡耀邦担任党小组组长。后来，他自己也被选为副班长。

1992年，邓颖超因病住院期间，伍绍祖前去探望。邓颖超对他说道：“你的父母是我们党的老同志，长期在党的机关工作，默默无闻，他们这种精神很值得宣扬，很值得你们学习；你的父亲伍云甫同志要是想出名的话，他可以到前方去，但是，他选择了听党的安排，不计名利，这才是真正的共产党员。”

“连升三级”的科技少将

1946年9月，八路军三五九旅曾组成一个南下抗日先锋队，由王震率领。在班师返回延安时，延安城军民列队欢迎这支英雄的部队，7岁的伍绍祖也在慰问的队伍中。25日的《解放日报》发表了一篇慰问信，题目是“小娃爱八路”，作者就是小小年纪的伍绍祖。这是他的名字第一次出现在报纸上。

时隔26年的1972年的一天，进入国务院领导集体的王震要找一个年轻的新秘书，把目光投向了团中央机关。团中央机关的人提出了十几个可以选择的人，其中也有伍绍祖，但伍绍祖还背着“反革命”的黑锅，有人劝王震不要用他，而王震坚定地说：“我就要这个‘反革命’。”这是王震出于对革命后代的信任和了解。

伍绍祖在王震身边工作了三年两个半月，在他的印象中，“王震是个很有特色的人，并非完全像外界传的那样，他既有暴躁怒骂的一面，也有感情细腻的一面。他从没有骂过我，因为他视我为知识分子。他很尊重知识分子”。伍绍祖把王震同志当成了他的第二位社会老师，也是政治老师。

1975年的一天，伍绍祖作为秘书随国务院副总理王震去看望聂荣臻元帅。其间，聂荣臻注意到了王震身边站着的精干的年轻人，并拉起了家常。当这位国防科技事业的奠基人得知伍绍祖是一位学习理论核物理的高才生时，突然眼睛一亮，对王震笑着说：“你的秘书还要这么高的学历？年轻人还是让他搞专业吧！”无独有偶。1975年初的一天，伍绍祖又随王震去看望刚出来工作的副总参谋长、国防科委主任张爱萍。张爱萍也这样说：“你怎么用研究生当秘书呢？人才可不能这样浪费啊！”王震说：“那你给安排个地方吧。”张爱萍说：“叫他到我这儿来吧，我这里正需要这样的人才。”这年7月1日，王震“放走”了伍绍祖，伍绍祖正式进入国防科工委，学以致用。从此，他穿上了绿军装。

善于思考、勤于学习的伍绍祖虚心诚恳地向一些比他来得早的同志学习，并认真、勤恳、努力、果敢地工作。没想到，当年11月份，全国又卷起一股波涛汹涌的大浪“反击右倾翻案风”。这股浪冲倒了邓小平，也重创了王震等老同志。为此，伍绍祖也被卷了进去。于是，伍绍祖的办公地点被大字报包围，要他彻底揭发国务院那些老同志的压力一浪高过一浪。

直到“四人帮”被粉碎后，伍绍祖凭他的正直与学识、勤勉与热忱、开拓与政绩，相继被提为副科长、副局长。

当党中央向全党、全军、全国人民发出“全面开创社会主义现代化建设新局面”的号召后，中央军委随即决定军队要全面支援地方的社会主义经济建设。作为负责核工业研究、生产、发展、管理部门负责人的伍绍祖，当即给国防科委领导写了封信，提出我国的核力量没有必要同苏联、美国比。鉴于我们的战略方针是后发制人、自卫还击，我们只要拥有核武器就有威慑作用。因此，建议我们在核工业发展上要在高、精、尖上下功夫，对那些重复建设及准备建设的核工业设施要适当地关、停、并、转。这样，我国核工业的建设费用就可以大大地节省下来，用于社会主义经济建设上，也可以在完成军品任务之后，把主要精力用在民品上。这封信很快转至分管国防科委、国防工业的时任国防部长张爱萍手中。他当即批示："此建议很好。要认真研究具体落实。在保证军用的前提下，把主要力量转移到民用上。"

国防科委也以此提出了国防工业战线要"保军转民"的口号，并进一步明确了"军民结合，平战结合，以军为主，以民养军"的方针。1982 年 1 月，中央军委主席邓小平把其中的"以军为主"改为了"军品优先"，作为现阶段国防工业的方针确定下来。在具体贯彻落实中，伍绍祖一马当先。他走遍了全国所有的核工业基地；在每个基地里，又走遍了每个科、室、车间。在全面、系统掌握了第一手材料的情况下，向国防科委并中央军委提出了有关基地关、停、并、转的建议和方案。仅生产核燃料的某厂停建后，就为国家节省了若干亿元。

1982 年 8 月，国务院、中央军委批准，由国防科委、国防工办、军委装备办合并组成国防科工委。在组建领导班子时，张爱萍采取了群众推荐与组织审核相结合的办法。在群众推荐担任二级部领导的选票中，43 岁的副局长伍绍祖名列前茅。张爱萍却建议把他列为科工委副主任人选予以上报。这样伍绍祖一下子就由副师职跨越正师、副军、正军三个台阶，提到大军区副职的位置。1985 年伍绍祖又升任政委兼党委书记。

1988 年 10 月，伍绍祖被授予少将军衔。其实，他的父亲伍云甫也曾被授予少将军衔。伍绍祖曾说道："国共合作以后，八路军驻西安办事处给我父亲授了少将军衔。这个军衔是我们党给的，八路军办事处他是第一个少将。"

伍绍祖自 1982 年走上科工委领导的岗位，对张爱萍组织领导的洲际导弹、潜地导弹、同步卫星和一箭三星的试验工作，以及军事外交、军品贸易等工作，常常是亲自组织具体实施。在相当长的一段时间里，张爱萍提构想，伍绍祖去实践；张爱萍确定战略方针，伍绍祖制订战术计划。以至有人说："伍绍祖是张爱萍麾下的干将。""伍绍祖是张爱萍的影子。"伍绍祖在一篇文章中写道：“在张爱萍同志手下工作，我学到了怎样把高涨的革命热情与扎实的业务工作结合起来，怎么用政治来统帅业务工作，怎么用党的思想政治工作调动人们的积极性，怎么把国防科技工作与全党的中心工作任务结合起来。特别是他的名言‘勿逐名利自蒙耻，要辨伪真羞奴颜’，早就成了我的座右铭。”伍绍祖把张爱萍同志当作了第三位社会老师，是工作的老师。

1987 年，伍绍祖要去河北某基地视察，因当时走得急，没有订到卧铺票，要想赶时间只能坐硬座。工作人员面露难色，伍绍祖知道内情后说：“硬座就硬座，没关系，这不是联系群众的一次好机会吗？”上火车后，他穿着便服，坐在嘈杂的车厢内，与邻座的旅客们一路有说有笑，聊得十分开心。数小时的火车颠簸之后，再转乘了三四个小时的汽车，才到达目的地。当天，他就开始了工作。

还有一次去东海某前沿指导发射导弹实验，伍绍祖乘坐普通轮船，在水上行驶了十多个小时，中午时分才在杭州靠了岸。工作结束后，海军为他准备了午饭，为了节省时间，伍绍祖婉言谢绝了，他叫工作人员买了几个面包，在西湖旁的树林里啃了起来。那时矿泉水还是稀有品，工作人员在商店里找人要了一杯白开水，中餐就这样打发了。下午，伍绍祖又坐火车硬座去秦山核电站视察工作去了。

1988 年上半年，伍绍祖去内蒙古参加一个国防科研实验成功庆典。回来时，要乘坐汽车从包头向呼和浩特赶，再参加一个其他活动。临近中午，内蒙古的军地领导要盛宴招待伍绍祖，他举起了双手抱拳向领导们致歉：“不能因为我一个人吃饭，耽误其他同志的时间，对不起了！”伍绍祖叫工作人员将早晨剩的冷馒头和咸菜装进了食品袋里，午饭是在路上解决的。

伍绍祖深知党和人民对他厚爱和重托，他没有拿身份做挡箭牌，总是把自己当作是普通士兵，下部队轻车简从，经常是一两个人就出发了。无论是在机关还是在基层，伍绍祖从不摆首长的架子，国防科工委的单位遍及全国，他跑遍了所有的单位。他的工作特点是理论联系实际，当政委后每个星期，不管有多忙，他都要去下属的两个研究室和研究员们进行交流座谈，以取回真经。他的讲话稿，从来都是自己动手写，在一些非正式场合上的讲话，他事前预备好提纲，叫过身边的秘书和有关工作人员：“你们听听，我这样讲行不行？”

“反兴奋剂斗士”的改革之路

在伍绍祖家的客厅里有一张照片，画面上是伍绍祖等人陪同邓小平视察北京亚运会场馆建设的情形，拍摄时间是1990年7月3日。很多人不知道，这幅照片背后还有一个故事——就是那次视察，邓小平对伍绍祖等一行人提出了“申办奥运会”的要求。

伍绍祖说，小平同志从小就喜爱运动，直到九十高龄，仍坚持运动——他不怕风浪，在大江大海中游泳；不畏艰难，徒步攀登高山；不惧严寒，坚持冷水浴；坚持不懈，常年散步。“小平同志的体育生涯，铸就了他结实的身板。他钢铁般的体魄，担当了领导中国革命与建设的重任，成为我党第二代领导集体的核心。小平同志等老一辈无产阶级革命家，为什么这么身体力行，奉行终生。我想，这绝不只是什么个人的嗜好、爱好、习惯，而是和他们远大的革命理想和抱负有关，和他们对党、对国家、对人民的责任感有关，和他们艰苦奋斗的人生观有关。小平同志坚持锻炼身体，就是为了更好地为党工作，为人民做事。”

1990年7月3日，是伍绍祖难忘的一天。当时是北京亚运会筹备最紧张的日子。这一天，年过八旬的邓小平在伍绍祖的陪同下兴致勃勃地来视察刚刚为亚运会建好的国家奥林匹克体育中心。伍绍祖向邓小平汇报了亚运会的筹备情况，当时邓小平却关切地问起另一个问题：“中国办奥运会的决心下了没有？为什么不敢干这件事呢？建设了这样的体育设施，如果不办奥运会，就等于浪费了一半。”

伍绍祖知道，小平同志早在70年代就表示过，中国应该办奥运会。但在亚运会还没有办完的情况下，是否申办奥运会，有些同志还有些疑虑。伍绍祖曾回忆说，中国的“申奥计划”源于小平同志的一句话。“我在军队当过参谋，有一个习惯，什么都记在本上，牢牢记住了小平同志当时随口讲的这几句话。回去后，我就给中央领导、北京市的领导讲了，小平同志有这么个意思。党中央马上讨论，最后决定：申办！1990年开始启动申奥。”由于小平同志的过问，促成了申办奥运会的决策，事后证明，申办奥运会是深得全国人民拥护的，群众热情很高，尽管申办之路有些艰难。

1993年9月23日，伍绍祖作为中国奥申委主席，随中国代表团前往加拿大蒙特利尔，为中国申办2000年奥运会作最后的努力。随后的结果，中国以两票之差落败。伍绍祖回国不久，有一次见到了邓小平。邓小平对他说：“申办不成，没有关系，总结经验，但要警惕有人捣鬼。”他告诫伍绍祖，西方“什么允诺都靠不住，这个道理要管好多年，不要轻易相信许诺，拿到东西才算数，没有拿到的就不要信”。

而对于第一次申奥的失败，伍绍祖认为，这也不完全是一件坏事。“如果第一次申办成功了，以当时的国力，办奥运会费的力气要更大一些，而且还会影响改革开放的进程。没申办成功，对国人尤其是青年大学生也是一次极大的教育，知道世界上还有反对势力。”让伍绍祖欣慰的是，2001 年 7 月，中国北京终于取得奥运会的主办权，并于 2008 年成功举办了第二十九届奥林匹克运动会。

在中国的体坛上，还有一个长期争论的问题即体育工作是为了争金牌，还是为增强人民的体质，也就是说竞技体育和群众体育的关系是什么。伍绍祖上任伊始就为这一争论画了一个响亮的句号：中国的体育工作不是为了争金牌，而是为了增强人民的体质；群众体育和竞技体育是普及和提高的关系。没有群众体育，竞技体育就是无本之木、无源之水；而没有竞技体育，群众体育就是无火之柴、无翅之鹰。

伍绍祖说：“去了国家体委之后我发现，体委有一些官员的目的就是要拿金牌，拿了金牌就有钱，为了拿金牌可以没有纪律，可以没有组织，可以默认甚至纵容兴奋剂的存在，这种功利性太强的思想在上世纪 90 年代初的国家体委里面是有代表性的。中国很多事，坏就坏在，内行做领导，就要什么都管。”伍绍祖很早就反对锦标主义与唯金牌论，提出“不能眼里只有金牌”。他表示：“奥林匹克运动，要求‘更快、更高、更强’，但我理解，这主要是对运动员说的。其实，奥林匹克应该像它的宗旨所说的那样，是‘和平、友谊、进步’。从这个角度来说，参与奥运要比在奥运会取得什么样的成绩更为重要。”

1990 年，伍绍祖在访问瑞士洛桑的时候曾当面询问国际奥委会主席萨马兰奇：“为什么奥运会在全世界这么受欢迎？”萨马兰奇告诉他：“奥林匹克运动之所以不同于一般的体育运动，就在于它是一种文化。”明白了这一点，如果我们再把奥运会等同于蹦蹦跳跳搞运动，只是一味地去追求金牌，那就理解得太片面了。亚特兰大奥运会五千米冠军王军霞就对伍绍祖非常感激，她说自己的奥运金牌与伍绍祖分不开：“当时身体状态不好，压力很大，但体委主任伍绍祖告诉我，‘你拿第几我们都能接受’，正是这句话让我彻底放下了包袱。”

尽管自己的很多想法体委中的很多人最初都不理解，但伍绍祖还是作了不少的努力，他曾经回忆道：“我在体委工作时，乒乓球队就告别了‘让球’事件。我明确说了，比赛过程中不作任何让步。如果需要让球，你别让这个运动员上不就完了。这是个低层次的问题。毛主席早就指示：乒乓球不要拿全部金牌。我就记住这个了。其实，运动员都想拿金牌。”“这并不是说，我们不喜欢金牌，不愿意去拿第一。只是说，不能眼里只有金牌。如果只是朝着金牌使劲，那就难免会有服用兴奋剂、对他人使坏等丑恶现象出现。现在，‘全民健身与奥运同行’的口号就提得很好，也说明对于奥运会的认识越来越深刻了。”伍绍祖在晚年如此表示，“也许有人会说，只有金牌拿得多，才说明我们国家的实力增强了。这不能说没有道理，但二者之间也不能完全画等号。比如日本，他们在 1992 年巴塞罗那奥运会上只获得三枚金牌，他们国内没有任何反响。因为人家很清楚，不是靠金牌立国的，一块金牌不拿，照样是经济强国。在这里，特别希望我们的观众能够理解这点，要在赛场上表现出我们的雍容大度和泱泱大国之风。”

制定《中华人民共和国体育法》，是 1980 年王猛任体委主任时提出来的。伍绍祖到任后，反复研究、充实完善，1995 年 8 月 29 日的八届人大第十五次常委会上全票通过此法。之后，伍绍祖又根据《体育法》，组织力量，并亲自主持制定了与之相配套的《全民健身计划纲要》和《奥运争光计划纲要》。自此，体育走上了法制化轨道。

伍绍祖牢记清华校训：“锻炼身体，为祖国健康工作五十年。”他特别强调这条校训，因此也非常重视全民健身。而今，《全民健身计划纲要》已经在中国的土地上生根发芽。太极拳、武当功、扇子舞、秧歌舞、网球、门球等群众体育活动如雨后春笋，浪翻潮涌；大学生运动会、中学生运动会、幼儿体操比赛及社区运动会等此起彼伏、接连不断。体育活动在全社会热热闹闹地开展起来，成了人民生活中的一个重要组成部分。

伍绍祖在抓群众体育、抓改革的同时，也没忘记抓金牌，为国争光。1992 年和 1996 年，他两度率队亲征巴塞罗那和亚特兰大奥运会，均取得了金牌总数名列第四的好成绩，巩固了中国在国际体坛的大国地位。新中国成立以来到 2000 年 4 月他离开国家体育总局，中国体坛总共拿国际金牌 1300 多枚，仅在他任期内就拿了近950枚，而改革开放之前只有30枚。当有人称赞他时，他哈哈一笑：“我不能贪天之功为己有，这是党中央正确领导的结果，是全国各项事业蓬勃发展和改革开放的结果，是国家体委历届领导班子努力的结果，是体育事业发展的结果，是我们的运动员勇敢拼搏的结果。”

20世纪90年代初，中国体育开始爆发兴奋剂危机，尤其是在1994年的广岛亚运会上，仅中国游泳就被查出11人服用了违禁药物。一时间，兴奋剂几乎成为中国体育的代名词。伍绍祖明确提出要严格禁止运动员服用兴奋剂，正式建立了中国的兴奋剂检测体制和专业机构。

伍绍祖曾就反兴奋剂归纳了“一、二、三、四、五”，常常不失时机地宣讲：一就是要端正一个认识，即用兴奋剂不是为国争光，而是为国抹黑，是卑鄙无耻的欺诈行为；二是两条战线作战，一条是同西方反动势力对我国无端攻击的作战，另一条是同自身的错误思想和行为作战；三是“三严”，即严令禁止，严格检查，严格处理；四是“四个不用”，即拿不到金牌也不用，查不出来也不用，别人用了我也不用，别人让用也不用；五是“五个不符”，用兴奋剂一不符合马列主义，二不符合社会主义，三不符合人民的利益，四不符合国家的利益，五不符合运动员个人的利益。伍绍祖曾说过一句名言：“（金牌）能拿多少就拿多少，而且要拿真的，不能拿假的！”在伍绍祖长期坚决的支持下，中国反兴奋剂成果显著。国际奥委会主席萨马兰奇曾称赞说：“中国在反兴奋剂问题上是世界的模范。”后来，国际奥委会在瑞士洛桑召开世界反兴奋剂大会，对中国的反兴奋剂工作给予了充分肯定，并请伍绍祖在大会上介绍经验。

伍绍祖在国家体委工作期间倡导并推行了一系列改革措施，他把这些措施的目标归纳为六化：一是生活化，即把体育锻炼与小康水平联系起来，使其成为人们生活中不可缺少的内容；二是普遍化，即要使体育运动至少普及一半国民；三是社会化，即不再只靠国家办体育，而是靠社会来办；四是科学化，即使训练器材、场馆、活动方式等都达到科学标准；五是产业化；六是法治化，即要以法治体，依法行政。

他在体委进行的改革，震动最大的恐怕莫过于1992年正式确定把足球作为体育改革的突破口，由此带动我国体育进入艰难的产业化改革。当时不少人在观念上转不过弯来，有人认为这非明智之举，也有人认为对原有体制进行全面改革，将影响我国体育在国际体坛上的地位。有人不赞成，他们觉得即使搞好了有什么用，也拿不到金牌。但伍绍祖坚定地认为，足球要发展必须要靠改革寻求出路。“当时，中国足球确实差，拿差的东西来搞，即便搞不好也损失不到哪去。所以，我就大力支持王俊生（原中国足协主席），让他放手来搞。”

1993 年 4 月的体委主任会议上，就靠国家养还是走产业化道路这一问题所展开的争论相当激烈。而伍绍祖对此有一套“打气筒理论”：有好心人免费为过路的单车打气，会受到表扬，但是他这个打气筒的使用寿命是有限的，若气筒坏了，无钱买新的，这项善事也就停止了。因此，也决定了这是为少数人服务的一种体制，是无生命力的机制。而另有人实行收费打气，一次一角钱，这样令人有积极性从事此项活动，又可在打气筒损坏时有钱购置新的，而且他还可以靠积累扩大生产，多添置几个打气筒。有投入也有产出，这种机制才是可取的。把他的这一理论引申到体育，就是不可再靠国家拨钱、大款化缘的“输血”方式过活，这不会有强大的生命力，而是要像发达国家那样靠社会、走产业化来“造血”。

伍绍祖说：“原来全国只有一千多名运动员踢球，到我离开体育系统时，全国有三百多个俱乐部，六万多运动员在踢球。”现在，虽然中国足球仍在探索中前进，但不可否认的是，伍绍祖主抓的改革，深刻影响了这项运动在中国的开展。

如今中国体育彩票已经成了中国体育发展的重要基础。很多人并不知道体育彩票也是在伍绍祖的努力下推动发行的。“这不是国家体委一方面的事情，这需要国务院和财政部多个部门的研究和同意，他为了搞成体育彩票，在财政部和国务院跑了很多趟，说服了很多人，也作了相当多的工作，一起设定了发行、监督等各个环节。”著名体育记者汪大昭说，体育彩票在 20 世纪 90 年代初开始申请时，也有很多争论，但事实上从 1994 年开始，它为中国体育发展做出了很大的贡献。

国家体委并非单纯领导管理专业运动员，还对全民的体育运动进行指导和管理。伍绍祖对体育与体育工作者有一个精辟的认识，他说：“体育是一项非政治的事情，而体育工作则是一种政府行为，与政治密切相关。”

1998 年 3 月，国务院机构改革，国家体委更名国家体育总局。作为最后一任体委主任和首任体育总局局长，伍绍祖与他领导的体育战线的同志在拥护机构改革的同时，更清醒地认识到，体育工作的基本任务、基本方针、基本思路和基本依据是永远不变的。作为体育主帅，他工作中自有一套谋略。他曾说：“我当一把手就是遵照五个‘大’字去干的。第一，政治上把握‘大’方向。体育就是要为党的基本路线服务。第二，组织上搞‘大’团结。要搞五湖四海，为党的事业奋斗。第三，业务上‘大’放手。做到人尽其用，发挥人才优势。第四，工作上要组织‘大’系统。要搞系统工程，这样可以胸中有数。第五，待人要‘大’肚量。即使人家骂你两句，也不要去计较……”

积极地看待进退与生死

2000 年 4 月 15 日，中组部下令将伍绍祖调离国家体委，“那时我们正在紧张备战悉尼奥运会和申办第二十九届奥运会。尽管一般都认为临阵换将不好，但我表示坚决服从组织安排。5 月下旬，我被调到中直机关工委。2002 年接替武连元担任常务副书记。”

当年，有关他的传闻几乎没断。最集中、最突出的是：“伍绍祖支持法轮功，接见过李洪志，没有伍绍祖的支持，法轮功不会发展到今天。”“伍绍祖已经被‘双规’。”一时间，坊间谣传伍绍祖是“法轮功”的后台。真实情况是，“法轮功”兴起后，“法轮大法研究会”将其作为一种健身功法多次向国家体育总局申报，伍绍祖都坚持不予批准；某省体委来信推荐，并向国家体委施加压力，伍绍祖也未予理睬。伍绍祖事后反省，由于能力和水平所限，当时没有从“法轮功”的活动中深刻认识到这是涉及党员的根本信念，关乎建设有中国特色社会主义的思想基础，可能亡党亡国的重大问题，没有认定其邪教性质，只是把它当作很多没有被推荐的功法之一。所以，在“三讲”（讲学习、讲政治、讲正气）的时候，伍绍祖对此作了深刻的检查。但他对“法轮功”不予支持，是众所周知的，而且带领国家体委同志对其进行抵制、与其斗争也是有目共睹的。

可是，他怎么也没想到，当中央宣布“法轮功”是邪教组织之后，有人竟然散发传单，伪造他与李洪志见面的照片（后经公安部门鉴定，这是人工合成的，伍绍祖从未见过李洪志），说“伍绍祖支持法轮功”，还多次在公开场合指责他，甚至声讨他。对于这些造谣污蔑，他都一笑置之。

中直工委是直接为党中央服务的工作机构，下辖 34 个部门和单位的党委。中共中央办公厅、中央的几个部、中央的宣传机关以及中央管的工、青、妇等群众团体均在其中。伍绍祖心里清楚，要做好直接为党中央服务的工作，就必须有一支符合党中央工作需要的有一定水平的队伍。也就是十多年前，他在国防科工委工作时张爱萍常讲的那句话：要干好尖端的工作，首先要有尖端的思想。他深感中直工委的干部素质高、风气正，但也明白在新的形势下仍需要不断加钢淬火。于是，他报请批准，先后主持召开了思想政治工作重大课题研讨会、《中直党建》信息工作会、“三个代表”与新世纪青年研讨会等会议，他还在中直机关破天荒地举办了首届足球比赛、桥牌比赛，组织创建了中直机关工委局域网。集腋成裘，百川归海，他要把中国、世界的最新信息集中起来，为党中央提供最新、及时、迅速、准确的服务……

“2004 年 5 月，中央组织部原副部长孙晓群接替我担任中直工委常务副书记。在交接工作时，我认认真真地向他交代了 50 件正在做的事情。从那时起，我就专心做全国政协的工作了。2008 年 3 月 2 日，我的十届全国政协委员的任期结束了。”之后，伍绍祖当选为全国政协常委、社会和法制委员会副主任。在政协工作期间，伍绍祖认为，在目前全国形势一片大好的局面下，只是保持艰苦朴素的作风还不够，更应该大力弘扬谦虚谨慎、戒骄戒躁的作风。“地方上的很多党政机关的同志说话做事‘颐指气使’，政协在这些方面要发挥民主监督的作用。”那么，政协工作怎么做，政协委员怎么当？伍绍祖指出，政协要发挥监督作用，这种监督和人大的监督不一样，政协工作需要开辟工作新途径，建议把“长期共存，互相监督，肝胆相照，荣辱与共”列入“五个坚持”中。他说，“科学的发展观不应该仅限于‘五个统筹’，还需要进一步研究人民内部矛盾这一重大理论问题。”

伍绍祖认为，新形势下的人民内部矛盾至少有这样几个特点是比较突出的：一是影响人民内部矛盾的社会因素及其作用具有广泛性和深刻性，国际社会大变动和国内社会大变革对人民内部矛盾的影响日益深刻；二是人民内部矛盾呈现出复杂性和某种尖锐性，有些矛盾往往相互关联、涉及许多方面，群体性事件是人民内部矛盾尖锐化的突出表现；三是经济利益矛盾处于诸多矛盾中心地位，思想领域的矛盾往往成为其他矛盾的先导和集中反映，制度体制方面的矛盾影响和制约着其他矛盾的解决；四是干群矛盾较为突出，领导干部的处事不公和腐败问题严重影响着干群关系和党群关系，领导干部的素质、能力和形象成为解决人民内部矛盾的重要因素。

“正确处理新形势下的人民内部矛盾仍然是我国政治生活的主题，这关系到社会稳定，关系到人民群众能否团结一致为实现全面建设小康社会的目标而奋斗。”伍绍祖认为要解决新形势下的人民内部矛盾，一是要用发展的办法解决人民群众在发展中出现的矛盾和问题；二是一定要用改革开放的办法；三是积极采用和发展民主的方法；四是加强对新形势下人民内部矛盾问题的研究。对新形势下的人民内部问题必须高度重视，研究内容要注意全面性，兼顾各个方面，既要研究人民群众最关心、最紧迫的现实问题，又要研究关系人民群众长远的、根本的切身利益的问题；既要研究人民群众的共同利益问题，又要研究不同群体的特殊利益问题；既要把人民内部矛盾问题作为研究的重点，又要高度重视西方敌对势力对我国破坏捣乱问题的研究，特别要加强对西方敌对势力利用人民内部矛盾制造事端等问题的研究。

作为全国政协社会和法制委员会副主任，伍绍祖曾呼吁：领导要贴近群众，警卫人员不要让领导脱离群众。伍绍祖提起自己下乡视察时发生的一件事。他晚上住在群众家里，第二天醒来时发现，当地的公安和警卫人员就在群众家的房顶站了一夜岗，闲杂人等不得入内。我国的警卫制度是新中国成立后从苏联照搬过来的，过于严格，建议对警卫工作进行改进，以便适应领导贴近群众的需要。“毛主席说我们的警卫工作是两点论，‘既要斗得过敌人，又不要脱离群众’。而我们现在的警卫工作，‘斗得过敌人’做得很好，‘不要脱离群众’就做得不好。”他建议改善现在的领导警卫工作。

退休之后的伍绍祖依然很忙。“我在党政军群都干过，什么事都跟我有点儿关系，退下来后担任了不知多少顾问，到处有人请，事情不断，比上班还忙。我有一个标准，只要对人民有利的事就做，否则就不做。我总想，活着多做点儿贡献，死了想做也做不了啦！”因为祖籍是湖南耒阳，有关耒阳农耕文化节等相关活动他总是乐于参加，并发表热情洋溢的讲话或题词以示支持。退下来后虽然没有任何官方职务，但他从不放松自我要求，因为他还是一名中共党员。不过也会碰到一些借着名人效应谋求私利的人，“我有时也很难识别”。

伍绍祖虽不喜欢参加体育活动，但是晚年常跟夫人学习健身操，太极拳和太极剑也时常练练。他说打拳的关键在于要懂得太极拳的奥妙：第一，要连贯；第二，要有呼吸的配合；第三，要牵一发而动全身；第四，要全神贯注。他散步很认真，一天三次，每次半小时，即使是出差在外地，也会坚持。晚年，他还常常惦记着中国的体育事业：“尽管人离开了体育战线，但我的心还在继续关注体育。”

“如果我能活到80岁，作为一个马克思主义者，要积极地看待生死。一方面要与疾病作斗争，另一方面要像革命先烈一样视死如归。我想，如果我走了，就把骨灰埋在一棵树下，让这棵树枝繁叶茂，为地球增添一点绿色。”这是伍绍祖豁达的生死观。

2012年9月18日15时，伍绍祖因病在北京逝世，享年73岁。谦和、儒雅、可敬的伍绍祖走了，留下的是一个个体育传奇，留下的是他不朽的人格魅力！

第9章 家庭联产承包责任制的大力支持者

他在北平“一二·九”运动中参加过学联，领导学生运动；抗日战争期间，从事敌后抗日武装斗争和民主政权的领导工作；解放后，参与过新中国历史上最初的包产到户试验，曾长期参与中国农村问题的决策制定工作；改革开放后，他主持起草了改变中国农村历史的中央“1号文件”，创造性提出“家庭联产承包责任制”。这位中国农村改革重大决策参与者和亲历者，就是被誉为“中国农村改革之父”的杜润生。

中国农村改革是举世瞩目的一件大事。这一改革是从中共十一届三中全会后正式开始的，它不仅使中国农村面貌发生了深刻的变化，而且推动了城市乃至整个国民经济体制的巨大变革。农村改革是以家庭联产承包责任制为突破口，通过它破除了长期存在的“一大二公”、权力集中的人民公社管理体制，摈弃了平均主义和吃“大锅饭”的分配办法。这是经济领域内的改革，更是政治思想领域内的一次伟大解放。就中国农村改革的成功所带来的农村天翻地覆的变化而言，杜润生功不可没。

“小脚女人”的革命与被革命

杜润生是山西省太谷县阳邑村人，出生在一个破落的富农家庭。“祖父原来是经商的好手，但家业传到我父亲手上时，已日渐式微，几笔失败的生意使得家道中落。”更悲哀的是，杜润生13岁丧父，14岁丧母，小小年纪就饱尝了丧亲之痛。

面对生存的压力，杜润生发誓好好读书，将来要重新整顿家业，使祖辈的事业发扬光大。他在舅父的帮助下读完了小学，于1927年考入太原国民师范读书。时值北伐战争结束，三民主义未能实现，各党派都在宣传自己的主张。杜润生曾寄希望于国民党改组派，但其成员在野时讲革命，一旦当了官就腐化，令青年们大失所望。蒋介石对内加紧镇压革命，“九一八”事变后却对日采取不抵抗政策，反动面目大暴露。经过冷静地观察，杜润生感到真正为中华民族实干的只有中国共产党。在抗日救亡运动中，杜润生很想靠近共产党，因苦于找不到组织，他与其他青年组织了一个“九一八读书会”，发动抵制日货，开展抗日宣传。后来学校成立学生会，他积极参加，并成为骨干。

在共产党的影响下，太原学生运动纠正了放任自流的倾向，把斗争锋芒对准国民党反动分子。太原国民师范校长梁先达和教育所所长苗培成，是国民党省党部委员，压制学生抗日运动，学生们发动驱逐梁、苗二人的斗争，组织了包围省党部的请愿活动，杜润生是学生代表之一。军警当场开枪，打死一人，伤十余人，杜润生也受了伤。惨案教育了民众，也更加坚定了杜润生参加共产党的决心。他认为：“没有共产党这样的组织，帝国主义及其走狗国民党反动派就打不倒。”1932 年 10 月，杜润生先后加入了共产党的外围群众组织——抗日反帝同盟会和社会科学家联盟。

驱梁学潮发展到反对当时统治山西的军阀阎锡山，即遭到镇压，杜润生被通缉，他只好到乡下躲避一段时间。1933 年来到北平，考入北平师范大学文史系，一面学习，一面从事学生运动。1935 年，因被同乡告密遭逮捕，关押数月后被释放出狱。在“一二·九”运动中，他是学联代表，后任中华民族解放先锋队区队长、总部宣传部长。1936 年夏季，杜润生加入中国共产党。

抗日战争全面爆发后，杜润生在太行山地区参加抗日游击战争，投身根据地政权建设。他历任晋冀豫抗日义勇军三支队队长，太行区党委宣传科科长，太行太岳冀南联合办事处教育处处长，晋冀鲁豫边区政府委员，教育厅秘书主任，太行山六分区专员、二分区专员，太原军调小组军事代表，太行区党委城市部太原城委书记，太行行署副主任等职。

解放战争中，杜润生随刘邓大军南下，参加了挺进大别山的战斗。后来，投入淮海战役，参与领导所在地区的土地改革运动，先后担任中共中央中原局秘书长、中共中央华中局秘书长、淮西区工委书记、中共豫皖苏地区四地委书记。

新中国成立初期，杜润生担任中共中央中南局秘书长兼政策研究室主任、中南区军政委员会土地改革委员会副主任。在领导中南新区的土地改革运动中，他提出了分阶段进行土改的主张，即普遍发动群众、剿匪反霸、建好农会组织，再转入分配土地。他还提倡下乡参加土改的干部与群众同吃、同住、同劳动，以利于党的基层组织建立在贫苦农民的阶级基础上。

1950年初，中共决定召开全会讨论土地改革。这一年，为起草土地改革报告，37岁的杜润生被两次召到中南海。这是杜润生解放后第一次见到毛主席。毛泽东得知杜润生是山西人后说："自古三晋之地，人才辈出，三皇五帝，建都、打仗在此发迹。八路军也是在山西壮大的。"毛泽东还指着杜润生说："你们杜家出人才，历史上杜预、杜佑、杜甫等，有好几位姓杜的。"毛泽东这一番话，使杜润生感到一下子拉近了与主席的距离，消除了陌生感。接着，杜润生向毛泽东汇报了中南地区土地改革的打算。遵照毛泽东的指示，杜润生将有关情况写成报告送中央研究室，毛泽东曾亲自批示。

杜润生曾回忆说："通过两次会面，我感觉毛主席平易近人，很和气，注意听取别人的意见，既坚持原则又从善如流，是大政治家。""他是同意了我们一条意见，否定了一条意见。"

杜润生在土改中的表现给毛泽东留下了深刻印象。1953年，杜润生被上调北京，担任刚刚成立的中央农村工作部秘书长一职。邓子恢任部长。在他们向毛泽东报到时，毛泽东明确交代，农工部的主要任务是推行中央关于农业生产互助合作的决议，配合国家工业化的发展，逐步引导农民走向集体化的道路，完成对个体农业的社会主义改造。同时还要求他们与农业、林业、水利等合作部门的党组建立经常的联系，代表党委对他们的工作加以具体指导，同时要深入农村进行调查研究，为中央制定"三农"工作的方针政策提供依据。

在农业合作化运动的初期，按中央决议推进农民的互助合作，邓子恢和杜润生提出的一些意见，毛泽东开始也是接受和支持的。但后来农村建立合作社的发展势头非常迅猛，他们跟不上毛泽东决策的变化，彼此出现分歧。主要表现在：第一，毛泽东主张发展农业生产合作社的速度要快，他们则主张慢一点儿，在不同的发展阶段要控制建社的一定数量；第二，在中南局土改结束以后，他们提过给农民经济活动的自由，就是商品交换的自由、借贷自由、雇工自由和租佃关系的自由，即"四大自由"，毛泽东认为这是资产阶级民主革命派的主张，缺乏清算；第三，关于合作社的形式，他们主张搞多样化，不要限于一个形式。所有这些，毛泽东都不接受，认为是右倾错误。

1955年10月，中共中央召开七届六中全会扩大会议。会上，毛泽东及中央主要领导人点名批评了邓子恢和杜润生，说他们“在社会主义高潮到来之前，像‘小足女人’（在后来的会议和文章中则称‘小脚女人’）走路”。全会上，邓子恢和杜润生被迫分别做了检讨。七届六中全会结束后一年，中国农村就基本全面实现了“合作化”。从1953年起计划十五年完成的事情，三年时间就完成了。而邓子恢和杜润生却因言获罪。几年以后，中央以农工部“十年中没做一件好事”为由，撤销了这个部。被解除职务的杜润生本来要被下放到基层，中央组织部部长安子文惜才，将其留下。1956年杜润生被调入中国科学院工作。在这里，他接触了许多科学家，把各种科学综合进了自己的农业发展思想中。其间，他主持起草过曾被誉为“科学宪法”的“科学十四条”。

“文革”中，杜润生成为科学院第一个被打倒的人，被打成“叛徒、刘少奇的忠实追随者、极右倾的机会主义分子、大批解散农业合作社的罪魁祸首”，开除党籍，撤销公职，扫地出门，杜润生被赶到一个破旧的小屋中暂住。尽管遭受折磨，但是他对中国的革命事业有充分的信心，从不悲观失望，“对农村问题总是念念不忘，一面自我检查，一面作为旁观者不断反思，向历史实践寻找答案，渴望水落石出，看出究竟”。与政治上陷入低谷的杜润生相比，当时的中国社会呈现出的是一派热火朝天的景象，继农田水利基本建设、小社并大社、全民办工业等运动之后，又掀起了“大跃进”和人民公社运动的高潮。

这番经历给了杜润生静心博览群书、学习马列经典著作、深入实际调查研究和体察民情的机会，为他此后参与和领导农村政策研究奠定了基础。晚年，杜润生在对“大跃进”和人民公社的评述中，反思自己最初赞同的理由和做过的讲话，并未掩饰。同时，他也没有避讳“名人”的失误。杜润生曾说，在“大跃进”时期，一次毛泽东问科学家钱学森：一亩地到底能打多少粮食？钱学森从纯科学道理上讲，如果把植物所接受的太阳能都转化为粮食，一亩地产四万斤粮食是可能的。毛泽东相信了亩产万斤这种理论，于是，包括杜润生在内的负责农业的领导都被找了去，中央开始研究粮食多了怎么消化的问题。“得出的结论是，如果亩产达到一万斤，中国无论是吃、是用，还是酿酒，任何办法都无法有效处理那么多粮食。”最后还是毛泽东一锤定音，“三三制！”即只用耕地的三分之一种植农作物，三分之一休闲和种植绿肥，三分之一种树种草。

杜润生曾将其山西太谷老家的农民请到北京来了解情况。农民说：现在上报统计都是假的，用的是移植法，几十亩地的红薯都移到一亩地里。为此，杜润生自己专门到天津郊区考察，“地里每一行都是拉着电线用电灯照明，庄稼密植度大得进不去人，一看就是假的”。

首个中央涉农“1 号文件”诞生的阵痛

波澜壮阔的中国改革事业，发端于农村。改革开放三十多年，围绕农业、农村、农民问题，中央出台了一系列重要政策文件，包括数个中央全会文件和十多个中央“1 号文件”。在不同历史阶段，中央农村工作文件准确把握保护农民物质利益、尊重农民民主权利、不断解放和发展社会生产力的改革主线，加速了城乡协调发展的历史进程。这些有关“三农”的中央“1 号文件”，记录了农村改革前进的步伐，闪烁着农民首创精神的光辉，也彰显出中央对“三农”问题的重视程度。改革初期，中央农村工作文件起草时一般都是先分门别类下去调研，还常常委托地方和外单位调研，广泛听取干部群众的意见。起草、汇报、研究政策措施……最终由决策层定下来。

1982 年 1 月 1 日，中共中央发出第一个“1 号文件”，对迅速推开的农村改革进行了总结，并对当年和此后一个时期农村改革和农业发展做出了具体部署。之后，连续四年的中央“1 号文件”都是关于农村政策的。1982 年首个“1 号文件”突破了传统的“三级所有、队为基础”的体制框框，明确指出包产到户、包干到户或大包干“都是社会主义生产责任制”。这个文件不但肯定了“双包”（包产到户、包干到户）制，而且说明它“不同于合作化以前的小私有的个体经济，而是社会主义农业经济的组成部分”。那么，首个“1 号文件”是如何诞生的呢?

中国改革的起点是以“包产到户”为标志的农村改革。然而，中共十一届三中全会决议的规定却是“不许包产到户”。改革起点的两个标志事件竟然是不等式，其中斡旋的推手便是杜润生。

话说十年浩劫重创在杜润生的身上，他被开除党籍，扫地出门，接受审查。当阴霾散去，农村工作需要他时，杜润生第一时间站到了工作岗位上，国家新成立了国家农业委员会，杜润生因为有农村工作经验，被任命为副主任。虽然身心都受到重创，平反后的杜润生只是感慨浪费了十年时间，他只争朝夕地工作，争取为党多作一份贡献。

对于自己66岁而重回阔别23年之久的农口，杜润生曾这样回忆："为什么调我回农口呢？我想可能是党的十一届三中全会决议要加强农业，纠正过去'左'的东西。……1955年我犯右倾错误，当时中央组织部长安子文批评我：农民观念数你强，了解情况材料数你多，就是政治上弱，看不清大方向。现在风向在变，也许因此而调我到新成立的农委工作。"

初回农委工作，有同志好言相劝，要杜润生紧跟党中央，接受邓子恢当年的教训，不要搞包产到户。另外一些同志则说，包产到户势在必行，只是个时间问题。虽然长期离开了农口，但身离心不离，熟悉农村情况、敢于替农民讲话的杜润生毅然决然选择了支持农民这一伟大的创举，坚信"野火烧不尽，春风吹又生"。

在高层，"包产到户"依然是一个非常敏感的争议问题。1980年在中央长期规划会议上，杜润生借机提出先在贫困地区试行包产到户。他说："贫困地区要调那么多粮食救济，交通又不便利，靠农民长途背运，路上就吃了一多半，国家耗费很大，农民所得不多。建议在贫困地区搞包产到户，让农民自己包生产、包肚子，两头有利。"这个建言得到时任国务院副总理姚依林的支持，随后邓小平也终于发话表示赞同——在另一次谈话中，邓小平还赞扬了安徽肥西县的包产到户和凤阳的大包干。

1980年9月，杜润生受中央委托，在中央召开的省委第一书记会议上发言，为国家农委代中央草拟的《关于进一步加强和完善农业生产责任制的几个问题》的文稿作说明，着重谈处理好包产到户问题。杜润生在发言前，对包产到户问题会上已经发生了激烈的争论，公开表示赞成的是辽宁的任仲夷、内蒙古的周惠、贵州的池必卿，这是少数；多数沉默；有的还坚决反对。反对的人说："包产到户是条独木桥。我们不走这条独木桥。"池必卿则针锋相对地说："你走你的阳关道，我走我的独木桥。"据杜润生回忆，会议休息当中，一位同志拉住他说："包产到户，关系晚节，我们有意见不能不提，留个记录也好。"意见严重不统一使得会议无法继续。

随后，杜润生的发言言简意赅，用两千多字分八条来讲，对包产到户的由来、性质和好处都讲了，其中最突出的是他海纳百川，把各方的意见兼容并包，机智地选择了避开争论、最易统一双方认识的三个问题做文章：

一是强调要尊重农村干部勇于探索的精神和农民群众的自主选择权。对农民，他很有针对性地说："必须坚持社会主义方向，但要从实际出发，联系农民，照顾农民要求，以便于更好地引导农民前进。”“如果群众自发搞包产到户，就应积极去领导，而不可顶牛或放任自流。”“不该搞而搞了的不要硬纠。”“还有些是需要搞而没有搞的，任群众自主选择，以免与群众对立。”对干部，他说：“鼓励解放思想，调查研究新情况、新问题，勇于探索，言者无罪，兼听并收。”

二是他既阐明包产到户、包干到户是社会主义经济的一种责任制的道理，但又不强加于人，明确提出：“这个问题上一些不一致的认识，可留待实践中解答。”

三是他阐明在全国各地都不同程度地暗中搞起来的包产到户，是解决长期以来没法解决的温饱问题的好办法。他说：“集体经济办不好，群众不积极；群众不积极，集体经济更办不好，形成恶性循环。包产到户可以作为一种对恶性循环的突破，不失为较好的选择。调查表明，实行包产到户后，大多增产。”

当时“左”祸长期横行局面才扭转不久，哪个省的一把手敢夸口说自己省里没有温饱问题要解决的呢？于是，听了杜润生的发言，相持不下的一把手们，对包产到户问题采取了妥协折中的态度，很快通过了代拟稿。

最终形成后来著名的“75号文件”（即《中共中央关于进一步加强和完善农业生产责任制的几个问题的通知》）：在边远山区和贫困落后地区，群众“要求包产到户的，应当支持群众的要求，可以包产到户，也可以包干到户”。还提出：非边远山区、贫困落后地区“已经实行包产到户的，如果群众不要求改变，就应当允许继续实行”。这就改变了此前中央文件规定的“两个不许”（不许包产到户，不许分田单干），也比随后中央文件规定的“一个不许”（不许分田单干）、“一个不要”（不要包产到户）大大前进了一步。

这年12月召开的中央工作会议上，邓小平发表讲话肯定了“75号文件”的制定，但当时农村改革刚刚开始，“只有三分之一的省干起来”，其他省“有不同意见”，没有执行。特别是中央领导班子的调整尚未完成，指导农村改革的思想不尽一致。《人民日报》、《农村工作通讯》、《山西日报》、《大众日报》、《湖南日报》等报刊甚至发表文章批评“包产到户”。因此，“75号文件”受到阻力。

中国改革率先从农村突破的背后

1981年6月29日，中共十一届六中全会通过了《关于建国以来党的若干历史问题的决议》。对毛泽东的是非功过作出了正确结论，针对国际国内形势，党中央迅速着手进行农村改革。

7月18日，杜润生向万里汇报农村工作时，万里对杜润生说，中央“75号文件”中的有些内容给极左的人和不实事求是的人撑了腰。比如说“我国多数地区集体经济是巩固的或比较巩固的”；农业改革在一些地区要突破人为障碍的问题，还没有完全解决。万里提出，要考虑制定新的文件。

7月31日，胡耀邦阅批了一期《国内动态》清样，并对万里说：“我考虑今年9、10月要再出个农业问题指示，题目可叫‘关于搞好明年农业生产的几个问题’。请考虑是否叫农口同志先酝酿一下，如杜（指杜润生）。在下去考察前，也可找他先谈一次。”

这年，杜润生组织了17个联合调查组，分赴15个省调查包产到户。来自安徽的调查组报告说，包产到户是“农村的曙光，中国的希望”。这一年全国有161万个生产队包产到户，占生产队总数的32%。调查中许多农民的淳朴话语给杜润生留下了深刻印象。江苏的农民说：“不怕累，就怕捆。”石家庄一先进大队的农民说：“原来是把大家都拴在一个槽上，挤在一起吃那一点儿草料，管吃不管饱，自己找点儿东西吃都不让，只能一起饿肚子。”农民实践探索出来的适合生产力要求的产权形式，却久久得不到合法的承认，这场观念的交锋，在当时中国产生的思想冲击，让杜润生终生难忘。

8月4日，胡耀邦找杜润生谈话，布置了文件起草工作，并特别提出了政策放宽问题。胡耀邦指出：我国农业从1978年以来的好转，主要得力于党的十一届三中全会出台的加快农业发展的二十五条政策，要继续放宽政策。最后要求文件能于11月上旬提交中央拟召开的工作会议讨论。

9月上旬，国务院领导布置国家农委召开安徽、浙江、黑龙江、贵州等省农口负责人和滁县、嘉兴等地区主要负责人参加的座谈会，就文件起草的问题进行了讨论。会上，滁县和农业部的同志发生激烈争论。当时，争论的焦点集中在下一步该怎么办。一种主张是维持中央“75号文件”的框子，不再扩展；一种则主张只要农民愿意，就不要限制其发展。这一争论，涉及的深层次问题是“包产到户”究竟姓“资”还是姓“社”的问题。

10月4日至21日，中共中央召开了农村工作会议，各省主管农村工作的负责人都到会参加。其间，中央书记处在10月12日还专门接见了会议代表，一起讨论了文件草稿。文件草稿肯定了杜润生倡导的家庭承包土地经营制度。在讨论中，胡耀邦针对“包产到户”究竟姓什么的争论时指出：现在有一个问题，文件需要讲清楚，这就是农村改革与“包产到户”，并未动摇农村集体经济。可是有些干部、群众总是用习惯语言，把改革说成是“分田单干”，这是不正确的。责任制用了“包”字，本身就说明不是“单干”。土地是最基本的生产资料，坚持土地公有不变，只是“包”给农民，而不是“分田”，这应向干部和群众进行宣传解释，说明我国农业坚持土地公有制是长期不变的，建立生产责任制也是长期不变的。最后，文件草稿由各省带回去，经过省里讨论，并根据各省意见进行了修订。

12 月 21 日，中央政治局召开会议，讨论通过了修改意见稿，并定名为“全国农村工作会议纪要”。当这个文件在政治局获得通过后，杜润生找到胡耀邦、赵紫阳两人，建议将这个文件安排在 1982 年的元旦发出，成为新年的第 1 号文件，以便引起全党和全国重视。胡耀邦和赵紫阳当即表示赞同，胡耀邦随后签发了这个文件。

于是，1982 年 1 月 1 日，中共中央批转了《全国农村工作会议纪要》，指出目前农村实行的各种责任制，包括小段包工定额计酬，专业承包，联产计酬，联产到劳，包产到户、到组，包干到户、到组，等等，都是社会主义集体经济的生产责任制。这样，“中发［1982］1 号”文件便诞生了，正式肯定了土地的家庭承包经营制度，结束了对包产到户长达二十多年的争论。

“1982 年这个文件第一次以中央的名义取消了包产到户的禁区，尊重群众的选择，并宣布长期不变。文件的另一要点是尊重群众的选择，不同地区、不同条件，允许群众自由选择。”杜润生回忆说，“这个文件报送给中央，邓小平看后说‘完全同意’。陈云看后叫秘书打来电话说：这是个好文件，可以得到干部和群众的拥护。”

这一文件的重大意义在于初步说明了“包产到户”不姓“资”，并强调要进一步注重放宽农村政策。当时农民称中央的“1 号文件”好比让他们吃了一颗“顺心丸”。这个文件发布后，到 11 月统计，全国实行“双包”的生产队占到 78.8%。1982 年的农业总产值比上年增加 11.2%。当时胡耀邦说：农村工作方面，每年搞一个战略性文件，下次还要排“1 号”。于是，此后的四年，每年元旦都发一个关于农村问题的中共中央文件。

虽说第一个“1 号文件”打破了政策坚冰，但是很多实际问题接着涌现出来，亟待解决。比如允不允许私人购买拖拉机，农民能不能倒买倒卖长途贩运。再比如雇工已经出现，政策是否允许，等等。今天看来这些都不成问题，但在当时则属于争议极为激烈的大政方针。为了解决这些现实问题，杜润生又指挥部下展开紧张的调研，在各地召开一系列会议讨论研究，并且继续争取最高层的支持，起草新的文件。

1983 年 1 月，中共中央发布第二个“1 号文件”——《当前农村经济政策的若干问题》。文件要求继续完善和稳定家庭联产承包责任制，要求搞活农村工商业，放宽农村流通领域政策，促进农业生产向商品生产转化。农民完成统购统派任务后的产品，私人也可以经营买卖，可以进城，可以出县、出省。允许农民个人或合伙进行长途贩运。允许农民个人购买农业机械。对农村工商个体户的政策，参照城镇个体经济的政策执行。农村的基础设施，也可以由农民个人或合股兴办，实行有偿使用。

1984 年 1 月 1 日，发布第三个“1 号文件”，即《中共中央关于 1984 年农村工作的通知》。文件宣布了一项农民极为关切的内容：“土地承包期一般应在十五年以上。生产周期长和开发性项目，如果树、林木、荒山、荒地等，承包期应当更长一些。”文件要求疏通城乡流通渠道，允许农民资金自由流动，发展农村商品生产，放宽农村雇工政策。对于雇工超过规定人数的，“可以不按资本主义的雇工经营看待”。文件要求制止对农民的不合理摊派，减轻农民负担，鼓励农民进入城镇务工，改变“八亿农民搞饭吃”的局面。这是鼓励农民脱离耕地进城当“农民工”的最早的文件。以上两个文件发布之后，温州纠正了当初压制农民搞私营经济的做法，给“八大王”恢复了名誉，称赞“八大王”是发展商品经济和搞活流通的能人。

1985 年 1 月 1 日发布了第四个“1 号文件”，即《中共中央、国务院关于进一步活跃农村经济的十项政策》。十条中，最重要的是第一条“改革农产品统购派购制度”，标志着农村经济进入商品经济发展新阶段。

1986 年 1 月 1 日，发布了《中共中央关于 1986 年农村工作的部署》。这是第五个“1 号文件”。1985 年，农产品产量下降，农民收入增长缓慢了，一些人对农村改革产生了质疑。针对这种情况，文件强调了要坚持改革，依靠改革解决农业生产中遇到的问题。文件重申要以农业为基础，提出了增加农业投资和水利投资，提高和改善农业技术，加强服务等一系列政策措施。

这五个连贯发布、指导农村改革和发展的“1 号文件”，其主要精神分别是：1982 年，正式承认包产到户的合法性；1983 年，放活农村工商业；1984 年，疏通流通渠道，以竞争促发展；1985 年，调整产业结构，取消统购统销；

1986年，增加农业投入，调整工农城乡关系。五个“1号文件”可圈可点，总的方向是一步步消除“左”的束缚，解放农民和农村生产力，从而为中国农村的现代化奠定了最初的政策基础。作为中共中央书记处农村政策研究室主任兼国务院农村发展研究中心主任，杜润生主持起草了这几个有关农村政策的文件。每年初布置调查题目，秋季总结，冬天起草文件，次年初发出。

杜润生由于长期从事我国的农村工作，有深厚的“三农”工作底蕴。他反复强调农研室的工作一定要代表最广大农民的愿望和要求，要推动和促进农业生产的发展。因此，农研室逐步形成了“三个一”的工作方法：一是组织大批工作人员深入农村调查研究（每年用半年时间下乡），了解农民在想什么、干什么，他们有些什么要求；一是代中央起草一个文件，根据农民群众的愿望和要求提出当年的农村改革方针政策；一是每年召开一次农村工作会议，讨论修改文件。真正做到鼓励发表不同意见，真实反映农村情况。

20世纪80年代初，五个“1号文件”启动了中国农村发展的第一个重要时期。主要拉动力是农民首创的家庭联产承包责任制。它极大调动了农民生产积极性，集中释放了压抑已久的农村社会生产力，一举解决了中国人的吃饭问题。从1980年至1985年，农民收入年增长率超过10%，出现了超常规增长。改革初期的这五个“1号文件”之后的一段历史时期，每年都要对“三农”工作进行研究，出台相关文件。特别是1993年中央农村工作领导小组成立以后，每年都要召开中央农村工作会议。

杜润生这样总结当年五个“1号文件”的历史使命：“中国农业的进一步改革，受制于城市国有经济改革和政治体制改革。用当时的一句话来讲，就是对于中国农村改革，一切‘便宜’的项目已经出台，不触动深层结构，再不能向前进一步了。正是这个原因，农村改革初期一系列‘1号文件’的历史使命也告一段落。……中国农村改革并未终结，还须从国民经济全局改革中寻找前进道路。”晚年的杜润生已倦于回顾自己对“包产到户”的作为，他说那是农民自己的发明。

21世纪以来的接连几个中央“1号文件”，以科学发展观为主线，以“多予、少取、放活”为方针，以全面建设小康社会为目标，对农民实行免税和直接补贴，开启了以工促农、以城带乡的新阶段，实现了工业反哺农业、城市支持农村的战略转变。受一系列惠农政策的支持，我国“三农”工作出现重要转机，粮食连年丰收。

第 10 章
同江青在特别法庭上的交锋

眼前的老人尽管早入耄耋之年，但是动作十分稳健，谈吐十分清晰，浓郁的湖北方言并不影响与人交流的舒畅。

老人极为低调，连小区的居民都不知道他曾位居最高人民检察院要职，曾以特别检察厅“两案”起诉组组长和公诉人及检察员的身份，在两个多月时间里亲历“两案”主犯江青的十次出庭：起诉、庭审、法庭辩论、宣判，且一次次与江青面对面较量；更不知道老人早年曾有历经抗日战争和解放战争全过程的传奇履历。在多方面的努力下，我们得以走近最高人民检察院原副检察长江文，还原一个真实的世纪大审判，解密上海大接管等不该忘却的红色记忆。

“五七战士”成为江青的公诉人

1966 年开始的“文化大革命”，使中国的检察制度中断，检察机构被撤销，检察业务被取消或取代。接受采访时，江文的思绪陷入了最不愿触及的痛心回忆中。

1966 年 12 月 18 日，江青在接见红卫兵时说：“公安部、检察院、最高人民法院都是从资本主义国家搬来的，是凌驾于党政之上的官僚机构。”1967 年 2 月 7 日，时任国务院副总理、公安部部长的谢富治说，要从“政治、思想、理论、组织上彻底砸烂”“公、检、法”机关。从此，全国各级“公、检、法”机关受冲击，“公、检、法”干部受批斗，其中检察机关受害尤为严重。1968 年 12 月，在谢富治的授意下，最高人民检察院军代表、最高人民法院军代表、内务部军代表和公安部领导小组联合提出《关于撤销高检院、内务部、内务办三个单位，公安部、高法院留下少数人的请示报告》，其中提出检察院完全是抄袭外国的，早就应该撤销。这个报告经毛泽东主席批示后下发，最高人民检察院和军事检察院及地方各级人民检察院先后撤销。各地先后成立的各级公、检、法军管制度委员会不可能行使法律监督职能，人民检察制度从此中断。

于是，1969 年春节刚过，时任最高人民检察院刑事检察厅厅长的江文同“三高”（最高人民法院、最高人民检察院、公安部）等中央国家机关及部委的干部被“一锅端”地下放到“五七”干校。

沙洋小镇濒临汉江，经济和交通较发达，素有“小汉口”的美誉。但是，沙洋“五七”干校创建初期条件差，江文等“五七战士”们劳动和生活的环境都非常艰苦，他们吃的是粗粮小菜，睡的是破旧不堪的瓦房里用稻草铺就的地铺，往往是几十人挤在一间小屋子里。而且由于许多人是从北方初到南方，水土不服，拉肚子，身上长疮。好在江文的家乡沔阳离这里不远，自己也出生在农村，他很快就适应了这里的生活。

据江文回忆：为了改善住宿环境，“五七战士”自己动手建住房，他们搬砖、锯瓦条、砌墙……通过自己的辛勤劳动，很快建起了一幢幢红砖瓦房。“五七战士”的生活基本安顿好后，就迅速投入到种树、种粮食、种蔬菜、种棉花、喂猪等各种各样的紧张劳动中。至今，江文记得，每天大家出工、收工都要排着队，迈着整齐的步伐，一路上高唱“毛主席语录歌”。江文说，干校生活除了繁重的体力劳动外，最大的任务就是搞学习、搞运动、搞思想改造。一般是晴天劳动，雨天运动，白天劳动，晚上批斗，还要“早请示，晚汇报”，“革命生产两不误”。思想改造的重压，劳动锻炼的磨砺，使江文这些“五七战士”体验了别样的人生滋味。

1972 年底，中央国家机关及各部委创办的“五七”干校开始陆续解散。1973 年，江文回到北京，被分配到冶金部钢铁研究院任党委书记。

1975 年 1 月 17 日，第四届全国人民代表大会第一次会议修正通过的《中华人民共和国宪法》第二十五条规定：“检察机关的职权由各级公安机关行使。”曾一度梦想有一天能回到恢复的最高人民检察院工作的江文，听了这个消息后意识到：检察机关被非法撤销的事实由国家根本大法得到确认。而公安机关行使检察权既于法理不通，也无能力行使，人民检察制度实际上由 1975 年宪法取消。

1976 年，十年浩劫结束。这时的江文还是企望行使侦查、起诉和审判职能的公、检、法三家政法机关相互监督、制约的机制能得以恢复，人治为法制所替代。1978年，这位60岁的老人终于盼来了那一天：这年3月，此前被撤销整整十年的检察机关得以恢复重建，黄火青成为“文革”后的第一任最高检察院检察长。

次年，江文调任中国计量科学院党委书记。这时，拨乱反正风潮席卷全国，让江文十分欣喜的是：为恢复和重建司法制度，1979年9月9日中共中央发布了第64号文件——《中央关于坚决贯彻刑法、刑事诉讼法切实实施的指示》。江文说：这个文件被法律实务界当作了中国共产党关于民主法治理念的一个里程碑。文件里取消了“文革”期间由“公安六条”所确立的反革命罪；“五类分子”摘帽以后要和公民一样享有平等的权利，特别是宣布取消党委审批案件的制度。

江文回忆说：此前的三十年里，判三至五年以上刑期的案子，必须经当地党委讨论通过以后，检察院才能盖章批捕、法院才能判决。该文件的重要，还在于它第一次使用了“法治”的概念。在江文看来，审判林彪、江青反革命集团是恢复和重建中国司法制度的典范，“64号文件”为审判林彪、江青反革命集团案奠定了司法思想基础。

1980年1月，中央成立政法委员会，彭真任书记。同月，江文被调回最高人民检察院任刑事检察厅厅长。

3月底，中央书记处对“两案”审判问题进行讨论，明确由中央政法委员会抓“两案”的审判程序，要严格按司法程序办事。9月29日，第五届全国人大常委会第十六次会议决定，成立最高人民检察院特别检察厅，对林彪、江青反革命集团案主犯进行检察起诉，并任命黄火青兼任特别检察厅厅长；成立最高人民法院特别法庭，审判“两案”，最高法院院长江华兼任特别法庭庭长。江文成为特别检察厅检察员之一，并被指定为江青的公诉人，且是起诉组组长。

很快，公安部对林彪、江青一伙在押案犯，进行侦查预审。同时，最高人民检察院派出了工作人员，参与公安机关搜集的证据审查、把关，“做到不错，也不漏，起到了很好的监督作用”。

根据我国刑事诉讼法第四条的规定，“对于一切公民，在适用法律上一律平等，在法律面前，不允许有任何特权”，特别法庭认为，虽然这些被告人都曾身居高位，权势很大，也要坚决依法进行审判。怎么审？公开审判还是秘密审判？彭真认为，还是公开审判好，罪行、证据都公布。接受采访时，曾参与过起草起诉书的江文说，从考虑秘密审判到决定公开审判，中国民主与法制建设开启了一个新的时代。

11月2日，最高人民检察院特别检察厅完成了审查《中华人民共和国公安部对林彪、江青反革命阴谋集团案起诉意见书》、案卷材料、证据和讯问被告的工作，认为林彪、江青反革命集团案江青等十名主犯的犯罪事实清楚，证据确凿、充分，决定提起公诉。三天后，起诉书移送特别法庭，正式提起公诉。

11月10日，特别法庭派出书记员将起诉书副本分别送达被告人江青等手中。此前，江文曾到秦城监狱了解情况。江青一面对检察厅派人和她谈话表示感谢，一面提出问题，即不同意林、江反革命集团的提法："毛主席曾说过中央文革有两派，一派是康生、张春桥、姚文元；一派是陈伯达、王、关、戚，是受林彪指挥的。我是反林彪的。"

江文回忆说：江青曾提出过"想请律师替自己说话"，并要求史良、刘大杰、周建人等人做她的辩护人。经说明这些人年事已高，不可能担任辩护工作并向江青介绍了张思之、朱华荣两位律师，江青表示愿意和律师谈谈，然后再考虑是否委托。这两位律师告诉江青：对于委托他们辩护的被告人提出的问题，只要与案子有关，都会做出答复，这也可以说是"顾问"了。江青一听，就向律师问起问题来。她很快就发现，律师似乎是站在"那边"的立场上解答她的问题。她恼怒了："你们是那边的人，那就不能做我的律师！"这样，江青拒聘了律师。

公审之前，江青被押往正义路法庭候审室。那里的候审室共十间，供十名主犯各居一间。屋里有一桌、一椅、一床和一个厕所。她提出要在床头挂一幅毛泽东像，遭到拒绝。不过，她要求在桌上放一套《毛泽东选集》，倒是被允许了。

11月20日下午3时整，设在北京正义路1号的特别法庭敲响正义的钟声。江文等坐在威严、庄重的特别法庭审判台上。当庭长江华宣布开庭时，人称"十恶不赦"的十名在世主犯先后被押上被告席。3时15分，已经四年多没有公开露面的江青，在两名女法警的押送下，走出法庭的候审室，站到了被告席上。江青戴着一副紫色秀郎架眼镜，穿一件黑色棉袄，外套一件黑背心，棉袄的领子上打了一块补丁。江文注意到，不失"戏子"本色的江青穿着整齐，不过她的目光是傲慢的。

3 时 20 分，特别检察厅厅长黄火青宣读了对以林彪、江青为首的反革命集团的起诉书。这份起诉书被称之为中国迄今为止最长的起诉书，记载着林彪、江青反革命集团案的 48 条罪行和 34766 个亡灵及受株连的 1 亿多人的冤情。江文认真地听着，起诉书以如山铁证，控诉了林彪、江青一伙的一桩桩一件件罪行，触目惊心。在起诉书的字里行间，充满了人民的血泪。

江文还注意到：比起其他九名主犯来，坐在被告席上的江青表情要“丰富”得多——时而冷笑，时而左顾右盼，时而装聋作哑，彰显“演员”本色。她跟张春桥全然不同。张春桥在法庭上一言不发，耷拉着脑袋，如一段木头。她则嘁嘁喳喳，要辩解、要“反击”。起诉书宣读完毕，宣布休庭时，江青不让值庭女警扶持，甩甩手，做出一副傲气十足的样子。

这时，江文想起一句俗语：善有善报，恶有恶报；不是不报，时辰未到。现在，依法制裁这伙反革命罪犯的时辰终于到了。江青一伙终于被押上了人民的审判台！江文笑了……

特别法庭上的较量

1980 年 11 月 26 日上午，法庭对江青罪行进行第一次庭审调查，法庭活动由审判长曾汉周主持，特别法庭庭长江华、副庭长黄玉昆、伍修权，特别检察厅厅长黄火青、副厅长喻屏、史进前、江文等六名检察员和六名助理检察员出席庭审。

穿着灰色上衣、黑裤、黑棉布鞋的江青由两名女法警押着步入法庭时，江文就看到她装出无所谓的样子，东张西望。

审判长就江青于 1974 年 10 月召集张春桥、王洪文、姚文元密谋，派王洪文去长沙向毛泽东主席诬告周恩来、邓小平的阴谋活动进行庭审调查，可是江青面对审判长的审问只回答“不知道”、“不清楚”、“不记得”。当同案犯王洪文出庭作证、对质时，江文只见江青起初默不作声，但是不一会儿就显露出一脸的阴险、凶相，开始向王洪文白眼。渐渐地，江青有些恼怒了，大声高喊：“不是事实！”审判长曾汉周说：“被告人否认事实，记录在案。”

随后，江青又高叫：“我要方便一下。”江文知道江青在找由头暂时离开庭审现场。曾汉周表示“可以”，江青即由两位女法警带出法庭，离开法庭现场时还显出不屑一顾的神情。法庭调查被中断十多分钟后，江青回到法庭，接着由王海容和唐闻生先后出庭作证。

紧接着，检察员江文一针见血地指明了江青是主谋和反革命集团头子的真实面目，他指出："王洪文是党的副主席，张春桥是政治局常委，姚文元和江青是政治局委员，如果江青不是头子，怎么能召集这几个人开会，要王洪文去长沙告状？"

批驳发言中，江文揭露了江青在1974年10月17日的政治局会议上，借"风庆轮"问题发难，把矛头对准周恩来总理和邓小平及国务院其他领导人，阻挠邓小平担任国务院第一副总理，为反革命集团篡党夺权创造条件。"以上的证据和证人对质都证明了江青的犯罪事实，无论江青如何否认、狡辩，事实是抵赖不了的。……江青的犯罪事实确凿，对江青否认犯罪事实的行为，法庭记录在案。"当审判长曾汉周郑重宣布"本次调查结束，把被告江青带下去"时，江文有意识地看了看表：10时15分。

出人意料的是，江青竟赖着不肯走，最后在多名法警的协助下被带出法庭大门。据悉：当天江青的血压升得很高，医护人员对她进行了治疗。

12月3日上午，第一审判庭第二次开庭审问江青，对江青诬陷、迫害国家主席刘少奇和夫人王光美的犯罪事实进行调查。江华宣布特别法庭第一审判庭"继续开庭进行法庭调查，传被告人江青到庭"时，江文远远地看到，江青由两名女法警押进法庭后即伸手理了理头发，镇定情绪，随后一屁股坐在前排的被告席上。

旁听席的前排，一位身穿绿呢服装，脖子上围着一块黄色方巾的女士正是被江青迫害过的王光美。显然，江青注意到了旁听席上这个特殊的旁听者。她起初扫视到这里时，即被一束冷峻的目光盯住，江青不由地打了个寒战。

庭审调查中，公诉人江文揭露了江青利用她直接控制指挥的专案组，诬陷和残酷迫害中华人民共和国主席刘少奇和他的夫人王光美的罪行。当听到江青表示"都是合法的"时，江文怒不可遏："'文化大革命'中，国家法律都被你们践踏了，还讲什么'合法'！你们为了迫害刘少奇、王光美，连炊事员、保姆都不放过！"接着，刘少奇生前厨师郝苗等出庭作证，以自己亲身受到的迫害控诉江青为了诬陷刘少奇和王光美，乱捕无辜，逼取口供的犯罪事实。法庭上，江青最终不得不承认她直接负责专案组。

两天后，第一审判庭继续就江青伙同康生、陈伯达、谢富治等诬陷、迫害国家主席刘少奇和夫人王光美的犯罪事实进行调查。在确凿的证据面前，江青抵赖，竟胡说什么“是合理的、合法的”。

检察员江文指出：“《中华人民共和国宪法》第八十九条规定：‘中华人民共和国公民的人身自由不受侵犯。任何公民，非经人民法院决定或人民检察院批准的，不受逮捕。’你伙同康生、陈伯达等擅自决定批斗国家主席刘少奇，进行抄家，是违反宪法的行为，这合什么法？你们还擅自决定逮捕无辜，这是侵犯人权，犯罪的行为。你们一伙践踏法律，犯下严重罪行，现在竟然说什么‘是合法的’，这说明你仍然坚持反革命立场，你对擅自批斗国家主席刘少奇应负法律责任，是不能推脱的，更是推脱不掉的。”

江青抵赖：“把红卫兵破‘四旧’、抄家认定为非法，这是脱离当时的历史背景的，破‘四旧’必然抄家，是革命行动。”对江青刁蛮无理的无赖行径，江文进行了有力的驳斥：“根据我国《宪法》及其他法律，没有任何一条可以作为根据对国家主席进行批斗，进行抄家，你们这一伙在‘文化大革命’当中对国家的宪法和各种法律肆意践踏，犯下很多严重罪行。现在你仍然认为你当时的行为是合法的，这只能说明你的反革命立场到现在丝毫没有改变，你对批斗刘少奇和抄他的家应负的法律责任是不能推卸的。”

12 月 9 日，第一审判庭对江青进行第四次法庭审问，对江青查抄上海文艺界人士的家，迫害知情人的犯罪事实进行调查。在发言中，江文控诉：“叶群抄家这件事，江青是知道的。江青勾结叶群进行非法搜查、迫害 20 世纪 30 年代文艺界的知情人，有不可告人的目的。五位文艺界人士在被非法搜查之后，又都遭受到残酷的人身迫害……江青的罪责是逃避不了的！”

12 月 12 日，第一审判庭就江青被指控伙同康生密谋诬陷中共八届中央委员会委员和候补委员 88 人是“叛徒”、“特务”、“里通外国分子”等犯罪事实进行庭审调查。

审判员问江青：“1968 年 7 月 21 日，康生根据你的要求亲笔写了一封绝密信，信中附有被诬陷的中共第八届中央委员会委员、候补中央委员的名单，是不是事实？”江青承认是事实，但认为“是正常的、合法的”，是准备召开十二中全会，为“九大”做的准备。她说：“在一次会议上，我向总理说‘八大’情况我完全不知道，是不是给我一个名单。康生主动说‘我给你搞’，因为他管的专案多，能写出名单。他代替总理帮我了解情况，是为了开‘九大’。”她否认有什么勾结。

公诉人江文、王振中驳斥了江青的狡辩，指出江青同康生合谋搞这份名单，是为了迫害党和国家领导人，实现篡党夺权的阴谋。“文化大革命”期间，康生、江青一伙到处点名，诬陷了许多中共八届中央委员和候补中央委员。

在法庭出示有关证据后，江青仍然认为，康生给她写的“八大”中央委员及候补中央委员的名单是正常的，并声称，中央文革碰头会就等于当时的中央，她有资格向总理要名单。

接着江文发言，猛烈回击：“江青向总理（周恩来）要名单是在 1969 年 2 月，向康生要名单是在半年之前的 1968 年 7 月，这是两码事……江青向康生要名单是绝密的，没有任何人知道，这不能认为是正常的。当时中央并没有委托江青准备党的十二中全会。总理的名单是准备召开‘九大’的名单，是发给参加会议的同志研究的，同江青勾结康生秘密搞的名单根本不是一回事。江青把这两件事加以混同，想把她和康生的秘密勾结和周总理拉在一起，是不能被允许的，也是不符合事实的。”江青见江文言辞激烈，有实据且不可争辩，听后无可奈何地说：“我不愿意辩解了。”江文见江青把头压得低低的，不再蛮横。

公诉人指出，江青在 1968 年 9 月 18 日的一次讲话中，就诬陷中共中央政治局候补委员、中共中央宣传部长、国务院副总理陆定一是“军统特务”，还诬陷胡乔木“叛变了”，诬陷周扬是“内奸”；江青还点名诬陷了齐燕铭、王昆仑、钱俊瑞、荣高棠、田汉、廖沫沙、阿甲、王昆、孙泱、陈光、陈荒煤、刘白羽等是什么“特务”、“叛徒”、“反革命”、“里通外国分子”，致使他们遭到残酷迫害，有的被关押长达六七年之久，有的含冤去世，有的老婆孩子都遭受株连，家破人亡。

审判员审问江青，这是不是事实？江青不敢正面回答问题，却胡搅蛮缠地说：“可能是你们的记录搞错了吧？”法庭当即宣读并播放了江青的有关讲话录音。审判员问江青：“是不是你讲的？”江青不得不承认那是她的声音。当受害人王昆仑、廖沫沙先后出庭作证控诉时，江青不但不认罪，反而无理取闹，继续诽谤、诬陷，甚至辱骂证人，江文十分气愤。审判长多次制止江青，江青不听劝阻，不断扰乱法庭秩序，最后审判长令法警押江青退出法庭。

12 月 23 日，第一审判庭开庭继续审问江青诬陷迫害老干部的罪行。法庭除宣读了几份证言和出示有关证据外，还分别传唤了时传祥的儿子时纯利、中国京剧院院长阿甲和煤炭部机关党委副书记杨克出庭作证。

法庭上，江青态度十分恶劣，不仅多次打断审判长、审判员和检察长的讲话，而且胡搅蛮缠、无理取闹、攻击法庭，继续诬陷国家领导人。公诉人江文在发言中指出：法庭调查证明，在“文化大革命”期间，江青出于篡党夺权、推翻无产阶级专政的目的，始终把矛头对着我们的国家领导人以及各级领导干部，犯下极其严重的罪行。江青的一系列罪行都是同林彪一伙勾结起来干的，江青对这些罪行负有直接的责任。同时，江文指出：“在今天的法庭上，江青竟然攻击、诬蔑经人民代表大会常委会决定成立的特别法庭和任命的庭长、检察长，这是新的罪行。”他建议法庭必须追究江青的刑事责任。

至此，特别法庭对起诉书指控被告江青的犯罪事实已调查终结。在江文看来，在六次法庭审问调查中，江青的态度极其恶劣，完全可以用无耻、无赖和泼妇来形容：在人证、物证、书证、言证面前，她可以把黑的说成白的；把她犯的罪行，说成是别人干的；把罪行说成功绩；混淆是非把不是当理说；甚至把非法说成是合法的。她在审问下的回答，经常是用“不知道！”、“不记得”、“这不是事实”等几个字来搪塞。法庭组成人员和旁听代表近千人，无不义愤填膺，切齿痛恨。

1980 年 12 月 24 日上午，第一审判庭对江青开庭进行法庭辩论。特别法庭庭长江华，副庭长兼第一审判庭审判长曾汉周和 17 名审判员出庭；特别检察厅厅长黄火青、副厅长喻屏和江文等 5 名检察员出庭支持公诉。

审判长曾汉周宣布“现在进行法庭辩论”后，江文起立发言，揭露江青在“文化大革命”期间篡党夺权、推翻无产阶级专政的罪行。“江青是林彪、江青反革命集团的主犯，是‘四人帮’反革命集团的头子……她犯下的罪行是十分严重的。她的主要罪行是……”随着江文的控诉，特别法庭现场鸦雀无声，大家在静静地听取江文的指控。江青的脸色煞白，两手发抖，她猛地从座位上站起，指着江文谩骂：“你这个讼棍，你们是法西斯！……”江文轻蔑地扫了江青一眼，不屑理她，继续控告。

“1971 年‘九一三’事件以后，江青摇身一变，把她自己打扮成反林彪的‘英雄’，妄图以此来掩盖她同林彪相互勾结，在‘文化大革命’中所犯下的罪行。大量事实证明，在林彪反革命集团被粉碎以后，以江青为首的‘四人帮’反革命集团继承了林彪的衣钵，继续进行篡党篡国推翻无产阶级专政的反革命勾当……”江文在法庭辩论中说，被告人江青之所以成为林彪、江青反革命集团的主犯、“四人帮”反革命集团的头子，绝不是偶然的，这是她长期怀有的反革命政治野心，在“文化大革命”中恶性膨胀的必然结果。听到这，江青抬起头向江文瞟了一眼。江文最后清了一下嗓子，提醒特别法庭注意，江青所犯的罪行对国家和人民危害特别严重，情节特别恶劣，应该从重惩处。江青一听，立即咆哮起来："我不要什么陈述，就按你们的那个根据去定罪吧！我听候你们的审判。有本事你们把我弄到天安门广场公审、枪毙！"曾汉周正色道："是不是枪毙你，法庭将根据你的犯罪事实依照法律判决！"

江青要求站起来念她写的《我的一点看法》，得到审判长许可。江青放开嗓门尖声尖气念道："项庄舞剑，意在沛公。投降叛变，授人以柄。要害问题，两个纲领。以阶级斗争为纲，纲举目张，继续革命……"江文等听了江青这段颠三倒四的文字，无不哑然。

原来，江青自从不愿要辩护律师后，她自己曾看过一些相关的法律书籍，又曾向监狱要过《辞海》和《楚辞》等，苦苦琢磨了好几天，才写成这份"最后的演说辞"。在辩护发言中，江青对起诉书指控她的罪行，没有做什么辩护，而是利用辩护的机会，继续攻击国家领导人，说这是对她搞突然袭击。她的"看法"何止"一点"。她在法庭上滔滔不绝，似乎在作此生此世最后一次公开演讲："逮捕审判，这是丑化毛泽东主席。审判我就是丑化亿万人民，丑化亿万人民参加的无产阶级文化大革命。……你们审判我就会使'文化大革命'中的'红卫兵'和'红小兵'抬不起头来。……我是执行、捍卫毛主席的无产阶级革命路线的。……我现在是为捍卫无产阶级文化大革命尽我所能。"

审判员打断她的发言说："我们是代表人民审判你的。"江青立即狡辩："你代表人民，你知道什么是人民？你还是戴上假面具吧！不然，太丑了！"审判长曾汉周按铃警告江青的无理取闹和侮辱法庭的言行。

江青"质问"法庭："怎么能把谋害人的和被谋害的搞在一起？说以江青为首的搞这个阴谋活动？……你们承认不承认'九大'和'十大'？如果不承认，就是离开重大历史背景，隐瞒重大历史事件！"江青说到自己当年跟毛泽东转战陕北，"质问"法庭："战争的时候，唯一留在前方追随毛泽东主席的女同志只有我一个，你们躲到哪里去了？！"

江文看见这位"红都女皇"的表情像演戏一样，时而藐视，时而冷笑，时而怒气冲冲，时而又歪着脑袋装出一副傲慢的样子。江青花费近两个小时才念完《我的一点看法》。随后，她把原文交给了值庭法警。曾汉周问江青："还有什么要说的？"江青答："已经累了，到此为止。"

五天后，最高人民法院特别法庭再次开庭，检查员江文对江青 24 日的辩护词进行了批驳：“江青在长达两个小时的所谓辩护发言中，对本庭指控她所犯的严重反革命罪行，没有提出任何可以证明她无罪或者罪轻的证据，通篇不过是颠倒黑白，混淆视听，转移目标，掩盖罪责的谎言和诡辩……”之后，审判长曾汉周问江青：“你还有什么话要讲？”江青说：“我要看中共九大和十大政治报告。”曾汉周告诉江青：这与本案无关，予以驳回。

江文的发言有理有据。实际上江青的许多犯罪事实都已在法庭调查中展示过，核对过，江文只不过作了总结式的概括，以事实批驳了江青的诡辩。这一切都是对江青沉重的打击，把江青驳得体无完肤，把她的罪行再次赤裸裸地暴露在世人面前。江青听后，大吵大闹，不断咆哮：“我就是和尚打伞，无法无天！”看到江青不断扰乱法庭秩序，曾汉周一再按铃警告，可是江青始终执迷不悟。于是曾汉周下令，被告人江青退出法庭，等待宣判。江青一听，双手抓紧栏杆不肯离开，尖叫：“革命无罪！造反有理！”

“无法无天”的历史不能重演

1981 年 1 月 20 日起接连两天，特别法庭经过充分准备召开全体审判人员会议，对《林彪、江青反革命集团案判决书（草稿）》进行了讨论。江文等检察员应邀列席会议。随后，特别法庭对十名主犯的量刑逐个进行评议，然后逐个进行表决，严格执行了合议制度。

1 月 25 日上午 9 时，北京正义路 1 号特别法庭爆满，但是法庭现场显得格外庄严肃穆，审判台灰色幕布上高悬着国徽。特别法庭的庭长、副庭长以及审判员和特别检察厅的厅长、副厅长以及检察员分坐在审判台正中的左右。对十名主犯公开宣判就在这里进行。

宣布开庭之后，江青等十名被告一个个被押上审判台，一字排列站在被告席上。着装整齐、佩带武器和械具的法警站在每名被告人的身后。在审判台上的江文注意到，江青的头发仍然梳理得很整齐，但是面色苍白，表现出一股不安的神情。江文自己与在现场的一千二百多位旁听代表一样，心情十分激动，期待着庄严的宣判时刻的到来。

不一会儿，特别法庭庭长江华开始宣读判决书。接受采访时，江文回忆说：判决书很长，达十万六千多字，江华读完“集团罪”部分，然后由副庭长伍修权宣读十名主犯“个人罪”部分，再由江华接下去，直至全部读完。

在“个人罪”这一部分，江青名列第一位。江文只见江青戴着耳机，侧着脑袋，很仔细地听着伍修权宣读的关于她的“个人罪”。最后，由庭长江华宣布判决，他以极其严肃的口气念道：“本庭根据江青等十名被告人犯罪的事实、性质、情节和对于社会的危害程度，分别依照《中华人民共和国刑法》……”

顿时，全场寂静无声。这时，江文看见江青伸长了脖子，屏息敛气，侧过了耳朵……“判决如下——”江华提高了声调，放慢了速度。江青预料，排在第一名的一定是自己。果真，江华再一次提高了声调，每一个字都念得清清楚楚：“判处被告人江青死刑……”

江青一听，顿时歇斯底里大发作，乱喊乱叫：“我抗议！……”这时，江文明白江青在法庭上只听见“判处被告人江青死刑”就闹了起来，没听见后面的一句话“缓期两年执行”。看到江青的最后表演和挣扎，江文心里不免好笑：“原来你江青是个怕死鬼呀！”

江华断然责令江青退出法庭：“把死刑犯江青押下去！”两名身穿蓝色制服、腰佩手枪的法警，拖着耍赖的江青出了法庭。

到了外边，法警一松手，以为要拉出去执行死刑的江青干脆倒在地上打滚，大哭、大吵、大闹，口中还不断念念有词：“革命无罪，造反有理”、“打倒反革命修正主义”……这时一位法警对她猛喝一声：“江青，你听清楚了没有——判处你死刑，缓期两年执行！”就像吃了“止哭剂”似的，江青一听，不哭、不吵、不闹了，马上乖乖地从地上爬起来。这时，她才明白自己刚才在法庭上的“失态”。在判决后的第二天，即1月27日，特别法庭派出司法警察，向江青送达了判决书。在判决后的一个星期，全国人民代表大会常务委员会副委员长彭真在正义路1号，逐一会见十名主犯。江青见到彭真时，骂他是“邓小平的走卒”，她要“见华国锋问个明白”，并要求“见邓小平一面”。彭真见她毫无认罪的表示，谈话也就不了了之。

审判结束后，江青被送回秦城监狱继续关押。1983年1月，最高人民法院特别法庭认为：江青没有用极端方式抗拒改造，据此，改判江青为无期徒刑。从江青的身体实际情况考虑，秦城监狱于1984年5月4日对江青实行保外就医。

1991年5月14日凌晨，江青在她的住所自缢身亡。江文说，消息起初是封锁的，直到6月4日才通过新华社公布江青的死讯，其实在公开前江青的遗体早在11天前就以“李梓”为化名运往八宝山火化了。

“文革”悲剧一去不复返。今天回过头来看，江文说：“当年审理林彪、江青反革命集团案，只审判他们的反革命罪行，不涉及工作中的错误包括路线错误，这样做十分正确。因为反革命罪行是敌我问题，工作中的错误是人民内部问题，必须严格区分，不容许把两种性质不同的问题搅在一起。只审判他们的罪行，不涉及工作中的错误，更可以充分揭露他们的反革命面目，使他们无法逃脱自己的罪责。”老人感慨，江青一伙根本不是什么政见不同、犯路线错误，而是犯下了残害成千上万人民的血淋淋罪行的反革命刑事犯。

有人也许会问，在中国大地上横行了十年之久的江青一伙为什么在被打倒了四年之久才被押上人民的审判台？江文道：大量的问题需要审查、调查、验证、核实，比如究竟是工作上路线上的错误还是反革命犯罪，需要在弄清事实的基础上严格区分，是违反党纪还是触犯刑律这两种不同的情况得分别处理。“我们公开审判的，就是审判他们的反革命犯罪问题，追究他们的刑事责任，而不涉及错误，包括路线错误。”

江文说自己很幸运亲历了整个“两案”审判全过程。“整个诉讼过程，完全以事实为根据，以法律为准绳。是就是，非就非。是他们的罪行，一分不能少；不是他们的罪行，一分也不能多。得有证据，不轻信口供。对林彪、江青一伙的诉罪，依据的就是经过验证的原始书证材料和原始物证，如档案、信件、日记、笔记、讲话、记录和录音等。真理在人民手里，我们决不搞林彪、江青一伙所惯用的‘一人供听、二人供信、三人供定’那一套。”稍微停顿了一下，江文接着道，“十名主犯，其中九名曾是党的政治局委员，他们曾经是所谓的‘大人物’，但并未逃脱法律的制裁。这次审判为坚持法律面前人人平等的原则树立了一个典范。”

采访结束时，江文在笔者的采访本上写下粗黑的四个字：法比天大。是呀，“无法无天”的历史不能重演！

第 *11* 章
胡克实与胡耀邦共事之前后

“追求真理不倦学习深入实际勇于创造为青年工作贡献毕生精力 拨乱反正锐意改革尊重人才诚心服务为科技事业倾注全部心血”，八宝山革命公墓告别仪式现场的这一巨幅挽联，是共青团中央书记处原常务书记，中国科学院原党组副书记、副院长胡克实光辉而不平凡的一生的写照。

胡克实病逝后，作为团中央主管的《中华儿女》杂志安排笔者采写有关他的生平事迹。然而，笔者真的进入采写程序时，才发现难度很大。生前，胡克实很低调，加之多病，几乎没有接受过新闻媒体的采访。为此，要找些相关资料很不容易。于是，他的夫人于今为笔者开了一大串名单及其联系方式，都是胡克实生前的身边工作人员或部下等知情人。很快，笔者开始了马拉松式的采访……

中国青运先锋与中共领导人的神交

团中央宣传部原部长黄天祥在接受采访时说：“我离开团中央整整 40 年了，在那里我工作了 12 年。胡克实在共青团史上算是一个重要人物，他做青年工作的时间最长，在团中央出任书记的时间也可以说最长。”

1921 年 5 月出生于湖北武昌的胡克实，早年就读于湖北省立高中，少年时期即投身革命。1935 年参加过武汉地区声援北平学生爱国斗争活动——“一二·九”运动。1936 年 10 月，他在武汉秘密参加学联工作，并是骨干成员，从此走上了革命道路，与中国青运结缘。1937 年 9 月，胡克实加入中国共产党，参与负责组建武汉地区的青年救国团并协助主持武昌团部的工作，出任过武昌团部总务委员、中共青救支部组织委员。1938 年 8 月，赴延安中央党校学习。党校结业后，他被分配到前方，在晋西南、晋绥革命根据地从事青年工作与党的工作，发动群众进行根据地建设，参加和领导对敌武装斗争，先后担任晋西南区党委组织部巡视员，晋西区党委青委委员，边区青联常委，四分区青联主席，中共临县、离石、方山县委书记，晋绥三地委秘书长，中共吕梁区党委党校教育长，中共晋绥分局青委书记等职。在抗日战争和解放战争期间，他团结带领根据地青年参加武装斗争和根据地建设工作，为创建和巩固晋绥革命根据地殚精竭虑。

在52岁调任国家地震局之前的38年间，胡克实除了出任过几年中共县委书记及“文革”下放后，他有近30年时光奉献在共青团的事业之中。难怪黄天祥这样说：“在团内工作如此长的时间，也许就只有胡克实他一个。可以说，他对青年工作情有独钟。”

抗日战争时期，为了广泛开展青年统一战线，中共中央决定，以青年救国会为青年组织的总的形式。不久，又确定任弼时分工兼管中央青委的工作。抗战胜利后，青年救国会完成了历史使命，为了把青年积极分子及时地组织起来，在任弼时的积极倡议下，中央决定重建青年团。1946年8月和9月，任弼时经过调查研究，亲自主持两次中央的座谈会，决定在各解放区试建新民主主义青年团，在工厂、农村和学校中分别进行试点。

在青年团重建初期，胡克实也曾对青年团工作做出过重要的贡献。1948年，陕北大捷之后，任弼时同毛泽东、周恩来等一同到了河北平山，就立刻部署组建青年团的工作。12月4日，胡克实作为晋绥解放区青委书记来到中共中央当时的所在地河北平山县西柏坡，就建团工作请示任弼时，并同任弼时作了长谈。采访中，黄天祥一边呷茶，一边回味着历史：“那时候，是战争时期，接到中央青委的电报后，胡克实是骑着牲口加步行跨过山岭和河流，到平山西柏坡向任弼时同志汇报工作的。”当时，适逢共产党和国民党进行大决战，双方兵马调动频繁，国民党还有好多军队成片成线驻守。铁路不通，胡克实走山路，中间遇到过敌人封锁线，经群众和地方组织带路才穿过去。

当年，任弼时听取胡克实汇报后，特别嘱咐他：建团工作要加紧进行，向干部讲清楚建团工作的重要性，要全党来搞；要抓住典型，经常吸取经验，去掉盲目性；国际上青年团经验也要学习，更重要的是发挥你们的创造性，采取适合青年特点与兴趣的工作方法；不要脱离实际，不要脱离群众，团建搞得好坏，决定于青年群众工作开展得如何。任弼时还对胡克实作了具体指示：“要加强干部，把你们的班子搭起来，应该包括能做教育、做群众工作的有经验的人才。向干部讲清楚建团的重要性，不要三心二意，要专心努力。晋绥边区有四五万党员，可以拨出三千到五千的年轻优秀党员来建团。这是选种，种一定要选好。不是每个支部都拨出党员，要在大地区、大村庄有计划选调，还要给他们以训练，这是关系扎根子的问题。在党校，或者你们自己办学校来训练一批干部……”

任弼时用朴实的语言，向胡克实讲述了青年团发展变化的过程和纠正偏向的经验。直到晚年，胡克实还深深记得这位卓越的无产阶级革命家和青年运动出色的领导者同自己的谈话。在他的家里，仍保存着当时解放区十分罕见的硬皮账本裁制的笔记，本子上记录着当时同任弼时的谈话。记录本上那整洁的字迹，依然清晰如初。他整理的当年有关任弼时的讲话，也纳入了任弼时的文集。

自西柏坡返回后，胡克实在晋绥边区首府兴县北坡村组织召开了晋绥青年工作会议，各地青委负责干部 57 人和部分机关青年干部出席了会议。在会上，胡克实传达了中央建团决议和任弼时的指示，并作了建团工作报告。

1949 年 2 月，受中共晋绥分局委派，胡克实参加了中国新民主主义青年团第一次代表大会的筹备工作，任筹委会委员。4 月，带领晋绥边区青年团代表团出席了在北平召开的中国新民主主义青年团第一次全国代表大会。会议进行了十天，最后经过选举产生了晋绥新民主主义青年团筹备委员会，胡克实当选为筹委会副主任委员。

1949 年 4 月 11 日，具有划时代意义的中国新民主主义青年团第一次全国代表大会在北平隆重开幕。这是中国青年运动史上继往开来的重大节日，它标志着中国青年运动历史和共青团历史上一个新时期的开始。出席大会的代表来自全国各地，来自工、农、兵、学各个方面以及中国青年运动各个时期的青年代表共 340 名欢聚一堂，代表着各条战线上 19 万青年团员。毛泽东为大会题词：“同各界青年一起，领导他们，加强学习，发展生产。”朱德出席了大会的开幕式。次日，任弼时抱病代表中共中央向大会作政治报告。在会上，任弼时系统地分析了形势，阐明了新民主主义青年团的性质和任务，分析了青年的特点，明确了青年团的基本工作原则，特别强调青年团的学习任务。胡克实深感这次与会让他终身受益。

于今老人找出了有关胡克实出席新民主主义青年团“一大”的照片，其中毛泽东在香山接见“一大”代表的两张照片弥足珍贵，稚气未脱的胡克实出现在毛泽东主席身边热烈地鼓掌，并亲聆了毛泽东对中国青年一代的殷切希望。这一刻，热血沸腾的胡克实受到深刻教育，决心把自己的一切无私地贡献给青年团。

个性迥异的“二胡”互补地配合着

要写胡克实，离不开谈共青团工作，他的个人历史就是一部献给共青团工作的奋斗史。新中国成立后，胡克实调任中共中央中南局青委副书记、青年团中南工委副书记等职，并当选为团中央候补委员。1952 年 8 月，在团的一届三中全会上，胡克实当选为团中央书记处候补书记。在第二年 7 月召开团的“二大”时，原书记处成员中许多同志已调任党的其他工作，团的二届一中全会重新选举了团中央书记处成员，由胡耀邦、廖承志、刘导生、罗毅、王宗槐、荣高棠、章泽、胡克实为书记处书记。

1954 年，胡克实率领中国的第一个青年代表团，访问抗美援朝停战后的朝鲜。中国青年报社原副总编辑、当时随团同行的成员钟沛璋回忆这次出访时说：“克实同志亲自起草和修改在朝鲜劳动青年团代表大会上的祝辞，并多次向朝鲜青年发表热情洋溢的演讲，勉励朝鲜青年学习先辈革命精神，用自己的智慧和双手重整被美帝国主义破坏的山河，建设好自己的国家。与此同时，克实同志在心里时时想着应该怎样来培育我国的青年。”钟沛璋难忘胡克实与他的几次交谈：“克实同志多次与我谈到，我国传统上总是要求青年听话、顺从，把这作为好孩子、好青年的主要标志。他说，这样唯唯诺诺，没有自己的思想和个性的青年，怎能肩负起建设新中国艰巨复杂的任务？克实同志指出，应该从小培养青少年的坚强意志和性格、独立的思考能力。”当时的知情人都记得，胡克实曾经主持召开过两届全国少先队代表大会，他总是对少先队员循循善诱，要学好本领、练好身体，养成坚强的意志和性格，准备建设自己亲爱的祖国。

在团中央工作期间，胡克实十分重视少年先锋队的工作，主张少年先锋队的工作内容和方法应当符合儿童身心发展的要求，应当符合儿童的年龄特点。他曾说，少年儿童必须全面地发展、成长，他们的兴趣和要求也是多方面的，因此对儿童的教育和培养也应该是多方面的；少年先锋队的活动应该建立在儿童的主动性和创造性的基础上。

自 1954 年到 1959 年，朱世和一直担任胡克实的秘书，之后下放过半年，

1960年回到团中央办公厅后又在工作上与胡克实经常来往。朱世和也曾在国家地震局、中国科学院等胡克实后来工作过的单位工作过，自然对胡克实有着一种特殊的情感。“文革”以后一直到胡克实晚年，朱世和常常到胡克实家串门，一谈就是半天，谈的都是国内国际大事。胡克实无论是在逆境中或是在顺利的时候，时刻关心的都是党和国家的命运。他对“文革”造成的灾难忧心忡忡；对邓小平的复出感到庆幸，对胡耀邦的工作十分关注。胡克实到国家地震局和中科院工作以后，对科技工作怀抱极大的热情。在晚年他与朱世和谈得最多的是科技工作和科技立法工作。自胡克实身边的一个二十多岁的小青年，到后来成为同胡克实无话不谈的朋友，朱世和在采访中总是滔滔不绝。两位老人当年促膝交谈是怎样的一个场面，我们无法想象，但一定很感人。在采访中，朱世和不免有些激动，泪水不时打湿双眼。

朱世和说：“胡克实对胡耀邦的为人非常敬佩。”在采访现场的黄天祥插话说：“的确，在工作中他们两人相互配合得十分默契。”

胡克实与胡耀邦是两个性格与工作作风完全不同的人，胡耀邦想大事多，思想活跃，奔放，有激情，而胡克实稳重、细致、平实。两种类型的人，互补着很好地配合。“文革”前，两家都住在北京关东店20号的一个院落里，一个前院，一个后院，边上有个小门可通，他们经常往来。“文革”中相似的遭遇、相同的品格情操，使胡克实和胡耀邦渐渐成为亲密的战友。

胡耀邦秘书、中央文献研究室原秘书长高勇在接受采访时说：“我在克实同志领导下工作的时间很长，但直接接触还是在1959年以后。”据了解，当时胡耀邦在富强胡同的寓所办公，“二胡”常常就工作的事情串门交流，高勇也不时到后院给胡克实呈送有关文件，或转达胡耀邦交办的事情。“这样几年的交往，不但同克实同志接触频繁，而且同他家的老人孩子也都很熟。”

1962年11月，胡耀邦带职下放湖南湘潭工作以后，胡克实经常叫高勇到他家，把自己听到的中央的精神或看到的重要文件，一句一句地讲给高勇听。高勇则逐字逐句、原原本本地记下来，然后在晚上用保密电话传达给在湘潭的李彦秘书，再由李彦转告胡耀邦。当时，远在湖南的胡耀邦能及时知道中央的精神，特别是有关讲话和批示，如毛泽东当时关于文艺工作的两个批示，就是用这种办法及时传达的。

1964年12月，胡耀邦被党中央派往陕西，任中共中央西北局第二书记兼陕西省委第一书记，第二年6月返回北京。离开团中央去外地任职时，胡耀邦提议并报中央批准，由胡克实主持团中央的工作。

于是，出任团中央书记处常务书记的胡克实，开始全面主持团中央的工作。在团中央，胡克实积极贯彻执行党中央关于共青团要“围绕党的中心工作，开展团的独立活动”的指示，结合实际创造性地开展工作，为新中国成立以来共青团工作的发展作出了重要贡献。朱世和说：“胡克实在团中央工作期间，是我国团的历史上工作最为活跃的时期，他总是积极配合、支持胡耀邦的工作。胡克实强调正面教育，谆谆善诱，反对乱批、乱斗。这些主张的提出，在当时‘左’的形势下是很不容易的。另外，他重视青年工人的劳动、生产竞赛，注重发挥他们在劳动、生产中的突击作用，为此在50年代培养、树立了一大批先进人物典型。”朱世和强调，这些是胡耀邦的思想，也是胡克实的思想。在当初的秘书眼中，胡克实有着很大的工作热情，有着特有的创新精神。当年胡克实关于“让更多的孩子戴上红领巾”、“防止形式主义，关注青工学习”、“思想工作做深、做细、做活”的思想，在今天依然有现实意义。

1989年，胡耀邦逝世。向遗体告别仪式上，胡克实夫妇怀着无限哀痛，缓缓地迈着沉重的步伐，向安卧在鲜花翠柏下的昔日战友作最后的告别。

“运动”中不倒的精神与信念

在历次的政治运动中，在组织和处理中，胡克实总是尽可能保护被错误批判的好同志免受伤害，这些受过保护的同志后来成为青年工作或文化工作的骨干。没想到，胡克实在“文革”中也首当其冲成为被打倒的对象。

1966年，毛泽东发动了“文化大革命”，一时之间，乌云滚滚。“文革”初期，北京各大学中学乱作一团，造反派、红卫兵乱批、乱斗、乱打校长教师。6月3日，在中央政治局扩大会议上，当时在中央主持工作的刘少奇、周恩来、邓小平等同志按过去的工作经验，决定由团中央抽调干部组成工作组，前往各学校解决问题。团中央决定由书记处常务书记胡克实和候补书记李淑铮具体负责工作组的各项工作。刘少奇当面嘱咐胡克实：“克实同志，可要掌握好形势啊！”“千万把局面维持好。”

胡克实从中央开会回来，当天就召开团中央书记处紧急会议，传达了中央政治局扩大会议精神，成立了由3位书记组成的领导小组，并调兵遣将，抽调了60多名干部同改组后的北京新市委一起，于当日晚至6月5日两天内，向北京师大女附中、清华附中、北京四中等16所中学派驻了工作组。6

月7日至9日，团中央又从全国各地抽调1800多名团的干部，组成300多个工作组，陆续向北京市8个区的中学派出。为加强对工作组的领导，团中央还组成了“北京市中学文化革命工作团”，胡克实任团长，另一位书记惠庶昌任副团长。各区成立了“文化革命工作队”，由部分团中央书记、常委、部长任队长。

谁知这时毛泽东从杭州回到北京后，挥笔写了《炮打司令部——我的一张大字报》，使全国的形势由此更加混乱。毛泽东对派工作组的态度，从同意到怀疑、再到反对和严厉批判。这张“大字报”如火上浇油，烧到了工作组身上，凡是派了工作组的学校，学生们开始揪斗工作组。

毛泽东说：“团中央，不但不支持青年学生运动，反而镇压学生运动，应严格处理。”“团中央应该站在学生运动这边，可是他站在镇压学生那边。”并说：“凡是镇压学生运动的人，都没有好下场！”针对有人说胡耀邦、胡克实犯错误是“糊糊涂涂”的说法，毛泽东反驳说：“‘二胡’不是糊糊涂涂，是明明白白。”在那“一句顶一万句”的年代，毛泽东的这些话已经足够置“二胡”于死地了，其“下场”可想而知。

派出的近两千人的工作组，都是从各地抽调的团干，他们是按照党的要求进驻各学校帮助搞“文化大革命”，怎么一下就犯了方向路线错误？本来都是各级团委的骨干、党的好干部，怎么一下子就变成了镇压学生运动的“军阀”？本来是满腔热情搞革命的，怎么一下成了“阻碍革命势力”、“帮助反革命，帮助黑帮”的“反革命”了？大家一腔愤懑，十分委屈，但这话是毛泽东说的，又不敢表示不满，更不敢反驳，实在憋屈！

胡克实也是憋了一肚子火，天天要接受大批红卫兵的质问、批判、冲击。7月30日，张春桥、关锋、戚本禹等一伙气势汹汹地赶到团中央向胡耀邦和胡克实兴师问罪——

张春桥问：“你们是为什么要派工作组？”

胡克实答：“根据党中央的指示！”

张春桥问：“根据哪个党中央？”

胡克实答：“你们既然是从中央来的，根据哪个党中央你们还不知道？难道还有第二个党中央？”

张春桥说：“你们这是害怕群众运动！”

胡克实反问：“我们是领导群众运动，怎么是害怕群众运动呢？”

胡克实正气凛然的回应，气得那些阴谋家、野心家和打手们直跳，狼狈而去。胡耀邦很赞赏胡克实铁骨铮铮的正义立场，他说："他们再来就别理他们！"

这段时间，团中央机关内部的运动倒还相对平静，院子里的大字报大都是学校批工作组的。当时机关里住了几百名红卫兵，机关干部包括家属子女都不得不为这些红卫兵服务，解决他们的住宿吃饭问题。不多久，中央文革小组责令胡克实检讨"镇压"北京市中学文化革命的"错误"，胡克实不得不写了一份简单的"检讨"，拿给胡耀邦看。胡耀邦粗看了一下，并未评价检讨本身，而是说："你是太热心了，管得太多，应该赶快撒手不管。"胡耀邦知道那时不论怎么检讨也是不可能过关的，因此他根本不赞成胡克实急急忙忙作什么检讨，说："你越这样，他们越嚣张。"于是，胡克实就没有作检讨。

从此，大批不明真相的红卫兵日夜围攻胡耀邦、胡克实。"无法无天"的"文化大革命"就从团中央"造反"开始了。团中央被稀里糊涂地改组，书记处成员一个一个被关进了"牛棚"。

"文革"开始后，胡克实遭受到了严重迫害。他始终不顾个人的荣辱，同林彪、江青反革命集团进行了不懈的斗争。"文革"中，社会上不断冲击团中央，胡克实的人格受到污辱，肉体受到摧残，住宅不时受到抄洗。"因主持团中央工作，实际上是团中央的一把手，在'文革'中受到极大的冲击，那时每天被迫示众。"当时的知情人对这段伤痕历史不愿讲得太多，但笔者从被访问者那听似平淡的语气中读到沉重。今天的年轻人难以想象，当时团中央个别领导人为此感到委屈、无望而跳楼自杀，而胡克实精神不倒，气质不变，即使在运动中皮肉受伤、衣衫不整。

1969年开办"五七"干校，把以原团中央第一书记胡耀邦为首的书记处的十来位书记和团中央机关及各直属单位共一千多人，"一锅端"下放到了河南信阳地区潢川县黄湖农场"五七"干校。

在干校，胡克实干活如同工作一样一丝不苟，十分勤劳。割麦子、割稻子都抢在前面。秋收打场时，他站在离脱粒机最近、尘土最多的地方，打场下来就成了个"泥人"。普通人不敢想象，他当时已是花甲之年的老人了，并且本身身体就不好，患有严重的肺心病而哮喘。团中央办公厅的离休干部李蓉回忆说："尽管他体力不如年轻的同志，但干活总是打前阵。他干得挺认真。有时，还同小他九岁的我比赛劳动，他在工地也不忘发挥模范作用。"

“他们（指与胡耀邦）毕竟是经过风浪的人，非等闲之辈。他们是神态自若，心情平静，与平时没什么两样。真是君子失时不失相。”高勇说。“二胡”这种态度和表现，对团中央干校的人，是一种无声的鼓励，使那些没有经过多少人生坎坷的人顺利度过了这段非常岁月。

经过十年动乱，人民终于粉碎了“四人帮”。胡克实调离了团中央，但是他的心还是始终与广大青年连在一起。钟沛璋说：“当我还在中国青年报社工作时，每次去看他，他总是问起青年的情况、报纸读者的情况。一直到晚年，克实同志始终是一代又一代青年最忠诚的朋友和导师。”

20 世纪 90 年代，时任中科院副院长的胡克实出访日本，当时有人介绍他时，现场的日本客人肃然起敬——原来，他们早就知道中国“文革”时期有个“二胡”，尽管胡克实当时是以科技界身份出访的。

好帮手 好上级 好朋友

1973 年 12 月，胡克实调任国家地震局党的领导小组组长职务。他在任国家地震局主要领导期间，坚持党的群众路线，深入基层调研，尊重科学，爱惜人才，高度重视保护和发挥地震科技人员的积极性；坚持实事求是，按我国国情推进地震预报预防工作，并高度重视吸收国际先进的理论、技术与方法，克服种种困难，推进国际地震科技交流与合作；坚持理论与实践相结合，鼓励专群地震队伍开展广泛的地震预报探索，勇于实践，高度重视加强地震科学研究。1974 年 6 月上旬，胡克实在充分听取专家意见的基础上，召开华北及渤海地区地震趋势会商会，并根据会商结果向国务院提出应急建议的报告，国务院批转了该报告。国家地震局会同华北尤其是渤海周围有关省市政府，采取有力措施，强化地震监测预报和预防工作，为 1975 年 2 月 4 日海城 7.3 级地震预报的成功奠定了基础。海城地震预报预防的成功，在人类历史上率先实现了对破坏性地震富有减灾实效的预报预防的零的突破。

1975 年，胡克实调到中国科学院工作，先后担任中国科学院党的核心组成员、学部主席团成员、党组副书记、副院长。接到调令，离开刚刚熟悉的工作岗位，胡克实没有怨言，走马上任，并全身心地投入我国科学技术事业工作。抓科研工作，他方向明确、措施具体、方法得当、坚持不懈。从科研工作方针政策的贯彻执行、目标的设定、规划的编制，到人才培养、队伍建设，以至后勤保障、职工生活等，他无不全面考虑，周密安排，抓紧抓实。

抓科学院的整顿改革，他深谋远虑，循序渐进，多次深入到科研一线进行调查研究，对科学院的办院方针、机构设置、体制和运行机制的变革、管理方式的改变、规章制度的建立以及科研基地建设等都一一在心，统筹规划，逐步推行，一抓到底，为中科院的建设与发展呕心沥血。尤其给人留下深刻印象的是，他对科技人才的高度重视。也曾在国家地震局和中科院工作过的朱世和说，胡克实同一些老科学家关系很好，严济慈、钱三强等与他都交往甚密。"尊重知识、尊重人才"是胡克实发自肺腑的呼声，他期望科技人才蓬勃成长的殷切之情，从他的一些遗稿中可以感知一二。

一个半生从事青年工作的领导干部，转行到科技战线，应该说是事业上的一个相当大的转折。但是，由于胡克实的勤勉钻研，刻苦学习，很快熟悉了科技工作的业务。从他的笔记和讲话稿中，同样可以看到，他对科技战线的情况注重调查，讲成绩讲问题一清二楚，有条不紊；讲意见讲办法合情合理，透彻深刻。

后来，在全国人大工作期间，胡克实以强烈的历史责任感和务实、细致的工作作风，认真履行职责，努力工作，为加强我国社会主义民主法制建设尽心尽力。作为全国人大教科文卫委员会初期的主要负责人，他对开展委员会工作和加强委员会工作机构的思想、组织建设及其制度的建立健全，做了大量的工作。同时，他对深化科技体制改革、实行技术成果商品化、发展技术市场、增加科技教育投入、提高知识分子待遇和重视人才培养等问题都极为关注，进行专题调研，提出了许多政策建议。在立法实践中，胡克实为专利法、技术合同法、科学技术进步法、药品管理法等法律的制定尽心竭力，做出了突出贡献。在外事活动中，他广交四海朋友，热情积极地宣传我国教科文卫事业改革、发展与法律建设的成就。

科技与法律是现代文明的双翼。中国科学技术法学会是我国贯彻改革开放方针和加强社会主义法制建设的产物。1988 年 11 月，中国科学技术法学会在原国家科学技术委员会（科学技术部的前身）、全国人大教科文卫委员会的指导下依法成立。该学会由我国科技工作者、法律工作者组成，旨在繁荣科技法学研究、推进科技法制建设、发展科技法律服务。学会服务于依法治国基本方略和科教兴国发展战略，聚集了我国科技、经济、法律、知识产权、技术转移等广阔领域的专家、学者，现已发展成为在我国科技、经济、法律界具有高度权威、在国际具有重要影响的跨学科、跨行业、跨部门的科技与法律相结合的新兴交叉学科平台。

我国科技立法的倡导者和开创者胡克实曾担任中国科学技术法学会第一、二、三届理事会会长。在 2000 年 11 月召开的中国科技法学会第四次代表大会上，胡克实因年事已高，退居二线，任名誉会长。

在同事们或部下的眼中，胡克实政治思想敏锐，组织纪律性强，勇于开拓进取，敢于实事求是，工作认真负责、严谨细致，公道正派，克勤克俭，勤政廉洁。采访中，老领导、老部下们都说，他谦虚谨慎，不骄不躁，待人宽厚，诚恳热情，能很好地团结同事，是领导的好帮手、部属的好上级、同志间的好朋友。

的确，胡克实的一生，是革命的一生，是与时俱进、不断拼搏的一生。

永葆青春的秉性与不老的灵魂

胡克实把毕生的精力与心血，献给了党，献给了人民，献给了我国的青年工作、科学技术事业和社会主义民主法制建设。正如朱世和所说的："胡克实的一生可分为三段，一是青年工作，二是科技工作，三是立法工作。三段，他都是尽心尽力、兢兢业业的。工作时间最长、影响最大的要数他的青年工作。"

胡克实热爱青少年，也十分爱护和关心自己的部下。团中央学校部原秘书主任张定，是一位早年参加爱国学生运动的领导干部，却因为坚持说真话，被人诬陷为有"一系列的反党言行"。在当时极左思想控制下，张定多年蒙受不白之冤，直到 1979 年胡克实和张定都早已离开团中央，胡克实还亲自做出有力的证明，否定了对张定"无限上纲"的诬陷，给予彻底平反。

在 1958 年至 1959 年，身为团中央书记处书记的胡克实还兼任过中国青年报社社长。当时，中国青年报办得生动活泼又富有思想性，深受青年和广大群众的喜爱，还受到毛泽东主席的称赞。在反右运动中，中国青年报成了重灾区，报社的一些领导与编辑记者被打成右派。胡克实感到非常痛心，但在极左的控制下，却又无力保护这些同志。钟沛璋说："当时我在报社作为副总编辑主持日常的编辑工作，当讨论我的问题时，要编印我的言论材料。克实同志就跟新调任的总编辑孙轶青同志商量，编印的材料要全面，应该把钟沛璋撰写的有重大影响的社论也编进去。报社全体干部对我审查后表决，几乎全体都不主张把我划成右派。"可是，在后来的一阵极左风影响下，钟沛璋未经讨论而被划为右派。“我在农村劳动改造几年后，回到报社从头开始当编辑。当时虽然已经摘掉右派帽子，但还被认为是低人一等的‘摘帽右派’。到1964年共青团‘九大’召开时，需要起草一份有分量的团代会报告，让谁来主笔起草呢？克实同志力排众议，决定让我这个已被打入‘冷宫’多年的‘摘帽右派’来担此重任。”当时，胡克实的这个决定使许多人大为吃惊，钟沛璋同样是“诚惶诚恐”。还好的是，钟沛璋主持起草的报告得到全团干部的赞许。然而，两年后全国刮起了“文化大革命”的狂潮，胡耀邦和胡克实为此被加上了“重用右派”的罪名。从这件自己亲身经历的事情中，钟沛璋深深感到胡克实作为一位领导干部，对干部是特别了解、爱护和信任的是敢于承担责任的。

到80岁才办离休手续，胡克实一直在带病工作，肺气肿、肺心病、肺脑病等疾病始终纠缠不放。据于今老人说：“年轻时医疗条件不够，加之他自己也没当一回事，后来有了条件治疗，却因工作繁杂而不能坚持治疗，加之病情发展已比较严重。这种病最怕气候变化，让他晚年遭了不少罪。”

胡克实有四个孩子，两个儿子和两个女儿。不幸的是，2003年4月，小女儿在出差时所乘的车在苏州——上海的高速路上爆胎而致车祸身亡。于今强忍着白发人送黑发人的悲痛，始终瞒着当时重病住院的老伴，直至胡克实病逝。

大胡克实一岁的于今，原籍江苏金坛县，出生于山西太原市。她最初与胡克实有着相似的革命经历。15岁在太原女中读初中时，参加党的外围组织“红色妇联”（即“革命妇联”）。第二年，在西安女师高级班读书时，于今被选为学生代表，曾为地下党领导的小报《新文字报》撰写发刊词，因有反对国民党文化“剿赤”的内容被国民党特务搜捕，经老师营救才得以转移出校园。随后，于今在武昌艺专师范班就读，并参加地下党的外围组织——“读书会”和“秘密学联”。继而，又辗转到西安女师读书，参加了抗日民族解放先锋队。1938年加入中国共产党，开始在陕西安吴堡青训班学习，后到西安西青救办事处做少年儿童工作，1939年调延安中央青委组织部做少年儿童工作。1940年春，到晋绥边区做青年工作，在此期间结识了胡克实，并成为终身伴侣，从此相濡以沫。1948年于今随胡克实进北京，同时参加了全国首届青代会、学代会与团代会。会后，于今分配到华中团校与中南团工委衡阳铁路局团工委及武昌分局团委做团的工作，后转到工业部门做工业管理方面的工作。

胡克实好学，原本高中没毕业的他，很难想象日后会成为了中科院副院长、全国人大常委。后来，他的理论水平、知识面、文字能力、书法功底令人称赞。干一行、爱一行、专一行，这就是胡克实。

游泳、桥牌、书法、读书，这是胡克实的几大爱好。其中读书，是他终生的爱好，即使在“文革”期间，运动中那么紧张，劳动那么劳累，他也没有放弃过一天学习，政治、哲学、历史书是他的最爱。在他的寓所，笔者只见好几面墙是直到房顶的整排书柜。于今说：“他爱读文史书籍，‘二十四史’他通览过一遍。他还爱看些党史刊物，像《百年潮》、《炎黄春秋》，以及你们的《中华儿女》。”对马恩列斯毛的著作，胡克实总是反复学习的。他的书架上放有不同时期出版的各种版本的《毛泽东选集》。他毕生喜欢读书，且“好求甚解”。

胡克实极少有放松的时候。他爱打桥牌，他认为打桥牌对训练脑力有好处，加之他上学时数学成绩很好，因此对桥牌有兴趣。1990 年 2 月，他还当选过中国桥牌协会副主席。他也爱在大海中游泳，与风浪搏击。这或许与自己起落的人生经历有一种因缘。笔者注意到有好几张是胡克实与夫人同游大海的场景，即使 80 岁高龄夫妇俩还是一起畅游碧波之中，不能不让人感叹。

据朱世和讲，胡克实爱往下边跑，“他下乡不是蜻蜓点水，下去就是接触群众与干部，调查研究，对下边的人像对待朋友一样”。说到为人，朱世和最为感慨。他说：“我跟随胡克实那么多年，他从来没有批评过我，重话也没说过一句，并不是我做得怎么好，谁也有失误。在我面前，他也从没讲过他人一句坏话。他为人正直、坦诚，能容人。”

对于工作，胡克实总是那样认真，身边工作人员说他的要求很高。经过他手的文件，他要不断地修改，每校对一次就又修改一回，没完没了，做秘书的和打字员有时为此有些“不耐烦了”。

生活简朴，日常生活他从无所求。但是，胡克实年轻时就嗜烟，因患有肺气肿病听从医生劝告戒了烟，然而到“文革”中因写检查三番五次过不了关，又吸上了烟。在干校患了疟疾后，胡克实才彻底戒了烟，可是因抽烟留下的后患却是无穷的。

晚年，胡克实因多种肺部疾病的困扰，最终医治无效，于 2004 年 6 月 27 日 20 时在北京逝世。让人感动的是，胡克实病逝后，于今一直把老伴的骨灰放在家中，准备进行树葬，同先走的小女儿葬在一起，与绿树为伴。据了解，胡克实病重期间及去世后，胡锦涛、曾庆红、王兆国、乔石、李瑞环、宋任穷、蒋正华、路甬祥、胡启立等同志以不同方式表示了慰问和哀悼；团中央也对这位中国青运史的见证人与亲历者的逝世表示了沉痛的悼念。

胡克实的病逝，牵动了众多老团干的心，许多年高体弱，甚至重病在身的老团干，不顾酷暑，在7月13日赴灵堂为他送行。高勇说到这些，眼圈都红了："克实同志的逝世，我虽有预感，但又感到突然。他长期疾病缠身，但我又觉得这种慢性病已经多年，不至于走得太快。4月21日，我曾前往北京医院看望，他还坐着同我谈了一个多小时，未料到这竟是同他的最后一面。"高勇说："于今同志电话告知我噩耗时，我实在感到悲痛，想起了我们当年在关东店工作、生活的日子，想起了在共青团中央办公大楼工作和挨批斗那铭心刻骨的日子，更想起了在牛棚共同度过抗逆流的辛酸日子。"

"窗外阴沉细雨稠，忽闻噩耗泪盈眸。病床一面成长别，灵体三躬送远游。梦绕情牵关东店，铭心刻骨共青楼。年来每忆牛棚里，大节冰坚抗逆流。"高勇的这首七律，表达了对老领导特别的怀念之情。

作为中国青运擎旗手、中国科技立法倡导者和开创者的胡克实走了，告别他所挚爱的人们远行了。而他受人爱戴的领导同志形象，将永远铭记在几代青年的心中。不走的，是他的精神与灵魂……

第12章
“向雷锋同志学习”题词的来龙去脉

雷锋，解放前是一名孤儿。解放后，在党和政府的关怀下入学读书。参加工作后，多次当选为劳动模范。1960年参军，两年多的时间里，立功三次，还被评为“模范共青团员”和“节约标兵”。1962年8月15日因公殉职。1963年3月5日，《人民日报》等发表了毛泽东的题词“向雷锋同志学习”。随后，刘少奇、周恩来、朱德、邓小平等中央领导人分别题词，号召全国人民学习雷锋的共产主义精神品质。从此，学习雷锋的活动在全国展开，而且不管政治形势如何变化，雷锋精神都经久长存。“向雷锋同志学习”逐渐成为树立社会主义新风尚的动员口号。

每年的3月5日，也成为“向雷锋同志学习”的纪念日。“学习雷锋”的标语随处可见，成为一种时代风景。然而，鲜为人知的是，毛泽东的题词并非在当年的3月5日，而是在2月22日；最早刊登毛泽东主席为雷锋题词的媒体不是《中国青年》而是《新民晚报》，且目前发现多份毛泽东为雷锋题词的手迹。

一个普通小兵从此家喻户晓

在因公殉职之前，雷锋事事吃苦在前，享乐在后，干一行爱一行，工作专拣重担子挑，主动给灾区人民捐款，做了数不清的好事，从不留姓留名……许多单位邀请他去做忆苦思甜的报告，还有一些小学校聘任他为校外辅导员。

1960年8月下旬，时任沈阳军区工程兵宣传处报道干事的张峻，来到抚顺的一个工程兵连队。他在寻找一位名叫雷锋的普通士兵。此前，张峻拿到从下面连队里转来的两封感谢信。这两封信分别来自抚顺和平人民公社和辽阳市委。信中都提到一个名叫雷锋的战士捐款的事迹。

到了连队，张峻见到刚刚入伍八个月的雷锋，身高一米五四，体重不到一百斤。看到张峻带着相机，雷锋主动对张峻说："您先给我照张相呗，张助理员。"张峻一愣，心想："雷锋只是个上等兵，而自己的军衔是大尉，一个新兵敢提这样的要求？"他便对雷锋说："你想拍个什么样的照片？"雷锋说："拍个雄赳赳气昂昂的。"张峻笑了，说："那你得回去拿枪。"

十分钟之后，雷锋背着枪，穿着军装来到张峻面前，胸前还挂上了两枚鞍山先进生产者的奖章。几分钟之后，雷锋肩头挎枪，眼神向上 45 度的照片被定格。这是张峻拍摄的第一张雷锋照片，成为日后的经典影像。

张峻在雷锋连队采访一周，采访后写了一篇报道《节约标兵雷锋》，交给沈阳军区《前进报》总编辑。文中提到雷锋勤俭节约的事迹以及苦大仇深的家庭出身。总编看后对张峻说："还有这么个典型啊，沈阳军区正要找这么个忆苦思甜的典型。太好了！但是你写得不行。"总编要求张峻将稿子改写成忆苦思甜的类型，并于国庆节前交稿。张峻觉得自己写不了，希望组织上派两个人与他一起写。随后，包括新华社驻沈阳军区的两位记者在内，一共四个人组成了一个小组，进行稿件写作。因为两封感谢信和雷锋的出身，此时，雷锋已经被安排在自己的连队做忆苦报告。写作小组的几个人再次下到连队听取报告，张峻同时拍摄了忆苦报告的照片。

最终这篇稿件从勤俭节约扩展为忆苦思甜，并以"毛主席的好战士"为题发表在 1960 年 11 月 26 日的《前进报》上。这是较早有关雷锋事迹的报道。据悉，1959 年 11 月 10 日的媒体上刊登了雷锋抢救水泥的事迹，这是目前发现最早报道雷锋事迹的日期。

《雷锋的故事》一书的作者陈广生是位熟知有关雷锋故事的"活材料"。他说："在上世纪 60 年代，国家最困难的时候，是雷锋所在团韩万金率先把自己多年积存的两千元钱全部交了党费。我们团的干部战士都说，正因为韩万金本人就是个'活雷锋'，所以，他才能独具慧眼地发现、识别、培育、宣传雷锋这个先进典型。为什么在大量宣传雷锋的报道中见不到韩万金的名字，就是因为韩政委要求自己相当严格。当年，我最初写的有关雷锋事迹的通讯，以及后来写的《雷锋的故事》一书中，都写有韩政委'伯乐育新人'的章节，但审稿时，却都被韩政委给一笔删掉了。直到 1972 年 12 月 23 日，在韩万金病逝前不久，我到医院去看望他时，韩政委在弥留之际，还在断断续续地嘱咐我‘……雷锋是党和人民培育的……我们不能沾雷锋的这个光啊’！”

陈广生说，雷锋曾被望花区两个小学校聘为“校外辅导员”。1962 年 8 月 15 日，雷锋因公殉职后，他生前辅导过的一批又一批小学生纷纷跑到部队营房，哭喊着要见“雷锋叔叔”。团首长很理解孩子们的心情，当即决定把雷锋遗留下来的所有物品集中起来，办起“雷锋同志遗物陈列室”，让孩子们前来观看。未料，消息不胫而走，在短短 20 天时间，这间小屋就接待了望花区附近的近万名观众。

在辽宁省抚顺市档案馆馆藏 4 号全宗档案中，有一份十分珍贵的文件，即 1962 年 10 月 23 日，共青团抚顺市委印发的抚青委字［62］第 56 号《关于组织全市广大青少年参观雷锋烈士展览室，开展好阶级教育的重要通知》。这是全国第一份地方组织号召学习雷锋的正式文件，它拉开了抚顺市学雷锋活动的序幕，也为全国学雷锋活动提供了宝贵的经验。这份文件简要地介绍了雷锋的简历、家庭出身、成长经历、先进事迹和参观活动的目的、形式、内容等，文件同时号召全市广大青少年向雷锋同志学习。据记载，当年文件印发后，得到了全市各级共青团组织的大力响应，在短短两个月内，全市有 214000 余名青少年参加了各种形式的学雷锋活动。12 月 22 日，在总结抚顺市学习雷锋活动的基础上，由共青团辽宁省委批转了《共青团抚顺市委关于从组织青少年学习雷锋入手开展阶级教育的初步总结报告》，向全省推广了抚顺的经验和做法，同时号召在全省范围内开展学习雷锋活动。

雷锋牺牲后，全国各地、军内军外对雷锋的宣传掀起了新的更加浩大的声势。1963 年 1 月 7 日，中华人民共和国国防部批准雷锋生前所在部队运输连四班为“雷锋班”。2 月 9 日，中国人民解放军总政治部发出通知，号召全军迅速开展宣传和学习雷锋模范事迹的活动。2 月 15 日，共青团中央根据辽宁省及抚顺市学习雷锋活动的总结经验和做法，发出了《关于在全国青少年中广泛开展学习雷锋的教育活动通知》，并决定向全国各地宣传推广辽宁特别是抚顺学雷锋的典型经验。2 月 9 日、21 日、26 日，《解放军报》发表三篇社论，号召全军向雷锋同志学习，做“毛主席的好战士”。中华全国总工会等部门也相继发出向雷锋同志学习的号召。

一时间，新华社、《人民日报》、《解放军报》、《中国青年报》等全国主要媒体均对雷锋平凡而又伟大的事迹加大宣传力度，在全国、全军产生了空前的轰动效应，雷锋的名字家喻户晓。紧接着，几家大报刊又把雷锋事迹写成报告文学，并同时配发评论和雷锋日记摘抄，文艺界的作家和诗人也都通过撰文和写诗热情地颂扬雷锋精神。举国上下不约而同地提出，要让雷锋精神在神州大地开花结果。一个自觉学习雷锋的活动，在全国各条战线轰轰烈烈地展开了。

宣传雷锋新闻战催生题词之闪念

面对全国宣传雷锋的火热局面，当时担任团中央第一书记的胡耀邦听了有关汇报后，以极大的热情充分肯定了宣传雷锋事迹的重大现实意义和深远的战略意义，并要求共青团系统加大对雷锋事迹的宣传力度，组织全国青少年以实际行动向雷锋学习。对胡耀邦的指示与号召，团中央机关刊物《中国青年》杂志当然应带头响应、责无旁贷，但作为半月刊的《中国青年》杂志，如果还是发表雷锋日记摘抄、组织纪念和学习雷锋的文章，显然在宣传速度上和报纸相比是稍逊一筹的，因此，他们立即发动全社人员献计献策，并召开编委会，精心研究，开动脑筋，另辟蹊径，千方百计找出新的角度，迎头赶上甚至超前于全国宣传雷锋的其他兄弟报刊。

经过反复思考和讨论，《中国青年》编委会最后决定：编辑出版一本“学习雷锋”专辑。由于国家还没有完全度过困难时期，报纸非常紧张，此前的《中国青年》不得不由每期32页改为24页。而24页的篇幅要做一本“学习雷锋”专辑还是显得太“轻”，为了使这本专辑够分量，编委会决定将5、6两期合刊，出48页。根据编委会的决定，从各编辑部抽调骨干力量，专门组成一个“学习雷锋”专辑编辑组，具体讨论编辑计划和组织落实。

那时，王江云在《中国青年》思想教育组当副组长，被抽调到这个编辑组。在讨论编辑计划时，大家主要讨论如何在其他报刊已经宣传的基础上做到后来居上，都提出了许多好的意见。有人提出请董必武、林伯渠、谢觉哉、郭沫若等党内名望甚高的“四老”为学雷锋活动题词。这些设想应该说都很好，得到了同仁的首肯。就在讨论的过程中，王江云忽然想到了毛主席为刘胡兰题词的事，“生的伟大，死的光荣”，正是毛主席的这一题词，使刘胡兰的事迹广为人知并激励了亿万青年，现在出了雷锋这样一个新时代的英雄，如果毛主席能题词，那将会形成多么巨大的号召力啊！于是，王江云说出了请毛主席题词的想法。大家一听都很兴奋地表示赞同：“对，请毛主席题词。”

但冷静之后，大家又都认为请毛主席题词非同小可，不是一般的动议，是不是有点儿太敢想敢干了？能有把握吗？但不试怎么能知道行不行呢？王江云的一位同事说，毛主席一向关心青年，关心《中国青年》杂志，对雷锋这样一个值得青年学习的榜样，说不定会答应题词的。就这样，大家抱着希望和忐忑不安的心情向毛主席发出了请他题词的信函。主要内容是：“现在全国已掀起一个向雷锋同志学习的热潮，我们《中国青年》拟出一期‘学习雷锋’的专辑，向全国人民推荐这个先进典型，教育青年一代在社会主义时期更好地锻炼成长，恳请您老人家为雷锋题词。”给毛主席的信不长，大约三四百字。

曾有人回忆说信件由时任思想教育研究组组长的黎勤起草，但也有人证实这是由《中国青年》女编辑朱伯颖起草的。起草好信稿后，经过该社领导反复斟酌、修改好后，请毛笔字写得好的编辑丁有和用毛笔在一张小的竖的宣纸上抄写了一遍。丁有和后来在一篇文章里回忆此事时写道：“接受这个任务，我感到光荣，很用心地给抄了出来，是用中国老式的竖行信纸写的，总共也不过两页。写完以后，大家认为很满意，就寄出去了。”这封信的信封也是丁有和写的，他工工整整地抄写下醒目的两行大字：中南海，呈毛主席。

当时，中直机关有人听说此事后，不敢相信这是真的。他们说，毛主席给刘胡兰题过词“生的伟大，死的光荣”，为白求恩和张思德分别写过纪念文章，可那是发生在战争年代，和平时期还未见他老人家给其他普通人题过词。

给毛泽东的信是 1963 年 2 月 16 日送到中南海的。朱伯颖 43 年后回忆说：“因为当时是我起草这封信，就由我来与毛主席办公室联系。我是 1959 年才到杂志社，是新兵。我以前没有跟毛主席办公室联系过，当时社里联系过的同志不少。信送出后几天我就给主席办公室打电话，接电话的是林克，我问信收到没有，主席看了没有，他题不题词。林克说信收到了，主席也看了，但没有表态。我们当时想主席没有表态也就是没有拒绝，还有希望，那就等一等。”

毛泽东在阅读《中国青年》的来信前，已经从《人民日报》上读到了雷锋的事迹和日记摘抄，也阅读了团中央的关于开展向雷锋学习的汇报材料，他在思考：“大跃进”之后，紧接着三年经济困难，非正常死亡几千万人，党和政府在人民群众中的威信受到损害，党群关系也疏远了，国际上，中苏正在论战。国内外这一系列事实与现状，令毛泽东再三思考千年大计——中国的前途和未来。1962 年，他曾谈到，美国要想在中国第一、第二代身上进行和平演变是不可能的了，他们只能把和平演变寄希望于中国的第三、第四代身上。一个有实际意义的想法在毛泽东的脑海里油然而生，要教育青少年有坚定的信念和远大的共产主义理想，雷锋不正是一个鲜活的教材和绝好的榜样吗？于是，毛泽东决定为雷锋题词。

朱伯颖回忆说："过几天我又给林克打电话，当时我很紧张，主席万一工作很紧张，不题了，我们也没辙。结果一问，林克说毛主席决定给我们题词。我高兴得不得了。"听了这个回答，《中国青年》编辑部的同志都很兴奋，接着请主席办公室的同志转告主席："'学习雷锋'专辑准备3月1日出版，付印时间2月26日，请主席最好能在2月25日前题好。"

这不是向最高领袖逼"文债"吗？不过，毛泽东还真的满足了他们的愿望。2月22日，毛泽东为《中国青年》杂志题词："向雷锋同志学习"。

寥寥七字手迹成为学雷锋的伟大号召

关于此事，毛泽东秘书林克晚年如此回忆："……我将他们《中国青年》杂志社的要求报告了毛主席。毛主席让我先拟写几个题词供他参考。我回办公室，思索了一番，拟好了十来个题词，立即送给了他。我现在还可以回忆起其中几个题词的大致内容。如：'学习雷锋同志全心全意为人民服务的思想'、'学习雷锋同志鲜明的阶级立场'、'学习雷锋同志大公无私的共产主义风格'、'学习雷锋同志艰苦朴素的作风'、'学习雷锋同志毫不利己、专门利人的优良品德'、'学习雷锋同志勤奋好学的革命精神'，等等。2月22日，毛主席睡醒以后，值班警卫员打电话告诉我，主席让我去一下。我带着事先选好的文件，并将新文件放到他床头的长桌上。他示意我坐下，我便在他床前一张藤桌旁的椅子上坐下来。这时，毛主席从他身体左半边床的书堆上拿起了一张信纸递给我，我一看，只见他已在纸上用毛笔书写了'向雷锋同志学习'七个潇洒飘逸的行草字。我为他拟的十来个题词，他一个也没用。这时，他吸了一口香烟，从容地带着询问的目光问道：'你看行吗？'我爽快地回道：'写得很好，而且非常概括。'毛主席好像要解释为什么没有采用我拟的题词这一疑问似的，接着说道：'是嘛，学雷锋不是学他哪一件好事，也不是学他某一方面的优点，而是要学他的好思想、好作风、好品德；学习雷锋长期一贯地做好事，而不做坏事；学习他一切从人民的利益出发，全心全意人民服务的精神。当然，学习雷锋要实事求是，扎扎实实，讲求实效，不要搞形式主义。不但普通干部、群众学习雷锋，领导干部要带头学，才能形成好风气。’现在看来，毛主席的这番讲话不仅指出了学雷锋的方法，而且指明了雷锋身上最本质的东西；特别是指出了学雷锋的方向。毛主席谈完之后，我回到办公室打电话给《中国青年》杂志编辑部，告诉他们，毛主席的题词已经写好了，请他们到中南海西门来取。应当特别指出，毛主席在题词之前，就阅读了报纸上有关雷锋的报道，了解雷锋的事迹。他曾对当时的军委秘书长罗瑞卿说过：雷锋值得学。”

2 月 22 日下午 3 点多钟，朱伯颖接到林克的电话，非常兴奋。日后她回忆道：“我马上报告社领导，社领导又马上报告团中央书记处，后马上派了通讯员刘全聚立即骑上摩托车去中南海西门取。当时我们的同志很着急地跑到楼下去等，我在六楼的楼梯口等，刘全聚很快就回来了。他举了一个信封往上跑，后面跟了一批人，我在楼梯口等着。信封上还写了我的名字。但我根本拿不着，早被别人抢去了。社领导把信拆开了，一看，毛主席写了‘向雷锋同志学习’几个大字，主席的字本来就好，这几个字特别好，特别帅。一看这几个字，我们都没有想到，这几个字高度概括。后来书记处领导胡克实等都出来了，传来传去地看，但我什么也看不见。后来社里决定把题词做一镜框挂起来，信封写了我的名字就归我了。中央档案馆马上就把题词要去了。现在就剩这个信封了。”

《中国青年》杂志社轰动了，团中央轰动了。“毛主席为雷锋题词了！”这消息像长了翅膀，很快传到了新闻界，各大报刊纷纷要求刊登毛泽东题词手迹。其实，《中国青年》编辑部在请毛泽东题词的同时，也向周恩来和其他一些中央领导发出了请求题词或写文章的信。给周恩来的信是和给毛泽东的信同时发出的。周恩来对《中国青年》几乎是有求必应，接到信后很快就挥笔写下了“雷锋同志是劳动人民的好儿子，毛主席的好战士”的题词，并派人送到了《中国青年》编辑部。中国青年杂志社原总编辑邢方群回忆说：“周总理的题词是早于毛主席的题词送到编辑部的。”

1963 年 3 月 2 日《中国青年》第 5、6 期合刊出版，发表了毛泽东“向雷锋同志学习”的题词。周恩来的题词也一同发表在“学习雷锋”专辑上。不过，目前发现 1963 年 3 月 1 日的《新民晚报》在第 4 版也刊载了毛泽东主席“向雷锋同志学习”和周恩来总理“雷锋同志是劳动人民的好儿子，毛主席的好战士”的题词。据收藏家董兴喜介绍，这是最早刊登主席为雷锋题词的报纸。至于为什么早于《中国青年》杂志发表就不得而知。

“学习雷锋”专辑还刊登了老一辈革命家董必武、郭沫若、罗瑞卿、谢觉哉应《中国青年》编辑部之请而写的诗歌和文章。罗瑞卿当时任解放军总参谋长，又是中央书记处书记，对《中国青年》出版“学习雷锋”专辑非常支持。接到编辑部的约稿信后，他立即组织专门班子研究，很快就写出了《学习雷锋——写给〈中国青年〉》的专文。谢觉哉当时正生病住院，《中国青年》编辑部的同志去医院看望他，顺便谈起了雷锋的事迹和《中国青年》准备出“学习雷锋”专辑的打算，希望谢老病愈后能写点儿东西。谢觉哉当即问了专辑的付印时间，让编辑给他送去一份雷锋日记摘抄。在病榻上，谢觉哉阅读有关雷锋的事迹后，写了一篇散文《读雷锋同志的日记摘抄》和一首《学雷锋》诗：“曾云六亿舜尧群，崛起平民总不同。谈到做到心意广，神州处处学雷锋。”谢觉哉的散文和诗都赶在2月25日前写好了。董必武也送来了一首诗《歌咏雷锋同志》，诗曰：“有众读毛选，雷锋特认真。不惟明字句，而且得精神。阶级观清楚，勤劳念朴纯。螺丝钉不锈，历史色长新。只作平凡事，皆成巨丽珍。普通一战士，生活为人民。”

为了编好这本“学习雷锋”专辑，《中国青年》编辑部特别组织了一个采访组于2月12日到辽宁实地采访。《中国青年》的记者到沈阳后，得知雷锋所在团的俱乐部主任陈广生掌握雷锋的事迹最多，他正在大连向青年讲雷锋事迹，又立即赶赴大连。当天，《中国青年》的记者先和青年一起听陈广生作报告，晚上和他一起研究怎样改写长篇通讯。第二天，《中国青年》的记者参观了正在大连巡展的雷锋事迹，并一本一本地仔细看了雷锋日记的原作，对照报纸已发表的日记摘抄，作了补充，增加了一些新的段落，使之更加充实。经过几天紧张的工作，《中国青年》的记者于2月18日、19日返回北京。

刊登有毛泽东、周恩来题词和其他中央领导诗歌和文章的《中国青年》“学习雷锋”专辑出版发行后，广大青年争相购买，一时间真可谓“洛阳纸贵”。这本专辑在全国5个代印点几经重印，累计印数达到800多万，仍不能满足读者的需要。有些青年买不到，就互相传阅，或到图书馆借阅。《中国青年》编辑部曾收到一位炊事员寄来的一封信，说他到处奔走，也没买到这一期《中国青年》，他只好借了一本，自己一个字一个字地抄了下来，把一本16开48页约8万字的《中国青年》手抄了一遍。《中国青年》编辑部收到这封信后，给他寄去了几本当期《中国青年》并请他把手抄本寄给编辑部。1963

年10月，《中国青年》创刊40周年纪念时，这本手抄的“学习雷锋”专辑在编辑部举办的展览会展出。周恩来看到这本手抄本时仔细询问了它的来历，并指示有关部门增大对《中国青年》的纸张供应，以扩大发行。

而今，团中央青运史档案馆珍藏有这么一个特殊的信封。这就是1962年2月22日装了毛泽东主席“向雷锋同志学习”题词的信封。信封A4纸大小，上面写着：密件，中南海，林克同志收。落款是中直招待所。林克把这个落款划掉了，利用这个旧信封内装主席“向雷锋同志学习”的题词。信封背面左上角贴有邮单号，上写：“凭此号查信，3097号。”这是中南海收发室的号。背面写“中国青年杂志社朱柏颖同志亲收，中南海林寄”。其中，“朱伯颖”的名字错写为“朱柏颖”。朱伯颖日后回忆：“因为我们没有见过面，只是通了几次电话，所以林克写错了我的名字。”

据朱伯颖介绍，这个信封的珍藏也历经劫难，他曾个人保存了43年，这中间搬了好几次家。“‘文革’时上‘五七’干校当农民，那时很天真，以为真的要当农民，我们在北京的家都没有了。当时我老伴先到江西‘五七’干校，我再到江西，把北京的房子都退了。我们去了四年多，这个信封被我带来带去的，我经历了很多劫难，但这个信封保存下来了。1973年5月，我从‘五七’干校回来后，去到北京出版社，1992年离休。”

朱伯颖说：“林克同志写了我的名，是为了有个责任制。雷锋同志题词前，报纸上已经在部队开始宣传雷锋同志了，青年社专门成立一个小组，到部队查雷锋的日记原件。毛主席题词以后，其他领导也题词了。这个事不是我做的。有了毛主席题词以后才请其他领导题词，党中央其他常委都题了。本来不好说，毛主席题词后好说了，其他领导也同意题词。”

“我与共青团很有感情，是1950年到团中央的。我是从上海入团的。在上海附中高中二年级时，我参加了地下党的外围组织旗手社，解放后旗手社转成新青社筹备建团。”朱伯颖说：“我是新中国第一批共青团员、团干部，当时担任团支部委员。1950年上海抽调一批当年高中毕业生、团干部到中央团校学习，我就到了中央团校学习，后来到黄坡县土改工作队。回来后我到中央团校图书馆工作过。不到一个月，我又带队到安徽宿县参加土改工作。回来后，团中央成立统战部，我就到统战部工作，当时只有一个部长于北辰和我一个兵。1959年3月我调往杂志社，一直到1966年到干校，当时是与联络部在一起的。1973年5月我从干校回来就到北京出版社。所以我与共青团是很有感情的。信封捐给青运史档案馆是一个好的归宿，尽管我一直舍不得。”

后来，笔者在采访著名军旅摄影家、雷锋生前战友张峻时，老人讲：他当年曾与解放军报社记者牛篙林见过毛泽东主席有关“向雷锋同志学习”的题词原件，有三件有关这七个字的题词，且是写在有红竖行线的信纸上。老人说，公开发表的是处理了红竖行线后翻拍的，且他参与过翻拍。采访中，老人坚持说，毛泽东有关“向雷锋同志学习”不是专为《中国青年》杂志题写的，此前，沈阳军区就向毛泽东请求过为雷锋题词，且题词时间不是2月22日，而是3月3日。在张峻家里，笔者还发现毛泽东为雷锋的第四幅题词手迹图片，上书：“学习白求恩，学习雷锋，为人民服务”。不过，这幅字题写的时间是1965年8月30日。

作为“好人”的象征活在民众心中

《中国青年》第5、6期合刊出版后，也就是1963年3月5日，《人民日报》、《解放军报》、《光明日报》、《中国青年报》等都在头版显著位置刊登了毛主席题词手迹。从这一天起，一个学习雷锋的活动在全国范围内以排山倒海之势兴起。之后每年的3月5日也就成了学习雷锋的纪念日。

《解放军报》得知毛泽东题词以后，迅速向刘少奇、周恩来、朱德、陈云、林彪、邓小平等中央常委发出信件，请求题词。几位中央常委先后于3月初题了词。3月6日，即首都各大报发表毛主席题词的第二天，《解放军报》独家发表了在京的国家领导人刘少奇、周恩来、朱德和邓小平等的题词手迹。刘少奇的题词是：“学习雷锋同志平凡而伟大的共产主义精神”。周恩来的题词是：“向雷锋同志学习憎爱分明的阶级立场，言行一致的革命精神，公而忘私的共产主义风格，奋不顾身的无产阶级斗志”。朱德的题词是：“学习雷锋，做毛主席的好战士。”邓小平的题词是：“谁愿当一个真正的共产主义者，就应该向雷锋同志的品德和风格学习。”陈云的题词晚一些，内容是：“雷锋同志是中国人民的好儿子，大家向他学习。”

共和国第一代领导核心的集体行动，呼应并强化了毛泽东主席题词的声势，宛如众星捧月，为学习雷锋活动的广泛开展起到了推动的作用。不过细细推敲起来，几位中央领导人的题词除了在当时的语境下使用共同的流行词句外，还各有角度、各有风格、各有寓意。

刘少奇的题词强调的是“平凡而伟大”，抓住了雷锋精神的特征。雷锋既是平凡的，又是伟大的，平凡与伟大，在他身上得到了完美的结合统一。从凡人小事中看到和强调不寻常的价值，这大概与刘少奇过去长时期领导工人运动有关，与他担任国家主席、具有公民意识有关。这一点，体现在他为雷锋的题词上，也体现在他接见淘粪工人时传祥并与之握手等行为上。

在为《中国青年》题词不久，周恩来又接到了《解放军报》要求为雷锋题词的信。这时，他已得知毛泽东题了词，就让办公室打电话到中国青年杂志社问主席题词的内容。中国青年杂志社的同志向他作了汇报。于是，周恩来又一次题词。后来，中国青年杂志社的同志在拜访邓颖超时，邓颖超谈到总理为雷锋第二次题词时说：已经是深夜了，总理又一次翻看了雷锋日记摘抄，然后在房间踱来踱去，沉思了近一个小时，才坐下来题词。显然，周恩来是根据毛泽东的题词经过深思熟虑，对应该向雷锋学习什么作了高度概括。第二次题词的内容具体而鲜明，不仅反映出他一向尊重毛主席谦恭严谨的工作作风，同时也为学习雷锋指明了方向，概括出雷锋精神的基本内涵，对雷锋精神作了全面、系统、准确、精辟的总结。

朱德是一位德高望重、宽厚慈祥的革命元老。他被尊称为“红军之父”，长期与毛泽东并称为“朱毛”，资格老、功劳大、地位高。但他功高不自居，位重不自显，度量大如海，总是维护毛泽东的最高领袖地位和权威。为雷锋题词，要求大家“做毛主席的好战士”，正是他这种忠厚和谦逊态度的表现。

陈云和邓小平的题词，字如其人，文如其人，与他们平实的为人处事风格一脉相承。他们以求真务实著称于世，虽数次被贬斥为“右”，而终不改其志，陈、邓二人的题词中没有“毛主席”三个字，这一点颇具意味，在个人崇拜已抬头的当时，陈、邓二人的题词愈显难能可贵，又一次印证了陈云的那句“不唯书，不唯上，只唯实”的名言和邓小平的“实践是检验真理的唯一标准”的一贯品格和文风。

以毛泽东等老一辈无产阶级革命家为雷锋题词为起点，全国各条战线、各个行业广泛掀起学习雷锋的热潮。到1966年，在三年多时间里，各级党政军机关和群众团体非常重视学雷锋活动，纷纷制定具体规划和行动措施；组织各种纪念会、报告会、动员会、经验交流会；发表相关文章，举办展览、演出；开展专题党、团日活动。学习雷锋热潮极大地激发了广大群众建设社会主义的积极性，推动了全社会良好道德风尚的形成。

“文革”期间，学雷锋活动虽一直未曾间断，却明显带有那个时代的烙印。

“文革”结束后，1977 年 3 月 5 日，即毛泽东“向雷锋同志学习”题词发表 14 周年，《人民日报》重新发表毛泽东、周恩来、朱德同志的题词，同时还发表了中共中央主席华国锋和中共中央副主席叶剑英的题词。华国锋的题词是：“向雷锋同志学习，把毛主席开创的无产阶级革命事业进行到底。”叶剑英的题词是：“向雷锋同志学习，全心全意为人民服务。”

中共十一届三中全会后，以邓小平同志为核心的第二代中央领导集体坚持党的“一个中心，两个基本点”的基本路线，坚持“两个文明”一起抓的方针，改革开放和社会主义现代化建设事业蓬勃发展，为群众性的学雷锋活动注入了新的活力。

1978 年 10 月底，共青团中央提出在全国开展“学雷锋、树新风”活动后，学雷锋热潮迅速掀起。上百万青少年走上街头，维护公共秩序，为群众做好事，在社会上营造一种倡导文明、助人为乐的新风尚。随着活动的深入发展，逐步形成以“五讲四美三热爱”为核心的全民文明礼貌活动。

1983 年 3 月 5 日，是毛泽东“向雷锋同志学习”题词发表 20 周年纪念日。中共中央决定重新发表毛泽东等老一辈革命家为雷锋同志的题词。北京、上海、天津、沈阳等地开展了隆重纪念毛泽东同志“向雷锋同志学习”题词发表 20 周年的活动。《人民日报》、《解放军报》、《中国青年报》等发表了重要文章和社论。同日，在首都各界纪念向雷锋同志学习题词发表 20 周年大会上，中共中央政治局委员胡乔木代表中共中央和国务院，作了题为“做八十年代的新雷锋”的讲话。为了认真总结学雷锋活动的经验，进一步弘扬雷锋精神，推动社会主义精神文明建设，3 月 4 日在北京召开了全国青少年学雷锋先进代表会议。这一时期，学雷锋活动与转变党风、社会风气相结合，与加强职业道德教育相结合，与城乡文明建设活动相结合，始终保持持续发展的态势，收到了良好效果。

在改革开放和社会主义现代化建设事业进一步发展的形势下，以江泽民为核心的党的第三代中央领导集体和以胡锦涛为总书记的党中央十分注重全党全国人民的思想道德建设，学雷锋活动成为新形势下培养社会主义新人的重要途径和社会主义精神文明建设的重要组成部分，雷锋精神得到进一步提倡和弘扬。

1990 年 3 月 5 日和 6 日，《人民日报》、《光明日报》、《解放军报》、《工人日报》、《中国青年报》等发表党和国家领导同志关于向雷锋同志学习的题词。江泽民的题词是：“学习雷锋同志，弘扬雷锋精神。”杨尚昆的题词是：“全国人民都要向雷锋同志学习，全心全意为人民服务，为建设具有中国特色的社会主义而努力。”李鹏的题词是：“在新形势下把雷锋精神进一步发扬光大，希望有更多的活雷锋在中国涌现。”乔石的题词是：“学雷锋精神，做人民公仆，努力建设具有中国特色的社会主义。”姚依林的题词是：“发扬雷锋精神，全心全意为人民服务。”宋平的题词是：“向雷锋学习，做共产主义事业的接班人。”李瑞环的题词是：“雷锋精神永放光芒。”

这年3月5日，在全国学习雷锋先进代表座谈会上，中共中央政治局常委李瑞环发表重要讲话。10月29日，江泽民在接见“雷锋团”干部战士时发表重要讲话，对雷锋精神的内涵作了精辟概括，指出：雷锋精神的实质，是全心全意为人民服务，为了人民的事业无私奉献。

1993年3月4日，中宣部、国务院办公厅、国家教委、解放军总政治部、共青团中央等部门联合举办纪念毛泽东等老一辈革命家为雷锋同志题词三十周年大会，中共中央政治局常委胡锦涛发表重要讲话，进一步将雷锋精神的内涵概括为：全心全意为人民服务的思想，爱国主义、集体主义和坚定的社会主义信念，艰苦奋斗、勤俭创业的优良作风，努力学习、刻苦钻研的“钉子”精神，立足本职、忠于职守、勤勉敬业、精益求精的“螺丝钉”精神。

毛泽东等的题词以及随之几十年持续开展的学雷锋活动，雷锋作为“好人”的象征永远活在了人们的心中，雷锋精神作为一种人生理想和崇高憧憬激励和影响了一代又一代人。从2000年开始，团中央、中国青年志愿者协会把每年3月5日作为“中国青年志愿者服务日”（又称“学习雷锋日”），组织青年集中开展内容丰富、形式多样的志愿服务活动。

2003年2月7日，中宣部、中央文明办、解放军总政治部、共青团中央联合召开纪念学雷锋活动四十周年大会，中共中央政治局常委李长春发表重要讲话，强调学习雷锋的重大意义，指出，深入开展学雷锋活动，是新时期加强社会主义精神文明建设的重要任务。学习雷锋，就要牢固树立远大理想、发奋学习科学文化、始终坚持艰苦奋斗、大力弘扬文明新风。

一句口号成为一种精神的呼唤

2011年10月18日，中共十七届六中全会通过《中共中央关于深化文化体制改革推动社会主义文化大发展大繁荣若干重大问题的决定》。《决定》在“推进社会主义核心价值体系建设，巩固全党全国各族人民团结奋斗的共同思想道德基础”部分特别指出：“深入开展学雷锋活动，采取措施推动学习活动常态化。”

2012年11月，中共十八大在北京召开。十八大报告浓墨重彩地突出了道德建设的重要地位，在“扎实推进社会主义文化强国建设”部分，在谈到“要全面提高公民道德素质”的时候，提出“深化群众性精神文明创建活动，广泛开展志愿服务，推动学雷锋活动、学习宣传道德模范常态化”。

雷锋精神是中华民族传统美德的一种积淀，是一种随着时代进步而不断发展的与时俱进的精神。雷锋那种全心全意为人民服务，把有限的生命投入到无限的为人民服务中去的精神，那种干一行爱一行，立足岗位艰苦奋斗的敬业精神，那种对同志、对群众像春天般温暖，舍己为人、助人为乐的精神，都是在构建和谐社会中必须大力发扬和倡导的。

几十年来，学雷锋活动作为全社会参与的一项重要活动，延续不断，经久不衰，激励、培养、造就了一代又一代社会主义新人。在改革开放和社会主义现代化建设新时期，人民依然崇尚、学习雷锋精神，道德进步、社会和谐已经离不开雷锋精神，它已经渗透到人们的思想意识中，体现在人们的实际行动中。张华、徐虎、李素丽、杨善洲、丁晓兵、李国喜、吴菊萍、郭明义、余文丽、刘真茂，以及改革开放以来其他数百位全国道德模范和各条战线涌现的成千上万的先进模范人物，在重大灾害发生时奔赴抗灾一线的数十万志愿者，在北京奥运会、上海世博会、广州亚运会义务服务的大学生和各界人士，还有更多拾金不昧、尊老爱幼、扶贫济困、助人为乐的默默无闻的普通人，他们在不同时代、不同地点、不同岗位，坚定不移、持之以恒地践行雷锋精神，体现出顾全大局、忠于职守、克己奉公，处处以国家、人民和集体利益为重的主人翁态度。他们让雷锋精神融入社会的血液和细胞，为我们事业的发展提供了不竭动力，使中华民族焕发出昂扬向上的力量。

学雷锋活动从一开始就是在党的统一领导下，在各级组织积极倡导和具体指导下进行的。各级党政领导机关、领导干部积极组织引导，党、政、军以及工会、共青团、妇联等群众团体相互配合、同心协力、共同推进。新形势下，学雷锋活动要创新体制机制，营造良好氛围，提高活动的科学化水平，防止简单化、形式主义、“一阵风”现象和搞运动的方式，扎扎实实、深入持久地开展下去。一是要把宣传、组织学雷锋活动作为经常性工作之一，摆上各级党委和政府的议事日程，真正做到齐抓共管、形成合力。二是要紧紧依靠人民群众，充分调动社会各方面参与的积极性和主动性，根据不同地区、不同行业的特点，完善志愿者机构等组织形式。三是要把学雷锋活动作为社会主义文化建设的重要内容，与其他工作同步推进、同步实施。四是通过先进事迹报告会，图书、电影、戏剧等文艺载体，网站、微博等新媒体形式，在全社会大力营造学习雷锋的氛围，激发人们的学习热情。

从2012年3月起，北京将每个周六定为“学雷锋志愿活动日”，鼓励市民参加各类力所能及的学雷锋志愿服务与道德实践活动。上海启动“今天，我们这样学雷锋”系列活动，提出“快乐志愿，随手公益”理念，鼓励广大青少年和市民通过日常生活点滴小事践行雷锋精神。湖北开展“学雷锋百万青年大行动”活动，并通过网络、微博、热线、邮件发动全省广大群众共同“寻访身边的雷锋”。山东启动“学雷锋，做山东好人”活动，包括集中宣传教育、深化各类实践活动、评选“山东好人”、组织理论研讨等内容。陕西开展“传承雷锋精神，参与志愿服务，建设和谐陕西”主题活动，包括雷锋精神宣传、困难帮扶、倡导文明风尚、环境保护等志愿服务活动。在湖南长沙，“这是我应该做的”成为流行语，千所学校、百万学生“续写雷锋日记，争当雷锋传人”；在抚顺，学雷锋小组就有四万多个……遍及神州大地的学雷锋活动，将雷锋精神熔铸于时代脉搏、播洒在公众心田。

一段时间以来，“学雷锋”、“当代雷锋”、“身边的雷锋”成为社会关注度极高的热词。从各大媒体纷纷聚焦到广大群众口耳相传，从社会志愿服务如火如荼到“微博公益”渐成时尚……雷锋精神如春潮般在广袤大地上翻卷、升腾、激扬。在共和国前进的历程上，雷锋始终活在人们心中，雷锋这个名字始终是一个时代的强音符。

2012年3月，全国“两会”期间，湖南团全国人大代表吴建平、李焕然、周兆达、黄志明、许菊云、罗美元、向文波等联名建议，设立公民道德最高奖“中国雷锋奖”，以嘉勉各行各业中乐于助人、默默奉献的优秀公民，树立道德标杆。5月，笔者提出评选“学雷锋五十年五十人”。2013年2月底，在纪念毛泽东等老一辈革命家为雷锋题词50周年之际，由中国关心下一代工作委员会、中国社会福利基金会等联合举办的首届“雷锋奖”在京颁发，龙梅、玉荣、张丽莉等50位全国学雷锋先进人物受到奖励。

雷锋精神具有可学性与恒久性，具有与时俱进的鲜明品质和时代特点。学雷锋只有进行时没有完成时。过去之所以产生所谓“雷锋叔叔没户口，三月来了四月走”的现象，主要是没有从长效机制高度来统筹谋划学雷锋活动。当前，“雷锋精神”已经传到了世界上几十个国家，可以说雷锋精神不但属于中国，而且属于全世界。美国《时代周刊》曾如此称赞：“雷锋品牌是中国人民也是全人类共同的精神财富。”几十年来，在平凡中默默奉献，在帮助他人中获得内心快乐的雷锋精神，永远是抚慰我们心灵的可亲、可信、可学的现实榜样。无论时光流逝，雷锋精神不仅没有褪色，反而在实践中不断被赋予新的时代内涵，温暖着你我，感动着世界。

当前的中国，利益多元、观念多样、思想多变，这让道德领域呈现复杂图景，也让人们面临更艰难的选择。在扶起跌倒老人或许惹上官司、爱心捐赠恐被挪作他用的疑虑中，善念在负面的想象中迟疑，善行因利益的考量而延宕。一个经历着深刻转型的社会，有这样的道德困惑可以理解，但更应主动正视、积极引导。在加强道德建设、培育良好风尚的社会期许中，雷锋的名字再次成为时代的呼唤。对于社会而言，这个普通的士兵呈现出一种“精神原型”，以其体现的传统美德、时代精神为核心，可以构筑起我们社会的精神天际线；对于个人，这个年轻生命激发了一种“道德动力”，在他确立的坐标系下，我们能校准心灵的航向，向着更有意义的人生出发。

“向雷锋同志学习，树客运行业新风。”“学习雷锋，做文明‘驶者’，当平安‘达人’。”“弘扬雷锋精神，搞好优质服务。”“弘扬雷锋精神，争做时代新人。”“春天来了，雷锋发芽了。”“九州大地整新容，雷锋遍地开新花。”“学习雷锋的‘钉子’精神，一面挤，一头钻。”“学习雷锋，从我做起，从身边做起。”“钉子是小，‘钉子精神’却不小。”诸如此类的，学习雷锋的宣传标语随处可见。雷锋是社会主义中国的一座精神丰碑，哺育和激励了一代又一代人。雷锋精神中，凝结着中华民族的优秀品德，闪烁着社会主义的道德光辉，具有引领人们崇德尚义、向上向善的强大力量。

雷锋曾在日记中写道：“一朵鲜花打扮不出美丽的春天。”正确的道德观念，只有转化为社会群体意识，才能为人们自觉遵守和奉行。当“雷锋”这个普通的名字成为一个国家的精神符号，当“学雷锋”这个群众性活动影响一个时代的社会风尚，亿万民众焕发的道德热情，定能绘就我们时代恢弘的精神画卷。

“向雷锋同志学习”，绝不仅仅是一句口号，而是一种精神的呼唤！

第13章 18位村民红手印开启中国农村改革

1984年国庆35周年游行时，拖拉机载着“联产承包好”的牌子通过天安门广场。这一新闻镜头被永远载入历史。其实，就在此前，全国农村到处是有关联产承包责任制的标语，可谓深入人心。中国经济体制改革的浪潮首先是从农村掀起的，其主要内容就是实行家庭联产承包制。

联产承包责任制在承包形式上有两种，即“包产到户”（以土地等主要生产资料公有制为前提，以户为单位承包，包工、包产、包费用。按合同规定在限定的生产费用范围内完成一定的生产任务，实现承包合同指标受奖，达不到承包指标受罚）和“包干到户”（又称“大包干”，承包合同中不规定生产费用限额和产量指标，由承包者自行安排生产活动，产品除向国家交纳农业税、向集体交纳公共提留以外，完全归承包者所有，即“交够国家的，留够集体的，剩下都是自己的”）。

联产承包责任制，作为中国农村集体经济组织实行的由生产任务承担者对其生产成果负责并按产量或产值计算劳动报酬的一种生产责任制，始于20世纪50年代的高级农业生产合作社时期，后遭批判禁止，直至中共十一届三中全会后得到恢复并获得发展。

邓小平曾说，中国的改革是从农村开始的，这个发明权是农民。的确，如果说农村包围城市的革命道路，取得了辉煌的成功，解放了几亿人口，建立了社会主义新中国的话，那么农村包围城市的改革道路也取得了举世瞩目的成就，解放的是中国的生产力，建立的是一个生机勃勃的现代化中国。

鲜红的手印按在全国首份包干合同上

中共十七届三中全会召开前夕，中共中央总书记胡锦涛专程前往安徽省考察农村改革发展情况。2008 年 9 月 30 日上午一到安徽，胡锦涛就驱车前往小岗村考察。村外田野里喜人的丰收景象，让胡锦涛的脸上露出了笑容。他让车停下来，沿着田埂地坝走进水稻田和黑豆地，仔细察看饱满的稻穗和即将成熟的豆荚。胡锦涛兴致勃勃地同正在田间劳作的几位村民聊起农事，问亩产、问销售价格、问农技推广和粮食直补政策落实情况。

为纪念当年的“大包干”，小岗村专门建立了一个纪念馆。胡锦涛来到纪念馆参观。18 位村民摁下红手印、实行“大包干”的字据影印件，反映小岗村改革发展新面貌的图片和图表，展现小岗村发展蓝图的沙盘模型，吸引了胡锦涛的目光。他一边认真观看，一边听取介绍，对小岗村村民的探索精神和发展成绩表示赞许……

1978 年 12 月，中共十一届三中全会召开，吹响了改革开放的号角。几乎与此同时，安徽凤阳小岗的农民偷偷地实行了包干到户的责任制。那个寒冷的冬夜，凤阳县梨园公社小岗生产队严立华家那低矮的草房里，18 个社员聚在一起，神情隐秘而面带悲壮，签订了一份契约：“我们分田到户，每户户主签字盖章。如此后能干，每户保证完成每户全年上交和公粮，不在（再）向国家伸手要钱要粮；如不成，我们干部作（坐）牢杀头也干（甘）心。大家社员也保证把我们的小孩养活到十八岁。”“分田到户大包干，坐牢杀头也心甘！”为何此事让这些朴实的农民如此惶恐下决心，以致托付了抚养小孩的后事？

历史并不遥远，人们记忆犹新。1955 年，农村合作化一哄而上。1958 年不考虑农村的实际情况，片面追求“一大二公”的人民公社又过早建立。当时中共中央农村工作部部长邓子恢主张包产到组、包产到户，遭到毛泽东痛斥。1960 年，三年经济困难造成严重饥荒。安徽宿县一位七十高龄的老人为了照顾生病的儿子，无法参加生产队的集体劳动，也就得不到那赖以维生的口粮。不想眼睁睁饿死的老农，于是请求公社干部允许带着儿子上山养病并开荒自救。一老一病二人上了荒山，老人凭自己勤劳的双手开出了 16 亩荒地，不仅收到了口粮，还向公社交了 1800 斤粮食和养鸡得到的 60 元钱。老人个体劳动创造的丰收奇迹与当时集体劳作下的歉收、饥荒形成鲜明的对比，农民在惊羡之余认识到：把田分给各户可以收获更多的粮食，摆脱饥荒。于是，全省各地纷纷要求包干。1961 年春，安徽省委书记曾希圣给毛泽东写了一封信，极力陈述民情和责任田的好处，毛泽东批示试行。当时刘少奇、邓小平等非常赞成。

邓小平因此提出了著名的“猫论”。但是毛泽东仅容忍包产单干试行了一年。1962年8月政治局会议上，毛泽东针对刘少奇说：“一搞包产户，一搞单干，半年时间就看出农村阶级分化得很厉害。”“包干到户是个方向问题。”后来，这成为刘少奇与邓小平先后被打倒的“罪名”之一。

1978年夏秋之际，安徽大旱，农民再次面临绝境。在省委书记万里的支持下，实行了“借地种麦”。结果，肥西县大旱之年大丰收。在“借地种麦”的影响下，安徽农村悄然兴起了包产到组、包产到户的责任制，但还没有人敢于突破禁区分田到户。有名的“叫花子县”凤阳早有“十年倒有九年荒”之说，小岗生产队更是远近闻名的光棍村、讨饭村。全队20户人家，不算2户单身汉，18户家家讨过饭，家家都有人当过生产队干部，但都没有解决好吃饭问题。当大包干到组责任制在凤阳全县兴起时，小岗也学着别人的样子搞起了分组作业。先是将全队分成两个作业组，“大呼隆”变成“小呼隆”。没维持几天，只好将两个作业组现划开，分成四个、八个作业组。但还是有上工迟到、分工吵嘴、记分计较等现象。要再划开的话，只有一家一户包田干了。

于是，在那个晚上，十八个农民挤在一起，召开一个关系全队命运的秘密会议，主题是研究分田单干。大家的话匣子一下子被打开，队长严俊昌“最后拍板”：“我们定下两条规定：第一，我们分田到户，瞒上不瞒下，不准向任何人透露；第二，上交公粮的时候，该交国家的交国家，该交集体的交集体，剩下的归自己，任何人不准装孬。”随后，副队长严宏昌执笔，写下了全国第一份包干合同书。大家用食指蘸上鲜红的印泥在自己的名字上重重地按下指印。他们连夜抓阄分牲畜、农具，又迅速丈量土地，艰难地迈出了当地分田到户的第一步。

实践给小岗的包干作出响亮的回答

天还是那个天，地还是那个地。小岗农民憋足了多年的劲头，拼命地干。俗语说，没有不透风的墙。其他村队的亲友外人，一看小岗人的劳动阵势，就明白是分田到户了，消息很快传开。公社领导立即把几个队干部找去质问：你们小岗是不是在搞单干？你们当干部的要注意，这样搞是要犯国法的。如果是单干，赶快并起来，否则就要把你们小岗的情况上报县委处理。严宏昌等人一口咬定是分组作业，不是分田到户。

所幸的是，小岗人的行动得到了省委和县委的支持。其实，早在1977年11月，在万里的支持下，安徽全省工作会议上即通过了《关于当前农村经济政策几个问题的规定》，允许农民搞家庭副业，除完成国家任务外，剩余的农产品可以到集市上出售，生产队可以实行定任务、定质量、定工分的责任制，只需个别人完成的农活可以搞责任制。这就是著名的“安徽六条”。在1978年的中央工作会议期间，万里曾就肥西县借地种麦及包产到户问题请示过陈云，问怎么办。陈云说：“我举双手赞成。”后来向邓小平请示，邓小平说：“不要争论，你就这么干下去就行了，实事求是地干下去。”有了陈云、邓小平的支持，万里心中有了底。在全国农村工作会议上，陈永贵批评万里“好行小惠”、“变相单干”，万里回道：“你走你的阳光路，我走我的独木桥。”

凤阳县委书记陈庭元找到严宏昌，叫他不要害怕，不要有思想顾虑：“只要你们能搞到好吃的，我们也不要你们粮食，只要不再靠国家就好了。好好干，就做一个试点。”这下子，小岗人心里的石头终于落了地。

1979年10月，秋高气爽。打谷场上一片金黄，算盘珠被人们拨得“噼啪”作响。检验小岗包干到户成果的时候到了。数字出来了，粮食总产量66吨，相当于全队1966年至1970年五年粮食产量的总和。年年“吃粮靠返销，花钱靠救济，生产靠贷款”的小岗，第一次向国家交了公粮。实践给小岗的包干作出了响亮的回答。1980年1月，万里到小岗视察，挨家挨户逐个查清，对小岗的创举作了高度的评价，肯定了包干到户是“马克思主义”：“今后，哪个再说你们是搞资本主义，这场官司交给我，我替你们打。”

万里首先在安徽支持责任制促进了农业的发展，“要吃米，找万里”的话不胫而走。几乎是与此同时，四川省也大力支持责任制，制定了“四川十二条”，允许和鼓励社员经营少量自留地和家庭副业，四川的农业也迅速恢复和发展。

中共历史上第一个农村工作“1号文件”诞生

随着包干到户从暗处走到明处，从个别省份扩散到全国，由此引起的责难也纷至沓来。当时，《人民日报》发表了读者来信《“三级所有，队为基础”应该稳定》。这给悄悄点燃的星星之火似乎泼了一盆冷水。从此，风云四起，议论纷纷。在中央各部委和各省领导人中，支持包干到户的屈指可数。江苏的一些地方对着安徽用大喇叭广播，并赫然醒目地刷出一幅幅类似“坚决反对安徽分田单干”的大标语。这大概是害怕“近墨者黑”吧。

在包干到户遇到重重阻力的关键时刻，邓小平对农村的改革及时给予了有力的支持。1980 年 5 月 31 日，他同中央负责人就农村问题发表了自己的看法：“农村政策放宽以后，一些适宜搞包干到户的地方，搞了包干到户，效果很好，变化很快，安徽肥西县绝大多数搞了包产到户，增产幅度很大。‘凤阳花鼓’中唱的那个凤阳县，绝大多数搞了大包干，也是一年翻身，改变面貌。有的同志担心，这样会不会影响集体经济，我看这种担心是不必要的。”

邓小平早在自己第三次复出后，就针对我国农业发展状况，对农村的体制进行了深入的思考。他说，1958 年“大跃进”一哄而起搞“人民公社化”，片面强调“一大二公”，吃大锅饭，带来了大灾难；“文化大革命”就更不用说了。复出后不久，他在东北之行中多次谈到农村问题。他说，一个公社有自己的条件、有自己的情况，有一般，也有特殊，大量的是特殊，更重要的是要根据自己的特殊情况考虑问题。邓小平对当时全国“农业学大寨”、普及大寨县的提法表示了不同的看法：“不论搞农业、搞工业、搞现代化，都要实事求是，老老实实。学大庆、学大寨要实事求是。大寨有些东西不能学，也不可能学。比如他评工记分，一年搞一次，全国其他人民公社、大队就不可能这样做，取消集贸市场也不能学，自留地完全取消也不能学。”

大寨是毛泽东在农业战线树立起来的一面红旗，是全国农村人民公社学习的榜样。大寨的那些做法在当时是被宣传为最具社会主义特征的，在那个年代，谁要说不学大寨，弄不好就会被扣上走资本主义道路的帽子。邓小平的这个讲话，如一石激起千层浪，解放了人们的思想，渐渐拨开了阻碍农村改革的重重迷雾。

包产到户、包干到户真正得以正名，是在 1982 年。这年 1 月 1 日，中共历史上第一个农村工作“1 号文件”正式出台。文件明确指出，包产到户、包干到户，都是社会主义集体经济的生产责任制。到 1982 年底，80% 的农户实行了大包干，1983 年则上升到总数的 93%，“三级所有，队为基础”的人民公社体制全线崩溃，代之而起的是县乡镇政府。人民公社退出了历史的舞台。

河南省内乡县灌涨镇的齐保东老人，原来是“搞宣传”的——就是下乡刷写墙头标语，写了近半个世纪的标语。齐保东已经记不得具体是哪一年夏收后的一天，他提着涂料桶，在前楼大队的后墙上写下了“认真贯彻十一届三中全会精神，搞好农村联产承包责任制”的标语。前楼大队的大队长召集全队村民开会，传达上面的政策，问有没有人不愿意单干。齐保东回忆说：“没有一户表示反对，老百姓都愿意自己干自己的。”那个时期，农村最常见的标语还有“交足国家的，留够集体的，剩下的都是自己的”等。

从1982年到1986年，中央连续发布了五个有关农村工作的“1号文件”，一步步将农村改革推向全国，引向深入，最终确立了中国农村的家庭联产承包责任制。农村改革也推动了城市改革，在我国很快又形成了第二次农村包围城市之势。

国家博物馆中川流不息的参观人群，常常驻足在一个编号为GB54563的陈列物前。它就是安徽省凤阳县小岗村18位长年累月在土里刨食却不得温饱的庄稼汉，甘冒坐牢杀头的危险，于1978年11月24日所立下的惊天动地的保证书。所签名的18个名字上，都按有鲜红的指印。这份已成为历史文物的保证书，承载着新时期农村改革的风云变幻。

燎原社震撼全国的创举注定坎坷

其实，中国首创联产承包责任制“包产到户”模式的不是安徽凤阳小岗村。从1956年到1957年上半年，四川、安徽、浙江、广东、河北等一些地方就出现了包产到户之类的试验。其中浙江永嘉县搞的包产到户试验最为突出，虽然一开始就引起争议，但由于效果很好，一度得到省里的支持。

20世纪50年代，全国各地大搞农业生产，大办集体农庄，合作化进入高潮。1955年冬天，浙江永嘉全县出现合作化高潮，一批大规模高级合作社涌现。其中最有名的莫过于潘桥高级农庄，拥有1184户、8456亩土地。许多农民真诚地相信，加入高级社后，人多力量大，资金足，就可以大力实现这些个人或初级社还没有实行或无法实行的增产措施。然而，高级社名字虽响亮，但实际生产力水平差了一大截，生产管理混乱，庞大的农庄依旧沿用初级社的办法，包工到生产队，队长白天忙着派工，晚上忙着给出勤的社员评工分。干活多的和少的在工分上没有差别，一年收成自己分成多少不清楚，社员们劳动积极性普遍不高。大伙就编了不少反映现实的顺口溜：“天光等等队（长），晚上开开会”、“队长派工，社员出工，干活磨洋工，两工顶一工”。

时任永嘉县县委副书记、分管农业的李云河受到《人民日报》头版头条《生产组和社员都应该“包工包产”》的启发，有了试验“包产到户”的设想。

县委书记李桂茂听说后当即拍板，决定在潘桥进行包产到户试点，为慎重起见，他请示温州地委，最后决定在燎原社试验。当时的燎原社也是大社，778户共3600人，水田5400多亩。当年，32岁的戴洁天作为县委机关唯一的大学生，被派往永嘉县三溪区潘桥集体农庄组织生产，担任试点工作组组长。

1956年5月，工作组在燎原社进行的“分级管理，按件计酬”个人包段负责制和“包产到队、责任到户、定额到丘、统一经营”的试点，李云河给了一个通俗易懂的称呼——“包产到户”。社里包产、包肥、包工，一年每亩交粮1000斤为定额，超出部分的60%给责任田的社员作为奖励，而没能完成任务量的，则要承担相应赔偿，做到“一年早知道”，即任务量心中有数。没人想赔本，因而精神面貌为之一变。包产到户试点很快就收到了成效，1957年4月，燎原社85%的农户都增加了收入，全社春粮增产40%。燎原社的社员还讨论总结有“六好”、“五高”和“八多”。“六好”是责任清楚好、劳动质量好、大家动脑好、增量可靠好、干群关系好、记工方便好；“五高”是农活质量高、粮食产量高、学技术热情高、劳模威信高、生活水平一定大提高；“八多”即增积土肥多、养猪养得多、学技术的人多、千斤田会增多、生产能手会增多、关心生产的人多、和睦团结多、勤往田头的人多。很快，燎原社的经验便如星星之火，迅速燎原开来。到1957年春，整个温州地区实行包产到户的合作社有1000多个，社员达到178000户，约占入社总农户的15%。

然而，在当时合作化为主流的大背景下，包产到户的做法很快引来质疑，这是不是变相地否定集体生产和农业社？是不是单干？李云河则多次持笔向质疑者亮明观点与做法。当时的浙江省委副书记林乎加也肯定了这一做法，包产到户迎来了短暂的春天。实际上，燎原社的包产到户不是以户为单位经营，而仍然以队为单位统一经营，有很多农活是靠“集体”去完成，而不是靠一户去完成。只有一部分不应该“集体”而适合于个人搞的农活，才由社员自己去安排。同时包产到户不是纯粹的“包产到户”，它在要求产量的同时，也对劳动质量提出了要求，是“产量责任制”和“劳动质量责任制”到户。

1956年11月19日，《浙南大众报》发表文章，认为包产到户是“倒退的做法”，并向《人民日报》直接投诉，通过媒介转给中央高层领导，对永嘉包产到户的试验形成很大压力，浙江省委、温州地委、永嘉县委被迫下令停止试验包产到户。李桂茂、李云河、戴洁天都受到处分，全县因参与包产到户而被判刑劳改的达二十多人。直到改革开放后，李桂茂、李云河、戴洁天等人的冤案才得到彻底平反。

永嘉“包产到户”的探索夭折四十多年以后的一个盛夏，原中央农村政策研究室主任杜润生、朱厚泽等一批党史和农村问题专家来到永嘉，对1956年农业合作化高潮中，发生在这里的包产到户试验进行考察。最后他们达成了共识：1956年春，在永嘉县燎原农业生产合作社的包产到户试验，是全国农村最早发生，并在一个较大范围内实行，取得明显成效、产生巨大影响的一次改革实践。杜润生还提笔写下“包产到户第一县”七个大字。

永嘉包产到户是对真理的孜孜探求，是求真务实的生动写照，向世人展示了温州人敢为人先、勇于创新的傲然气魄。这场改革，比1978年安徽凤阳县梨园公社小岗生产队18名农民惊天动地的包干到户实践整整早了22年，是震撼全国的创举。

《中国共产党历史》上载：“农民群众创造的包产到组、包产到户和包干到户这些经营形式曾几起几伏。集中的有三次，一次是1957年反右派斗争之前，一次是1959年‘反右倾’斗争之前，一次是1962年八届十中全会之前，三次都被后来的政治运动压了下去。但是，这些形式毕竟是适应现阶段中国农村生产力发展状况的，因而深受广大农民的欢迎，具有顽强的生命力。这一次（指小岗的包干到户）再度出现，既是这种顽强生命力的反映，又是突破‘左’的农村政策的大胆尝试。”

家庭联产承包责任制，是建立在土地公有制的基础上，集体所有土地长期包给各户农家使用，把明确的责、权、利结合起来，推动着中国农业发展。作为农村经济体制改革的第一步，家庭联产承包责任制突破了“一大二公”、“大锅饭”的旧体制。而且，随着承包制的推行，个人付出与收入挂钩，农民生产的积极性大增，解放了农村生产力。农民可以将多余的粮食出售，形成了自由市场，农民手上的现金大增，农村经济大为好转。在1978年至1995年间，粮食的增幅达到新中国成立以来的最高峰。而农民除了需要上交的公粮外，对种谷物拥有完全的自主权。农民可以选择收益较高的经济作物，农民的收入亦因而提升，部分农户更跃升为万元户。农村出现了一番新景象！

历史有惊人的相似之处。在新民主主义革命时期，第一次国共合作失败后，毛泽东审时度势，把秋收起义部队带到了农村，开创了一条农村包围城市的革命道路，夺取了新民主主义革命在全国的最后胜利。当历史进入改革开放和建设社会主义现代化的新时期，邓小平作为改革开放的总设计师，首先选择农村作为改革的突破口。中国的改革，从农村突破并取得了成功后，邓小平果断决策把改革开放引向深入，改革的重点开始由农村向城市转移。他说："农村改革的成功，增加了我们的信心，我们把农村改革的经验运用到城市的经济体制改革中去。"

农村改革的成功为国有企业开辟了广阔的市场，积累了经验。农村家庭联产承包责任制实际上是一种土地的集体所有权与农民的家庭经营权的两权分离，为城市企业的资产国家所有制与企业的经营权的两权分离指明了改革的方向。农村的家庭多劳多得，为城市企业打破"大锅饭"的分配方式提供了榜样，而农村责任制激发的农民的劳动热情树立了城市改革的信心。

如果说 1978 年召开的十一届三中全会的重点是在农村进行改革，那么 1984 年召开的十二届三中全会的重点则是将改革转移到城市。十二届三中全会的召开以及《关于经济体制改革的决定》的通过，推动了城市经济体制改革的全面展开。随后，城市经济体制改革从所有制经济运行机制全方位纵深发展，真正触动了长期僵化的计划经济的主体部分，为国民经济的发展注入了生机与活力，更重要的是为社会主义市场经济的形成奠定了基础。

2008 年 10 月，中共十七届三中全会审议通过了《中共中央关于推进农村改革发展若干重大问题的决定》，标志着我国农村改革站到了一个新的历史起点上。十七届三中全会提出了到 2020 年农村改革发展的基本目标：农村经济体制更加健全，城乡经济社会发展一体化体制机制基本建立；现代农业建设取得显著进展，农业综合生产能力明显提高，国家粮食安全和主要农产品供给得到有效保障；农民人均纯收入比 2008 年翻一番，消费水平大幅提升，绝对贫困现象基本消除……这桩桩件件，都甜到了农民的心坎上。

第14章
“真理标准”横空出世的内幕

1978年5月,《实践是检验真理的唯一标准》的发表在全国激起很大波澜,引发了一场关于真理标准问题的大讨论。在邓小平等老一辈无产阶级革命家的领导和支持下，依靠理论界、新闻界和实际工作同志的紧密配合，这场讨论终于冲破“两个凡是”的束缚，为中共十一届三中全会重新确立马克思主义的思想路线，做了理论上和舆论上的准备，在党和国家的历史进程中产生了重大而深远的影响。随之，“实践是检验真理的唯一标准”成为一句最为响亮的口号，至今仍具有鲜明的生命力。

《实践是检验真理的唯一标准》一文的“始作俑者”是胡福明，他因该文而成为我国马克思主义思想史上的重要人物。

自《理论动态》创刊以来，沈宝祥从“理论动态组”成员到主编，始终如一地坚守着这块理论阵地。在胡耀邦的直接领导和指导下，他参与了《实践是检验真理的唯一标准》一文的修改和编辑，亲历和见证了一场轰轰烈烈的真理标准问题大讨论。提及这段特殊的经历，一口江南口音的沈宝祥十分兴奋，每一个细节都俨然发生在昨天。

战斗檄文挑战“凡是派”

20世纪70年代，注定在中国当代历史上占据重要地位。“四人帮”横行肆为，最终落入历史垃圾之中，被人斥为“政治小丑”；“文化大革命”曾以狂风暴雨之势席卷整个中国，但是在人民的意志面前还是落荒而去。由此，时任南京大学哲学系副主任的胡福明强烈地感到，人民是历史的主人，人民一旦觉醒了，没有一种力量能使他们屈服。

粉碎“四人帮”后，胡福明敏锐感觉到中国已处在一个历史的转折关头，中国要“改弦更辙”——改掉“以阶级斗争为纲”这根弦，开辟一条社会主义现代化建设的道路。而且，他认为拨乱反正的最有利时机已经到来了，作为一个年轻的理论工作者，自己应该义不容辞地参加这场斗争，做出自己应有的贡献。

当时胡福明主管哲学系的教学，还有授课任务。他挑灯走笔，写下了许多批判“四人帮”、在思想上拨乱反正的理论文章。1976 年 12 月 17 日，他写下了批判张春桥的“全面专政”的一篇文章。之后又写了好几篇文章，如《必须坚持马克思主义的学风》、《为建设社会主义现代化努力奋斗》、《“四人帮”批判唯生产力论就是反对历史唯物观》，后者被 1978 年 3 月 16 日的《人民日报》理论版摘要发表。

从 1976 年底起，胡福明开始苦苦思考一个问题：“四人帮”虽然粉碎了，但是中国社会仍然面临着这样一些严峻的政治局势——党内个人迷信、个人崇拜依旧盛行，大量的历史冤假错案尚未得到清理和平反，1976 年广大人民群众自发聚集到天安门广场悼念周总理的行动依然被定为反革命事件……如何从根本上批判“四人帮”，以推动拨乱反正呢？

1977 年 2 月 7 日，中央“两报一刊”发表《学好文件抓住纲》的社论，实质是维护“文革”理论、路线、方针、政策的“两个凡是”。此后，批判“四人帮”突然降温，拨乱反正寸步难行。中国的未来命运一下子又被推到了生死攸关的抉择关头。

胡福明陷入苦思，夜不能寐：判断理论、认识、观点、决策是否正确的标准究竟是什么？判断是非的标准究竟是什么？马克思、恩格斯、列宁、毛泽东在历史上也经常按实践来修改自己的观点，怎么能说句句是真理？怎么能搞“两个凡是”？这完全是教条主义、形而上学的东西，是宣传个人崇拜，不符合马克思主义的哲学观点。

在参加一个教育战线讨论教育问题的座谈会时，胡福明发言表示教育质量下降了，科研无法搞了，教学被破坏了。后来有一位领导对他说，教育战线是“文革”的重点，不能否定“文革”。虽然这位领导是出于好心的“善语”，但这又促使胡福明不得不思考：拨乱反正的阻力在哪里？

经过一段时间的摸索，到了 1977 年 3 月，南京正是春寒料峭时节，胡福明终于意识到冲破“两个凡是”才是关键。发现这个问题，胡福明非常高兴，谋划着写作一篇战斗檄文。作为新中国培养的知识分子，长期从事着马克思主义哲学理论教学与研究，胡福明对我国社会主义制度充满深厚的感情，他背负着“天下兴亡，匹夫有责”的信念。另外，他相信能收拾“文革”残局的除了邓小平没有其他人。所以，即使风险很大，他也无所畏惧地勇往直前。

为了有力地批判“两个凡是”，胡福明经过一段时间的分析研究、反复比较后，从马克思主义基本观点中找到“实践是检验真理的标准”这一论点作为基本观点。他认为，提出真理的实践标准，与“两个凡是”针锋相对，能切中要害。而且，提出“实践是检验真理的标准”这个科学观点，又可以帮助干部群众运用这个科学观点去分析研究“文化大革命”，推动平反冤假错案、拨乱反正。

7月上旬，文章的主题、观点、布局已基本形成，胡福明开始动手收集研究材料、拟定提纲。这时，家里偏偏又出事了——妻子张丽华检查出肿瘤，在江苏省人民医院住院接受开刀治疗。把一双儿女交给岳母照管，胡福明白天在大学的讲台上讲课，晚上到医院的病床边陪伴妻子。病中的妻子需要补充足够的营养，但那时市场上供应的副食品还相当匮乏，胡福明只得利用课余时间不厌其烦地穿行在南京城中，采购西瓜、鱼虾等难得的时鲜食品。

夏天的南京，素有“火炉”之称。空气燥热，更兼牵挂着要写的文章，使在医院陪伴妻子的胡福明难以入睡。每当夜深人静时，他搬来椅子，摇着蒲扇，借着走廊的灯光看书，对马克思、列宁、毛泽东等有关实践真理标准的内容边阅读摘录，边进行认真研究。

当妻子出院时，文章的提纲已写好，此时正逢暑假，胡福明用了一周时间写成文章初稿。这年9月，经三次修改后，《实践是检验真理的标准》这篇鼎世之作问世了。

历史雄文引发思想理论界上的“大地震”

文章写完了，寄给谁呢？想了半天，胡福明想到了这年5月认识的《光明日报》哲学编辑组组长王强华。当时，江苏省委党校召开一个理论讨论会，胡福明作了个《唯生产力论是历史唯物论的基本观点》的发言，在会场引起轩然大波，立即有两三个人站出来反驳甚至批判他的观点。双方争论不下，会议也难以继续，大会主持人只得宣布暂时休会。这时，王强华找到胡福明，并约他为《光明日报》写稿。

于是，胡福明将稿件寄给了王强华。文章投出去后，他不知道等待他的将是一种什么样的命运，也不知道这篇文章将会在中国社会引发一场怎样的地震。1978 年 1 月 14 日，也就是寄出信后的第四个月，胡福明收到王强华的来信与文章清样后，便着手按所提意见修改。从此以后，稿子来来往往好几个来回，每回修改后回寄。

1978 年的 4 月间，胡福明去北京参加一次全国性哲学讨论会。到北京的当天晚上，他就被王强华接到了《光明日报》总编杨西光的办公室。时任《光明日报》理论部负责人的马沛文和时任中央党校理论研究室《理论动态》编辑的孙长江也在杨西光办公室，饶有趣味的是，孙长江还是胡福明在中国人民大学学习时的哲学史老师。这时胡福明得知，《实践是检验真理的标准》这篇文章的标题已经在马沛文的建议下改作《实践是检验一切真理的标准》。

对于当天晚上大家讨论的情况，胡福明回忆说：“杨西光同志手里拿着《实践是检验一切真理的标准》的清样，对大家说，各位同志都拿到这份清样了，福明同志这个稿子，今天正要听大家的意见，要修改。他说，这篇文章本来在哲学版就要发表了，他看了以后，认为这篇文章很重要，放在哲学版里发表太可惜了，应该作为重要文章放在第 1 版去发表——当然，还要修改，文章质量还要提高。”于是，胡福明白天参加哲学讨论会，晚上则修改文章，以便于第二天由《光明日报》的通讯员拿走稿子，傍晚再把修改后的小样送来。这样又往返修改了好几次。

后来，杨西光决定将胡福明那篇文章的校样稿交给中央党校，由他们去修改完善，然后再定夺发表。5 月 10 日，这篇经过反复修改，定名为《实践是检验真理的唯一标准》的稿子最终在中央党校内部刊物《理论动态》上刊出，11 日《光明日报》署名“本报特约评论员”公开发表全文，新华社当天即向全国转发，12 日《人民日报》、《解放军报》又予以全文转载。

这篇历史雄文共分为四个部分：一、检验真理的标准只能是社会实践；二、理论与实践的统一是马克思主义的一个最基本原则；三、革命导师是坚持用实践检验真理的榜样；四、任何理论都要不断接受实践的检验。在文章结尾，作者勇敢地宣称：“凡是有超越于实践并自奉为绝对的‘禁区’的地方，就没有科学，就没有真正的马列主义、毛泽东思想，而只有蒙昧主义、唯心主义、文化专制主义。”

11 日一早，胡福明听到了中央人民广播电台的广播，随后看到了《光明日报》发表的《实践是检验真理的唯一标准》。这时，胡福明喜不自禁，高兴地拥抱着妻子说："我们终于胜利了！"

文章发表之后，立即得到广大党员和群众的共鸣和支持，一场如火如荼的思想解放运动迅速兴起。然而，文章的发表很快就遭到了严厉批评和斥责，一时间斗争的硝烟四处弥漫。从一开始，这篇文章就被上升到路线问题、旗帜问题上来。此时，作为文章的"始作俑者"，胡福明面前非但没有鲜花和喝彩、荣誉和尊敬，反而是巨大的政治压力和沉重的精神负担。一位朋友对他说："你已经被卷进中央高层内部的斗争了，风险很大，你知道吗？这种政治斗争的漩涡，你要有思想准备。"胡福明表示："我已经有思想准备了，我准备要坐牢。"并半开玩笑地说："你呢，我们是老朋友了，你要记得给我去送饭。"

当时，胡福明还接到许多充满火药味的"问罪信"。有人在信中给他戴上"砍旗"的"大帽子"，咒骂他"对中华民族犯下了不可饶恕的罪行"，甚至用不堪入目的词语对他进行人身攻击。看到这些信，胡福明并不动怒，只是一笑了之，并为这些人受极左流毒影响太深而深深惋惜。

真理标准讨论面临夭折的关键时刻，刚刚复出的邓小平以一个伟大政治家的气魄和敏锐抓住了这一历史契机，发出了坚毅的声音。这年6月2日，邓小平在全军政治工作会议上发表了重要讲话，严厉批评了个人崇拜、教条主义和唯心论，号召"打破精神枷锁，使我们的思想来一个大解放"，要求部队干部要做马列主义、毛泽东思想和革命实践相结合的榜样。掷地有声的讲话，给了《实践是检验真理的唯一标准》以有力的支持。

到了这时，胡福明所承受的压力才终于被掀翻，接踵而来的是历时达半年之久的关于真理标准问题的全国大讨论。这场大规模的理论讨论算得上是一次真正而彻底的思想解放运动，它对我国后来的政治、经济和思想文化等各个方面的深刻变化和长足进步发挥了巨大的作用。一个人的名字通过一篇文章而与这场伟大的思想解放运动紧紧地连到一起，确实是莫大的幸运；然而，在当时还只是作为一名普通而年轻的哲学工作者，就能以自己专业的方式去参与开创中国历史的新局面，胡福明创造了一个传奇。

回首往事，胡福明感慨："这篇文章是顺应时代的需要，顺应人民的愿望而诞生的，它是许多同志共同努力的结果，是个集体创作。邓小平同志也是顺应全党全国人民的要求顺应历史的要求，来支持这场真理标准大讨论，来领导这场真理标准大讨论，目的是破掉一个唯心主义、形而上学，破掉一个

‘天才论’嘛。为的是否定多年盛行的个人崇拜、教条主义，重新确立一个解放思想、实事求是、一切从中国实际出发的思想路线，找到一条新的建设社会主义的道路。”

胡耀邦初创《理论动态》的点点滴滴

2007 年 12 月 14 日，纪念《理论动态》创刊 30 周年理论研讨会在中央党校举行。沈宝祥是理论动态组最早的成员之一，经历了理论动态组从形成到终结的全过程。在创刊纪念会上，沈宝祥忆及恢复工作以后任中央党校副校长的胡耀邦指导自己创办、编辑《理论动态》的日子，十分激动。

1977 年 3 月的一天，中央党校的高音喇叭广播了这样一条新闻：中共中央决定恢复中央党校，中共中央主席华国锋兼任中央党校校长，汪东兴副主席兼任第一副校长，胡耀邦同志任副校长，主持日常工作。一时间，党校的干部家属异常振奋，大家激动得在校园里游行，放声欢呼。正在学习小组里学习毛主席的《论十大关系》的沈宝祥听到这个消息，就像当初听到人民解放军渡江一样高兴。

这年 5 月，中央党校的整风会议开了一个多月，胡耀邦深感思想理论上的混乱需要澄清，于是，他决定要办一个刊物，一个问题一个问题地加以澄清。办刊物，就需要人手。他对秘书陈维仁（后任中央党校副校长）说：“你给我找几个同志来，人不要太多，找三四个人就行了。”

据沈宝祥回忆：“这年 6 月 6 日上午，我们到耀邦同志办公室开会。参加者连陈维仁在内共五个人。耀邦同志对我们几个人说，要办一个刊物，把混淆的思想是非、理论是非、路线是非给纠正过来。”这个刊物就是粉碎“四人帮”以后全国创办最早的限级别发行的内部刊物《理论动态》。胡耀邦为办《理论动态》这个刊物，组建了一个工作班子，称之为理论动态组。于是，沈宝祥成为胡耀邦组建的“理论动态组”最早的成员之一。

早在华东师大学习期间，大约是 1959 年秋季的一天，作为校团委委员的沈宝祥带领一批大学生去上海市青年联合会听报告。一进会场，大家就感觉与往常不同，会场比平时整齐得多，桌子上还摆了鲜花。突然，从主席台旁边的小门里走出几个人，走在前面的是一位个子不高，40 岁左右的人。这时，上海市青年联合会副主席荣鸿仁（荣毅仁之弟）宣布：“耀邦同志（时任团中央书记处第一书记）到我们上海来了，今天同大家见面，欢迎耀邦同志讲话。”

原来这个人就是胡耀邦！

沈宝祥记得，胡耀邦当时演讲的题目叫"断资产阶级之情，立无产阶级之志"，没有讲稿，但他却旁征博引，并配有形象的动作，讲得十分生动。演讲进行了两个多小时，不时被掌声打断。这是沈宝祥第一次见到胡耀邦，第一次听到这样生动的高水平的报告。从此，他对胡耀邦十分敬佩。

沈宝祥没想到，18 年后自己竟然在胡耀邦的直接领导下工作。他回忆说："理论动态组在机构编制上归属于校刊室，任命王聚武为理论动态组组长。那时我们几个人就叫'理论动态组'，没有主编，耀邦同志是实际的主编。这个刊物的性质、名称、形式、五天一期、发行范围，都是他定的。他每过几天就召集大家开会，大家在一起聊，气氛轻松，看看当前有什么紧要的问题，讨论中就形成了策划，从选题、写作、改稿、定稿，每一个环节耀邦同志都深入参与。"沈宝祥强调，胡耀邦不但出思想、出题目，而且每一篇文稿都由他审阅定稿。

1977 年 7 月 12 日，胡耀邦在党校主持召开了一次理论座谈会。会上，哲学教研室主任吴江就如何理解毛泽东无产阶级专政下继续革命的问题提出了一些自己的看法，得到胡耀邦肯定。于是，胡耀邦要求吴江把发言整理一下，作为《理论动态》的第一期内容。

经过紧张的筹备，7 月 15 日，《理论动态》创刊了。沈宝祥的日记中这样写道："上午，发行第 1 期《理论动态》。下午，与吴振坤一起去胡耀邦同志处反映对第 1 期的意见。"

《理论动态》第 1 期刊登的文章是吴江写的《"继续革命"问题的探讨》。7 月 15 日上午，沈宝祥等人就按胡耀邦定的名单发行，主要是发给党中央领导同志和党政军高级领导干部，也发给中央党校有关同志。校内很快就有了比较强烈的反应。沈宝祥说："耀邦同志听了我们反映的情况，很高兴。第一期《理论动态》印了三百份，发出去之后，很快就不断有人通过各种方式来索要，因此就加印了三百份，第一期实际是六百份。"

"《'继续革命'问题的探讨》这个题目，在当时令人感到震惊，犹如一颗重磅炸弹。"沈宝祥介绍说，在长达十年的"文革"期间，把所谓"无产阶级专政下继续革命的理论"，奉为马克思主义发展史上的第三个里程碑，并且写进了党章。对这个理论的任何怀疑和不恭，都被视为大逆不道。当年，《理论动态》竟提出对这个理论要"探讨"，这绝非一件小事。从这篇文章的具体内容来说，虽然还没有从根本上否定“继续革命”的理论，但对某些重要观点，提出了不同意见。现在看来，这篇文章内容很普通，也很不彻底，但在当时来说，讲这样的话，却是冒了很大风险的。

沈宝祥说，胡耀邦将这一期《理论动态》送给了邓小平，他基本上同意提出的问题。沈宝祥认为，这是我们党的高层对思想理论上拨乱反正的最早酝酿。讲中国的拨乱反正史，应当提到这篇文章。

历史往往出现惊人的巧合。就在《理论动态》创刊的第二天，1977 年 7 月 16 日，中共十届三中全会在北京召开。这次会议通过了恢复邓小平党政军领导职务的决议，并通过了《关于把王洪文、张春桥、江青、姚文元永远开除出党，撤销其党内外一切职务的决定》。邓小平在会议讲话中指出，要对毛泽东思想的体系有一个完整的、准确的认识；同时指出，毛泽东倡导的群众路线和实事求是这两条是最根本的东西，特别重要。沈宝祥说，《理论动态》的出版与会议的召开之间并没有什么必然的联系，只不过是偶然巧合，有些人在论著中对此大做文章，只是想当然而已。

在沈宝祥的记忆里，胡耀邦为办《理论动态》，可谓呕心沥血。在办刊过程中，胡耀邦同理论动态组同志一起为“无米下锅”而发愁，为赶写文稿而费心，为《理论动态》的影响日增而由衷地高兴。沈宝祥记得，1977 年秋的一天，在胡耀邦办公室同理论动态组同志闲聊时，胡耀邦动情地说：“我死后，你们要写上一笔，生前办过《理论动态》。”

“《理论动态》创办时，他对我们说：‘我同你们一起干两个月，以后就由你们自己干。’随着这个小刊物的影响不断扩大，他也越来越放不下手了。”沈宝祥回忆说。1977 年 12 月 17 日上午，胡耀邦突然召集理论动态组同志到他办公室开会，见面第一句话是：“我后天到组织部上班。”这时，沈宝祥才知道胡耀邦已经被党中央任命为中组部部长，尽管他仍兼任中央党校副校长，但是大家心里有点儿依依不舍。看到大家都怅然若失的样子，胡耀邦笑着说：“虽然我不在党校上班了，但以后我们每个礼拜联系两次。《理论动态》只能提高，不能降低，只能前进，不能后退。”并说：“我还和大家共命运。”一席话说得沈宝祥和动态组的同志心里踏实了许多。会上，胡耀邦对大家讲了一段语重心长的话：要把我们的希望寄托在民心上、党心上，把我们的荣誉、耻辱、命运，寄托在人民的裁决上。要附属于人民，归根到底，还是个人心。这个问题想清楚了，生产关系、上层建筑、领袖……许多问题都清楚了。我们要当思想战线的前卫战士。

胡耀邦任中组部部长后，后来又任中央政治局委员、中纪委第三书记、中央秘书长、中宣部长等要职，但他一直都在抓《理论动态》。胡耀邦提议，为了更好地办《理论动态》，也由于其他方面的需要，中央党校组建一个理论研究室。1978 年 2 月，党中央批准中央党校在校刊室基础上组建理论研究室，吴江任主任。从此以后，理论动态组就成为理论研究室下属的一个机构。

1978 年 7 月 15 日，是《理论动态》创刊一周年纪念日，胡耀邦兴致很高地提议，用我们积攒的稿费会餐。沈宝祥说，耀邦同志同理论动态组同志结下了深厚的情谊。“耀邦同志把这本杂志看得非常重，后来他去当中央组织部部长，专门找我们几个说，《理论动态》他决不会不管。他经常把他的一些策划想法告诉我们，风雨无阻，每期稿子都由他审阅，他在第一时间处理，最长不过第二天。有时候我们稿子不够尖锐，他就会批评我们‘不敢抓主要矛盾’，后来他当了中央宣传部长，还是一样。我们的稿子从送中组部到送钓鱼台，后来他搬进中南海办公就送中南海。他也和在中央党校一样常常召集我们开会，1978 年那一年，我们光是到他家里开会就有十一次。”

回忆起在胡耀邦的指导下创办《理论动态》的日日夜夜，沈宝祥十分激动。那些尘封的往事在他的讲述中又逐渐变得清晰起来。

在胡耀邦的直接指导下，《理论动态》的文风是言之有物，短小精悍，如投枪，像匕首，短距离接触，力求解决实践中出现的重大思想理论问题。平反冤假错案的言论、生产目的的讨论、对农村联产承包责任制的推动，都引起广大党员干部的极大共鸣。胡耀邦提倡的学风，是领导同志和理论工作者互为师长，择善而从，不打棍子，不抓辫子，不戴帽子，不装袋子。讨论问题时充满着平等、民主、自由的氛围，让人们都能敞开心胸，如沐春风。

正如著名党史学家龚育之所言：“《理论动态》在拨乱反正的历史转折过程中，是发挥了重大作用的。这不仅要记载在中央党校的校史上，而且要记载在中国共产党的党史上。”沈宝祥说，很幸运自己在适应拨乱反正的需要之时参与《理论动态》的创办工作，很高兴《理论动态》在拨乱反正中起了历史性作用，今天仍在继续为解放思想做出新的贡献。

还“真理标准问题大讨论”的真相

要了解拨乱反正的起步，了解改革开放的发端，都必然要了解那场真理标准问题大讨论。1978年中共十一届三中全会以前，这场轰轰烈烈的大讨论就拉开了大幕，直到三中全会以后才结束。沈宝祥说，胡耀邦是这场大讨论的发动者和组织者，邓小平是最有力的支持者和最高领导者。这场大讨论涉及范围之广、层次之高、斗争之激烈、影响之深远，在当代国史、党史中堪称重大事件。可以说，《理论动态》是这场真理标准问题大讨论中最忠诚的先行者、拓荒者。

1977年10月初，中央党校开学典礼前夕，胡耀邦找沈宝祥去他的办公室，谈一篇文稿的修改问题。谈完之后，沈宝祥起身要走，胡耀邦突然说："老沈，坐一下嘛！"沈宝祥就同胡耀邦一起坐在沙发上，这时胡耀邦说："开学的事都准备好了，几个讲话稿都搞好了；叶帅的讲话稿叫他们几个搞的，不行，后来索性我亲自搞了一下。我的讲话稿中讲了我们党的六十岁左右，四十岁左右，二三十岁左右的三代干部。"说完，他忽地从沙发上站起来，一边踱步，一边背诵他讲话稿中的这一段。背完，胡耀邦突然转过头问："怎么样？"沈宝祥回答："很好！"

两三天后，即10月9日下午，中央党校隆重举行复校的开学典礼。这一天，天气晴朗，秋高气爽，金色的阳光洒满党校大院，中央党校呈现出一片喜气洋洋的气氛。兼任校长的华国锋和叶剑英、邓小平等中央主要领导人，先在礼堂前广场分别同学员和教工人员合影，然后进入礼堂。

华国锋讲话后，叶剑英在讲话中希望党校的同志，来党校学习的同志，都来用心研究我们党的历史，特别是第九次、第十次、第十一次路线斗争的历史。沈宝祥接受采访时说："所谓'三次路线斗争'是指：'文革'开始首先打倒刘少奇、邓小平，称之为第九次路线斗争；1970年、1971年反对陈伯达、林彪称之为第十次路线斗争；1976年粉碎'四人帮'称之为第十一次路线斗争。这实际上是党中央要求中央党校总结十年'文革'，这是一项十分复杂、敏感而艰巨的政治任务。"

主持中央党校工作的胡耀邦对此项任务十分重视，又很慎重。他布置党史教研室和党建教研室合作，先搞出一个实施方案。然后，又召开中央党校党委会议进行讨论，那是1977年12月2日。在这个会议上，胡耀邦明确提出，这十几年的历史，不要根据哪个文件、哪个同志讲话，要看实践，通过实践来检验分析。沈宝祥回忆说，中央党校副教育长冯文彬在总结时用了"实践是检验真理的标准"这样的话。

接着，胡耀邦让吴江牵头起草一个指导文件。在胡耀邦具体指导下写成的这个文件在“怎样进行研究”部分提出：第一，应当完整地准确地运用马列主义、毛泽东思想的基本原理的精神实质，来进行研究。第二，应当以实践作为检验真理、辨别路线是非的标准，实事求是地进行研究。

在1978年4月，中央党校组织全校八百名学员利用十天的时间进行学习讨论。从沈宝祥查找到的部分讨论记录看，讨论很热烈，这个学习讨论实际上是真理标准问题讨论的酝酿，也是彻底否定“文革”的开端，是一个大胆而意义重大深远的举措。讨论中，学员对真理的标准也有不同的理解。依据学员讨论的情况，中央党校理论研究室主任吴江决定撰写文章，进一步阐述真理标准问题，题目确定为“实践是检验真理的唯一标准”，由理论研究室的孙长江承担撰写任务。很快，孙长江写出了初稿。正在这时，光明日报社送来南京大学哲学系教师胡福明的文稿，要求帮助“审改”。沈宝祥说，吴江布置孙长江，将两个文稿捏在一起，但强调题目还是用原来的。沈宝祥说，尽管光明日报社的同志强调只是要求修改，但中央党校理论研究室是按照原定部署撰写和发表文章，而不是偶然地为光明日报社修改一篇文稿。

沈宝祥在接受采访时强调，《光明日报》总编辑杨西光将文稿送理论研究室时曾一再要求在《理论动态》先刊登，目的是想使之成为《光明日报》的特约评论员文章。当时，杨西光通过他的老战友、时任理论研究室副主任的孟凡来办这件事，杨西光说：“要发，有政治风险。我们《光明日报》太小，承担不了，影响也比较小。你看，《理论动态》能不能给先发一下。我个人的水平有限，你是知道的，你们那里有吴江，秀才比较多，还有耀邦同志把关。这事你老孟帮助疏通疏通。”

1978年5月10日，《实践是检验真理的唯一标准》（以下简称《实》文）在中央党校《理论动态》第60期上发表。第二天，即5月11日，这篇文章作为《光明日报》特约评论员文章公开发表。随即，新华社将这篇文章作为“国内新闻”头条转发全国新闻单位。5月12日，《人民日报》和《解放军报》等好几家中央和地方的报纸全文转载。5月13日，全国多数省级党报转载了这篇文章。

12日晚，《实》文的发表引起“两个凡是”的倡导者之一、“毛办”负责人的高度关注，他当晚就打电话给《人民日报》总编辑胡绩伟，指责此文是“砍旗”，“犯了方向性错误”，“政治上问题很大、很坏很坏”。

胡耀邦知道了这个情况后，于13日下午在他家中召集理论动态组同志开会。会上，首先由胡绩伟讲了那个电话的内容，然后进行议论，大家感到很意外，对那种无理指责很气愤，你一言我一语地进行批驳。这可以说是真理标准问题争论的开始。胡耀邦既有些生气又有些激动地说：“我怎么会反对他老人家（毛主席）呢！要从真理越辩越明谈起，阐明历史潮流是无法阻挡的，历史潮流滚滚向前。他说，我们的民族经历了这么一场大灾难，反面教训如此之深，在今后几十年，再重复这种灾难、倒退，人民通不过。这不以某些人的意志为转移。要把历史潮流不可阻挡这个问题讲透一点。”

紧接着，当时中央主管意识形态的领导在中宣部召开会议对《实》文作严重批判。由此，引发了真理标准问题大讨论。

沈宝祥说，在这场讨论的过程中，胡耀邦指导理论动态组撰写了多篇重要文章，作为特约评论员文章在《人民日报》、《光明日报》和《解放军报》等报纸公开发表，引导讨论深入发展。曾任《人民日报》总编辑的李庄在他的回忆录中说，拨乱反正中，这些特约评论员文章是“重型炮弹”。

7月22日下午，在真理标准问题讨论的关键时刻，邓小平约胡耀邦谈话。第二天下午，胡耀邦在他家中召开理论动态组会议传达谈话主旨。沈宝祥回忆道：“耀邦说，小平问我们的情况。接着他传达小平的话：‘哦！你们《理论动态》，班子很不错啊！你们的一些同志很看了些书啊，不要搞散了，这是个好班子。’看来是，耀邦是按小平的提问，讲了理论动态组的情况，然后才有小平对这个班子评价的话。邓小平说，这篇文章他不知道，听说有不同意见，就找来看了一下，是马克思主义的。争论不可避免，争得好，根源就是‘两个凡是’。耀邦对我们说，邓副主席的这个话对我们是个鼓励。”

中央党校第一期高中级干部读书班学制半年，在1978年4月30日举行结业典礼。当《实》文在《理论动态》发表时，这一期学员已经结业离校了。中央党校第二期高中级干部班学员在同年6月30日举行开学大会（第一期学制为一年，还在继续学习）。沈宝祥回忆说，当时到中央党校学习的领导干部和理论宣传干部对这场刚刚兴起的真理标准问题的讨论十分关心，不少同志要求介绍这场争论的背景，希望说明这场争论的意义，有些人反映出一种心有余悸的心理。“当时，中央党校领导决定就真理标准问题讨论给学员开课，由吴江承担这个讲课任务。吴江作了认真准备，写了一万两千多字的讲稿，题为‘关于当前的一场讨论’。耀邦同志审阅了讲稿，并写了评语：‘总的来说，很好，很好。支持一切捍卫马列主义、毛泽东思想的畅所欲言、各抒己见的作法。'批注了一些意见，请酌。耀邦的这段批语，既是对讲课稿的评价，也表明了他的立场和态度。"

沈宝祥流水账式的日记1978年8月5日是这样记载的："上午，听吴江讲课（给一、二部讲实践是检验真理的标准）。"沈宝祥说，这是中央党校第一次开课给学员讲真理标准问题讨论。对这次课，沈宝祥印象很深：这次课针对性强，说理透彻，学员听了这堂课后受到很大的教育和启发，这些内容也必然会很快传到全国各地。

在邓小平、罗瑞卿、陈云等老一辈革命家的有力支持下，讨论逐渐展开，到1978年的8月、9月、10月，一场顺应时代发展、反映党心民意的大讨论在全国轰轰烈烈地展开，为处于徘徊和迷茫之中的中国吹响了思想大解放的号角。这年11月召开的中央工作会议，真理标准问题成了大家议论的热点。随后召开的十一届三中全会，对这场大讨论给予高度评价。这标志着，这场大讨论取得了成功。十一届三中全会以后，又召开理论工作务虚会，进一步分清了是与非。沈宝祥说，从1979年下半年开始，在全国范围内、在广大基层单位，进行真理标准问题讨论的补课。到1981年6月，中共十一届六中全会作出了《历史问题决议》，党的指导思想上的拨乱反正任务基本完成，也标志着真理标准问题讨论的结束。沈宝祥没有想到，这场大讨论竟然前后历时三年多。

沈宝祥在拨乱反正中参与《实》文的修改和编辑，并积极参加这一时期的大讨论，以求是、求实、求真的思想和文风撰写理论文章，有《打开理论工作的广阔天地》、《坚持少宣传个人的方针》、《正确认识个人在历史上的作用》、《用批评和自我批评的方法清理"左"的思想》等三十多篇文章作为《人民日报》、《光明日报》、《解放军报》等报刊的社论、特约评论员文章、评论员文章、观察家文章发表，且多数由新华社转发。沈宝祥说，其中有12篇文章是由胡耀邦亲自出题、审阅、修改定稿的。

中央党校历史上有两度辉煌。一是延安整风，是一次思想大解放，留下了"实事求是"四个大字，成为党的思想路线的核心。二是真理标准问题讨论，是又一次思想大解放，留下了"实践是检验真理的唯一标准"这句话，其精神已经写进了党章，写进了思想路线。沈宝祥说："真理标准问题讨论推倒了'两个凡是'，实现了思想大解放，重新确立并发展了党的思想路线（将实践标准写进了党的思想路线），为实现历史伟大转折奠定了坚实的思想基础，而且具有深远的意义。对此，我们大家都会有很深的感受。”

破解“真理檄文”的真实作者

《实》文在《理论动态》的首发，最先推动了真理标准问题大讨论，吹响了驱散禁锢中国人民思想、束缚中国生产力发展的阴霾的号角。1984年，《光明日报》举办优秀论文评奖活动，《实》文这篇当年有“战斗檄文”意义的理论文章获“特别奖”。10月11日，在该报第1版公布了评奖结果，写明《实》文作者胡福明。然而，《实》文与原稿相比已被改得“面目全非”。于是，就发生了作者是谁的争议。《光明日报》原总编辑（评奖时已退下领导岗位）杨西光在11月12日为此专写的一个材料提出：“关于写作的具体发展过程，建议由中央党校和《光明日报》当时参加写作的同志共同座谈回忆，并尽力搜集原始材料。”

1985年1月20日，《光明日报》评论部编印了一个资料集：《关于〈实践是检验真理的唯一标准〉一文写作和发表的经过》。其内容主要是5600字的说明和13个附件，即《实》文的第一稿、历次修改稿和定稿。这个集子对《实》文的作者是这样说的：“胡福明同志是初稿的执笔者，孙长江同志最后执笔完稿。”

据沈宝祥介绍：《实》文的撰写和定稿有一个过程，而且涉及中央党校理论研究室和光明日报社两家，当时又没有著作权的概念，对作者未加明确，再加上一些其他因素，因而事后对文章作者出现不同说法。

孙长江曾将《光明日报》送来的文稿给沈宝祥看，沈宝祥对“实践是检验一切真理的标准”这个题目提出意见说：“一切真理，这个提法不妥。”

稿子修改完后，向胡耀邦送审了两次。第一次胡耀邦在自己的名字上画了一个圈，在第三页改了一个标点，第十页改了一个错字。送审稿退回后，1978年5月5日上午，理论动态组又进行了讨论。作为动态组成员，为了讨论这篇稿子，沈宝祥提前做了充分准备，他专门看了华国锋在1977年5月1日发表的文章《把无产阶级专政下的继续革命进行到底——学习〈毛泽东选集〉第五卷》。在讨论中，沈宝祥认为，这篇真理标准问题的稿子在《理论动态》发表后肯定又要遭到非议。为了堵住一些人的嘴，他提出将华国锋文章中的一句话加进去。大家同意了这个意见。这就是《实》文第三部分第二段开头的那一句："正如华主席所指出的，'毛主席从来对思想理论问题采取极其严肃和慎重的态度，他总是要让他的著作经过一段时间的实践的考验以后，再来编定他的选集'。"

第二天，即5月6日，沈宝祥带着孙长江交给他的《实》文稿，与理论动态组的人去了胡耀邦家中。落座后，沈宝祥把稿子交到胡耀邦手中说："耀邦同志，请你先看这个稿。"胡耀邦接过稿子埋头阅看后对大家说："我认为可以了。"同时，他对两处提出了修改意见。一是第六页"不断提出新的观点和理论"。他说："还是不要提新的理论，将这句话改为'不断作出新的概括，把理论推向前进'。"另一处是结尾，他提出加上"才是正确对待马克思主义的正确态度"一句。沈宝祥坐在胡耀邦家的藤椅上，记下了这些意见。

5月8日早晨，沈宝祥将文稿交给孙长江。孙长江将文稿作了最后修改后送给印刷厂正式付印，两天后的《理论动态》第60期正式出刊。

沈宝祥回忆说：在第60期《理论动态》清样上，开始在文后写有"《光明日报》社供稿，作者胡福明，本刊作了些修改"。关于这个注，沈宝祥说："在《理论动态》送印厂前，孙长江同我商量，说这样写已经不合实际情况，因为稿子已经作了很大修改，实际上是改写了，但是为了照顾两家的关系，是不是就这样算了。我表示同意。当时没有著作权的意识（理论动态组同志撰写的文章都不署名），是从谦让出发的。"后来有人提出意见，认为文章已作了很大修改，又没有征求胡福明的意见，这样写已不合适，付印前就将人名删掉了。

1986年第6期《光明日报通讯》刊登《编发〈实践是检验真理的唯一标准〉纪实》一文，作者辛广民（显系"新光明"的谐音）。此文说："在写作过程中，由胡福明、孙长江同志执笔，杨西光、吴江、马沛文、王强华同志主持和参加了撰稿和编发，做了多次重大修改。胡福明同志是初稿的写作者，孙长江同志是完稿者。"沈宝祥认为，这种说法比较符合实际。

不少人只将胡福明确定为《实》文的作者，其主要理由之一是说《光明日报》将《实践是检验一切真理的标准》文稿送中央党校理论研究室帮助修改，最后定稿的主题没有任何实质性的变更，基本观点、主要论据也没有变化，核心内容没有突破。沈宝祥认真分析了初稿和最后定稿，"《光明日报》送来的文稿有9000多字，大部分改写了，浓缩提炼为6400字。这样的修改量，是相当大了"。沈宝祥认为，经过孙长江的改写，文章的质量有了明显的提高。正如光明日报社评论部编的集子所作的评述：“文章对原来的稿子作了不少删削，约一半多是重写的，对真理和社会实践作了定义式的简明界说，使逻辑和文字叙述以及定论都更加清楚、更加精确。”

沈宝祥在接受采访时表示，将“实践是检验真理的唯一标准”这句话作为文章的题目是最重要的改动，因为有人并不反对实践是检验真理的标准，但却反对实践是检验真理的唯一标准。在沈宝祥看来，“实践是检验真理的唯一标准”这句话作为文章的题目，不但使文章的主题明确了，而且使文章上升到了新的境界。他说，这句话精确、简练、鲜明、通俗，成为这场大讨论的基本语言。据悉：孙长江一度将题目改成“实践是检验真理、检验路线的唯一标准”，但吴江认为，仍以“实践是检验真理的唯一标准”题目为好，不宜再作其他改动。沈宝祥说，要说作者，应是胡福明、孙长江，还可以加上吴江，题好一半文，标题是吴江定的，贡献很大。

文章最后以“特约评论员”的名义发表。沈宝祥说，特约评论员的署名是胡耀邦的一个创造。“他提出这个署名时，正好我在场，也算是一个见证人。当时，所谓特约评论员，就是以胡耀邦为代表的《理论动态》。以某一个个人作为特约评论员，在那时是不可想象的。《实》文既然在《理论动态》发表，公开发表时又署了特约评论员的名，就有了特殊的意义，也有了同一般作者署名不可比拟的分量和影响力，胡耀邦承担了文章的全部政治责任。”沈宝祥说，《实》文发表后，特约评论员遭到批评指责时，胡耀邦也被点了名，他承受了很大的政治压力。那时，除了胡耀邦，还有谁能承担这样的政治责任？

胡福明原稿，原拟刊发在《光明日报》哲学专刊，主要属于理论学术层面；而经中央党校理论研究室合成的实发稿，已经升华到政治高度。由此引起的一场全国性的思想解放运动，恐怕是参与者也不曾料及的。回想那场大讨论，沈宝祥感慨那是峥嵘岁月。“在这场大讨论中，理论工作者和新闻工作者密切合作，互相配合，做出了很大贡献。那段历史是值得回忆的，更是需要珍惜的。”

《实践是检验真理的唯一标准》发表后，在全国掀起了一场关于实践的大讨论。这一讨论冲破了长期以来“左”倾思想的束缚，促进了全国性的思想解放。其中，中央党校率先在学员中开展了大讨论。入学初期，有些学员虽然对学习马列主义、毛泽东思想有着热切的要求，但对真理标准问题的讨论，对中共十一届三中全会制定的方针政策，不理解或不完全了解，甚至有的认为是“砍旗”、“右倾”、“倒退”。根据这些情况，该校党委认为，一些学员对党的政治路线和若干重大问题的决策有这样或那样的怀疑、抵触，主要是受“两个凡是”思潮的影响，还没有能够从林彪、“四人帮”的极左路线下解放出来。这种情况说明，在团干部中，端正思想路线，是一个迫切的问题。在哲学学习阶段，该校集中地引导学员就真理标准问题进行研讨，并把真理标准问题的学习贯穿于政治经济学、青年工作基本理论教学的全过程，帮助学员逐步把思想统一到中共十一届三中全会精神上来。

《实践是检验真理的唯一标准》曾深刻影响了中国的历史进程，成为中国改革开放新时代的先声。1988 年 5 月，邓小平为《光明日报》编辑的一本真理标准讨论纪念文集题词：“实践是检验真理的唯一标准。”这 12 个字一时间成为一句响亮的口号，成为大江南北墙上标语的常用语句，叫响神州。

第 15 章 首倡恢复高考背后的人与事

三十多年前，是他让刚刚复出的邓小平一锤定音：今年就恢复高考！于是，受尽摧残的中国教育最早送走了寒冬，迎来了明媚的春天。

三十多年来，他看到中国教育“一考定终生”的缺憾，于是疾呼：要以平和的心态对待高考制度和录取结果，如果高校能实行“宽进严出”的招生办法则更好。

三十多年前的高考制度恢复，让多少中国学子受益；三十多年来，人们由衷敬佩邓小平拨乱反正的魄力，也不会忘记一位敢于说真话的知识分子——这就是武汉大学教授、中科院院士查全性，正是他当年第一个当面向邓小平同志建议恢复高考制度的。

当面向小平同志谏言“恢复高考”

1977 年 7 月，邓小平第三次复出，出任中共中央副主席、国务院第一副总理等要职，主管科技和教育。7 月 29 日，邓小平指示教育部召开一次科学和教育工作座谈会，他说，要找一些敢说话有见解的，不打棍子、不戴帽子，不是行政人员，在自然科学领域有才华的教学人员参加座谈会，而且这些人与“四人帮”没有牵连。

7 月底，武汉大学校领导蒋蒲和崔建瑞通知化学系 52 岁的副教授查全性，说上面安排他到北京开会。“我当时既不知道开会的内容，也不知道有哪些人参会，会议日期有多长。‘文革’发生后没机会上讲台，一直在实验室搞科研，事先对会议内容心中无数，所以没做准备。”

8 月 1 日傍晚，查全性坐飞机来到北京。武汉大学化学系原教师刘道玉此时被借调到教育部工作，他专门到机场来接查全性。此前，刘道玉已经被任命为教育部党组成员兼高教司司长，并参加了这次会议的筹备工作。日后，查生性才清楚刘西尧（时任教育部长）和刘道玉跟自己是校友，知道自己敢讲真话，于是安排他参加了这次会议。

到北京后，与会者被安排住在北京饭店的老楼，查全性与吉林大学唐敖庆教授同住一室。“之后我才知道，此次的会议名叫‘科学和教育工作座谈会’，具体安排这次座谈会的人是方毅。他说是邓小平同志让他来组织这个会议的，主要是来听听大家对于科学、教育事业的意见”。这时，查全性发现出席会议的有吴文俊、邹承鲁、王大珩、周培源、苏步青、童第周、于光远等著名科学家以及科学院和教育部的负责人。

8 月 4 日早晨，在习习清风中，神采奕奕的邓小平迈着稳健的步伐来到人民大会堂台湾厅，亲自主持召开了有 33 位来自全国各地的著名科学家、教授以及科学和教育部门负责人参加的科学和教育工作座谈会。会议从这天起，共开了五天。前两天，所有与会学者一直表现得非常拘谨，只敢谈一些不敏感的小问题，而且还都是纯粹的专业话题。因为当时“文革”刚过去，知识分子大都心有余悸。由于参会的大都是非常著名的学者，所以头两天查全性基本没有发言，只是听他们说。

8 月 6 日下午，清华大学党委负责人忧虑地说，现在清华的新生文化素质太差，许多学生只有小学水平，还得补习中学课程。邓小平插话道，那就干脆叫“清华中学”、“清华小学”，还叫什么大学！

这席话令查全性感同身受。他在笔记本上原本写了一个大纲，此时却受到会议的气氛影响，激动地站起来，面对邓小平慷慨陈词：“招生是保证大学教育质量的第一关，它的作用，就像工厂原材料的检验一样，不合格的原材料，就不可能生产出合格的产品。当前新生的质量没有保证，部分原因是因为中小学的教育质量不高，而主要矛盾还是招生制度。不是没有合格的人才，而是现行制度招不到合格的人才。如果我们改进了招生制度，每年从六百多万高中毕业生和大量的知识青年、青年工人中招收二十多万合格的学生是完全可能的。现行招生制度的弊端首先是埋没人才，一些热爱科学、有前途的青年选不上来，一些不想读书、文化程度又不高的人占据了招生名额。”

“查教授，你说，你继续说下去。”坐在沙发上的邓小平深深地抽了一口烟，探出半个身子，示意查全性往下说，“你们都注意他的意见，这个建议很重要！”与会人士抑制不住心头的激动，因为他们知道，一件大家早已想说想做却又不敢打破束缚的大事情就要发生了。

查全性越说越激动，痛陈当时的招生制度有四大弊端：埋没人才；卡了工农兵子弟；助长不正之风；严重影响中小学学生和教师的积极性。"今年招生还没开始，就已经有人在请客、送礼，走后门。甚至小学生都知道，今后上大学不需要学文化，只要有个好爸爸。"查全性发言时情绪激动，全场鸦雀无声。

查全性顿了一下，继续他的慷慨演讲。这时人们发现邓小平不时地在笔记本上记录着。查全性建议："大学招生名额不要下放到基层，改成由省、市、自治区掌握。按照高中文化程度统一考试，并要严防泄露试题。考试要从实际出发，重点考语文和数学，其次是物理，化学和外文则可以暂时要求低一点儿。从语文和数学的成绩，可以看出学生文化程度和抽象思维能力。另外，要真正做到广大青年有机会报考和自愿选择专业。应届高中毕业生、没有上过高中但实际达到高中文化水平的人都可以报考。"

查全性一言既出，举座哗然。因为就在这次座谈会召开前夕，当年的全国高等学校招生会已经开过，招生办法依然沿用"自愿报名，群众推荐，领导批准，学校复审"十六字方针。有关招生的文件也在座谈会开始的当天送到邓小平手中。也就是说，1977 年按照老办法招生几乎已成定局。

没想到，邓小平听完后，向查全性点点头，然后环视四周问道："大家对这件事有什么意见？"吴文俊、王大珩等科学家表示赞同。查全性的发言得到了大家的响应，人们开始七嘴八舌地补充着他的发言，心情也越来越激动。

这时，刘西尧说："原来想今年文化程度要求达到高中毕业，名额分配到县。自由报考问题，我赞成南翔同志的意见，但马上要做，还要具体化。"邓小平问刘西尧："今年改恐怕已经来不及了吧？"查全性赶紧插话："还来得及！今年的招生宁可晚两个月，不然又招二十多万不合格的。"刘西尧也肯定了这一点："还来得及！高招会刚在山西开过，已经作了决定，决定还是按照过去的方法办。不过，这个文件刚送到国务院，还没有批，如果要改的话，还有可能。"邓小平点点头，说："恐怕还是应该改。"刘西尧说："要改的话，今年的招生工作恐怕要推迟。因为按照惯例，9 月份学生就要入学。"

最后，邓小平拍了板："既然今年还有时间改，就坚决改嘛！把太原招生会议的报告收回来，根据大家的意见修改！这涉及到几百万人的问题，要拿出一个办法来，既可以把优秀人才拿上来，又要不致引起波动。你们研究一下，这个方法应当找出来，要求质量。重点学校要统一招生。允许报三个志愿，到校后再分专业。今年开始就改，不要等了。”话音刚落，全场响起热烈的掌声。这是座谈会第一次鼓掌。

这年 8 月 13 日，高等学校招生工作座谈会在北京饭店召开。对于所有与会者来说，这是一次非常奇特的经历。因为这是他们在一年中第二次参加高招会。之前，教育部在太原已经开过一次高招会，并通过了招生意见。

参会人员的认识差别很大，大学里来的知识分子大多支持恢复高考，还有一些人坚持“文革”时推荐上大学的那一套。“由于分歧比较大，这次招生会从北京饭店开始，开到前门饭店，又开到友谊宾馆。”刘西尧说，“开会的时候还是夏天，北京正热；散会时已是初秋，有些外地的同志不得不让家里寄衣服来。”

当时流传着一首打油诗颇能反映大家的心情：“招生会议两度开，众说纷纭难编排，虽说东风强有力，玉（育）门紧闭吹不开。”一些与会者事后分析，那时候刘西尧的迟疑不完全是个人的问题。1977 年，整个国家都还处在向何处去的迷惘之中，众多的大是大非还没有弄清楚。就在北京高招会召开的前一天，中共十一大在人民大会堂召开。作为中国政治生活中最高级别的会议，它在揭批“四人帮”和动员全党建设社会主义现代化强国方面起了积极作用，但也依旧坚持了“以阶级斗争为纲”和“无产阶级专政下继续革命”的理论，并说像“文化大革命”这种性质的政治大革命还要进行多次。这种混沌给刘西尧出了一道难题。

“推荐上大学”这种招生办法，是经过毛泽东圈阅“同意”，并以“中共中央文件”下发全国的。虽然 1977 年的招生会上大部分与会代表心里都不支持，但没人敢站出来破冰。刘西尧回忆说：“科学和教育工作座谈会之后，我们开了三十多天的高招会，围绕几大争议，会议始终僵持不下。小平同志在座谈会上的讲话尽管震动很大，但大家的迟疑主要是因为这些话毕竟只是从邓小平嘴里说出来的，讲话的场合太小，也不是那么正式，能够算数吗？”

关键时刻，邓小平再次决断。刘西尧回忆道：“那天，我们几位教育部领导被小平同志找去谈话。他直言批评道，你们还没有取得主动，至少说明你们胆子小，怕又跟着我犯‘错误’。最后，他严厉地指示——教育部不要成为阻力。”

回来后，刘西尧向高招会传达了邓小平的讲话，会场反应强烈，形势随之逆转。当期简报用“响彻教育战线的一声春雷”为题报道与会代表的感受：有了这个指示，许多有争议的问题豁然开朗，整个教育战线广大师生和干部就可以甩开膀子大干了。

刘西尧在晚年坦然说，当时他在恢复高考的问题上看得不清晰，生怕再犯错误，所以当年召开的招生会议拖得很长，议而不决，事后受到邓小平的多次批评，使他感到很有压力。

经过争论，9月中旬会议起草了一个改革招生制度的初步意见，通过教育部报给了邓小平。

邓小平看了之后，对改革招生制度的文件初稿很不满意，最不满其中的“政审条件”，大笔一挥，把政审条件全部抹掉，然后亲自起草，只有两个基本要求：一、为革命而学习，遵守纪律、热爱劳动等；二、要看现实表现，不要看出身。

“随后，小平同志指定胡乔木、邓力群等同志帮助我们重新起草，经过他们的指导、研究，我和李琦与来帮助的吴明瑜等熬了几个通宵，总算写出了一个像样的报告。”于是，在政审、报考标准和培养目标等问题上均有重大突破的《关于1977年高等学校招生工作的意见》迅速出笼，“自愿报名、统一考试、地市初选、学校录取”成为新的高招方针。刘西尧说，这个“意见”完全否定了“文革”中的极左路线，应届毕业生不用劳动两年，可以直接考大学；上大学要通过考试，不是群众推荐。

10月5日，中央政治局常委会讨论了这份“意见”，一周后国务院批准并下发了文件。22日，新华社发布文稿，全国媒体同时报道了这条新闻。

“几句真话”让教育的春天回归

在查全性看来，自己当时提出恢复高考制度，“并不是因为我特别有创见，只是我有机会说几句真话。而我敢于说，主要是觉得说了可能会解决问题”。说这话时，他的语气显得很平淡。“在参会前，我和大部分大学老师一样，对于大学招生现状是不满的。倒不是说大家对工农兵上大学有意见，只是普遍觉得，政府让工农兵上大学的初衷虽不坏，但是由于入学没有考试，学生的文化程度没有办法控制。有的学生各个方面还好，有的又差得很。由于没有一个分类、分级，同一班学生文化水平参差不齐。”从1972年开始，武汉大学也招了几届学员。那时候，大学生中有程度好一点儿的，也有程度差一点儿的。因为当时还有一个口号“不让一个阶级兄弟掉队”，所以一切教学都得“就低不就高”——所有的教学工作都是按照文化水平最差的学生来进行的。“这样一来教学根本没有办法保证，而且没有办法控制，你不知道他什么会、什么不会。有些学生甚至连小学的东西都不会，你要让他不掉队，大家都得等他，大学就变成中学、小学了。”对这些情况，许多高校教师与查全性一样都很了解，也十分不满，但又无可奈何。

那次座谈会开始时，查全性等人以为，像邓小平这种身份的领导人，能够在开始和结束时各来一次，顶多再讲几句话，就很不错了。但是出乎他的意料，“会议期间，除了有一个半天小平同志有外事活动，非得走不可，就给大家放了半天假，在会议中的大部分时间他基本上是听，偶然问一两句关于一些具体事实或者听不清楚的，他不做指导性的发言或者是希望大家谈哪一方面，他都不说，就听大家谈，很少插话”。这种气氛让大家意识到，“小平同志很有诚意，是想解决一些问题”。查全性补充说：“每天都是邓楠来陪他来陪他去，因为小平同志耳朵不太好，所以有些话往往是我们说了以后，邓楠再给他在耳边上复述一遍，这样他就可以听得更清楚一些了。”

扔这个“炸弹”之前，查全性也不是完全没有顾虑。因为废弃高考、实行推荐上大学，原先都是毛主席决定的，而当时“两个凡是”的旗帜还在高高飘扬，说这种话无疑是“冒天下之大不韪”。但他最后还是决定将真实意见说出来。

“如果说了，兴许会起一定作用，冒一点儿风险还是值得的；如果不说，错过这种机会太可惜了。小平同志拍板说，今年就恢复高考。这句话我记得非常清楚。从这件事情也可以看到小平同志倒也不是预先带了一个框框要在这个会议上恢复高考，他的确是听了大家（的意见）以后，然后根据这个情况马上做的判断，而且是效果非常重大的这么一个决定——当年恢复高考。”查全性强调说，“实事求是地说，我谈出来的意见一点儿也不新奇，可以说，绝大多数老师的心里话都是一致的。经过两天讨论之后，我就有个感觉，这个会议上有可能会解决问题，尽管不是绝对的把握，但是比较有把握。”

当场拍板的这个决定赢得到了全场的鼓掌，很多学者热泪盈眶。不出两天，全北京城都知道了这个消息。8 月 13 日，邓小平指示，教育部又召开了第二次招生会议。一年内召开两次高校招生会议，这也是新中国历史上从未有过的。

座谈会结束后，查全性回到学校，向学校传达了座谈会的精神，也向家人说了在会上发言的事。查全性一家五口，夫人张畹蕙是他的老同学，当时担任武大化学系教师；大儿子初中毕业后下乡三年，回城当工人五年，当时在武重车间工作；女儿 1976 年高中毕业后，下乡到湖北钟祥劳动；小儿子还在读初中。“那时，两个大孩子都在努力适应环境，响应上山下乡的号召，追求进步。虽然心里也想上大学，但当时大学招生的机会绝少轮到他们。所以，他们没有想到自己的人生可能会发生重大改变，更没想到我个人会对这个事有什么影响。”查全性的大儿子听了情况后，还曾担心地说：“假如再搞‘反右’，你肯定就是头号大右派了。”但是，重大的转折终于真正发生了。

当年 10 月 12 日，国务院批转了教育部根据邓小平指示制定的《关于 1977 年高等学校招生工作的意见》。文件规定：废除推荐制度，恢复文化考试，择优录取。似乎恢复高考招生的一切枷锁都已解除，但这时突然有人提出：中国虽然是个考试大国，积压了整整 11 年的考生一起拥进考场，谁也没有组织过呀？首先需要一大笔经费，其次印考卷需要大量纸张啊，这两件事现在想来根本不可能成为问题，当时不行，全国上下一片穷。问题因此上交到了中央政治局会议，讨论后中央决定：关于参加考试的经费问题就不要增加群众负担了，每个考生收五毛钱即可，其余由国家负担；印考卷没纸，就先调《毛泽东选集》第五卷的纸印考卷！关闭了 11 年的考场再次敞开大门，一个可以通过公平竞争改变自己命运的时代回来了！

1977 年冬天，举行了至今唯一的一次冬季高考，570 万学生报了名，加上 1978 年夏季的考生，两季考生达到了 1160 万人。这些考生从山村、渔乡、牧场、工厂、矿山、营房、课堂奔向考场。多少人的命运由此改变，中国的教育事业也迎来期待已久的春天。查全性的呼声有了回应！

查全性的大儿子、女儿参加冬季高考，一个考上武大物理系，一个考上武大化学系。著名历史学家吴于廑教授与他们同住一楼，有三个子女同时考上大学。捷报传来，张畹蕙在楼下见到吴教授，连连致贺：“恭喜！你们家连中三元！”吴于廑也喜不自禁地说：“同喜！同喜！我们两家五星高照！”如今，当年参加高考的学生，许多已成为社会的精英和栋梁。查全性的大儿子、女儿大学毕业后，先后出国深造，获得美国博士学位。查全性说：“我那次发言，也使我的子女们的人生发生了改变。”

刘西尧是 1977 年 1 月 25 日就任教育部长的，一直到 1979 年 1 月离任。

这三年，正是教育界百废待兴的时期，几乎一切都要重来：比如从小学到大学的通用教材，就需要重新统一编写，工作相当繁重，以至不得不多次取消与一些国家教育部长互访的计划。让刘西尧欣慰的是，在自己任教育部部长的任上，被中断十年的高考制度恢复了，教育战线出现重大转折。他说："任何有希望的民族都高度重视教育。小平同志决定恢复高考，他的胆识和战略眼光造福了一代人，造福了我们民族和国家，民心所向啊！"

名门之后的科研成就同样名不虚传

1925年，查全性出生在江苏南京的一个书香世家。他的祖父查秉钧为清朝翰林，"这是当时最高的学术职称，相当于现在中国社会科学院研究员吧"。后来，查秉钧当了个知县，为官清廉，辛亥革命后返乡时，竟难以维持生计。

查全性的父亲查谦受家庭环境的影响，不愿做官，致力教育。查谦赴美留学，选择了物理学作为主攻方向，首次采用蒸发型铂片研究了光电效应的不对称性，界定了不对称性发生的条件，消除了因不对称现象而引起的与量子论的矛盾。同时还指出以光电效应方法测定普朗克常数的正确途径，成为物理界的后起之秀。

查谦20世纪30年代回国后，先任中央大学教务长，不久因受排挤来到武汉大学，翌年出任武大物理学院院长。当年，查全性一家就住在珞珈山上新建不久的仿欧式风格小别墅"十八栋"。"当时的武汉大学学术空气自由，吸引了一大批像我父亲这样不得志的海归青年，他们成了办学最活跃的一个群体。"查全性说，武汉大学也因此积攒了雄厚的实力和旺盛的人气，在全国名列前茅。

1937年"七七"事变后，国民政府中心搬到武汉，当时正值国共合作，因此不仅是国民党的要员，周恩来等共产党的一些领导人当时也留在武汉——他们中很多人就住在珞珈山上。这时的十八栋就不仅仅是教学骨干身份的象征，蒋介石、宋美龄等人的搬入使它更成为历史的见证者。"那时候我也见过蒋介石、郭沫若、宋美龄、周恩来等人，但他们身边总有人保护，不让我们接近。"查全性笑着说。

1938年，抗日战争形势严峻，武大也因此受到波及不得不迁至四川乐山，等回到武汉已经是1946年到1947年的事了。在此期间，武大十八栋和整个校园的命运一样，被日军改造成为军事医院的一部分，原本留在这里看管老建筑的工人也早已离开。直到解放后，十八栋才基本恢复原来的功用，只不过原来的骨干教师变成了普通教职工，每栋也由一户人家变成两家三家。十八栋的光辉岁月也就此画上句号。

十八栋的历史，总是令查全性感慨万千。这些印刻着他童年记忆的古老建筑仿佛老人脑海中被时间淘尽后留下的珍珠，散发着美丽的光芒。“我大概是 1932 到 1933 年住进十八栋的，那时候很小，刚搬进去就开始上小学三年级。从 1932 年直到 1952 年，我都住在那里面。十八栋的生活非常惬意，周围的环境很好——那个时候绿化已经建起来了。山上的生活宁静但并不单调，很多教授年轻有为，都是三十多岁的人，很活跃，周末或者过年过节大家经常搞些聚会。小孩子们也经常在一起玩，捞鱼啊，捉蚯蚓啊。后来因为国家院系调整，我的父母离开武大，我才搬下来。1956 年到 1957 年我的家人也在那里住过半年。不过那个时候大家已经不大喜欢住在那里了，因为住那里不大方便，交通啊，买东西啊，医疗啊，都不方便。那时教授们上课下课都得有专门的小轿车接送。”在他眼里，十八栋是武大的建筑文物。

“父亲查谦 20 世纪 30 年代在武汉大学任教，我的小学、中学都是在武汉上的。武汉大学西迁乐山时，父亲因不服四川水土，于 1941 年春夏之交举家迁至上海暂住。1947 年，武汉大学把父亲从上海请回来，我也经过统考转学到武汉大学。”1950 年，查全性于武汉大学化学系毕业，留校任教。

“您怎么没选择您父亲的专业学物理？”查全性笑答：“我当时年轻，不想天天都在父亲的掌控之中，所以父亲搞物理我就搞化学，避开他，反正我数理化样样都不错。后来我门门功课都优秀，就被送到苏联留学，来到了学科前沿。”

1957 年至 1959 年，查全性在苏联留学，师从苏联电化学创始人 A.H. 弗鲁姆金院士。回国后，他一直在武汉大学化学系从事教学和科研工作。1979 年至 1984 年曾任武汉大学化学系主任，还担任了国务院学位委员会化学组、中国化学会常务理事会、国家自然科学基金委员会评议组的工作，并先后担任《化学学报》、《高等学校化学学报》和《物理化学学报》编委。

查全性研究的领域是电化学，通俗地说就是利用化学反应来发电，或者用电来实现化学反应，具体来说就是研究电池。他所创建并一直任学术领导人的电化学研究室，已或为国内该领域的主要研究中心和人才培养基地之一，与世界各地电化学实验室交流频繁。他所从事的主要科研方向包括：“电极 /

溶液”界面上的吸附、电化学催化、半导体电化学和光电化学、生物电化学等；涉及的应用技术包括化学电源和燃料电池、金属电沉积、工业电解、电化学传感器等。他早年对阴、阳离子和非离子型表面活性物质在电极表面上的吸附与联合吸附过程，以及它们对电极反应过程的影响做过比较系统的工作，总结出的规律对选择电镀添加剂和电池缓蚀剂具有一定的指导意义。20世纪70年代在燃料电池和空气电池的研究中，对催化剂和多孔气体扩散电极的极化过程有较深入的探讨。在对空气电极表面上固体析出（“冒盐”）和液体析出（“冒汗”）机理研究的基础上，制出了长寿命气体电极和组装成功200瓦氨空气燃料电池系统，曾在微波中继站使用。80年代以来主要从事光电化学催化、高比能锂电池及生物酶电极研究，并创建了适用于研究粉末材料电化学性质的粉末微电极方法。

迄今，他已在国内外学术刊物上发表过近两百篇学术论文，其中不少曾在国内外重要学术会议上进行过宣讲和交流。由于在表面活性物质吸附规律、电化学催化和光电化学研究等方面的成就，他在1987年获得了国家自然科学三等奖。他长期在教学第一线工作，曾多次讲授本科生和研究生课程。其编著的《电极过程动力学导论》是我国第一部有关电极过程的专著，至今仍是我国电化学界影响最广泛的学术著作和研究生教材之一。

由于他在科研和教育上的成就，及他在重大问题上的仗义执言，1980年他当选为中国科学院院士。“当时不像现在这样隆重，我事先一点儿都不知道，连申请表都没填过，是数学系的李国平教授从北京开会回来告诉我的，他说祝贺你当了院士，感觉跟参加一个学会差不多。”除了在1978年至1982年担任化学系主任外，查全性一直未担任任何行政职务。他说：“我不是那块料，个人的能力、性格都不适合从事行政工作。”

近年来，查全性的研究方向主要集中在新型化学电源和生物传感器，包括大功率一次锂电池、高能二次锂电池、修饰电极和酶及氧化还原蛋白电极传感器。研究的重点仍然是有关反应的电化学催化以及电极结构的优化。他与合作者所取得的一些成果已应用在了我国的一些重大项目中。

采访时，查全性大致分析了当前能源的基本状况。目前，我们主要依靠化石燃料、电网和油气网来提供能源，但情况并不乐观：煤的储存量大约还可以维持二百年，而石油、天然气的已知可采储量已不足一百年；而且煤的污染非常严重，就算大型的工厂也没有采用有效的二氧化碳处理方法，石油、天然气的分布过与集中，许多国家都要依赖进口。“化石燃料的生成需要几亿年，却只能支撑现代社会三四百年的消费。花几亿年形成的东西几百年就被用完了，这个问题严不严重？”

查全性说，我们现在利用的能源只局限于化石燃料、电能、水能等常规能源，其实我们并不缺少能源，地球上的聚变能、地热能，地球外的太阳能、暗物质能等都能为我们提供丰富的能源。问题在于人类缺少利用这些能量的技术。“化石燃料枯竭后将采用什么能源？石油、天然气用完后要拿什么做交通能源？目前这两大问题都没有解决方案。这意味着我们迫切地需要创新。”

恢复高考首倡者同样反对“一考定终身”

三十多年来，高考和高等教育发生了很大的变化。从20世纪80年代，高考上大学是公费读书、毕业分配工作，到90年代末的高校并轨、扩招、学费增加、自主择业，再到21世纪初的分省命题、自主招生，高考一直牵动着亿万人的神经，在争议中前行。

“目前考生被高校录取的几率越来越高，选择学校与选择专业的灵活性也显著提高。今天的考生要比二十多年前的考生幸运多了。然而，高等教育毕竟不是全民义务教育，高考的选拔功能将长期存在，落榜总有人在。即使成绩合格，也还要经受不同学校与专业的挑选。因此，考生和家长以什么样的心态对待高考与高考结果，就特别值得关注。”查全性认为，正确的态度应该是，发挥实有水平迎接挑战，并以平和的心态对待考试和录取结果。要相信高考是公平的。大多数人发挥出了实有水平，就表明考试是公平合理的，就体现了“人人平等”。如果不适当地追求“超水平发挥”，则往往背上沉重的心理压力，产生考试焦虑，其结果往往适得其反。只要大多数考生考出了实际水平，则高考成绩就是平时教学状况准确、客观的反映，由此决定的高校和专业选择，也许就是考生的“最合适的位置”。因此，查全性建议家长在考前不要给孩子提出过高的要求，而要帮助孩子客观地分析自己的实力，设定符合实际的奋斗目标。而考生自己也不要去相信什么“超水平发挥”。“超水平发挥”不是经常的，也不会发生在每一个人身上。

查全性说，对高考落榜也需有颗平常心。俗话说，胜败乃兵家之常事。失败有时不可避免，原因也多种多样。一次失败，不是一生失败。更何况成功的路千万条，行行出状元。汲取教训，重新再来，也不失为一种选择。高考竞争是人生面临的众多竞争的一种，能以一颗平常心对待高考，就一定能平和地面对人生的许多考验。

对于如今的高考，查全性说，高考肯定要改革，到底该怎么办？还是应该多听听专家的意见。他认为，“一考定终身”肯定不是好办法，理想的高考制度是：大家参加统一笔试，再加上学校推荐加面试。这样就可以对一个人得出比较准确的评价。不过，实行后者的前提是社会风气要好。

“如果高校能实行‘宽进严出’的招生办法，则会更好。”他曾在阿根廷的布宜诺斯艾里斯大学考察，发现该校每年招生十万，第二年这些人只剩两万，最后毕业时不到一万。通过逐步淘汰，学生质量得到了保证，被淘汰者学到了一定知识，也不太痛苦。他认为，“可惜的是，我们目前的社会风气不允许这么做。相对而言，目前的高考让大家都经过一个相同的检验过程，对每个人来说都是公平公正的，仍是一个比较好的制度。”

针对现在越来越激烈的高考竞争，查全性认为，社会要改变“唯有上大学才能成才”的看法，不同的人有不同的生活教育背景、不同的优点和特点、不同的兴趣和智力水平，应该有适合自身的发展道路。

谈及近年来的研究生扩招，查全性不无忧虑，指出研究生培养质量下降的问题已经日益突出。“为了保证研究生质量，必须层层设卡。首先要‘卡’入口。研究生扩招是大势所趋，而扩招必然会使优质生源‘稀释’。因此，必须改革招生方式，采用增加面试比重等方法来提高录取的准确性。其次，要强化中期分流制度。面试毕竟只有 15 至 30 分钟时间，对学生的科研素质、治学态度、人品等无法全面考察。而进校一年以后做一次考核，只要认真从事，就会比较客观。”

导师与学生定期进行交流也非常重要。查全性说，扩招以后，研究生导师的数量和质量并没有同步增长，有的导师一届就招十几个学生，有人戏称这种现象为“一个茶壶配十几个甚至几十个茶杯”。有的学生一学期难得见到导师一面，更谈不上研究方向的指引和学术心得的交流。这种培养模式，很不利于研究生培养质量的提高。

而今，查全性仍在指导博士生。只要天气晴好，他都要到实验室去。闲暇的时候，他爱到珞珈山的小径上散步，“武大的环境很好，在山林中走一走，神清气爽，特别舒服”。查全性说，没事就喜欢到实验室看望学生，有时我们还就某个问题展开激烈讨论。“导师指导学生的职责，不是仅在于帮学生发表两篇论文，以取得毕业答辩资格；还应该在指导学生完成科研的过程中，引导学生的治学兴趣、方向和方法，培养学生的科学思维和创新能力，更要有为师者道德水准、人格魅力方面的影响。”现在不少研究生把导师叫“老板”，对给“老板”干私活很有意见。查全性说，研究生尤其是理工科研究生参与重大科研项目，是研究生培养的一种重要形式。但如果只是做一些与研究方向无关，或者技术含量低的事情，这就是导师失职。

高考制度的恢复，改变的不仅仅是个人的命运，对整个国家和民族来说意味着复苏和新生。作为院士，查全性的学术成果自是丰硕。然而真正使他名扬天下的，却是那个“恢复高考”的建议。这是查全性一生中唯一一次与邓小平进行面对面的交流，但不可否认这在他生命中留下了深刻的印记。

第 *16* 章
香港回归前的风风雨雨

2013 年 4 月 8 日，有“铁娘子”之誉的英国前首相玛格丽特·希尔达·撒切尔因中风而离世，享年 87 岁。撒切尔夫人是首位访问新中国的英国在任首相，曾经多次访华。作为香港回归谈判的英方总指挥，她参与了核心谈判，最终代表英方和中国签署了《中英关于香港问题的联合声明》。

“铁娘子”神情恍惚地在大会堂门外摔了一跤

1981 年 9 月底，叶剑英委员长宣布了中国政府关于台湾回归祖国实现和平统一的九条方针政策。对港政策虽然与对台政策有所不同，但在许多基本政策上是相通的。邓小平和其他中央领导人决定依照对台政策的路子，加快制定具体的对港政策。

1982 年 1 月 10 日，邓小平在接见一位海外朋友时说：“‘九条’实际上就是‘一个国家，两种制度’。”邓小平为制定解决香港前途问题的具体方案，亲自做调查研究，与香港人士交谈，一方面向他们阐述中国政府的对港政策，另一方面虚心倾听港人的心声，以补充和完善这些方针政策。不久，中国政府对香港的“十二条”基本政策制定出来了。

这年 1 月，英国副外交大臣兼掌玺大臣艾金斯访问中国。艾金斯发现，中国开始把解决香港前途问题摆上重要日程，并提出了处理香港问题的进一步政策。中国政府明确表示：中国将恢复对香港行使主权，但要保持香港的繁荣；香港继续保持自由港和商业、金融中心的地位。对此，中国将广泛征求香港各界人士的意见，在吸收港人意见的基础上来修改自己的方案。

4 月上旬，英国前首相希思作为民间使者，为进一步了解中国政府关于解决香港问题的方针政策，专程访问中国。邓小平会见了这位老朋友。希思回顾了 1974 年 5 月毛泽东同他会见谈到香港问题时的情景，对邓小平说："那次你也在座，当时毛主席和周总理说，反正要到 1997 年，还早呢，还是让年轻人去管吧。现在离 1997 年只有 15 年的时间了，你是如何考虑在这期间处理这个问题？"

邓小平说，香港的主权是中国的，包括"新界"，即整个香港。过去是不平等条约，实际上是废除的问题。他十分诚恳地告诉希思："我们是多年的老朋友了。如中国到时不收回香港，我们这些领导人谁也交不了账。"

邓小平还向老朋友透露：中国政府已经确定了解决香港问题的政策，这些政策与中国对台湾的"九条"方针的精神是基本一致的。他问希思，英国是否同意按中国的这种思路来协商解决香港问题。邓小平还请希思把中国的这种考虑转告撒切尔夫人。

雄心勃勃的撒切尔夫人登上英国首相宝座后，推行强硬的内外政策，以使英国重新振兴。在这种背景下，被媒体称为"铁娘子"与"冷战专家"的撒切尔夫人也酝酿了解决香港前途问题的方案。撒切尔夫人对自己的外号并不恼火，相反还非常高兴地说："这是他们对我的最好赞扬。""他们说对了，英国需要一个铁娘子。"

1982 年 9 月 24 日上午 9 点，中共中央顾问委员会主任、中央军事委员主席邓小平在人民大会堂福建厅会见来访的撒切尔夫人。中方陪同会见的有外交部长黄华、外交部副部长章文晋、中国驻英大使柯华。英方陪同会见的有香港新任总督尤德、首相首席私人秘书巴特勒、驻华大使柯利达。会谈原定的时间为一个半小时，但实际上整整延长了 50 分钟，足见双方较量的激烈程度。

撒切尔夫人知道次会谈最为关键，早早就做好了准备，提前来到了人民大会堂。她穿着一身蓝底红点的丝质西装套裙，脚蹬一双黑色高跟鞋，手提一只黑色手袋，脖子上戴着一条珍珠项链，显得高贵动人。由于英国方面已经正式公开了其"绝不妥协"的解决香港问题的立场，因此，邓小平决定"硬碰硬"。会谈开始前，邓小平就对身边的工作人员说："香港不是马尔维纳斯，中国不是阿根廷。"两人见面的"寒暄"亦颇微妙——撒切尔夫人对邓小平说："我作为现任首相访华，看到你很高兴。"邓小平说："是呀！英国的首相我认识几个，但我认识的现在都下台了。欢迎你来呀。"会谈开始时，两位领导人先聊了一下轻松的话题。他们说起了在伦敦住了几十年的马克思。撒切尔夫人说，马克思写了一部《资本论》，可他恰恰最缺资本！

会谈进入正题后，撒切尔夫人按照事先设计好的方案，摆出强硬姿态，打出“三个条约有效”和“维护香港繁荣稳定离不开英国”这两张牌，坚持三个条约必须遵守。她恐吓邓小平说：“如果中国收回香港，就会给香港带来灾难性的影响。要想继续维持香港的繁荣，就必须继续由英国来管治。”

邓小平寸步不让，表现得更为强硬而且讲话更加有理有据。他首先指出：“这次谈判，除了要解决香港回归中国问题之外，还要磋商解决另外两个主要问题，一个是1997年后采取什么方式来管理香港，继续保持它的繁荣；另一个是中英两国政府要妥善商谈如何使香港从现在到1997年的15年中不出大的波动。”谈到香港的主权归属问题时，邓小平毫不含糊地指出：“中国在这个问题上没有回旋余地。坦率地讲，主权不是一个可以讨论的问题。现在时机已经成熟，应该明确肯定：1997年中国将收回香港。就是说，中国要收回的不仅是新界，而且包括香港岛、九龙。”在此，邓小平重申新中国成立以来始终不承认19世纪三个不平等条约的一贯立场。

邓小平告诉撒切尔夫人，收回香港，是全中国人民乃至全世界人民的意愿。他强调，如果1997年不收回香港，任何一个中国领导人和政府都无法向中国人民交代，甚至也不能向世界人民交代。“如果不收回，就意味着中国政府是晚清政府，中国领导人是李鸿章！”

邓小平对撒切尔夫人说，在不迟于一两年的时间内，中国就要正式宣布收回香港的决策。“中国宣布这个决策，从大的方面来讲，对英国也是有利的，因为这意味着届时英国将彻底地结束殖民统治时代，在世界公论面前会得到好评。”他说，之所以中国还要等一两年才正式宣布收回香港，是希望在这段时间里同香港各界人士广泛交换意见，听取英国政府对我们提出的建议，以便制定我们在15年中和15年后的方针政策。

针对撒切尔夫人关于香港的繁荣离不开英国管理的观点，邓小平说：“保持香港的繁荣，我们希望取得英国的合作，但这不是说，香港继续保持繁荣必须在英国的管辖之下才能实现。香港继续保持繁荣，根本上取决于中国收回香港后，在中国的管辖之下，实行适合于香港的政策。”

中国宣布1997年收回香港，香港会不会发生波动？邓小平回答：“小波动不可避免，如果中英两国抱着合作的态度来解决这个问题，就能避免大的波动。”他还告诉撒切尔夫人，中国政府在做出这个决策时，各种可能都估计到了，“还考虑了我们不愿意考虑的一个问题，就是如果在 15 年的过渡时期内香港发生严重的波动，怎么办？那时，中国政府将被迫对不得不收回的时间和方式另作考虑。如果说宣布要收回香港就像夫人说的‘带来灾难性的影响’，那我们要勇敢地面对这个灾难，做出决策”。邓小平所担心的就是今后 15 年如何过渡好。

激烈交锋过后，两位领导人商量起会谈公报问题。邓小平建议会谈能达成这样一个协议，即“双方同意通过外交途径开始进行香港问题的磋商。前提是 1997 年中国收回香港，在这个基础上磋商解决今后 15 年怎样过渡得好以及 15 年以后香港怎么办的问题”。但是，撒切尔夫人坚决不同意邓小平的这个建议，特别是拒绝以 1997 年中国收回香港为前提。经过一阵争执，双方同意发表一个不做作任何实质性承诺的会谈公报。

会谈结束后，撒切尔夫人显然仍然被邓小平上述极其坚定而严密的话所震撼着，以至于神情恍惚，在大会堂门外的台阶上摔了一跤。下午，撒切尔夫人召开中外记者招待会。在向记者宣读声明时，她的声音一时变得嘶哑，但她仍然坚持念完全文只有 83 字的声明。撒切尔夫人没有想到邓小平如此强硬。回去之后，她私下对驻华大使柯利达说：“哎唷，邓小平真残酷啊！”从此，香港问题谈判陷入僵局。

这一年底，全国人大五届一次会议通过了《中华人民共和国宪法》，其中第三十一条规定：“国家在必要时得设立特别行政区。在特别行政区内实行的制度按照具体情况由全国人民代表大会以法律规定。”次年 6 月，全国人大六届一次会议将要召开。如果到那时中英谈判仍然处于僵持状态，中方就可能通过全国人大，单独宣布自己的对港政策。

谈判出现僵局，不仅中国政府和广大港人着急，英国领导人也焦急不安。1983 年 1 月 28 日，撒切尔夫人召集政府高层官员和港督尤德开会，讨论香港问题。撒切尔夫人提出，在谈判无进展的情况下，应在香港发展民主体制，使它能在短期内获得独立或自治。她还提议在香港搞全民公决。但与会者都不赞成首相的设想。

3 月 7 日，撒切尔夫人在同柯利达和尤德商讨对策时，柯利达不赞成由撒切尔夫人写一封信给中国总理，表示只要能在香港的管理问题上达成一致意见，她愿意就主权问题“考虑”向英国议会“提出建议”。信中并没有痛快地承诺中国恢复行使香港主权，而是附加了一大堆条件。

尽管英方来信充满机巧，但邓小平却很清楚地读出了对手立场的微妙变化，并以自己的灵活姿态积极回应，适时地给英方一个下台阶的机会，准备与英国代表举行正式谈判，以便迅速打破谈判的僵局，解开主权问题上的死结。谈判原计划于6月开始，但由于英国提前举行大选，双方同意会谈于7月开始。

在6月召开的全国人大和全国政协两个会议期间，邓小平曾会见两会的港澳人士。他在谈到中方在主权问题上的灵活策略时说：我们考虑到若要英方在承认中国对香港主权的先决条件下进行谈判，英国方面认为“有失面子”，因此，“要给英国人下台阶”。他还指出，如果先谈1997年后怎么办的问题，就可以避开主权问题的障碍。而1997年后的问题谈好了，中国恢复对香港行使主权问题也就没什么可谈了。

从7月中旬开始的第一轮会谈到9月下旬的第四轮会谈前后，英方软硬兼施，会场内外互相配合，大打所谓的“民意”、“经济”两张牌。于是，会谈未取得任何成果，却又触发了更为凶猛的金融动荡。一时间，香港人心惶惶，社会极为不安。为此，中国政府和各界人士以及香港民众、舆论界和各爱国团体纷纷进行反击，发表大量文章，组织各种活动，批评英国的做法。中国领导人更加明确表示了对香港前途的态度。8月15日，中共中央总书记胡耀邦在会见某日本代表团时宣布，中国政府将于1997年7月1日收回香港。这是中国领导人第一次正式宣布收回香港的日期。

会谈再次面临危机之时，英国前首相希思深感忧虑。他急忙飞到北京，会见中国领导人，打算利用自己的特殊身份，再次做两国领导人的沟通工作，为打破谈判僵局贡献一点力量。9月10日，邓小平又一次会见了希思。两位老朋友亲切地寒暄了一番。当话题转到香港问题时，气氛一下子变得格外沉重。邓小平对英国政府在当时谈判中的做法极为不满。他斩钉截铁地宣布：想用主权来换治权是行不通的。“22日要会谈（指第四次会谈），我希望不要再纠缠在治权问题上。不要搞成中国单方面发表声明收回香港，而是要中英联合发表声明。联合声明的方式对两家都好，不是说哪一家更好，特别是涉及中英长期的关系。”

邓小平告诫说：“在香港问题上，我希望撒切尔夫人和她的政府采取明智的态度，不要把路走绝了。如果英方不改变态度，中国就不得不在1984年9月单方面公布解决香港问题的方针政策。”希思向邓小平表示，他将把这番话转告撒切尔夫人，并劝其改变以主权换治权的做法。

香港总督麦理浩投石问路

1974 年 5 月 24 日，英国保守党领袖爱德华·希思抵达北京。北京国际机场上悬挂着中英两国国旗，大型横幅标语上写着：“热烈欢迎英国贵宾！”这是希思第一次访问中国。毛泽东主席和周恩来总理委托当时的国务院副总理邓小平担任主陪。5 月 24 日，邓小平率北京市负责人吴德、外贸部部长李强、副外长乔冠华以及首都群众数千人，前往机场热烈欢迎希思。邓小平与走下飞机的希思握手，对客人热情地说：“我代表周恩来总理向你表示热烈欢迎。”

第二天下午，毛泽东会见希思。毛泽东说：“很久以前中国怕欧洲。但这些都成为历史了。”又说，“你们剩下一个香港问题。我们现在也不谈。”说着，毛泽东回头问坐在身旁的周恩来：“还有多少时间？”周恩来迅速准确地回答道：“是 1898 年租给他们的，租期 99 年，到 1997 年期满，距现在还有 23 年。”毛泽东对希思说：“到时候怎么办，我们再商量吧。”接着，毛泽东把手一挥，指着坐在不远处的邓小平等人说，“是他们的事情了。”

显然，毛泽东仍坚持维持现状的方针，在有生之年不打算把收回香港列上议事日程，而是把这一使命委托给了比他年轻的领导人邓小平。当然，邓小平在欢迎希思的宴会上曾侧面谈到香港问题，表示在将来的适当时候解决它。可见，他要担负起领导收回香港的重任。

希思首次访华那一年，邓小平已是 70 周岁。孔子有一句格言：“七十而从心所欲，不逾矩。”邓小平此时已经从事了半个多世纪的革命事业，长期担任地方和中央领导职务，在政治、经济、军事、思想、文化、外交等方面积累了宝贵的领导经验，成为治党、治国、治军的不可多得的领袖人才。他所具备的卓越领导才能，使他完全胜任毛泽东所期待的收回香港的历史重托。

1977 年 7 月，中共十届三中全会决定恢复邓小平的中共中央副主席、国务院副总理、中央军委副主席和中国人民解放军总参谋长的职务。邓小平的这次复出，预示着一个崭新的时代即将到来。

谁也没料到，邓小平把他的首次亮相选在一次由香港足球队与中国青年队进行比赛的足球场现场。就在即将开哨比赛的时候，主席台上突然爆发了一阵掌声。一个矮小精干的身影健步走上了主席台。这个消息在现场广播后，人们得知邓小平也来看球了，整个工人体育场立刻变成了欢乐的海洋。八万多双手同时挥舞，掌声惊天动地，经久不息。在中国政坛上沉寂了一年多的邓小平神采依旧，频频向观众和香港球员招手，许多人流下了激动的眼泪。

在这些双眼湿润的人群里，有一位特殊的港人，这就是香港房地产业巨子、香港足球总会会长、亚洲足球协会执委员霍英东先生。霍英东一生观看过多少场足球赛，他自己也记不清楚了，但他从未看到过这样激动人心的场面。这一次他真正感受到了这个小个子巨人的人格魅力。一个能够受到人民如此爱戴的领袖，必定具有扭转乾坤的伟大创造力。在中国面临历史转折的重要时期，由邓小平出来掌舵，中国就大有希望，香港问题的最终解决也必定大有希望。此情此景，使霍英东忘记了自己的身份，他站在邓小平的身后像普通观众一样拍红了自己的手掌。突然，一个念头闪过了他的脑海，邓小平为什么要选择在有香港队参加的足球赛上与人民见面呢？香港问题在邓小平的心目中究竟占有多大的位置？

霍英东最早见到邓小平是 1964 年的国庆之夜。那时他作为港澳同胞、知名爱国人士，收到了落款是中共中央主席毛泽东、中华人民共和国主席刘少奇、全国人大常委会委员长朱德、国务院总理周恩来和中华人民共和国副主席宋庆龄的请柬，参加国庆招待会。在招待会即将结束之时，有一位个子不高、精神抖擞的中年人向霍英东走过来，依次同港澳知名人士握手，这就是当时的中共中央政治局委员、中共中央总书记、国务院第一副总理邓小平。霍英东还清晰地记得他的问候语："欢迎您来北京！"——慈祥的、温暖的问候语。从邓小平的炯炯眼神中，霍英东看到了一种独有的坚毅、刚强与自信，和邓小平握手，霍英东感觉到很有力量。在之后的几十年，特别是新的历史时期，霍英东感受到的邓小平的力量就更真切了。

在有香港足球队参加的赛场上首次亮相，这也许并无什么特殊的原因。但邓小平对香港情有独钟，始终念念不忘香港回归祖国的问题，这倒是千真万确的。

1980 年 1 月，邓小平在中共中央召开的一次干部会议上发表了《目前形势和任务》的讲话，阐述了 80 年代中国要做的三件大事。他说，第一件事，是在国际事务中反对霸权主义，维护世界和平；第二件事，是台湾回归祖国，实现祖国统一；第三件事，要加紧经济建设，就是加紧四个现代化建设。邓小平时代开始时就提出了香港问题，而且把它与三大任务有机地联系在一起。在邓小平的心中，香港问题被摆在了一个绝妙的位置，成为一着内联现代化建设、外接国际关系、打通祖国统一道路的活棋。

英国以前不提香港前途问题，是为了继续占据它；现在受形势所迫，不得不把这个问题提上议事日程，也是为了长期保持对香港的统治权力。香港于英国在外交上有战略价值，“香港的位置可以加强同澳大利亚、新西兰以及太平洋岛屿等英联邦国家的联系”，同时于英国有重大的经济利益。在所谓“九七大限”临近之际，英国不能不为保全香港这个“会下金蛋的鹅”而想尽一切办法。选择合适的人来向中国挑明这个问题，进而诱使中国领导人在香港问题上作出让步，是当务之急。经过一番思量，英国外交部最终确定由当时的香港总督麦理浩来担负投石问路的任务。

公正地讲，麦理浩是一位杰出的总督。他自1971年就任港督以来，为香港民众做了很多实事。香港经济在20世纪70年代的骄人表现，与麦理浩是分不开的，香港媒体甚至曾称赞他把香港带进了“麦理浩时代”。英国政府选择麦理浩向邓小平提出“1997”问题，不仅因为他的身份适宜，而且由于他正得到一个来自中国政府的邀请。

1978年12月，中国对外贸易部部长李强访问香港。李强是新中国成立以后正式访问香港的第一位部长级官员。李强访问香港，是两地关系非常密切的象征。为了促进这种关系的进一步发展，李强在总督府午宴上邀请麦理浩访问北京。英国政府自然不会错过这个天赐之良机，想就此让麦理浩试探中国领导人对“1997”的态度。

1979年初，英国外交部研究了麦理浩访问北京的安排。他们计划让总督同中国领导人主要谈三方面的问题：第一，谈香港与广东的关系问题；第二，谈香港在中国的现代化建设过程中的作用问题；第三，也是总督访问北京的主要目的，即趁机与中国领导人讨论一下香港的前途问题。英国决策者感到前面两个话题都好谈，只有香港的前途问题太敏感，需要仔细研究出一个万全之策。经过左思右想，智囊们终于提出了一条计策：麦理浩访问北京时不直接试探中国领导人对香港问题的态度，而仅仅提出新界的土地租期问题，也就是只提出一个商业性技术问题而非政治问题，并强调英国此时不想谈1997年之后英国的管治问题，而只是试图从香港的利益出发来促进对其长期的投资。

1979年3月26日，麦理浩到达北京。28日晚，中方通知，次日邓小平副总理将会见港督，并希望他在会见时不要向邓小平提出1997年香港问题。

29日上午10时，邓小平在人民大会堂新疆厅会见麦理浩一行，李强和港澳办主任廖承志也在场陪同。出乎港督意料的是，寒暄之后，邓小平就直截了当地谈起了中国政府对香港问题的态度。他说："我知道，人们开始担心香港将来的前途和地位问题。对这个问题，我们有一贯的立场。你们在座的各位先生都很清楚。我们历来认为，香港主权属于中华人民共和国，但香港又有它的特殊地位。香港是中国的一部分，这个问题本身不能讨论。但可以肯定的一点，就是即使到了1997年解决这个问题时，我们也会尊重香港的特殊地位。"

邓小平希望麦理浩鼓励香港实业家到大陆投资，特别要帮助发展深圳，使深圳变成一个大城市。他再次声明："即使香港回归祖国，它仍然享有特殊地位。中国尚未决定何时恢复对香港行使主权，也许1997年前收回。但不管中国如何决定，香港都会保持现状，投资者的利益都将受到保护。"

此时，麦理浩趁机提出英方关于土地租期问题的方案。他对邓小平说，1997年的逼近，使英国只能批出日益缩短的土地契约，"新界"的投资者因而遇到了很大的问题。他提出英国解决这个似乎是纯商业性问题的方案：消除土地契约中1997年届满日期，代之以"只要英国管治这个地区就有效"的内容。邓小平没有正面回答英方提出的这个老谋深算的问题。他机智地说，告诉投资者"放心好了"。

麦理浩并不死心，继续提出英国的方案。他说，虽然邓副总理的保证值得欢迎，但这并没有解除人们由于土地租期日益缩短而产生的忧虑，要消除这种忧虑，就得消除1997年这个截止期限。面对港督的再次挑战，邓小平深思熟虑：不管怎么去说土地租期，但必须避免提及"英国的管治"。说未来的香港"将保持不变"，并不是指其政治状况，而只是指未来香港的资本主义制度将保持不变，同时投资者不受损害。他再次明确告诉麦理浩"请投资的人放心"。港督与邓小平的会谈就这样结束了。虽然英方没达到预期目标，但至少从邓小平的谈话中得到了中国政府对香港经济前途的极其重要的保证。

其实，在会见港督麦理浩前后，邓小平已经对解决香港前途问题有了清晰的思路。更确切地说，思路是先从台湾问题上打开的。在中美谈判建交过程中，台湾问题是其中最棘手的问题。为了妥善解决这个问题，邓小平提出了新的构想。从1978年下半年到1979年初，他在会见日本、美国、缅甸等国外宾时提出，我们希望用和平方式解决台湾问题，但不作不使用武力的承诺；祖国要统一，但在解决台湾问题时，我们会尊重台湾的现实，可以保留原来的社会制度、经济制度，生活方式可以不动。邓小平在这里提出的，就是后来所说的“一国两制”的雏形。

邓小平没有孤立地构思解决台湾问题的方案，而是把台、港、澳回归祖国问题统筹考虑。1979 年 1 月 18 日，他在会见美国参议院军事委员会特别任务小组议员团时说，台湾回归后，首先它的社会制度不变，它的生活方式不变。他接着指出，我们对待香港问题、澳门问题的政策也是如此。

不过，由于香港前途仍然没有真正明朗起来，加上其他一些因素的搅扰，港人尤其投资者的信心不多久开始发生大的波动。在这种背景下，英国外交大臣卡林顿亲自出马，准备向邓小平再讨一个“定心丸”。

1981 年 4 月 3 日，邓小平在北京会见来访的卡林顿。这位外交大臣说：“我来之前在香港逗留了两三天，离开时我有一个感觉，因为我们英国是依靠法律办事的，所以尽管你作出保证，1997 年这个日子仍使香港人感到不安。你和我都认为这种担心不必要，但事实是，由于 1997 年这个日子日益逼近，人们签订房地产契约和抵押契约时，必须要考虑期限和合同的合法性问题，这将会碰到不少困难。我不想夸大这个问题，但继续保持香港的稳定和繁荣，对我们双方都是有利的。”

邓小平说：“对这个问题我们不能说更多的话，但我们可以郑重地说，我在 1979 年同麦浩理爵士谈话时所作的保证，是中国政府正式的立场，是可以依赖的。你可以告诉香港的投资者，放心好了。”

事后，卡林顿在北京举行记者招待会。他告诉盼望得到新精神的人们说，邓小平又一次讲了“投资人完全可以放心”。

这年 7 月 18 日上午，邓小平以中共中央副主席的身份在北京人民大会堂福建厅会见香港《明报》社长查良镛（即金庸）。7 月的北京，天气炎热，金庸郑重其事，穿着西装，打着领带，带着妻子林乐怡和一对子女，在全国人大常委会副委员长、国务院港澳办主任廖承志的陪同下，走进人民大会堂。邓小平穿着短袖衬衫，站在福建厅门口迎接，一见到金庸，立即走上前，热烈地握着他的手，满脸笑容地说：“欢迎查先生回来看看。你的小说我读过，我们已经是老朋友了。”并同金庸及他的妻子和子女合影。金庸对邓小平说：“我一直对您很仰慕，今天能够见到您，感到荣幸。”邓小平笑着说：“对于查先生，我也是闻名已久了！我这是第三次重出江湖啊！你书中的主角大多是历经磨难才终成大事，这是人生的规律。”

在金庸看来，邓小平是郭靖般的英雄人物。邓小平对金庸也早已熟知，在20世纪70年代后期自江西返回北京，就托人从境外买了一套金庸小说，很喜欢读。金庸《明报》社评他也是知道的。从70年代后期起，金庸在《明报》热烈支持邓小平主张的改革、开放政策。他认为“邓小平有魄力、有远见，在中国推行改革开放路线，推翻了以前不合理的制度，令人佩服。真正的英雄，并不取决于他打下多少江山，要看他能不能为人民百姓带来幸福”。在中共领导人中，他最想见的就是邓小平。邓小平在人民大会堂正式单独会见的第一位香港同胞便是金庸。

一个多小时的会见，气氛欢快，宾主谈笑间，有“英雄所见略同”的思想火花。在这次会见中，邓小平有没有谈到香港的回归问题呢，目前没有发现相应的记载，但有一个现象是颇有意味的——也就是在这次会见之后，金庸对中国政府恢复行使香港主权的一系列“动作”都“预测”得相当准确。如，1981年12月26日，金庸在《明报》的一篇社论中指出，中国政府将会在1997年之前的15年宣布恢复对香港行使主权，并宣布香港的现状将维持不变——这次会见可能给金庸的“预测”垫了一个“底”。显然，金庸十分了解邓小平对香港的一贯立场。

五下香港的邓小平再也不能重踏这片热土

迫于形势，英国政府在第四轮会谈后开始考虑采取措施稳定香港经济，并准备在谈判中实行退却。

1984年的春天来得很早。早来的春天气息恰到好处地烘托出中英谈判的新气氛。为了推动谈判取更大进展，英国外交大臣杰弗里·豪4月中旬访华。豪在会见邓小平时提出，9月只能作为协议草签的期限，而不是最后批准生效的时间。邓小平问，草签以后为什么不马上正式签字？豪回答，议会9、10月份要休假，11月份才能复会，所以只能到年底以前签字。邓小平表示理解。双方于是确定9月底草签并公布协议，年底前正式签字。两个小时的会谈，取得重大的成果。中国新闻媒介的评价和介绍是，双方“就有关香港的重大问题广泛地交换了意见，并取得了一致的见解”。

中英双方经过22轮的谈判，直到9月才落下帷幕。9月26日上午10点整，在北京人民大会堂西大厅，两国谈判代表团举行了庄严的联合声明草签仪式。

香港回归祖国，全国人民期盼着，炎黄子孙急切地等待着那一天的到来。笔者以同样的心情期待着那一天早点到来。以当时的诗作《孩子，该回家了》为证——

衣不蔽体的母亲一度抛弃了你
于是可恨的强盗将你拐走
不堪回首的一百五十多年前
长江哭了黄河哭了巍巍昆仑哭了
泪水打湿了整整一个世纪

历史驶进新的港湾
骄傲的黑头发挺起强盛
自豪的黄皮肤炫耀着丰满
二十二轮政坛上的马拉松赛
一国两制的辉煌
穿中山装的东方矮个子发出
神圣的请柬——
孩子，该回家了

遗失长城外的秦砖汉瓦听了
幸福地哭——
妈妈，我好想你
香江水汩汩地流向长江黄河
添砖加瓦的华厦问鼎长空
回家的路上洒满阳光
火红的紫荆盛开热烈的花
倒计时牌上的阿拉伯数字在读秒
聚焦炎黄仔的期盼与荣辱
该回家了，孩子
一九九七沿途顺风平安

声明草签几天后，北京举行了规模空前盛大的中华人民共和国成立35周年庆典。10月3日，邓小平在人民大会堂会见港澳同胞国庆观礼团全体成员时欣喜地说：“你们这么多人回来观礼，我非常高兴，我看香港一定有希望。这次回来观礼的，各行各业各界人士都有，各种不同政治观点的人也都来了。这说明大家都赞成中国恢复对香港行使主权，赞成中英两国政府所达成的协议的内容。”在谈话中，他再次表示，他愿意活到1997年，亲眼看到中国对香港恢复行使主权，并且到香港“走一走，看一看”。

接下来，邓小平又谈起观礼团代表们最关心的中国对香港政策（也包括中国的改革开放政策）会不会“变”的问题。他笑着对大家说：“现在有些人就是担心我们这些人不在了，政策会变，感谢大家对我们这些老头子的信任。今天我要告诉大家，我们的政策不会变，谁也变不了。因为这些政策见效、对头，人民都拥护。既然是人民的拥护，变了人民也不会答应。”

入冬的北京寒气袭人。然而，人民大会堂内却春意盎然，一派热烈气氛。觥筹交错，贺音频频。这是邓小平与撒切尔夫人等中英双方有关人士参加中英联合声明正式签字的一个场面。550万香港市民、10亿中国人和全球无数双眼睛，从卫星转播的电视荧光屏上，观看到了12月19日下午5时30分中英关系发展史上闪光的一刹那。

此前两天，即12月17日，包玉刚应邀来到北京，他的身份是香港《联合声明》起草委员会成员。18日，包玉刚作为港澳101人代表团团员，前往北京机场迎接前来签署“中英关于香港问题的联合声明”的英国首相撒切尔夫人；19日，包玉刚出席了签字仪式，邓小平当时对撒切尔夫人所说的话，他听得十分真切。邓小平说：“我们两国的领导人就香港问题达成协议，为各自的国家和人民做了一件非常有意义的事情。香港问题不解决，在我们两国之间人民之间总是存在着阴影。现在这个阴影消除了，我们两国之间的合作和两国人民之间的友好前景很光明。”仪式结束时，包玉刚接到通知，邓小平明天要单独会见他。

第二天，包玉刚为此着意“打扮”了一番，仪表庄重大方，喜滋滋地提前出了门。走进人民大会堂接见厅时，邓小平已经先到了，包玉刚笑着伸出双手向邓小平快步走去，邓小平也伸出了手，声音洪亮地说：“你好，船王，我们又见面了。”邓小平抽着香烟，谈笑风生，他说：“解决香港问题的经验如果用于台湾，将对大家都有利，对美国也有利。”他还说：“中美之间的问题还是一个台湾问题。中英关于香港问题的联合声明，消除了中英之间的阴影，解决了台湾问题，中美之间的阴影也将消除。”他进而强调说，“香港问题解决了，这是一个扎扎实实的现实嘛。”

在中英就香港问题签署联合声明的第二天，邓小平就单独会见包玉刚，包玉刚心情十分激动，他明白邓小平在这样的时刻接见自己的重要性。邓小平和包玉刚都显得很高兴，会见中，包玉刚告诉邓小平，他最近访问了家乡宁波，这是他40年之后的首次回乡，他高兴地介绍了宁波的情况，并顺便提及向家乡捐赠5000万人民币，准备创办一所宁波大学的事。邓小平听后很高兴，说：“你很热心啊。”他对包玉刚为中国、为家乡做了许多事情表示赞赏。包玉刚以宁波家乡人的身份邀请邓小平访问宁波，邓小平非常高兴地接受了邀请，说：“很想去宁波看看啊！”会见后，邓小平设午宴招待包玉刚和他的家属。当时，香港同胞中与邓小平交往见面次数最多的，要数船王包玉刚，受邓小平接见而见诸新闻报道的就达九次。

再说12月19日《中英关于香港问题的联合声明》正式签署之后，“铁娘子”撒切尔夫人率英国代表团离开人民大会堂。当撒切尔夫人步出大会堂沿着长长的台阶缓缓逐级而下时，突然，她又一次神情恍惚，右脚不慎滑了一下，单腿跪倒。这一情景恰好被参加国际刑警联席会议的美国警察总监斯米洛拍摄下来。当时陪同撒切尔夫人一块出来的邓小平得知后指示：把影响缩小到最低程度。

公安部部长助理兼国际刑警组织中国国家中心局局长朱恩涛说出了自己的方案：主人邀请客人参观毛主席纪念堂。纪念堂有一条严格的纪律，即参观者不准携带任何物品入内。这样，斯米洛的相机就可以名正言顺地交由纪念堂工作人员保管。只要相机在中国人手里，有五分钟就解决问题了。

公安部刘复之部长慎重地说：“要注意分寸，这只是我方的计划，万一计划赶不上变化，要迅速通知我。”朱恩涛点头：“你给我派一名光学专家，另外，向北京京剧院借一台《智取生辰纲》的折子戏。”“折子戏，要它干吗？”“以防不测！”

第二天，朱恩涛向斯米洛提出参观毛主席纪念堂时，他竟连连摇头：“NO！NO！我对政治老人不感兴趣。”“那就参观瀛台，那是囚禁清朝皇帝的地方。”斯米洛有了兴趣：“皇帝的监狱？去看看。”“这哪里是皇帝的囚牢，这明明是上帝的天堂！”斯米洛被这如诗如画的景色陶醉了。

突然，一股水柱从草丛里喷射出来，把朱恩涛和斯米洛全身都淋湿了。一名园丁吓得慌忙从树丛中站出来，连声道歉。原来他正在这里安装喷水管……斯米洛脱下外衣，把相机交给了中国陪同张剑。朱恩涛提议说："我们先去涵元殿观赏京剧，看看古代的梁山好汉是如何造反的。戏看完了，我们的衣服也送来了。"

涵元殿里，《智取生辰纲》开始了。可五分钟后斯米洛有些不耐烦，偏偏这个时候，张剑传来消息，相机有密码程序，光学专家无法打开。朱恩涛马上吩咐张剑："电告刘部长，让公安部马上派一个解码专家。"他回头对京剧院的负责人刘锦说："换戏！""换戏？""换《三岔口》。""你说换戏就换戏，咋换？服装、道具、演员都没有，怎么演？""我不管，想想办法。"刘锦无法，亲自登台。《三岔口》引得斯米洛连连击掌叫绝。戏近尾声了，斯米洛对朱恩涛说："请把我的照相机拿来，我要拍几张剧照。"朱恩涛说："别激动，最精彩的还在后头。"张剑终于出现了。朱恩涛长长地松了一口气。

一周后的一天，朱恩涛拿起办公桌上的一张《华盛顿邮报》，头版头条刊登有一则消息：《香港将成为"铁娘子"政治生涯的滑铁卢》。那张经专家处理过的照片赫然在目：一个"醉意蒙眬"的太阳拥抱着色彩迷蒙的"铁娘子"，那跪下的腿和弯曲的脚在阳光闪烁中虚化了……

中英联合声明正式签署后，中国政府开始研究如何组织起草香港基本法。1987年4月16日，邓小平在会见基本法起草委员会全体委员时，简明阐述道："我们的'一国两制'能不能真正成功，要体现在香港特别行政区基本法里面。这个基本法还要为澳门、台湾作一个范例。所以，这个基本法很重要。""过去我曾讲过，基本法不宜太细。香港的制度也不能完全西化，不能照搬西方的一套。香港现在就不是实行英国的制度、美国的制度，这样也过了一个半世纪了。"邓小平提醒起草委员会的委员们，起草基本法要从香港的实际出发。

1990年4月4日，一个具有创造性的杰作终于诞生。这一天，七届全国人大三次会议审议通过了《中华人民共和国香港特别行政区基本法》及其三个附件。

1989年春夏之交，北京发生政治风波。以美国为首的西方世界，对中国这一内部问题反应强烈，迅速采取对华制裁措施。英国也积极加入西方特别是欧共体制裁中国的行列，在香港问题上改变了多年来的合作态度，从多方面向中国政府设置障碍。英国朝野人士对中英联合声明的有效性也产生了争论，并充分运用港人“信心牌”和“民意牌”向中国施加压力，妄图实现那些在香港问题谈判期间未曾实现的事。

1991 年以后，国际局势再次发生剧变，英方对中国形势作出新的估测，对华政策向对抗的方向急速转变。彭定康走马上任为港督后，推行“三违反”的政改方案，导致中英之间异常激烈的争论。为此，香港后过渡期出现惊涛骇浪。

虽然邓小平在 1989 年 11 月已经正式退休，但他仍然极为关注改革开放事业和香港后过渡期的动态，并在关键时刻提出自己的建议，在战略上为党中央出谋划策。在中英就彭定康政改方案激烈交锋的时刻，朱镕基副总理于 1992 年 11 月 15 日抵达伦敦开始访问活动。朱镕基在访英之前，曾得到邓小平的指示，要他坚决反击彭定康提出“三违反”政改方案的对抗姿态。11 月 16 日，朱镕基在英国皇家国际事务研究所发表演说回答提问时表示，英方挑起了中英在香港问题上的对抗，这是中方所不希望看到的局面。“但是，不要以为对抗可以迫使我们在原则问题上让步。”次日上午，会见梅杰首相和赫德外相时，朱镕基代表中国政府重申反对彭定康政改方案的坚定立场，希望英方以维护香港繁荣稳定大局和两国共同利益为重，回到中英联合声明规定的磋商和合作的轨道上来。朱镕基的演说和声明引起强烈反响，英国上下为之震撼，香港各界纷纷表示赞成朱镕基的立场，敦促英方和中国重新磋商香港问题。

1993 年 1 月，邓小平就彭定康推出政改方案而引发中英对抗向有关方面发表谈话。他深刻地分析道：“英国在撤出香港之前‘搅局’，是蓄谋已久的、精心策划的。应该清醒地认识到这场斗争的不可避免性。我们在原则问题上不能退让，不用说一寸，一分一毫也不能让。越让就越被动，局面就越复杂、混乱。”邓小平接着说，“我们要尽一切努力使香港的局势好转，但是同时也必须做好香港在过渡时期的最后几年里出现最坏情况的一切准备工作。你英国可以单方面撕毁两国联合声明、两国谅解协议，但是我们中国贯彻执行基本法、实施‘一国两制’则是坚定不移的。”他最后提出，“我们同英国政府和港英当局是一再打招呼，希望按声明、协议办，少些纷争，多些合作。但是英国政府和港英当局硬要搞对抗的话，我们就没有其他选择，只有奉陪到底。”邓小平坚信主动权掌握在中方手里，彭定康挑起政改对抗不得人心，最终是不会有什么好结果的。

从1993年4月至11月，中英又就香港政改问题举行了17轮会谈。但由于英方没有诚意，谈判以破裂而告终。彭定康操纵香港立法局，于1994年上半年通过了他的政改方案。针对港英当局一意孤行的顽固态度，中国政府在内地和香港人民的支持下，果断地“另起炉灶”，成立了香港特别行政区筹委会预备工作委员会，提前做了一些必要的工作，体现了邓小平的战略策略方针，使我方立于主动的地位。在日益增强的压力下，英国政府最终还是要从自身利益出发考虑问题，同时也为了能实现“光荣撤退”，英方从1994年下半年起，逐步调整政策，重新摆出了与中方合作的姿态。

1995年12月28日，八届全国人大常委会第十七次会议经过表决，通过了全国人大香港特别行政区筹备委员会组成人员名单。与预委会不同，筹委会不仅是一个工作机构，而且是一个权力机构。它肩负着筹组第一届香港特别行政区政府及筹备其他有关事宜的重大历史使命。筹备会的成立，标志着中国在香港恢复行使主权进入具体实施阶段。

1996年1月28日，中华人民共和国国务院、中华人民共和国中央军事委员会在北京发布公告：中国驻香港特别行政区部队组建完成，驻港部队由陆、海、空组成，隶属于中华人民共和国中央军事委员会领导。

1996年12月11日，是香港历史上具有重要意义的日子。董建华在香港特别行政区第一届政府推选委员会举行的第三次全体会议上当选为特区首任行政长官，这是香港历史上第一次由港人自己选举的最高行政首长。随着中央电视台《新闻联播》播发有关新闻，笔者眼前展现出即将回归的香港的美好前景，不免感慨万千，信口拈句——

海运鸦片烽烟起，丧权割地羞百年。
殖民受辱恨切齿，强国威军荣归权。
宏论两制收国壤，港陆一家庆团圆。
宝岛增辉明珠耀，港人治港谱新篇。

1997年7月1日0点0分0秒，高悬在中国香港土地上一百五十多年的英国米字旗颓然降下，五星红旗冉冉升起在这块土地上空。此时此刻，人们自然而然地想到了为中国革命和新中国建设创下了丰功伟绩、为香港回归祖国立下汗马功劳的邓小平。然而，一生曾到过或路过、或停留、或参加会议谋划革命大计而五下香港的邓小平，早在四个多月前已经离开自己所眷恋的世界，再也不能重新踏上这片回到了祖国怀抱的热土。他的夫人卓琳作为中国政府代表团的成员踏上了香港这片神圣的国土，带去了邓小平对香港的深情和厚爱。

1997 年，撒切尔夫人到香港出席交接仪式，接受记者采访时说，她曾要求邓小平让英国继续租借新界，但邓小平马上说“不可以”。

2007 年，香港回归十周年纪念日前夕，因数度中风而很少出席社交活动的撒切尔夫人接受了媒体采访。回忆出席交接仪式的场景时，她说记得当天下了一场大雨，承认自己当时很伤心，但她强调说，英国人不该对香港回归耿耿于怀，因为已经到了“中国人接手的时候了”。她说，在和邓小平谈判香港问题的最初，英国的打算是“续约”。“我只想把香港留在英国的治下……但这不可能。于是我想到了邓先生的‘一国两制’，这为保持香港的独特性提供了机会。”对于她的谈判对手，撒切尔夫人评价说：“我赞赏邓小平的智慧。”

晚年，撒切尔夫人身体状况不佳，除患有严重阿尔茨海默症（老年痴呆症）外，还有过几次轻微中风，逐渐淡出了公众视线。

2012 年 12 月，撒切尔夫人在医院接受切除膀胱内肿瘤微创手术，在女儿卡萝尔的陪伴下在医院度过了圣诞节。2013 年 4 月 8 日，她因中风而在平静中逝去。

第 *17* 章 澳门过渡时期的点滴

“1989 年底，我被派往澳门工作。大家知道，澳门是一个小地方，面积只有二十多平方公里、人口四十多万，长期被葡萄牙占据。后来，中葡双方经过谈判，在 1987 年签订了中葡联合声明，确定澳门于 1999 年 12 月 20 日回归祖国。尽管当时距离回归还有长达十几年的时间，很长，但是任务却很多。我主要分管文化、教育、体育，还有法律政策研究室这些工作。我对当时能被选派去澳门做回归的工作，感到非常荣幸。”宗光耀如是说。

宗光耀被派到澳门工作后，担任过新华社澳门分社副社长、中央人民政府驻澳门特别行政区联络办公室副主任。澳门回归前，他是澳门基本法起草委员会委员兼副秘书长、澳门政权交接和庆祝活动筹备委员会副主任；政权交接和特区政府成立时，他是中国政府代表团副秘书长，现场见证了澳门回归祖国的历史性时刻。受访时，宗光耀深情回顾了在澳门回归的过渡时期，政权交接仪式与庆祝活动中的一些细节及筹备工作中鲜为人知的故事。

宗光耀衣着朴素，为人谦和，做事低调，热心公益，一般人很难想到这位和蔼可亲的长者曾多年在外交场合叱咤风云，特别是曾用智慧和诚意解决过在澳门过渡或回归过程中一些事务。虽然他还是一位太极拳大师，但他为事为人从不“耍太极”。

澳门政权交接仪式细节安排背后的较量

1997 年 8 月初的一天，宗光耀接到澳葡政府政务司高树维先生的邀请，约到他办公室一叙。由于他们两人都曾应邀出席了香港政权交接仪式，这次一见面，他们的话题很自然地首先谈到这件事。

交流中，高树维开始一本正经地说：“香港政权交接仪式很成功，但是我们澳门的政权交接仪式不必要仿照他们那一套，我们有我们自己的做法。因为他们是中英、是香港，而我们是中葡、是澳门。这就是今天我约请宗副社长来，想与你交谈的话题。当然，这完全是你我朋友之间的交谈，是非正式的。”这时，宗光耀意识到高树维将有重要的信息向自己传递，于是说：“我出席了香港举行的政权交接仪式和特区政府成立大会，觉得非常成功、完美。我甚至觉得我们澳门的做法照抄香港的就是了。看来政务司先生有更好的想法，我愿洗耳恭听。”

高树维说：“澳门政权交接仪式规格要更高，还要增添喜庆气氛，不请其他外国嘉宾，突出中葡两国。”接着，他解释道，“所谓规格更高，就是到时邀请中葡两国的三巨头，即葡国的总统、总理、议会议长，中国的国家主席、总理、人大常委会委员长都到场，出席仪式，这就比香港的规格高了。不必搞降旗、升旗的形式。深更半夜搞降旗、升旗，全世界都没有，惹人笑话，认为你我都是精神病。再说，我们在澳督府大门前的葡萄牙国旗12月19日傍晚就降下来了，到时我们会举行庄重的降旗仪式。20日清晨，在同一根旗杆上升起的自然是中国国旗。这就体现了政权的交接，而且是顺利、平稳、自然的。还有，如果政权交接有降旗、升旗仪式，升中国国旗时现场的嘉宾和观众都会鼓掌、欢呼，我也会鼓掌的。而降葡萄牙国旗时人们如何办？我们国人听到掌声会高兴吗？我自己就不愿看到这个场面。如果不搞降旗、升旗，增加音乐、歌舞节目，气氛会更为喜庆。”“澳门的政权交接是中葡两国的事，没必要邀请其他外国嘉宾。届时我们要准备返回里斯本，新上任的领导们还未坐进办公室，接待更多的外宾会有困难的。”他继续说，“我不理解英国王储查尔斯和港督彭定康为什么半夜就离开了香港。香港回归了，中英两国关系更好才对，为什么他们就不能出席特区政府成立和特首宣誓就职典礼？其实，政权交接仪式和行政长官宣誓就职典礼完全可以在同场举行，这样更加完整，效果也会更好。”

高树维的话突然停了下来，似乎是想听听宗光耀的意见。于是宗光耀说道：“我刚才认真听了政务司先生的论述和想法，我全明白，也能理解。我没有成熟的意见，就是说出来也不能算数。咱们是好朋友，说一些个人的看法，作为交流、探讨。”“你说吧，没有认真思考的话往往是真话。”高树维半开玩笑地说。

宗光耀说：“首先我赞成政务司先生的主张，1999年澳门回归时政权交接仪式的规格要更高，即除了请国家主席、政府总理，将全国人大常委会委员长也邀请来。我建议中央观礼团由中央各部委和全国各省、市、自治区的第一把手组成。葡方来澳门出席仪式的与中方对应。我相信，只要事先商定，被邀请的领导人肯定都会接受邀请，乐意来澳门出席这一具有重要历史意义的活动。这将是最高规格的了。只要定下来，具体操作并不难，我愿意尽一切努力。”高树维插话说：“好，我们就朝这个目标努力，至少葡萄牙方面是没有问题的。”

宗光耀接着说：“澳门回归祖国，政权交接既是中葡两国的大事，也是本世纪末世界的一件大事，全世界都在关注。正如中葡关于解决澳门问题的联合声明，它是中葡两国达成的协议，又送交联合国备案。如果能邀请到联合国的有关官员和外国嘉宾出席这一盛会，捧场、祝贺，见证中葡联合声明的实现和澳门问题的圆满解决，这是一件好事。至于邀请多少外国嘉宾，要根据会场的条件而定，邀请名单也要中葡双方共同商定。这都是1999年的事，目前时日尚早。”高树维点了点头，未发表意见。

宗光耀继续说：“关于降旗、升旗的事，这是一个仪式，也是一个重要的标志，它标志着葡国管治澳门时代的结束，将澳门交还给中国政府。像这样一个具有重大标志性的、国与国之间的重大事件，仅有两国领导人的讲话是不够的。唱歌跳舞气氛喜庆欢快，也不能代替国旗的角色。同是一面国旗，在特定场合的升降，它的含义也有所不同——例如，1949年10月1日下午3时在北京天安门升起的五星红旗与我们每天早晨升起的五星红旗的意义是不完全一样的。我能理解政务司先生对降旗时场上可能会有掌声的忧虑。如果葡方不乐意有掌声，我看这并不难解决，我可以做这个工作。”

“你能怎样做？”高树维似乎有点儿惊喜。宗光耀说：“把降旗、升旗紧凑地连在一起，待中国的国旗和澳门特别行政区的区旗升起，全场鼓掌、欢呼。人们可以理解，这个掌声是为降旗、升旗的重要程序胜利完成而鼓的，不单是为中国国旗和澳门区旗的升起而鼓的。”高树维很开心，他说：“这样好，就是为中国国旗的升起而鼓掌又有何不可，我到时就为你们的五星红旗而鼓掌。”

接着，两人谈到政权交接仪式和特区政府成立大会同场举行还是分开举行。宗光耀说：“政权交接是两国之间的事，中葡两国领导人都是主人，共同主持，联合国的官员出席见证。而特别行政区行政长官宣誓就职和特区政府的成立是中央与特区的事。会场的布置、主人、嘉宾的名单和座次与交接仪式可能都有不同。因此，分场举行比较顺当，也好操办。”

关于葡国总统和澳督能否留下来出席特区政府的成立大会。宗光耀表示：“这并不是大的原则问题，至少我本人很高兴，很欢迎。到时葡方有什么想法，通过正式渠道提出来，我相信，中方会给予积极考虑的。如果他们出席特区政府的成立大会，我想他们将以尊贵的嘉宾身份入座，但‘澳督’的头衔恐怕要去掉，只能称呼韦奇立‘将军’或者韦奇立‘先生’。”高树维连声说：“那是，那是。”在一些具体的问题上，两人观点各异，但相互是坦诚的，交谈气氛是友好、平和的。事后，宗光耀向新华社澳门分社社长王启人汇报了同高树维谈话的详细情况。高树维也及时向澳督转述了宗光耀的观点。

“在以后的中葡双方磋商中，葡方未就降旗、升旗、不请外国嘉宾等提出问题。也许是他们认为理由不充分，没必要提出。而会不会是听了我的一些意见，误认为已摸到了中方的底牌，提了也没用？这事我至今也不清楚。葡方不愿看到降旗时有掌声的场面，对此，我一直记在心里。临近回归的日子，我在一次相关的会议上强调，要保证 20 日 0 时 0 分五星红旗升起、飘扬，就得将降旗和升旗衔接得很紧凑，以秒计算，而不是以分计算，中间不得拖拉。因此，在降葡国国旗时先不鼓掌，而在五星红旗升起后再鼓掌。在私下我也曾给一些人士做降旗不鼓掌的工作。”当然，时至今日，葡萄牙朋友未必知道宗光耀的这份良苦用心。

每当回忆起这些往事，宗光耀心中便会浮起对澳葡政府一些官员的敬意和怀念。“尽管他们的一些想法和理念，有时我们不能接受，未予采纳，但从另一个角度看，他们从葡方的立场所提出的问题和构想，我是理解的。他们的想法一旦与中方的不一致，经过交换意见，一般是理解和谦让我们的。他们能够从中葡友好、澳门平稳过渡和政权顺利交接的大局出发，在回归过程中做到认真负责、友好合作，实为难能可贵。”

与澳督亦近亦远的特别交往

时至 1998 年夏，澳门回归的筹备工作已经提上日程。一天，宗光耀与新华社澳门分社社长王启人回北京参加由钱其琛副总理在中南海主持的会议。会上，钱其琛副总理、国务委员兼国务院秘书长王忠禹和王启人社长都讲到香港回归很顺利，程序编排完善，各方面反映都好，是一个十分成功的范例，澳门政权交接仪式、特区政府的成立等一系列重大程序应照搬香港的模式。其间，钱其琛对王启人说：“澳门回归的庆祝活动如何搞，你们要早做考虑。”王启人回答说：“我们内部已有分工，这方面的工作由宗光耀副社长抓。”

宗光耀因事先没有做发言的准备，显得有些紧张，只好硬着头皮说了几句：“澳门地方小，人口少，艺术团体不多，高水准的演艺人士更是屈指可数。但是广大澳门同胞爱国热情很高，对回归祖国的认识一致，各社团之间关系融洽，容易组织调动。我们将广泛发动当地社团，营造澳门人敲锣打鼓、载歌载舞喜迎回归的氛围。”

钱其琛对着王启人和宗光耀说：“我看你们的想法很好，营造澳门人唱歌跳舞、敲锣打鼓庆回归的气氛。到时如果需要邀请一些内地演艺界的高手参与，当然可以，但迎回归、庆回归的主角应是当地的广大澳门人。”

“钱副总理讲得很明确透彻。这在 1999 年迎回归的各种活动中，特别是在 12 月 21 日庆回归大型文艺演出《濠江欢歌》中得到了充分体现。”宗光耀告诉笔者。《濠江欢歌》的主要节目有：千人腰鼓队、千人南拳、千人少儿武术、千人荷花舞、千人莲花太极扇、近八百人土风舞、百人醉龙舞、百头南狮、百头北狮。可以说，在近万名的演出队伍中几乎全部是澳门人或在澳门工作生活的外地人。只有两条飞龙、威风锣鼓队和几位歌手是从内地请来的。

遵照钱其琛的指示精神，通过有关渠道努力、推动，临近回归时在澳门特区筹委会内部增设了由清一色的澳门人组成的澳门各界庆祝澳门回归祖国活动委员会（简称“庆委会”）。“庆委会”自成立起，积极开展工作，在各项庆祝活动中，特别是《濠江欢歌》的演出、迎接解放军、迎回归大型巡游等活动中发挥了重大作用，功载史册。

1999 年下半年，《濠江欢歌》的节目逐步落实，加紧排练。在汇总节目单时，宗光耀发现全部都是华人节目，没有葡人参与。他心想：澳门对外的名声是东西文化交汇的宝地，突出体现了中葡文化交融的特点。回归后一大批葡萄牙人会继续留在澳门，特别是数以万计的土生葡人，澳门就是他们的家。如果大型庆祝表演活动没有葡人、土生葡人的参与，会成为一个很大的缺陷。当地流行的土风舞作为《濠江欢歌》的节目之一是再恰当不过了。

于是，宗光耀开始做工作，先后与两家葡人社团的负责人接触，动员他们组织排练土风舞参与《濠江欢歌》的演出，结果都被婉言拒绝。他们的理由是，澳门回归中国，特区政府成立都是大事、好事，在澳门生活的葡国人、土生葡人都很赞同，也很高兴这一天的平稳到来。然而它毕竟是中国人、华人的喜事，政治色彩很强，不像中国的春节、端午节——在这政治敏感的日子里，要组织葡国人跳土风舞参与庆祝活动有难度，首先没有人愿意牵头。

宗光耀碰了软钉子，但是没有气馁。后来，听了朋友和新华社同事的意见，宗光耀约会了老朋友土生葡人公务员协会负责人珊桃丝小姐和高天赐先生。他们认真听了宗光耀的陈述和想法，两人都表示完全赞同，并表示乐于承担这项任务，保证做好。其中，珊桃丝小姐说："这是一件大好事，给在澳门的葡人和土生葡人参与和展示的机会。澳门永远是我们的家，土生葡人就是地地道道的澳门人。澳门回归中国和特区政府成立的大型庆祝活动，我们土生葡人当然有份，只是我们不便主动。今天副社长想到了，邀请我们参与，是给我们机会。"高天赐先生则说："《濠江欢歌》的节目里能有土风舞的表演，对提高土生葡人和澳门的葡国人信心很有好处。"

由于演出涉及的人数众多、涉及面广，当时还面临着一个亟待解决的问题是演出服装的经费来源。宗光耀首先约见澳门基金会行政委员吴志良先生，请求基金会赞助千人腰鼓队的服装。吴志良很积极，答应向基金会主席卢德奇先生报告。三天后，宗光耀得到吴志良委员的答复，澳门基金会同意赞助。萧威利署长承诺体育总署赞助千人南拳、千人少儿武术和千人太极扇的服装经费。千人荷花舞的服装经费经与王增扬司长商谈得到了文化司的资助。宗光耀还电话约请好朋友陈明金先生，由他承担了全部北狮和部分南狮的制作、舞狮人员的组成、培训的工作。关于八百人土风舞的费用得到了澳督韦奇立的批给，是珊桃丝小姐和高天赐先生努力的结果。

一天，在一个社交场合，宗光耀与韦奇立碰面，对方"一本正经"地对宗光耀说："宗副社长又给我摊派任务了，要我给土风舞出钱。"宗光耀愣了一下："我哪里敢给总督阁下摊派任务？"韦奇立笑着："我是和你开玩笑，感谢你才是真的。你知道，我一直放心不下的是，政权交接后，我们回里斯本了，担心大批生活在澳门的土生葡人会受到歧视，现在我放心多了。珊桃丝小姐和高天赐先生向我报告了你们商谈的情况和有关请求，我马上表示赞同。我对他们俩说，在这重要的历史时刻，中方能想到以土风舞参加庆祝活动，是难能可贵的。土风舞参加政权交接和特区政府成立的文艺演出符合葡中友好的大局，也是向外界展示葡萄牙文化的良机。我要他们认真做好这件事，尽早给我拿出一份经费清单，我亲自批转。这件事对鼓舞土生葡人士气很有作用，所以我要感谢你。”

宗光耀与澳督韦奇立可谓是老朋友了。让宗光耀记忆深刻的是，1993年3月1日，澳门基本法起草委员会第九次全体会议一致通过《澳门基本法（草案）》，在送请全国人民代表大会审议前，宗光耀曾受委托向澳葡政府通报《澳门基本法（草案）》的有关情况，交换意见。

当时，韦奇立很重视，在他的会客厅亲自接待了宗光耀。听完宗光耀介绍基本法草案后，韦奇立说：“《澳门基本法》的制定很重要，是澳门的大事，我一直很关注，每次公布的征求意见稿和这次通过的草案文本，我都仔细看过，对基本法的框架结果表示赞同，并对起草委员们的吃苦耐劳和认真负责的精神表示敬佩。”随即，韦奇立问宗光耀，“这是不是最后的文本？还有没有修改的余地？”

“起草委员会已经正式通过《澳门基本法（草案）》文本了，不会再作修改，至于全国人民代表大会能否审议通过，那是人大的权力，我个人估计是会通过的。”宗光耀已听出澳督话中有话，便说了一句：“不管怎样，总督阁下有什么意见或想法，请直言。”这时，宗光耀觉察到韦奇立的脸色变得有点儿严肃。韦奇立思索了片刻，说：“那我就直言了。葡方一直很关心《澳门基本法》的起草，也提出过一些意见或建议，有的还被采纳了。今天，副社长先生能向我介绍情况，是对葡方、对我本人的重视和尊重，我很感谢。如果基本法文稿还能修改的话，我想讲两点意见……”

“第一个意见，序言写得不好。第一句话说澳门是中国的领土，这没有问题。而紧接着的第二句就说葡萄牙占领了澳门。‘占领’两个字，既不符合历史事实，也违背了今天中葡两国的友好关系。中方领导人一再声称，解决澳门问题不算历史旧账，着眼未来，向前看。而《澳门基本法》序言一开头就表现出要算历史旧账的架势。1999年，我和我的同事都会离开澳门返回里斯本，而大批土生葡人怎么办呢？他们将成为‘侵略者’的后代，随时会受到惩罚，遭打击报复。他们的日子会很不好过，这是不公平的。”韦奇立接着说，“如果把‘16世纪中叶以后被葡萄牙逐步占领’这句删除，序言就很完美了。”

韦奇立停顿下来，示意要听宗光耀的看法。宗光耀说：“《澳门基本法》的序言虽然很短，只有345个字，但内容却很丰富。序言的第一句话不仅明确了澳门的地理位置，而且指出它自古就是中国的领土。”他强调：“16世纪中叶以后被葡萄牙逐步占领，这是历史事实，无需争辩。长达四百多年的历史，用‘逐步占领’四个字一笔带过，既叙述了历史的真实面目，又充分体现了不纠缠历史旧账，维护中葡友好的格局。序言中用的‘占领’两个字，是相当中性的词汇，而没有用‘侵占’、‘侵略’、‘霸占’、‘掠夺’一类强烈的字眼。我不清楚葡文翻译使用的什么词，英语的译文规定使用‘occupy’，就如洗手间‘occupy’、座位‘occupy’一样，只表明暂时占住而已，不表明占住的行为是与非，也不表明占住的人是好人还是坏人。能想出用‘占领’这样中性的、温和的字眼概括澳门四百多年恩恩怨怨的历史，是起草委员会的高度智慧和良苦用心。做到这一点并非轻而易举，更谈不上有日后打击葡人的伏笔。”

宗光耀看到澳督频频点头，便止住了话题。这时，韦奇立接着说：“我的第二个意见是，基本法没有明确未来澳门不设死刑，这是倒退，将会引起社会的议论、人心的不安。对此，我们曾提出过意见和建议，遗憾的是终究未被采纳。”对此，宗光耀作了回应：“关于设死刑或不设死刑的问题，在草委会上多次讨论过，大家认为死刑是一种刑罚概念，有没有死刑作为一项刑事政策，属于刑事立法的范畴，应由特别行政区自行决定，并将决定反映在刑法典中。如果刑法典没有规定死刑这种刑罚，那就自然废除了死刑。总之，1999 年后，澳门有没有死刑，这是特别行政区自治范围的事务，要由特别行政区的刑法典来作决定，中央不会干预。”韦奇立的脸上露出了笑容：“你这样理解和认识，我们就放心了。”

宗光耀所带的任务还未完，接着说：“基本法一旦获得即将召开的第八次全国人民代表大会的审议通过，新闻媒体会立即热闹起来，总督阁下也会成为被采访的重点人物。基本法对澳门过渡时期有何作用，肯定是记者们要问的问题之一。”韦奇立立即问宗光耀：“像这样的问题，你将如何应对？”宗光耀说：“如果有记者问我，我的回答是：基本法的颁布标志着澳门已经进入后过渡时期。基本法虽然在 1999 年 12 月 20 日起正式生效、实施，但在后过渡时期，澳门社会的演变，澳葡政府制定的法律、法规、重大政策，都要与基本法相衔接、相接轨。”韦奇立点了点头说：“明白了。”

韦奇立日后在接受记者采访时高度评价了基本法，他说，基本法为澳门的未来勾画出清晰的框架，是未来澳门的法律依据，基本法的内容符合葡中联合声明的精神原则。在回答基本法在过渡时期有何作用时，韦奇立说，基本法是在 1999 年政权移交后生效，但在过渡时期它会起到某种“指引”作用。

在一次活动场合，韦奇立半开玩笑地对宗光耀说："我对基本法的评价，相信你会满意了。"宗光耀说："谢谢总督阁下的配合，我很欣赏你的'指引'作用的提法。"

1998年8月10日，中共中央总书记、中华人民共和国主席、中央军委主席江泽民指出："《澳门特别行政区基本法》规定，中央负责澳门防务，要有所体现，要驻点部队体现主权，对澳门长治久安、对威慑黑社会势力都有好处。"9月18日，国务院副总理钱其琛代表中国政府宣布：根据《澳门特别行政区基本法》规定，在澳门回归后，中央人民政府在澳门特别行政区派驻适量、精干的军队是必要的。

但是，葡萄牙政府对于澳门驻军问题，却表现出不赞同及拖延的态度。葡方于9月22日首次就1999年后驻军的问题作出回应。澳督韦奇立当时表示，中葡联合声明规定中国政府负责澳门在政权移交后的防务，但没有注明澳门在1999年后要有中国驻军。葡萄牙政府将会就中国政府对中葡联合声明的新注释，与中方进行商讨，对其中的意思和词义进行研究。翌日，宗光耀就澳督的说法立即作出回应，表示中方已经注意到澳督的讲话，并重申在澳门驻军是恢复对澳门行使主权的象征，是中央负责管理澳门特区防务的具体体现，完全符合中葡联合声明和《基本法》的规定，也有利于澳门的经济发展、社会稳定、长治久安。

宗光耀与澳督之间尽管有些大是大非上的摩擦，但是并不影响两人的私人交往。1998年夏的一天，韦奇立曾提出请擅长太极拳的宗光耀教自己练太极拳："我的一条腿有点儿麻木，看医生效果不太明显，我想学打中国的太极拳。请你教我。时间可定在每个星期六和星期日的下午，地点就在我办公楼的后花园，比较安静。我的夫人也想学，不必配备翻译人员，用英语沟通，就我们三人，你是老师，我和夫人当你的学生。希望你考虑，能否接受我的请求。"宗光耀赶忙回应道："听到总督阁下的想法很高兴。太极拳有益于健康，效果明显，是一项富于哲理的运动项目。能和总督阁下一起学练太极拳是我的荣幸，只是我本人的水平不高。"宗光耀只是谈了一些有关打太极拳的好处，始终没有明确表示教还是不教，更没有问何时开始授课。

日后，宗光耀说："说实在的，从内心讲我乐意接受这个差事，但是我那个时候频繁出入澳督府后花园，一进一出就是小半天，这不太光彩，太引人注目了。我与澳督的个人关系本来就很好，一下子变成师徒关系，这对今后双方有些问题的谈判、交涉、争议是否会带来不便，会不会使澳督为难？我不得不考虑，左思右想，我难以下决心接受这桩美差。我自己拿不定主意，也没有向有关人士请示报告，一直没有给澳督本人一个明确的回话，此事就这样不了了之了。时至今日，我难以忘怀，总觉得有点儿失礼，又无可奈何。如果有机会，我想向他亲自说明事情的原委，并去葡萄牙一趟教韦奇立将军夫妇一套太极拳。”

接受笔者采访时，宗光耀回忆说：“1997 年澳门体育场修建落成，当时的局长就和我交谈，说体育场不久就要落成，落成以后，以什么形式庆祝一下，毕竟建一个体育场很不容易。我就说，澳门打拳的不少，咱们搞一个千人太极拳，一千多人打太极拳，只有在北京工人体育场曾经有过一次大规模的，在别的地方都没有过。他很高兴，于是由我来筹划千人太极拳。”为此，宗光耀在澳门太极拳授徒很多。

澳门回归的时候，宗光耀又一次想到太极。“打太极拳相对容易一点儿，但是我考虑，回归的气氛要热烈，大家欢庆，太极拳相对来说比较沉闷一点儿，不是很欢快。所以，太极拳和回归的气氛稍有差距，我就考虑怎么样动员这些人参与。大家都拿着刀拿着剑也不方便。突然有一天，我在珠海看到了一位老师，他拿着扇子在那玩，他也是打太极拳的，给我一个很大的启发。于是，我开始自编太极，手拿着扇子开、合，这个气氛就不一样了，就不是沉闷的东西了。我们叫‘莲花太极扇’，实际上就是太极扇，但是要加上‘莲花’。有的记者就写‘太极扇’或者‘回归扇’、‘澳门扇’，这个宣传效果比较大，一直到现在这都是澳门的一个保留节目。”

这次“千人太极扇”与上回“千人太极拳”尽管有相似之处，但是有相承有创新，毕竟拳显沉闷，刀、剑携带不便，而舞扇显得喜庆、新鲜，携带也方便，便于大型活动。由宗光耀推出的四十二式太极，每式都起了一个好听的、富有文化内涵的名字：闻鸡起舞、观音坐莲、怀中抱月、肘底藏花……最后一式叫“九九归一”，是澳门回归祖国的纪念和象征。“为了给它配上好听的音乐，我从文化广场找来许多磁带，一首一首地听。当听到《红梅赞》的时候，我非常激动，觉得旋律、节奏非常合适，好像就是为‘莲花太极扇’谱写的，就定下来了。”

宗光耀所创编的莲花太极扇有单扇和双扇两个套路，均以杨式太极拳架为基础，采用了传统的民间扇术技术，整套动作舒展大方、刚柔相济，扇面时开时合，武舞共融，潇洒飘逸，富有情趣。在1999年澳门回归的庆典中，1200名太极拳友集体表演的莲花太极单扇，气势宏伟，盛况空前，成为整个庆祝活动中的重头戏。澳门人至今引以为豪，宗光耀也因此获国家武术管理中心颁发的推广太极拳贡献奖。

早在20世纪60年代初，宗光耀在中国驻荷兰大使馆工作时就开始学太极拳，之后常年练习不辍。80年代回到北京，他师从武术名师李天骥、雷慕尼，拳艺精进，1988年曾参加第一届中日武术交流表演。在澳门工作期间，他十多年如一日，风雨无阻，教授澳门居民八段锦、二十四式、三十五式、四十八式太极拳、四十二式太极扇和武当剑和南拳等套路。当年他离开澳门的时候，上百学生自发地到机场为他送行。

今天，许多到澳门旅游的内地游客都会注意到：每天黎明时分，当一抹朝霞映上旅游塔、中银大厦的时候，旭日衔青峰，晴云照澳门，在大三巴前、塔石体育场、白鸽巢公园、友谊广场、海洋花园、花城公园，到处都可以看到舞太极扇的人群，一把把鲜艳的红扇点缀在绿树浓荫之中；悠扬的《红梅赞》乐曲散入东风，吹满濠江。濠江处处“红梅”绽放，给澳门带来了健美的活力、涌动的春潮。

特区政府成立主会场的装修与“金莲花”的安置

时光迈进1999年，意味着澳门回归祖国的日子一天天接近，政权交接、迎回归、庆回归的准备工作加紧筹划。当时，澳葡政府正为政权交接仪式兴建场馆（现已拆除），而行政长官和主要官员的宣誓就职及特区政府成立的会场选在什么地方还未确定。在一次新华社内部会议上议论时，宗光耀提出可利用综艺馆，但要重新装修，几位领导都表示赞同。

没过多久宗光耀接到指示，回京出席钱其琛副总理在中南海召集的会议，议题是有关澳门政权交接和特区政府成立的准备工作。鉴于香港回归的经验，与会者都认为政权交接和特区政府成立在不同的场地举行为好，有利于布置、筹备。宗光耀简要地汇报了澳门的情况，并建议利用综艺馆为特区政府成立的主会场。如果定下来，需要筹划全面装修和必要的改造。

“谁负责花钱装修？”钱其琛打断宗光耀的话问道。宗光耀回答：“特区政府的成立，特首和主要官员的宣誓就职是中方的事，与葡方无关系，因此不便向澳葡政府要钱。澳门同胞爱国爱澳的热情很高，乐于奉献。随着回归的临近，出钱出力的事很多。如果综艺馆的装修经费由中央拨款，这对澳门同胞是一个极大的鼓舞，会增强他们回归祖国的光荣感。”

“你要中央拿钱，拿多少钱？你们有没有预算？”钱其琛又问。宗光耀答：“我们已经找人估算过，大约要四五千万元。”这时，钱其琛与身旁的国务院秘书长王忠禹和财政部部长项怀诚低声交换了意见，然后对宗光耀说：“就这样，同意你们澳门工委的意见，由中央财政拨专款装修综艺馆，钱数不能超过五千万，如果超支了也不能再向中央申请追加。”宗光耀表示了感谢，并坚定地说：“我们一定遵照钱副总理的指示办好这件事。”

回到澳门，新华社澳门分社社领导会议决定由副社长宗光耀、办公室主任华建和副主任张春昉组成三人小组，负责开展相关工作。不久，由中央办公厅副主任胡光宝带队专程到澳门作了实地考察，对装修方案提出了许多修改意见。

工程的设计和承包选定了南方建筑公司。南方建筑公司的负责人视其为一项光荣的政治任务，同意在微利的前提下保质保量按时完工。从开工之日起，宗光耀等聘请中建公司两人每日到现场监理。自当年 8 月 25 日起全方位施工，星期日不休息，到 12 月 5 日基本完工，用了整整一百天，有人称为“百日工程”。不仅装修了综艺馆内部，改建了外部，而且把地下一层各房间、走廊、卫生间、楼梯等全面装修一新。

1999 年初，宗光耀奉命去北京出席中央关于澳门政权交接和庆祝活动筹备委员会主任会议。会议由国务委员兼国务院秘书长王忠禹主持，其中一个议题是：澳门回归、特区政府成立，中央赠送什么纪念礼物。1997 年中央给香港赠送的是三米高的金紫荆花，效果很好。大家不约而同赞成给澳门赠送三米高的金莲花。中央的礼品定下来了，要及时向全国各省、市、自治区通报，以便各省、市、自治区制作礼品时参考。

9 月份金莲花已铸造好，运到澳门后摆放在何处成了问题。由于综艺馆地处市中心，政权交接、特区政府成立都将在这一地区举行，有关领导多方面听取意见，决定安装在综艺馆附近的露天地带。也正巧，在综艺馆右侧有一大片工地，堆积了许多建筑材料和工具，但尚未动工，也没有圈围，很适合摆放金莲花。因为宗光耀是筹委会副主任，下一步的工作自然要他来完成。经过了解，这块地皮是娱乐公司的，已规划建造商品住房。由于当时房地产形势不好，娱乐公司迟迟未开工建楼。有人建议宗光耀直接找娱乐公司总经理何鸿燊商谈借地。

何鸿燊在葡京办公室接待了宗光耀。“你是无事不登三宝殿，今天来一定有要事对我说，那就请直言。”何鸿燊开门见山地说。宗光耀直言道他想把中央的礼品金莲花安装在综艺馆右侧的空地上。“很好，是一个好选择，我愿意以低价转让这块地皮。”何鸿燊说。这时，宗光耀则说：“我不是买你的地，而是向你借用，是无偿借用。”“借多长时间？”何鸿燊问。宗光耀说：“至少一年。”并解释说，“因为特区政府成立后，要办的事情很多，恐怕顾不上马上着手处理金莲花的搬迁事。到时候特区政府有关官员和部门会与你商谈的。”何鸿燊爽快地说：“就这样，听宗副社长的，无偿借地一年。”

前后不到半个小时问题解决了，宗光耀愉快地回去向各位社领导报告喜讯，大家都为之高兴。但另一个问题又随之而来——虽说金莲花是暂时安放，但制定设计方案时，大家都主张要高标准、高质量，还要有配套设施，如喷水池、灯光、旗杆、台阶、广场，要让金莲花成为澳门回归和回归后澳门的一景。因此选用的建筑材料，要符合永久性建筑物的要求。这样，估算下来费用约为一千万元。钱从何处来？中央赠送了珍贵礼品，不好意思要中央财政再拿一笔摆放礼品的费用。礼品是送给特区政府的，不便向澳督求助。

新华社领导们研究后同意宗光耀再次去约见娱乐公司总经理何鸿燊，商谈可否由娱乐公司和新华社共同出资修建。宗光耀又一次去葡京约见了何鸿燊。说明来意后，何鸿燊半开玩笑地说：“你没搞错吧？我无偿拿出土地，还要我出钱，要出多少钱？”宗光耀说：“估算总数不超一千万元。咱们两家三七分摊。”何鸿燊抢先说：“好，那就是新华社七，娱乐公司三了。”宗光耀则说：“不是，娱乐公司是七，新华社是三，因为新华社用的钱是国家的钱，只能象征性地出一点儿。”何鸿燊未加思索地说：“好，我总是听宗副社长的，就这样定了，我很乐意。这也是为迎接澳门回归祖国做的一件大事嘛！”

会谈快接近半小时时，宗光耀起立告辞，拉着何鸿燊的手说：“十分感谢何总经理的配合和支持。”宗光耀本想还说下面一句“新华社和我本人会记住何总经理的功劳的”。何鸿燊打断他的话说：“千万不能这样讲，是我应该感谢你，遇到了事首先想到我。这件事又是关系到澳门回归祖国、庆贺特区政府成立的大事。能为国家、为社会尽一点微薄的绵力是我和娱乐公司同仁的光荣。”

安置于金莲花广场上的大型盛世莲花雕塑高 6 米、净重 6.5 吨，花体部分最大直径 3.6 米，而这些尺寸和永远盛开的紫荆花是一样，寓意中央人民政府对香港和澳门是无分大小的。“盛世莲花”主体部分由花茎、花瓣和花蕊组成，青铜铸造，表面贴金装饰，形似莲叶的基座部分则由 23 块红色花岗岩相叠组成，寓意澳门三岛。“盛世莲花”盛开金莲花广场、亭亭玉立、冉冉升腾，象征澳门永远繁荣昌盛。

回归以后，大约是 2000 年的上半年，在一次社交活动中宗光耀又见到了老朋友何鸿燊。宗光耀说：“现在特区政府已经成立了，关于向娱乐公司借地建造金莲花广场一事，如何善后处理，请娱乐公司与特区政府直接商谈，我就无需当中间人了。”何鸿燊老板说：“公司与政府有关部门商谈是完全可以的。我请宗副主任方便时向何特首把前后情况介绍一下。”宗光耀答应了。不久，宗光耀回复何鸿燊：“特首和有关司长认真听了我的陈述，对你和娱乐公司所做的这件事表示敬佩，愿意与娱乐公司协商，妥善处理。”

如今，位于澳门新口岸高美士街、毕士达大马路及友谊大马路之间的金莲花广场，不但是海内外游客必到的景点，而且是每年国庆、澳门回归纪念日澳门特区政府举行升国旗、区旗仪式的地点。

少为人知的“红花配绿叶”佳话

宗光耀在澳门基本法起草委员会和后来的澳门特别行政区成立筹备委员会都是专职人员，对上对下联络、协调的事务比较多。“我都是按照中央的要求行事。”

在征集澳门区旗、区徽时，共收到设计方案 782 幅作品。经过筹委会儿次评审，选出区旗、区徽各 3 幅。有一次，筹委会副主任钱伟长找宗光耀，建议澳门区旗、区徽以绿色为底色。钱伟长的理由是澳门周边环水、绿色生态好，加之澳门以和平的方式回归，它又是和平美好的象征。钱伟长强调：“澳门是一个小地方，自古以来没发生过大的战乱。虽然被葡萄牙人占据、管治，还算平静，日本侵华战争攻占了香港，也没攻打澳门。澳门成了世界上少有的和平地区。从这个角度讲，我也认为区旗、区徽底色用绿色而不宜用红色。”

钱伟长希望宗光耀把他的意见向起草委员会副主任姬鹏飞进行汇报。宗光耀给姬鹏飞汇报后，姬鹏飞沉思了一会儿，说：“如果澳门特别行政区区旗的旗面用红色，与国旗和香港特别行政区区旗保持一致，当然没问题。但是谁也没有规定特别行政区区旗一定是红色，或什么别的颜色。他的想法和意见我都明白了。这件事还有时间，多听听其他委员，特别是澳门委员的意见。”随后，姬鹏飞自言自语一句，“国旗是红色，区旗是绿色，红花配绿叶”。宗光耀琢磨这句话心里有底了。在澳门特别行政区基本法起草委员会第九次全体会议上，钱伟长的建议获得了委员们的赞成，大家投票通过了区旗、区徽方案。

1999 年 12 月 19 日，中国国家主席和葡萄牙总统先后到达澳门，出席当晚的政权交接仪式。按照惯例，两国领导人到达之前，从机场通往下榻的宾馆，从宾馆通往政权交接仪式的会场，沿路电线杆上装有中葡两国国旗。17 日，宗光耀接到内部的紧急指示，要他与澳葡政府有关方面商量，务必在 20 日天亮前把葡国国旗取下，换上特区区旗。

为此，宗光耀紧急约见一位政务司，政务司听后表示同意中方的想法，因为涉及 20 日凌晨政权交接已经完成，他已手中无权，也不便于事先交代政权移交后要做的事，他建议宗光耀直接与澳门市政厅主席麦健智商讨解决。宗光耀完全理解这位政务司的心意，随即到市政厅会见麦健智。说明来意后，宗光耀强调指出：“一般情况下，来访的国家领导人离开后当天或第二天取下装饰的国旗都属正常。现在的情况很特殊，政权交接仪式在 19 日午夜 12 点举行，1 点前结束。这就表明澳门已经回归中国。葡国总统在仪式完成后立即去机场离开澳门。如果第二天沿街还飘扬着葡国国旗，人们就会议论纷纷，说葡国人走了，而象征着葡国的国旗还在飘扬；说葡国的大国旗降下来了，而葡国的小国旗还在电线杆上飘着。记者们更要大做文章，借题发挥了。我认为完全没必要伤害葡国的尊严。为此，我提议在葡国总统离开后立即动手将葡国国旗取下，换上澳门特区区旗。一切都在天亮之前完成。”

麦健智回应说：“我很赞同中方的想法和建议，只是工作量很大，时间太紧。而且我只能负责澳门半岛的事，从机场到大桥，包括整条大桥的装饰任务是由海岛市政厅负责，须同马家杰主席商谈。不管怎样，澳门半岛的事我负责处理好。”于是，商定换旗的最佳时段是凌晨 4 至 5 点，因为这段时间记者们忙于发稿工作，人们都抓紧时间睡觉，街上行人稀、车辆少，工作方便，也不会引起围观、拍照。宗光耀很高兴，两方达成了共识。告别时，宗光耀半开玩笑说了一句：“麦主席，这件事全拜托你了。我已经向有关领导作了保证，如果完不成任务，我立即主动收拾行李，回北京请求处罚。”麦健智说：

“放心吧，我马上负责落实。”

随后，宗光耀直奔海岛市政厅面见马家杰主席。没等宗光耀说，马家杰就说：“刚才麦健智主席已经与我通了电话，我完全同意。尽管我的任务比他的重，特别是大桥桥身长，工作起来又不方便，不管怎样，我会尽力的。”宗光耀表示感谢，并说：“我理解海岛市政厅担负的工作量大，人力紧张。据我所知，国家元首来访，路边的国旗只起一个装饰作用，并不规定数量多少，密度可大可小。如果一根电线杆上既有中国国旗，又有葡国国旗，当然很好。也可以改为一根电线杆上只装一面旗，将中葡两国国旗间隔开来，这样工作量就减少了一半。”马家杰说：“好，这是好主意！”其间，宗光耀还与马家杰议论道：一根电线杆子只装一面旗的话，哪个国家的国旗放在第一位呢？宗光耀说：“澳门是中国的领土，但目前尚由葡国管治，好在中葡两国关系友好，这个问题不会有人计较，葡国国旗装在前一个杆子上没有什么不可以。但是，中国国旗和特区政府区旗在同一个场合出现，就有主次之分了，领先的肯定是国旗。”马家杰点了点头，说：“有道理，我知道该怎么做了。”

19 日傍晚在澳督举行的告别酒会上，宗光耀见到了两位市政厅主席，大家相互问好，马家杰对宗光耀说：“你交办的事，我们已经安排好了。”在综艺馆举行完特别行政区政府成立仪式，宗光耀和夫人赵菊芬回到宿舍已是凌晨 3 点半。老伴躺在床上，看见宗光耀把灯关了，半拉开窗帘，站在窗前，一句话也不说，凝望着楼下的友谊大马路。夫人自言自语：“你这人真怪，今天的政权交接仪式很顺利、很成功，澳门已经回到祖国的怀抱，何特首和主要官员都已宣誓就职，一切都很平安、顺利，应该高兴才对，你好像有什么心事……”宗光耀没有回应，夫人很快进入了梦乡。

马路上渐渐平静下来，路灯显得更加明亮。突然间一辆深色大卡车在电线杆旁边停了下来，车上跳下几个人把葡国国旗取下，换上澳门特区的区旗，然后爬上车向右前方另一根电线杆驶去，宗光耀远望着左前方，已不见葡萄牙国旗，飘扬着的是五星红旗和澳门特区区旗。这时，宗光耀看了一下手表，正好是 4 点钟。他激动得流下了眼泪……

2001 年 7 月，宗光耀正式退休，时年 64 岁。十多年在澳门生活，“我渐渐熟悉了澳门的生活，喜欢上了那里的街道，也喜欢上了那里的美食”。现在，每每提到“澳门”这两个字，宗光耀仍会心潮澎湃……

2004 年 10 月 15 日，中华苏维埃政权诞生地——江西省瑞金市叶坪红军广场。在铿锵有力的锣鼓声中，在老区群众热切的目光里，来自香港和内地的21位志愿者，在来自海内外200多名各界人士的陪伴下，沿着当年中央红军长征的行军路线，迈出了“助学长征”的第一步。宗光耀参加了这次“助学长征”慈善活动，重走红军长征路，筹款助学献爱心，爬雪山、过草地，步行8038公里，穿过10个省101个县。整个活动筹得善款2500万港元，为沿途101个县修建101所希望小学。此项活动被共青团中央誉为完成了世界公益史上史无前例的大型公益筹款活动。积极参加公益活动，宗光耀被国务院办公厅离退休干部局评为“优秀共产党员”，被陕西省评为“十大公益大使”，并获“希望工程贡献奖”。

安边，地处陕西定边县东部，位于毛乌素沙漠南缘，距县城50公里，始建于明正统二年（1437年），曾设过县制，系“三边之一”（定边、靖边），素有“旱码头”之称，古长城遗址横贯南北。

1937年7月，宗光耀出生于陕西省定边县石洞沟张寨子村。1955年初中毕业后考入榆林中学，三年后以优异的成绩考取西安外语学院俄文系，1960年底在大学三年级时，因为表现突出而被派遣到北京高教部报到，随即前往芬兰赫尔辛基大学深造，学习芬兰语。1964年，自芬兰赫尔辛基大学毕业后，留在我国驻芬兰大使馆，从此开始了长达几十年的外事工作。“长期在国外生活，国内的家人和亲朋好友很少能见上面，更谈不上招呼帮助他们了。我在国外工作期间，家人都在老家农村生活，我对他们照顾很少，我一直很内疚。所以，外交人员为了国家利益要牺牲好多个人利益。”

1984年回国后，他出任国务委员兼国务院港澳办公室主任姬鹏飞秘书，1989年被派往新华社驻澳门分社工作，不久担任副社长。宗光耀作为中国使节，长年在外工作，但他心恋家乡，情系故土。只要通过新闻媒体或其他渠道打听到家乡的点滴信息，他都异常激动，彻夜难眠。他曾带着澳门新闻界高层人士访问团来到榆林进行调查访问活动，使澳门人认识了榆林，了解了榆林。同时，他多次亲自牵线搭桥，联系澳门几家大公司出资，在定边修建了两所希望小学，解决了三千多名儿童的上学难问题。

第 18 章 国庆 60 周年大典联合军乐团组建始末

1949 年开国大典，当毛泽东主席亲手按下电钮升旗的那一瞬间，由 200 名年轻的战士临时组成的联合军乐队用大部分从敌人手中缴获的乐器，第一次在天安门广场向全世界奏响了四天前才被政协一届全体会议定为国歌的《义勇军进行曲》。

2009 年北京郊区，已集结了我军最优秀的管乐演奏员，成为国庆阅兵规模最大、人数最多，也是演奏水平最高的军乐团队——国庆 60 周年首都阅兵联合军乐团 1500 名成员不分昼夜地苦练，为荣誉而“战”。

作为“共和国的礼乐之兵”，这支在国庆盛典当天第一个入场、最后一个退场的特殊部队是如何组建的？到底由哪些人组成？是如何选拔的？为在共和国 60 周年大阅兵的阵列中以更新的风貌、更强大的阵容、更雄壮的军威展示给世界，他们付出了哪些不为人知的努力？我们为铿锵音符激动不已之时，是否还同时为他们在训练中的一个个真情故事所感动？

这支铁打的特殊团队，其成员的经历尽管不大相同，但是都有一样的自豪和感动。他们说：再苦、再累，也咬牙挺住！再苦、再累，也无怨无悔！他们用理想谱曲，用信念作弦，在奏响人生最华丽乐章的同时，也为祖国母亲六十华诞奉献一场阅兵盛典！

一个无名小镇与一场大阅兵的因缘

昌平是北京市远郊区县之一，位于北京西北郊，东邻顺义区，南与朝阳、海淀、门头沟区接壤，西接河北省怀来县，北靠延庆、怀柔。这里是太行山脉与燕山山脉交汇之处。

北京卫戍区某部营区——联合军乐团驻地，在昌平马池口镇，这个名字怪怪的小镇，却很有些说道。

相传，很早很早以前，在今马池口西南方向二三里处有个名叫火烧营的小村。后来，在一次突发的天火中，村落殆尽。幸存者痛定思痛，突然顿悟，原来犯了地名大忌“火烧营”——能不烧吗？于是，他们把家迁到了马池口。为此，附近村民有言：“先有火烧营，后有马池口。”一个荒野里的村落，经传上不见其名，文字又无多少记载，只是代代相传，村民深信不疑。村里大户人家的坟地证实，马池口的历史至少可以上溯到明朝中期。

联合军乐团借驻的北京卫戍区某部营区，就在这样一个钟灵毓秀、人文厚重之地。这个偌大的院子，或有上千亩大，以团部画一条横线，可以把到整个院子一分为二地划为两个部分：前院、后院。大院开正南门，进门一座小环岛，中间是一个用作标语牌的“影壁”，镌着“为人民服务”。过去是一条笔直大道通到团部办公楼。这条道路是“门面”，栽种着珍稀的银杏。团部正门前有一个升旗台，中间是根旗杆，上端红旗飘飘……

院子里长满了树，主要是杨树、柳树、松树等，杨树长得最有气势，约有一千好几百棵，除了正门大道外的其他道路边上种的一定是杨树。这杨树，可是力争上游的树，干直枝也不弯，许多树干及至五六丈高，丫枝收拢，斜着上长，显得很“团结”、有向心感——是不是可以想象一下子，就像联合军乐团党委一班人的团结？或许，还可以想象一下，像是全团的1500人团结在团党委周围？

2008年10月28日，党中央、中央军委作出在新中国成立60周年之际举行首都阅兵和群众游行的决策。11月10日，总政阅兵政治工作领导小组向中国人民解放军军乐团下达了组建联合军乐团的任务。事实上，解放军军乐团在联合军乐团筹备上已想在前头、谋在前头、行在前头。党委一班人深谙“凡事豫则立，不豫则废”，深知争取主动，才能把工作做到最好、做到极致。

在采访中得知，在中央军委下达命令之前，军乐团党委一班人已各司其职，分工协作，动了起来。业务上，从联合军乐团乐手遴选、考核，到联合军乐团筹建、组建，到组建后乐手编制、训练，到训练方向、内容、方法，已有了较为成熟的设想。政治机关也不甘落后，安排专人，预先展开联合军乐团组建后党建组织工作、思想政治工作研究。很快，以“两观一专题”为核心内容，针对实际，内容丰富、形式多样的政治教育计划，在部门领导与分管首长审定后确定下来。与此同时，营地选择、编制预算、器材采购、物资保障、建章立制、协调关系等前期工作，同步展开。甚至为了让工作更主动，团党委一班人及各部门多次向参加国庆大阅兵经验丰富的老同志请教、问计。领导们礼贤下士，老同志们也乐于献计献策，纷纷把“压箱底”的经验拿出来，把需注意的细节点出来，把预先的对策想出来。前期工作开展得早，预想确定、预案细致扎实，为联合乐团组建后一切工作的正式展开、顺利展开、有序开展、有效开展奠定了基础。

相对于1999年新中国成立50周年大典联合军乐团组建，2009年本次任务下达时间晚，组建时间短，但团领导精心安排，严密筹划，方法得当，指导有力，效果很好。从2008年11月，到2009年2月初，解放军军乐团在总政业务部局指导下用三个月时间组成14批考察组，赴总参、总后、总装、海军、空军、二炮、武警与各军区专业或业余军乐团队，对全军范围内有一定基础的46支军乐队近3000名演奏人员进行了考察、考核，并严格以考核为依据，确定人员组成。“说实话，在全军部队跑一遍，遴选一次，相当辛苦。”联合军乐团办公室主任邹锐说，“不过，为了把任务完成好、做到极致，这样的辛劳、付出是必要、值得的。我可以负责地说，新中国成立60周年大典抽组的乐手，是历次阅兵联合军乐团选拔标准最高、技术状态最好的。”

考核标准相当苛刻，被选人员须政治可靠、作风过硬、纪律性强，还要有一定管乐演奏基础，身体健康，身高一米六五以上，年龄一般在35岁以下。可以说，组建如此庞大的乐队，整个机关就是一台内燃机——办公室是动力输出机构，管理处是燃料供给机构，政治机关是电器机构。所有人员报到之前，政治部动用所有力量，完成了全部人员的政审以及各种证件的制作。与此同时，办公室完成了组织编制、训练工作计划，编制和计划经团首长审定，批准可以实施后，就具有了训练法规的性质和一定法律效力。在整个前期，也就是人员集结进驻之前，管理处在某部全力支持、配合下，完成了营房基础设施改造工作，完成大大小小的改造一百多项，让整个营院焕然一新，彻底改善了住宿、生活、饮食、训练、保障等条件。同时，增加了消防设施，整治了环境卫生，协调某师卫生队对营院内进行了灭蝇灭蚊洒药，在总政军装局的具体指导下，对炊事员骨干进行了饮食卫生安全及理论和实际操作技能培训。

军乐团受命组建联合军乐团前后，可以说事务繁杂、时间紧迫，可一项项工作都做得准确到位、井井有条，节奏上也张弛有度，拿捏准确。实际上，办公室、政治部、管理处，他们都练就了“分身法”，一个人干着几个人的活儿。

2009 年 3 月 17 日，中国人民解放军军乐团接到《关于组建联合军乐团参加首都国庆阅兵的通知》。3 月 26 日，宣布联合军乐团成立。此次组建的联合军乐团，人员编制为 1500 人，上场演奏人员 1320 人，各类保障人员 179 人。联合军乐团党委，坚决贯彻胡锦涛主席和中央军委的决策意图，坚持“立足现有、厉行节约、主动服务、优质高效”的原则，科学筹划、严密组织，全力以赴保障联合军乐团高质量高标准完成阅兵庆典演奏任务。

有一种自豪叫“参加国庆阅兵”

2009 年 3 月 26 日到 28 日，国庆 60 周年首都阅兵联合军乐团组建工作会议召开。这标志以中国人民解放军军乐团为主，动员和调集了来自四总部、各军区、各军兵种和武警部队 15 个大单位、46 支乐队的 1500 人组成的国庆 60 周年大典首都阅兵联合军乐团正式成立。解放军军乐团团长于海被总政任命为联合军乐团团长兼总指挥。

于海是个极其宽厚沉稳的人。用他的话说，他与副团长姜斯文是联合军乐团里年龄最大的，干了一辈子军乐，可谓“军乐一生，一生军乐”。接受笔者采访时，于海回顾了历次大阅兵，每次军乐团必不可缺，人数多少不等，规模大小不同——1949 年为 200 人；1950 年为 450 人；1951 年加上军乐团和军鼓队，不到 1500 人。之后，都为千人军乐团，1984 年国庆 35 周年为 1200 人；1999 年国庆 50 周年为 1320 人。显然，60 周年国庆庆典，是新中国成立以来规模最大、人数最多的联合军乐团。

于海近几年忙坏了。2008 年北京奥运会前三年，他就开始忙个不停，因为奥运会上所有的军乐伴奏都是他指挥。奥运会落幕，他几乎没喘口气儿，就又全身心投入到国庆 60 周年大典，忙得不可开交：一方面团里还有大量国家级、军队级外事任务，所有的方案，甚至曲子都要经他审定才行。另一方面，从 2009 年 6 月底，联合军乐团集结、进驻昌平阅兵村，他没有一天得闲过。于海说：“兵怎么阅，我们就得怎么练！训练场上多流汗，阅兵场上才会更精彩。”这满满自信，来自哪里？来自他 40 年军乐生涯，来自他扎扎实实的经历。

于海 1970 年 1 月入伍，当时他还是个 14 岁的孩子。1970 年国庆节虽没有阅兵，却有庆祝活动。入伍几个月，就参加国家级大型活动，他是方队中最年轻的演奏员。到了 1985 年大阅兵时，他已是演奏方队中最年轻的分指挥；1999 年大阅兵，他是千人联合军乐团副团长、演奏现场总指挥；2009 年，他是联合军乐团团长、演奏现场总指挥。他说：“我多幸运啊！我为不同时代的党和国家领导人演奏过，见证了国家的发展历程，非常有意义！”

联合军乐团领导小组成员，联合军乐团领导、机关有关同志，及全军各大单位负责联合军乐团工作的联络员、代表队队长、指挥等 82 人参加了组建工作会议。这支联合军乐团可以说是世界音乐史上、世界军乐史上最大规模、最大气派、最大阵容的军乐队，堪称世界阅兵史上的“吉尼斯”。

据悉，联合军乐团中总参代表队共计 53 人，其中六一九七五部队 43 人、六一八八九部队 10 人。六一九七五部队，是有着光荣传统的部队：1992 年 3 月，中国人民解放军第一支“蓝盔部队”诞生于此。1993 年 2 月和 1993 年 10 月，总参党委给两批赴柬埔寨工程兵大队各记集体一等功一次。至于六一八八九部队这个代号，人们可能感觉有些陌生。可是一提张思德，全军将士都知道，全国人民都知道！张思德是该部最响亮的“名片”，他们是张思德的传人。总参代表队政委梁国斌，曾参加过刚果维和，国外维和经历让他对国威、军威理解得更真实、更生动。他说：“阅兵，就是向全世界展示军威，给敌对势力以震慑，给友好国家传递友谊！”总后代表队队员来自三个大单位，有机关干部，有基层士兵，有军校学员，有边防战士。队长王海亮说：“我们代表队的演奏员八成来自青藏兵站部，工作生活在异常艰苦的青藏高原。”正说着，代表队政委张现全来了，插话说：“我们的演奏员具有‘先进性’，都是部队骨干、业务尖子，思想好、作风硬、技术精。”

海军代表队，仿佛要“牛”一些！他们是专业团体，成立于 1986 年 2 月，隶属于海军司令部。成立以来，先后参加了全军军乐调演、《人民军队忠于党》大型文艺晚会、第十一届亚运会、首届国际管乐艺术节、首都国庆 50 周年大阅兵等盛大庆典及礼仪。他们还曾在北京音乐厅、国图音乐厅、北京剧院等剧场，成功举办了专场管乐交响音乐会。海军军乐团还先后执行随海军舰艇编队首次访问美洲、澳洲、欧洲，环球访问等重大出访任务，访问了 50 多个国家和地区，总航程 30 多万海里。这次阅兵，海军军乐团以主力身份组建了海军代表队，又抽调了南海舰队军乐队、北海舰队某潜艇某基地军乐队、试验基地军乐队和广州基地军乐队部分同志参加。

空军代表队共44人，由空军某通信器材仓库战士业余军乐队、南空某通信总站业余军乐队、广空某场站业余军乐队共同组成。其中，作为建队主体的空军某通信器材仓库业余军乐队，驻扎在北京，组建于1997年3月，成员由仓库保管员、公务员、炊事员、驾驶员“八大员”组成。1998年7月，他们成功在北京音乐厅举办《士兵之声》音乐会，成为第一支走进最高音乐殿堂的业余军乐队。

北京军区代表队一个叫李新民的士官说：“参加国庆阅兵一直是我的梦想，终于实现了！首长和家人的嘱托就不用说了，我在连队里本来是司务长，管伙食与吹长号是有区别的。”说到这儿，他笑了一下，“好在我几年前做吹奏员时，功底较扎实，几年来没落下。指导员问我，想参加阅兵吗？我斩钉截铁地说，上刀山下油锅都得去！”为了参加大阅兵，他提前开始准备：早上5点半起床，做50个俯卧撑，再跑个15000米，然后全天专业训练，晚上再来个3公里，坚持了近一个月，风雨无阻！

下面这个干部，着实运气好，“无心插柳柳成荫”了，他事前一点儿也不知道。

2008年11月16日，昆仑山上寒风刺骨，从总后某通信总站看去，远处山野全白，是亮亮的、晃眼的白，空气中有融雪的湿味儿。张现全先是听见外面有喜鹊叽叽喳喳叫了几声，然后，就听见通信站宣传股长连声喊他的名字。只见股长一路小跑到了跟前，嘴里还在“张现全，张现全”地喊，人停下了好一会儿。他一边喘着，一边喊：“老张！你……”他又喘一口气儿，又接着说，“老张！你快点……”就这样，他一边喘着一边说，结结巴巴才算说清楚了：“张现全，拿小号到汽车团考试。”

这让张现全丈二和尚摸不着头，完全被股长的“冏”态给“雷”住了。一向沉稳的工程师张现全，甚至有点儿慌张，急忙问是怎么回事？股长说：“让你去，你就去，我也不知道。”张现全还是一头雾水，打开库房顺手拿出了一把相对较新的小号，边走边琢磨：什么事啊，怎么现在还考试？虽然有些犹豫，还是下意识地往连队门口走去。直到站岗的女兵喊了一声“敬礼”，他才缓过神来。推着自行车往团门口走去，11月的格尔木天气寒冷，一路上没有碰到一个人，只有一些在雪地觅食的鸟儿，叽叽喳喳地叫着、跳着。

到了一团礼堂，他一下懵了，礼堂前站了十多个大校，兵站部还派了一名副部长陪同，礼堂的东侧站了三列前来参加考试的官兵，大概百十号人。

一个大校在进行“战前动员”：大家要发挥好，为兵站部争光、为总后争光！

说来也巧，军乐团副团长姜斯文恰巧看见张现全骑车过来，点名说：“来，那个干部先来。”张现全环顾四周，就他一个是干部。他更加紧张了，到了地儿还没顾上喘口气，就直接上考场，千万别砸了。

他拿起小号，活动了一下被风冻硬的嘴皮，嘴皮紧贴着小号吹了两个音，感觉音准不对。索性报告重新演奏，音符从小号中潺潺流淌，音乐在从院子里飞出，飞向远处亮闪闪的冰山……一曲奏完，张现全把号嘴儿从嘴里拿出来，这时他感觉嘴边凉凉的，不太对劲！手一擦，哎呀！坏了，全是血！天气实在是太冷了，嘴一放上去，嘴皮与号嘴粘上了，不经意间“吹破”了嘴皮……这个张现全，后来就成了总后代表队的政委。

总装代表队萨克斯演奏员杨丙军，在阅兵日记中写道：“人生有许多第一次，也许有的随时间流逝，慢慢会遗忘，但有一些会使人终生难忘。”

2008 年 12 月，他突然接到通知，解放军军乐团专家要对他们军乐队进行考核。这下，他有些慌了！因为他知道解放军军乐团是专业的，自己在业余军乐队，万一考砸锅，参加大阅兵的梦就碎了！他接受笔者采访时说：“说实话，我心里对参加大阅兵，看得比天大！”

他虽然做了些准备，可是考核结束后，听一些专家评价说：“毕竟是业余……”专家的话，让他和许多战友心凉了半截。“那天晚上，我失眠了！我好恨自己，怕失去这次机会。我甚至想到，机会大约已失去了！”

2009 年 3 月，他在家休假，突然接单位电话：火速归队！电话没头没脑，没说明原因。回到单位，才知道他们队有 15 人被选中了。当时听到这个消息，他眼睛猛然一热，差一点儿就流下眼泪。他说：“那天晚上，我又失眠了！心里像海浪般翻滚！”

整个筛选过程，解放军军乐团专家考察近 3000 人，最终选上来的约 1000 人，因为解放军军乐团自己还有几百人。这个淘汰率，还是相当高的，也因此许多人的“阅兵梦”断了。可是，天下事多有例外，非得“碰”得出些“巧”来才显得神奇。对于来自海军北海舰队军乐队的刁瑞雪、刁瑞霭兄弟来说，就是这么奇，就是这么巧，就是这么妙。

“打虎还是亲兄弟！”在海军代表队，就有这么一对亲兄弟，来自山东海阳一个普通农民家庭。哥哥刁瑞雪 1996 年入伍，战友们亲切地称他“老刁”。弟弟刁瑞霭 2007 年入伍，还是新兵蛋子，平时人多的时候，弟弟叫哥哥“老刁”为班长。老刁是次中音演奏员，小刁是圆号演奏员，他们刚刚完成海军成立 60 周年多国海军庆典活动中的司仪演奏，就马不停蹄地赶往北京。临上火车前，老刁的妻子抱着一对不满周岁的双胞胎儿女，眼含热泪对老刁说：“你放心参加阅兵，家里还有我和妈呢！”小刁当初是抱着考军校的梦来部队，在得知自己被选进了联合军乐团时，面临着参加阅兵和复习考学的选择，权衡再三，毅然做出了参加阅兵的选择。

兄弟俩生活上相互帮助，训练中你追我赶，加班加点背谱，废寝忘食训练，他们心中有个共同愿望：在 10 月 1 日的天安门广场，和全军的军乐战士一起，为祖国母亲六十华诞奏响最华丽的乐章！听战友们说，他们兄弟俩一起被选入联合军乐团，让家里的老人、亲戚、朋友觉得倍儿有面子，亲人们一提起来，就笑得合不拢嘴。兄弟俩参加大阅兵的消息，在他们老家炸开了锅，乡亲们羡慕得不行！

“上阵还是父子兵！”解放军军乐团自己的人编在三大队，其中有两对父子兵：一对是张国军、张路阳父子；一对是逄进军、逄搏父子。哈哈，这一回，老子与儿子同是演奏员，终于真正平等。

“亲舅不打亲外甥！”还真有甥舅同台的，这次国庆庆典有一点不同，到群众游行时还有 2500 人的大学生合唱团与近 200 人的民族打击乐队，与联合军乐团一起演奏。民族打击乐队有个大鼓演奏员叫滕磊，他是联合军乐团团长兼总指挥于海的亲外甥。还有个叫于晓涵的中尉，是联合军乐团大镲演奏员，是于团长的亲侄子。于团长说，虽说是亲外甥、亲侄子，可要真是错了，照批不误！

最终被选上的，开开心心地集结进驻北京昌平马池口联合军乐团阅兵村。小张说：“啧啧，这架势，这场面，真是庄严隆重，我都有点儿受宠若惊啦！”小李：“那是，也不看看这里是啥地方？北京哩！还以为是在你们那山沟沟里的连队呢？大地方当然有大手笔啦！”这是广州军区代表队进驻宣誓后，队员小张和小李之间难掩兴奋的一段对话。应该说，他们的心情和感受，代表着大部分队员的心声。

演奏员兰崇盛说：“确实，对于许多初到北京的战士来说，一下车，就受到联合军乐团领导机关隆重欢迎，确实是一种心灵的震撼和洗礼……”这些从四面八方来的年轻战士，感受到北京与自己部队所在地区、所在城市不同。很快，他们适应了广播里嘹亮的军乐，适应了蔚蓝天空下憋着一口气儿，使出浑身劲儿，一招一式、一音一符，点点滴滴地学，认认真真地练……

训练一天之后，战士们用自己的方式来缓解疲劳、抒发情怀：有的会到电话亭与远方的她，甜言蜜语几句；也有的用笔记录下今天的精彩，让这有意义的事儿留存在生命中；也有的在球场上你追我赶，一展球艺和英姿。及至傍晚，晚风徐来，星辰初现，在高高的白杨树下，在操场上，到处是军乐战士的身影。然后，晚 8 点左右，战士们开始夜间训练，呜哩哇啦，军乐四起，白杨肃立，枝叶摇曳，像给军乐战士伴舞。

直到夜深了，喧闹的军营才会渐渐安静，军乐战士们累了一天休息了。那些在草丛中，听着战士们演奏的军乐“忍”了一天的虫儿，开始了它们的歌唱……

在没有硝烟的特殊战场上打“精神仗”

在联合军乐团组建工作会议上，军乐团领导对训练进行了部署：2009 年 4 月至 6 月，各军区代表队集中训练，必须吹会背熟全部仪式和阅兵乐曲。同时要求，要抓好每天 1 小时基本功练习、1 小时声部集体练习，每周确保 20 小时合奏练习。并特意强调：乐手要连续站立演奏 3 小时以上。

在组建工作会议第二阶段，联合军乐团总指挥于海，副总指挥张海峰、张治荣对各军乐代表队的指挥进行了培训。培训中，他们从如何组织好乐队的排练、如何提高管乐团的合奏质量等方面，深入浅出地讲述乐队指挥基本理论、基本技法。时间不长，却有画龙点睛之功。

2009 年 6 月 29 日，联合军乐团驻地倒计时牌前，总装备部军乐代表队作为第一个代表队的入营仪式正在进行。当庄严的中华人民共和国国歌奏响时，标志着庆祝新中国成立 60 周年首都阅兵联合军乐团集训正式开始。奏响这第一遍国歌的，是一群沉稳中仍有些许稚嫩、纪律严明而又朝气蓬勃的学生兵——解放军军乐团四队 2006 级学员。别小看了这群刚过 20 岁的年轻人，在联合军乐团的大阵营中他们是最年轻的，但从小练就的“童子功”使他们拥有不凡的身手；三年前百里挑一的考试，让他们在同龄人中脱颖而出；三年的精心培养和艰苦训练，使他们的技艺更上一层楼。三年来，他们在高手云集的全国比赛中勇夺三个第一、一个第二、两个第四，创造了军乐团学员团体的辉煌。由于有这样的基础，联合军乐团党委把 15 个代表队入营仪式，这样光荣的任务交给了他们。

当41名学员领受到任务后，兴奋中带着几许忐忑，毕竟他们从未正式担负过任何仪式的演奏任务，要面对的是还未训练过的长时间站立演奏，迎接的是团首长、老师和师兄们以及各军区、军兵种军乐代表队的演奏好手。迎着烈日、在战友们的注视下，他们勇敢地接受了挑战，战胜了紧张、战胜了疲劳，在两天内完成了15次仪式演奏，最长一次连续站立近四个小时，完美的演奏、顽强的作风受到了团领导和各代表队的赞扬。

对于一支部队，训练是第一位的，训练不扎实，就会吃败仗。对于联合军乐团，训练也是第一位的，训练不扎实，就会出洋相。平时一般场合，出个小洋相，无甚大碍，不过是“要把戏的倒地——失了手！”可是，60周年大典决不允许“失手”，只有成功，没有失败！这是死命令，基本底线！

综观联合军乐团的训练，最大亮点就是创新。创造性采用“远程分训”与“强化集训”相结合的方法。本次联合军乐团的训练，分两个阶段。第一阶段从2009年4月1日起，到6月30日为止。在这个阶段，让已经入选的选手集中起来，成立各大单位代表队，由各代表队先行组织、展开训练。若沿袭旧制，是给各大单位分指标，30人、50人或是100人，萝卜白菜，来了就算。结果，一些单位的个别乐手基础太差，有些连个调调也吹不来，就过来了。

从本届联合军乐团的遴选方法看，其最大的科学处在于，确保了千人联合军乐团中的“短板们”最基本的素质和水准在基本水准之上。这也是团领导敢拍着胸脯说，“一定比往届大典的演奏上一个档次”的底气所在。且往届训练是直接把参差不齐的乐手集中起来，高的尚好，水平太低的话，联合军乐团集结后，给训练工作带来许多困扰。由于乐手基础差、训练时间短，个别乐手直到上场，也只能说马马虎虎。

可是，2009年就不同——由于把住了基本水准，所以1300多名乐手中不存在“不着调”的。同时，让各代表队先期集结，预先展开训练。说白了，是把“球”踢给了各代表队。团领导深知，这样一来，哪个代表队水准不高，长时间训练还上不去，屁股坐不住、脸上挂不住、心里放不下的，将不仅仅是军乐团领导，还有各代表队队长、政委，甚至是各代表队的个人。上述做法，好处诸多：缩短集中时间，降低训练成本；基础扎实牢固，训练效益提高；整体素质上乘，确保乐手质量。还一举扭转了训练的主动、被动关系！

譬如二炮代表队，4月9日会师洛阳后，即按声部重新划分班次，选拔了骨干，健全了组织，随即展开紧张训练。他们依据乐队实际情况及任务要求，坚持专业训练与体能训练相结合，以 19 首阅兵曲目为主要内容，以个人单技、相互交流、声部合练、集体合奏为基本方法，着重解决提高个人气息、吐音、音色问题。体能训练扎扎实实，他们采取以军姿站立和军体训练为基本内容，包括五公里长跑、俯卧撑、仰卧起坐、蛙跳等内容，适时穿插篮球、百米跑等体育比赛。

为切实保证一阶段训练质量，根据总政有关领导指示，解放军军乐团抽调近 200 名业务骨干，组成近 30 个专家组，先后分两批赴各大单位，进行专业辅导与训练。在各大单位领导、军乐代表队官兵密切配合下，所有代表队个人演奏水平与乐队合奏能力均大幅提高，绝大多数乐队在 6 月上旬完成所有阅兵用曲的背练任务。

许多代表队领导回忆，当时大家的压力都非常大，很多人睡不安稳！

“我们算专业队，或说以专业队为骨干组建的，好像我们有优势。”二大队政委、海军军乐团的李海峰说，“可是一些业余队集结后很刻苦，进步神速，给我们很大压力。专业的若被业余的打败，就没脸出门了！”老李说这话，猛一听像“疯话”，实际是实话，在整个团队中，任何一个人都处于重压之中。大家在较劲儿，表面谁也不说，暗中牙根都咬痛了！

有一支代表队，他们自谦地说：“我们‘最不起眼’——人数最少，时间最短，且是真正的‘草台班子’、战士乐队，乐手中有步兵、通信兵、侦察兵、汽车兵、炊事员、司号员。”这就是济南军区代表队。代表队政委刘思勇说：“进阅兵村前，我们充满自信，在安阳训练时，大家付出了很大努力，每天 11 个小时的训练，确实使个人演奏水平有了很大提高。可是，在军乐团组织的第一次曲目汇报中，我们一下子被打蒙了……”他们看到的是，各代表队人数大都在 50 人以上，最多的是 200 多人，许多是成立十几年、二十几年的老乐队，好多队伍参加过 35 周年、50 周年国庆阅兵，是准专业水平。相比之下，30 多人的济南军区代表队，无论在声音、技巧和节奏上都逊色不少。汇报演奏后，队伍士气低落到极点，大家议论纷纷，莫衷一是。

有人提出：“努力去追！”立刻有人说：“说得轻巧，你以为是搬石头？”针对这情况，队领导及时召开骨干会、军人大会。队长付金刚说：“去年汶川大地震后，我们曾冒着余震仍频的危险，与灾区群众一起战斗。父老乡亲们面对支离破碎的家，背负丧失亲人的痛，仍积极向上，百折不挠。和他们比，我们这点儿挫折，算什么？”从那天起，每天完成团里分配的训练任务后，他们放弃休息时间，加班加点练习，从每一个音符抓起，从每一个指法练起。

他们还采取走出去、请进来的方法，在全团拜师——发动大家到军乐团，找专家老师授课辅导。队领导也主动与军乐团领导沟通，取得了他们的支持。他们虚心好学的精神，感动了军乐团的领导和老师。最终，全队每个同志都找到了辅导老师。通过老师们的精心辅导，队员水平提高很快，在后来的几次考核中，他们的排序上升到了中游，也算创造了一个神话。

显然，济南军区代表队从后进上升到中游，那就一定有一些代表队名次下降了，这种此消彼长、变动不居的情况，表面上看是正常规律，没什么，实际在每个人心里——山一样重！南京军区代表队政委韩晓波说：“军人，就是要见荣誉就争，见第一就拿！对各代表队而言，如果名次后退，将是了不得的事，天塌了般的大事儿！”

7月的北京，骄阳似火。训练场上，乐手们汗流浃背，可训练的热情高涨。在炎炎烈日下练军姿、练配合，练出最美的旋律，练出最和谐的音符，是这支庞大军乐团的最大难题。为保证团队整齐划一，全体乐手须把19首阅兵曲背得滚瓜烂熟，合练时出不得一丝差错！

群众游行曲目下发后，上级要求在三周时间内精确背奏23首曲目。在那段时间，在联合军乐团每天早上5点多钟，就开始有零零星星的乐曲响起，一般声音不高，好像很压抑。因为，那时还是休息时间，是会干扰别人的。起来早练的，不是觉得自己演奏得不够好，就是想演奏得更好一些。他们有的走到团部前院右前方的那一大块菜地，有的在后院最右后方猪圈边上的那块空地上练习。

早上8点后，雄壮的乐曲响起，是全团在合练，一直到中午饭前。然后，是一阵沉寂，乐手们中午午休一会儿，应该是最幸福的事儿。可是，那个时候在大院右前、右后，还有最东边的装甲车车库，依然有许多人在默默地背谱，或是不出声地练习指法、手法。下午，又是军乐阵阵。晚饭后，乐手一群一群、一组一组地开始练习。到晚上9点前后，转入个人洗澡、自习时间。也不过半个小时，就又有了零星的乐曲声。直到凌晨2点，在院落里边的边边角角，在路边、在树下、在墙边，还有许多人拿着小手电，像萤火虫似的，亮一会儿，灭一会儿，再亮一会儿，再灭一会儿。那一定是背谱的人。

全团开展了背谱演奏竞赛，看哪些单位、个人背得最快。济南军区代表队是个“业余程度”较高的队伍。通知下达后，他们几乎把所有时间都用在训练上，集体为队员配备MP3，反复听样本音乐，认真模仿，边吹边背。吃饭时背、走路时背、上厕所还要带上乐谱，白天时间不够用，熄灯后他们就在楼道里、厕所里练，不能发出声音，他们就把哨片去掉，练指法。有的同志瞒着队领导，个人跑到远处的训练场去练，好几次都被查夜领导赶了回来。夜里领导查铺，发现很多同志耳朵里塞着MP3耳塞，人已经睡着了，取下一听全都是军乐样曲。

由于训练压力大，各代表队都有许多同志晚上睡觉做梦，把床板敲得咚咚响。还有的同志因压力大无法入睡，只要闭上眼睛就感到五线谱上的音符，小蝌蚪一样黑压压一片游过来、压过来，有的在睡梦中大声呼喊自己、呼喊同事。

山东省军区战士张峰，由于学习乐器的时间较短，自身业务基础很差，是全队背得最慢的。为了不给全队拖后腿，他把自己关在小屋里，一练就是一天，四天休息不到十小时，最后提前完成了曲目。

“笨鸟先飞”飞出好成绩，济南军区代表队原本属基础较差队，飞速上进，在军乐团组织的两次评比竞赛中都是最早完成的代表队之一。第一批全部完成的五个人中，他们占了两个。济南军区的同志们强烈的集体荣誉感和吃苦耐劳精神，感动了兄弟单位，也感动了军乐团领导。“说实话，有个别队对济南这样基础稍差的队，有点儿‘那个’。但我是非常感佩的。”南京军区代表队韩政委说，“我在我们的军人大会上也这样说。纵然人家基础差，可上进精神感动人。一个军人，一支队伍，要的就这精神！”

生生死死之中的感动

说实话，为了大阅兵演奏，好多人付出了许多，这不是个别现象，带有一定普遍性，好多干部、好多战士舍小家为国家，好多干部战士用刻苦训练来回报亲人的关心、支持。

联合军乐团组成人员中，有许多人大典前后成为父亲。他们给孩子取的名字，不少为“大典”、“大庆”、“军乐”、“乐乐”什么的……或许，是新中国成立60周年大典，大家想喜上加喜，国家喜小家喜，喜中有喜，双喜临门。单单一个广州军区代表队，就有六名官兵家属怀有身孕，还有不少家属的预产期就在10月……

士官夏洪涛，家属预产期在8月，马上就要生产，他一直坚守在岗位上。妻子也一直鼓励他，说："洪涛，不要给单位添麻烦，不要为我分心，能参加大典是咱家的光荣，全家支持你！"

总装代表队队长李岩进入阅兵村之前，为了能让代表队更好完成阅兵曲目演奏及背曲，多次放弃节假日、双休日，也没有照顾怀孕的妻子。为了不分心，能让进村后的训练及各项工作顺利、有效开展，他把怀孕八个多月的妻子送回老家。他说："妻子嘴上说，去吧，国家事大。可心里是挺委屈的。把临盆的她送回老家，也是没办法的办法。"归队之前他与妻子告别，妻子挺着大肚子，站立在门口，也不知是风吹了还是怎么了，刹那间妻子眼里泪水汪汪了。"在这一刹那间妻子眼里的泪，也流进了我眼里。我怕她看见了伤心，伤了胎气，我迅速转身，向前走去，没敢回头……"

总装代表队政委庄泽峰是身在家门口不回家：他父母就在北京，他却没把参加大典、住在昌平的消息告诉父母。他到北京六个多月，没回过家，没见父母。采访他时，觉得他很疲倦，说到父母，他眼圈红了："按旧礼数，我算不孝了，不过我确实不能告诉父母，他们一旦知道我在北京，我不回家他们会怨我，我再不回家，他们会来看我。大典在即，使命重大，我只能这样……"

许多事情仿佛不近人情，可正是军人奉献所在，军人是把职责、荣誉看得比天还大。沈阳军区一个叫耿涛的战士，在阅兵日记中写道："作为一名和平年代的军人没经过战火洗礼，可参加60周年国庆阅兵，是一名军人最高的荣誉！"

海军代表队一中队副中队长魏延强参加集训后，家人来电话告知：父亲患上了癌症。他抽泣着打电话给兄妹："我在阅兵村这边离不开，我多出点儿钱，你们多费点儿心，把父亲照顾好……"他把对父亲的牵挂化为工作动力，刻苦训练，尽职尽责。

武警代表队王肖雄的母亲在两个月前被确诊为癌症晚期。考虑到儿子参加联合军乐团，母亲坚决不让告诉他。这位母亲强忍思子的痛苦，同病魔抗争！她最大的愿望，是看到儿子在天安门受阅的英姿。可是，天不遂人愿！这位伟大的母亲，未能坚持到那一天，不久就离开了人世！他回家奔丧，在母亲的灵前，想起了小时候母亲温暖的怀抱，想到母亲对自己的牵挂，"扑通"一声跪下，长哭不起。"很遗憾，她没亲眼看见儿子上天安门，为国庆演奏，让祖国检阅……”采访时，提到母亲，王肖雄坚强地说道，“我懂得母亲对儿子的期望，理解她在家事与国事间的取舍。”

总后代表队的陈实是个三级士官，是乐队的指挥兼萨克斯演奏员，一个典型的山东汉子，特别豪爽。乐队人提起他，没有不竖大拇指的。乐队进驻阅兵村的第四天，他接到母病重的消息，但没有告诉任何人，直到7月15日曲阜中医院打来其母病危停止治疗的电话后，他才告诉队里。但在训练中他一直保持良好的情绪和工作激情。

8月8日一早，父亲打电话告诉他，母亲快要不行了，回来得快可能能见最后一面，慢了可能就见不上了。军乐团领导得知情况后，当天批示他上午离队。可是，陈实想到的是，如何备战9日的军乐团第一阶段的背谱考核验收。队领导一直催促他赶紧回去，他总是一句话：排练完我再回家。晚上，他乘车赶回老家时，家中通知他“速回，母病故”。这个山东汉子走一路哭一路，他又何尝不想早一点见到自己的母亲？

内心的酸楚和对母亲的愧疚，只有他最清楚。归队后，陈实说：“忠孝不能两全。娘走的那天，俺给娘磕了六百多个头，然后起身，看看幡树上哗啦啦响的白纸，我确信母亲已永远离开我了——我得赶紧归队，为祖国母亲的生日，献一份心、出一份力！”

特别的队伍这样练就

刚刚集结、进驻那阵子，有些问题可能始料不及：一些官兵严重水土不服。尤其南京军区代表队、广州军区代表队、成都军区代表队、武警浙江代表队，以及其他从江南水乡、从沿海地区过来的代表队，对他们来说，水土不服是个大问题。

北京气候太干燥，加上南北方饮食习惯差异，训练强度高、训练伤反复发作等困难，入京之初，上述代表队很多战士由于水土不服导致拉肚子。加之饮食不习惯、饭菜不合口而吃不饱，也由于生活环境骤然改变，让许多人患了感冒。南京军区代表队曾一度有21人拉肚子，11人患感冒，3人因高烧不退住进了医院。广州军区等南方代表队也有程度不一的类似情况。

正式开训后，训练任务重，天天加班加点，嘴唇得不到较好的休息，喝水不及时导致口腔溃疡、咽部上火而引发炎症，且经常是反复发作。于是，在“病人”中就出现了许多“替代训练法”——好多同志因为口腔溃疡不能吹奏，就用手敲击大腿、用脚打节拍坚持训练。

联合军乐团在阅兵、庆典间担负任务最繁重，时间相对紧迫，训练强度大，不仅要练业务、练技术，还要练体魄、练体能，练习长时站立、演奏。在所有预演及将来的正式阅兵中，联合军乐团每次都是最早进场，最后退场。在一些合练、演练中，军乐团全体同志全过程演奏，最长需站立、演奏四个多小时。如果说徒步方队的战友最大苦处在于“走”得辛苦，装备方队的驾驶员最大的苦衷是“闷”得厉害，那么联合军乐团的兄弟们最大的受不了是“站”得难受。想想，穿着“三节头”皮鞋，衣着严丝合缝，规规矩矩站立，在大太阳下的水泥地上一站就是四个多个小时，是什么感觉？

联合军乐团集结至今，先是北京的三伏酷暑，然后就是“秋老虎”肆虐，训练环境非常残酷！直观地说，如果当日气温 38℃，水泥地上的温度约为 59℃，许多同志在训练、演练、合练中，阳光照在水泥地上，再反射到化纤材质的裤管上，数小时挺立，热能聚集在裤管，把许多乐手的腿都灼伤了。掀起许多战士的裤管，轻一些的是小腿肚子上一片红，重一些的灼伤加过敏的竟有整条腿红肿者。酷热的太阳毫不留情地炙烤在乐手身上，大家的衣服都被汗湿透了，但又被太阳硬生生地晒干了，反复几次，衣服上画出了“汗地图”。

卫生科长马秀文说，最严重的问题在“上头”和“下头”：“上头”主要是长期吹奏，把口腔、喉部累坏了，咽喉、嘴唇、发炎、肿痛，甚至化脓。“下头”主要是“烂裆”，有些战士下面一片红，还在坚持训练。到下面各大队采访，大队领导们也说，百分之二三十的乐手“下面”有些问题。尤其是原部队驻地在较为凉爽的地域，如东北、西北、西部的乐手，这种情况尤其多。管理处长说：“说良心话，战士们很可爱！很多战士，病得很重，还在练习。”办公室邹主任说：“每次到训练场看看，到宿舍楼走走，都特别感慨，特别受教育。人与人，队与队，大队与大队，真是在比思想、比作风、比贡献，真是在扎扎实实练思想、练意志、练作风、练技能，真的是一心一意瞄准了那一天的辉煌……”

还有一个问题，就是时间不够！人人都觉得，时间不够！团长、政委、办公室主任、政治部主任、管理处长等，都觉得自己忙不过来，恨不得“孙悟空”那样，剪一绺头发一吹，就变出一群“小猴子”来，帮自己干事去。参谋、干事、助理员们，也恨不能学会“分身术”，好多几个蔡主任、赵干事、雷干事，替自己分担一些！对于各代表队而言，整个集结、集训期间，大家都感到时间不够，日子过得跟打仗似的。怎么办？鲁迅先生说：“时间就像海绵里的水，只要你愿挤，总还是有的。”时间，必须从“挤”中来，从哪儿挤？就是休息时间中挤。为此，所有的代表队都想了不少办法。

沈阳军区代表队，紧紧抓住演奏训练这一中心任务，始终做到毫不懈怠，精益求精，追求卓越。为进一步激发官兵训练动力，代表队在开展“五争”活动基础上，坚持每周进行声部、个人背谱抽考，并列出大榜，排出名次，兑现奖励，突出营造“比学赶帮超”氛围，引导官兵克服自满情绪，树立争先创优意识。为了训练出成效，代表队挑选了一批业务尖子担当“小教员”，成立互助小组，通过面对面指导、手把手帮带，不让一个人掉队，共同提高。私下里他们都说“沙河合练”、“通州合练”是最辛苦的，每次合练都会有一些人倒下。一出去就是一天，往往是早上四五点起床出发，长途奔波，到了就练，练完回来，到下午或晚上才能吃饭。在三伏天那阵子，每次全团合练下来，战士们的脚袜会黏在一起，衣服从身上脱下，发出刺啦声，湿透了粘汗水的衣服，像从身上揭下一层胶布。

新疆军区代表队士官陈刚说，即便如此，我们所有人都非常珍惜，就连衣服从身上揭下的感觉，也可能是有些人一辈子都不可能有的。有这经历，很光荣。

空军代表队的大镲乐手白凌清，甩镲甩肿了胳膊，仍坚持训练。他们做了个有趣的统计：大鼓、大镲乐手，平均每天要打击两万次以上；小鼓平均每天敲击二十万次左右……战士们是铁人？不是，一样是父母生的，肉包骨头，肉体凡胎。那怎么顶得住？靠一种精神。广州军区代表队有个叫何开禄的战士，在阅兵日记中写道：“有一种精神，为阅兵存在；有一些人，坚持着这种精神，让我敬佩。”他有个战友叫霍茂华，因为练功太多、强度大，手指骨都变形了，脚底板长了好几个鸡眼，医生让他休息。可他没有，霍茂华说：“所有荣耀之前总有痛苦，功夫在身练，意志在心练，要想向祖国献礼，就要快乐地吃苦……”

在南京军区代表队驻地，有几句从联合军乐团走出，走在其他阅兵村的广为流传的口号：“站四小时不倒，坐四小时不动，吹四小时不累，憋四小时不尿！”国庆 60 周年阅兵总指挥、北京军区司令员房峰辉到联合军乐团视察，在这句话前停留、凝视良久……后来，房峰辉在一次阅兵指挥部的会议上，说："这几句话，好像有点儿不雅，却实实在在啊！"

其实，也没什么，俗到大处即大雅！

"见荣誉就争，见红旗就扛"的背后

有一次全团合练之后，团长于海发现"打击乐声部"甩"大镲子"的，声音倒还可以，可是动作不规范、不统一、不漂亮。他想了想，就想到了管理处长邹风平——他原来甩大镲，是本工。于海把他叫到办公室，告诉他，你中午不要休息了，去给打击乐声部"加小灶"。就这样，他这个一天到晚忙活1500人吃喝拉撒睡的"管大灶"的处长，上了训练第一线。采访时，我们问他："你怎么想的？"他说："能怎么想？不在职责内，却在义务中。一个中午两个小时，眼见着他们越打越好看，耳听着他们越打越好听，其实挺有成就感。"

副团长姜斯文高高的个子，大家背后都称他"帅锅"。他与于海是同年兵，又是同庚——同样是54岁，还是同乡，也是一辈子的战友、朋友、乐友。当演奏现场总指挥、副总指挥们在倾情指挥时，他就直挺挺地站在台上，眼睛像探照灯似的来回扫视，从左到右，又从右至左，规律恒定，速度稳定，目光炯炯如鹰！

有一次，他在训练场上整整站了四个小时，腿麻了不会打弯了他都不知道。待到于海指挥完了，他要走到麦克风前，去讲评队列纪律，可是他心动了腿没动，"扑通"一声摔倒在指挥台上！是的，只要集体排练，他就站在台上，注视着台下千余名举、扛、拿着"长枪短炮"演奏的乐手，最后要讲评队列纪律、演奏纪律、精神面貌，等等，他活脱脱就是一个"地主家"的"监工头"。

凡是全团合练，在家的常委也都在训练场，马政委一般在队伍的东北角，邹主任在队列前方右侧，徐剑主任一般在西北角。同志们训练多久，团领导就直直地挺立多久，队列里的同志休息时，他们还要临时性研究些问题。凡是一般性正常训练，马政委、徐剑主任和其他在家常委，会"宪兵"一样在院子里边"游荡"，这里看看，看看他们训练中的精神、情绪如何；那里问问，问问大队的干部战士训练、工作、生活上有什么问题和难题没有；这儿坐坐，坐下来与基层来的干部战士拉拉家常。这可不是无所事事，是扎扎实实地做思想工作，做好训练中的思想政治工作。

徐剑说："训练中的思想工作，就是要到训练场去，与战士们一起，融入他们的工作、训练、学习、生活，这样做才能了解战士在干什么、想什么、需要什么，才能真正发现问题、解决问题。坐在办公室里，是做不好思想工作的。”集结、进驻以来，该队根据训练任务的特点、内容，坚持从战士中来、到战士中去，让战士参与、让战士发言，积极开展军事民主活动，组织开好“小诸葛亮会”，充分调动官兵智慧，围绕提高训练效益动脑筋、想办法。

早上训练队列一小时，主要进行个人队列动作和军姿训练；上午和下午的前两个小时，进行全程站立式训练和耐热耐渴及憋尿训练；下午最后一小时进行体能训练，先是进行三次五公里长跑，而后进行深蹲起立、俯卧撑、仰卧起坐等难度不大的力量型练习，既提高了体能，又杜绝了训练事故，提高训练效益，事半功倍。每天坚持个人基本功训练一小时，声部基本功合练一小时，乐队音阶、音程、琶音及和声基础训练一小时；其次狠抓背谱训练。每天坚持组织一次声部、个人背谱抽查，每天组织一小时乐队脱谱合练、曲目顺序和随停随起合练；最后抓合成效果训练。每天坚持四小时以上的乐队合练，重点进行声部的音色统一、乐队的音响平衡、节奏整齐和个人的音准把握训练，对每一个细节、每一个动作、每一个口令，精雕细刻、精益求精，保证了在较短时间内取得明显训练效果。

开训之初，他们就制定了综合评比栏，坚持组织评比考核，每次训练都要把声部排出名次，比质量、比进度，广泛开展“训练标兵”、“进步之星”、“优秀声部长”等评比活动，做到个个上台亮相，每次抽查到个人，并当场张榜公布成绩。

各声部也采取“结对子”、“一帮一”、“一对红”活动，做到天天有收获、人人有进步。除了大队考核之外，南京军区代表队先后组织15次考核评比，评选出各类标兵77人次，极大地激发了广大官兵的训练积极性。

与南京军区代表队交相辉映的，还有空军代表队的“五比五看”活动。这个活动的深入开展，让空军代表队的训练热情高涨起来，处处洋溢着“比学赶帮超”的浓厚氛围，有15个人在活动中递交了“火线”入党申请书。空军代表队针对49人的代表队只配备了2名带队干部，领导力量相对薄弱的实际情况，临时党支部坚持走群众路线，依靠官兵开展政治工作，积极组织“五比五看”活动，即：比思想，看谁空军意识树得牢；比作风，看谁能吃大苦；比纪律，看谁服从意识强；比技能，看谁能当训练标兵；比体力，看谁军姿站得久。

活动展开后，演奏员们训练热情空前高涨。生活中，大家团结协作、相互提醒，从一言一行做起，注重在细微之处展示空军形象；训练中，积极主动，与其他代表队暗中较劲，既比演奏技能水平，又比思想和作风，在全团和大队组织的大合练中，演奏人员的身体经受住了炎炎烈日的考验。这项活动的成功开展，使空军代表队内部团结一致，练兵热情氛围浓厚。特别是在背水攻坚的背谱阶段，这项活动让大家主动结对子、一帮一，相互切磋，共同提高，训练效果得到明显提升。

此时各代表队都在认真想办法，解决自身问题、提高训练效益。

兰州军区代表队针对时间紧、节奏快、要求高、强度大，每周六个训练日的实际情况，为缓解官兵的心理压力，营造和谐向上的训练氛围，他们大力开展“靠谈心知心、靠真情稳心、靠解难暖心、靠活动拴心”的“四心”活动，及时减缓压力、化解矛盾。同时，他们还利用每周日在三个分队之间开展“军乐杯”篮球循环赛，每天组织观看半小时的中央电视台的《新闻联播》。利用训练间隙，队干部同战士一道打扑克、下象棋、拉家常，广泛开展“争当好兄长，共建和谐班”活动。

空军代表队有一个“火车班”。这个班，不仅在每次全队记谱竞赛中场场完胜，并且还在大队以及全团声部第一阶段记谱竞赛中，取得了优异成绩。这个班的六名士官，全部是打击乐声部的。在这六个成员中，兵龄最短的五年、最长的九年，平均兵龄六年以上，平均年龄也在26岁以上，每一名成员都是党员。“火车班”在《士兵突击》中偷了一句口号：“不抛弃，不放弃。”要背一起背，要考一起考！在代表队党支部的领导下，全班战友一直较好地贯彻着“大集体，小个人”的思想，两人一组，互帮互助，共同进退。白天合理记谱，相互学习讨论；晚上睡觉前躺在床上把当天所背曲目，在脑子里回顾一遍，不断加强对曲目的精确记忆。在训练场上，无论是每次的全团合练，还是在院外的“沙场合练”、“通州合练”，全班都无一人倒下。

联合军乐团党委的目标，就是让各代表队拼命“掐”起来，团队管理、训练也就轰轰烈烈了。团党委一班人也不知怎样想出这“鬼精”法子，狠狠“赚了”各部队一把——他们细细揣摩透了各部队“见荣誉就争，见红旗就扛”的“毛病”，准准抓住了基层部队“为荣誉而生，为荣誉而死”的“弱点”，狠狠击中了革命军人“使命重于泰山，形象重于生命”的“软肋”。

这招够准、够狠，够有效！

一切为了庄严神圣的那一刻

对于这次国庆大阅兵，党中央、中央军委和胡锦涛主席非常重视，胡主席亲自审定阅兵方案，并作了重要指示。军委常务会议专题研究了阅兵工作。

2009年7月15日，总政治部主任李继耐亲临集中训练动员大会现场。在训练动员大会上，李继耐说："国庆首都阅兵作为整个庆祝活动的'重头戏'，举国关注，举世瞩目。搞好阅兵，可以直接展示新世纪新阶段国防和军队建设的最新成果。可以对内凝聚力量、振奋精神、增强信心，对外展示国力、树立形象、扩大影响。可以摔打、锻炼部队，不断提高我军革命化、现代化、正规化建设水平，更好履行新世纪新阶段我军的历史使命。"

可以说，不站在维护国家安全与发展战略全局的高度，不站在增强我国国际地位和国际影响的高度，不站在推动国防和军队建设又好又快发展的高度，就无法充分认清60周年国庆首都阅兵的意义，也就谈不上用党中央、中央军委的决策，统一思想、凝聚力量、引领行动。

这次参加阅兵的部队，是从全军和武警部队包括民兵预备役部队中精心挑选出来的代表队。就联合军乐团说，每一名同志都经过千挑万选，才得以入团。个别同志先后参加过三次阅兵，也有参加过两次的，绝大多数同志都是第一次参加这样盛大的活动，感觉无上光荣！

自联合军乐团集结马池口，先后有中央军委委员、总参谋长陈炳德，中央军委委员、总政治部主任李继耐，阅兵总指挥、北京军区司令员房峰辉及有关军区首长等到阅兵村视察慰问。

某集团军军长来看望大家时，得知某工兵团士官曾学兵的父母遭遇车祸，在去处理事故过程中叔叔被对方毒打，问题得不到解决，情绪很差。军长当场指示工作人员，立刻电令集团军相关部门，出面为战士解决问题。通过组织的出面，用法律维权，事情很快圆满解决。曾学兵得知消息后，激动得放声大哭……从此，曾学兵把感激之情化为工作动力，忘我刻苦训练，口中五个溃疡最后形成脓包，饭都吃不下，每顿饭只能喝点汤，被班长"检举"到队里。队领导没收了他的萨克斯，强制休息，但他依然跟着队伍，不能吹就为其他同志打节拍，用含糊不清的声音跟着其他同志一起练。

兰州军区代表队里，七成的官兵家在新疆。乌鲁木齐"7·5"事件发生后，他们人在北京参加训练，却心系家人安危。该队党支部在第一时间组织官兵学习上级指示精神，收看中央电视台现场报道，组织“像爱护自己眼睛一样维护民族团结”教育。官兵认识到，这次事件的发生不是偶然的，有着深刻的政治背景，是境内外“三股势力”精心策划、组织的严重暴力事件，目的是破坏安定团结的大好局面，遏制我国的发展。

在“7·5”事件中，一级士官池晨的叔叔、婶婶被暴徒杀害，二级士官白昀剑的表弟被暴徒打断鼻梁，这两名同志思想压力很大，情绪低落。针对这一情况，联合军乐团政治机关迅速介入教育疏导，指导他们采取队长郑赤非、政委徐晓捷“一包一”与两名同志实行“五同”的方式，不间断地做好两名同志的思想稳定工作。由于教育及时、针对性强，措施得力，他们很快摆脱了亲人受害的心理阴影，全身心投入到训练之中。

联合军乐团政治部徐剑主任，在一次阅兵专题教育课上说：“汶川地震发生后，14 万人民子弟兵挺身而出，以英勇顽强、不怕牺牲、连续作战的战斗作风，完成了一个又一个急难险重任务……阅兵，没有战场硝烟，没有抗震救灾的危险，但时间紧、任务重、强度大、要求高，对我们的思想、意志、作风，是一次严峻的考验！”

来自地震灾区的成都军区代表队对徐剑的话体会更深刻、更感同身受。代表队唐政委说：“汶川地震，举国哀痛，我们当时也去了一线。可以说许多今天吹奏乐器的手，就是去年在一线扒水泥块、抬尸体的手。去年我们在地震废墟中，看着那惨不忍睹的遇难者遗体，听着撕心裂肺的哭声，心都碎了……”这时，坐在一边的队长接上话头：“去年汶川地震，是国家办丧事，接着的奥运会是办喜事。如今，灾区群众在党中央领导下，在全国人民支援下，重建家园，新楼在废墟上拔地而起，灾民安居乐业。成都军区的队员，大多亲历了去年的事。今年是祖国母亲 60 岁生日，我们参加、见证了这一盛事，感觉很幸福、很光荣！”

60 年，弹指一挥间。

60 年，创造了奇迹无数！

一个一穷二白的半殖民地半封建国家，从山河破碎到团结统一，从受人欺凌到备受尊重，从贫穷落后到繁荣昌盛，经济总量已跃居世界第三，人民生活已实现总体小康。新中国用 60 年时间走过了其他国家几百年的路，谱写出举世瞩目的华彩乐章！

《周礼·春官·大司乐》中说：“乃奏黄钟，歌大吕，舞云门，以祀天神。”

后人郑玄作注说："以黄钟之钟，大吕之声为均者，黄钟阳声之首，大吕为之合。"黄钟大吕，是庄重的音乐、是庄严的音乐、是正大的音乐、是光明的音乐、是高妙的音乐、是和谐的音乐、是排山倒海的音乐、是气势磅礴的音乐……

看，阅兵开始了！

看，天安门广场上，一排排、一列列陆军、海军、空军、二炮、武警、陆战队、女民兵的队伍，迈着雄壮的步伐，威武地走来……

看，一台台、一辆辆牵引车、越野车、坦克车、装甲车、雷达车、导弹发射车、轮式自行火炮、履带式自行火炮，排面标得笔直，轰轰隆隆，开将过来……

向主席台敬礼、向伟大祖国献礼！

听，军歌响起来了！

听，国歌响起来了！

听，这是中华民族的黄钟大吕之声啊！这是联合军乐团代表13亿中华儿女，向全世界发出的黄钟大吕之声！